视频采访实务

A Practical Guide to Video Interviews

周忆军 著

图书在版编目(CIP)数据

视频采访实务 / 周忆军著. —北京：北京大学出版社，2022.11
21世纪新闻与传播学规划教材. 广播电视学系列
ISBN 978-7-301-33508-6

Ⅰ. ①视… Ⅱ. ①周… Ⅲ. ①视频—新闻采访—高等学校—教材 Ⅳ. ①G212.1

中国版本图书馆CIP数据核字(2022)第191080号

书　　名	视频采访实务 SHIPIN CAIFANG SHIWU
著作责任者	周忆军　著
责任编辑	董郑芳
标准书号	ISBN 978-7-301-33508-6
出版发行	北京大学出版社
地　　址	北京市海淀区成府路205号　100871
网　　址	http://www.pup.cn
新浪微博	@北京大学出版社　　@未名社科-北大图书
微信公众号	ss_book
电子信箱	ss@pup.pku.edu.cn　　dzfpku@163.com
电　　话	邮购部 010-62752015　　发行部 010-62750672 编辑部 010-62753121
印　刷　者	北京溢漾印刷有限公司
经　销　者	新华书店
	730毫米×980毫米　　16开本　　33.5印张　　484千字 2022年11月第1版　　2022年11月第1次印刷
定　　价	99.00元

未经许可，不得以任何方式复制或抄袭本书之部分或全部内容。
版权所有，侵权必究
举报电话：010-62752024　电子信箱：fd@pup.pku.edu.cn
图书如有印装质量问题，请与出版部联系，电话：010-62756370

引 言

近十年来，国内的媒介生态发生了颠覆性的变化，电视广播占主导地位的时代已经过去，视频传播时代正蓬勃展开，电视媒介被挤压到越来越小的角落。

面对这场业界革命，学界的反应是强烈的，但教育领域并未及时跟进。高教管理系统的学科划分和资源配置基本如旧。在相关因素的制约下，大多数新闻学院不是整体变革教研架构，而是另组一个新媒体研究中心。这种设置的含义是，少数人研究新情况，绝大部分教员依然讲授着业已过时的旧课程。在教材方面，诸如视听采访之类的延长型传统教材依旧在论述电视采访。

如果这本教材依然把重心放在电视广播时代的电视采访上，而对视频传播时代的视频采访只是三言两语带过，那它便失去了价值。事实上，这是一本具有革新性意义的采访教材，它确信电视采访的操作方式已经没有太大意义，因而放弃了关于电视采访的大部分教条，而把注意力移放在视频采访方面。

要说明的是，数码媒介时代刚刚开始，经典的视频采访案例严重匮乏，所以虽然本书所言原理和总的思路已经属于新时代，但许多具体的采访技巧依然来自电视采访时代，它们是对历史经验的传承。

从电视采访到视频采访

电视广播是指，专业工作者通过无线电波和导线，对受众进行点对面的单向信息传播，其所有视听信息播过不留，除非重播再现或存放在片库。适应于电视广播的格局，电视采访形成了一整套行之有效的传统，操作复杂而笨拙，信息表达媒介形式单一，访谈产品精细、完整、冗长，受众参与和互动的空间相当逼仄，观后反馈渠道十分狭窄。如果我们认为基于技术局限性的传统原则可以永恒存在或只需做局部调整，那势必会被现实和未来淘汰。

视频传播是指，所有人都可以把视听信息发送并存储在互联网平台，等待受众发现或推送给目标受众，再由受众自主转发，形成传播影响力。因此，视频采访从一开始便凝结着人们的劳动，而且不再受固定时长限制，也摆脱了在广播时间段过后无法随时重看的局限，为受众广泛参与和积极反馈提供了方便的路径。由于拍摄器和接收器的便携性，视频制作者的制作和受众的收看变得前所未有的便利。由此，视频采访格式发生了丰富多彩的变化，不受传统模式约束的样式层出不穷，现实空间中的访谈问答可用多种媒介方式组合呈现，成品直击目标而无需完整结构。这些翻天覆地的变化已经使先前的绝大多数电视采访理论成为明日黄花，因此我们必须在新的媒介环境中学习崭新的知识。

视听采访包括传统的电视采访和新兴的视频采访，后者专指视频聚合网站兴起之后出现的全新样态，是本书的论述重点。另外，电视台挂在视频聚合网站上的电视采访成品或以电视采访模式制作的互联网采访视频，虽属于数码媒介平台上的旧样态，但也在本书论述之列。这是因为，被移放在互联网视频平台上的电视采访仍有少数受众，许多被裁成片段的电视采访甚至观者众多。至于那些只在电视台播放的采访，本书则将之排除在外，因为电视机大屏将在绝大多数场景中被弃置，不会在人人持有便携接

引言

收器的时代发挥太大作用。纯粹的电视采访固然会永久残留在媒介环境中，但如果不能转化为互联网视频，它将仅仅成为职业记者的自娱自乐。

本书讨论的视频采访涉及多种呈现形态，不仅包括视频新闻采访、专访、群访、街访，也包括短纪录片和小专题片中的采访部分，还包括以短视频和微视频形式出现却带有采访性质的作品。这些采访作品中有许多是在过去看来不合格的残次品，但在现在和将来，它们已经并将在很长时间里充当主流，而过去那些标准而完美的视听采访，不会再有太多人关注。在急剧性的媒介迭代中，不变和传承固然重要，但我们应该重点关注所有变化。我们要知道电视采访中不变的原则有哪些，更要知道变化的必然依据是什么。

请注意，本书讨论的内容均为视频采访的依据和原理，并非原则。凡把技巧上升为原则的行为都是武断的。美国"故事"培训班创始人罗伯特·麦基（Robert Mckee）曾说，他的畅销专著《故事》所论述的是原理，不是原则，原则的意思是所有人必须这样做，而原理只是关于有效方式的宣介。[①] 在视频采访兴起不久之际，过早地为它确定原则是草率的。本书确是一种思考和判断，但皆处在原理层面，所有预判皆可争论和商榷。

专业教材的全民性

很少有人注意到，中国新闻教育的先驱徐宝璜教授早在 100 年前就做出过一种努力：他曾设想把新闻学从高校专业教育推广为全民素质教育，使民众具备基本的新闻学素养。他的努力失败了，自现代报业出现的 400 多年里，新闻传播和新闻采访始终是少数专职人员的工作，而读者只是消费群体。技术环境一直没有提供一种让广大民众掌握新闻传播的基本技能

[①] Robert Mckee, *Story-substance, Structure, Style, and the Principles of Screenwriting*, Harper Collins Publishers, 1997, p. 3.

的可能性。职业记者大包大揽,操持着一切。但互联网改变了这种局面,它使数码传播平台成为真正意义上的大众媒介,所有人都可以成为制作者和传播者。于是,能否充分掌握视频媒介的常识决定着大众媒介成果质量的高下。

过去,研讨电视采访是一种专业学术行为,电视记者必须通过专业学习,在遵循媒介采访"戒律"的前提下,去把握电视采访的特殊性,以完成自己的工作。电视采访,特别是电视新闻采访,需要比其他媒介的采访具备更多的专业素养和实务技能。采访者和受访者的镜前对话具有某种仪式感,它要有意识地和日常交流状态区隔开来。而在互联网时代,制作视频采访的主体范围骤然扩大,采访者不再局限于职业记者,所有拥有便携拍摄器并乐于收集和传播视频信息的个人或组织,都可以成为视频采访者。这些发生在普通民众之间的视频问答呈现的是生活原态,这是传统媒介平台严重缺失的内容。当它们忽然间在数码媒介平台上被释放出来,我们惊奇地发现,它们不仅不难看,而且非常有趣。相比之下,过去那些规整的电视访谈则显得太拘泥、太老旧了。

不过,民众提供的这些视频采访在技术操作方面确实存在瑕疵,在视听信息的表达上多有漏洞,在传播伦理层面更是闪失频繁。而在非职业采访者传播的海量视频采访面前,受众辨别真伪的能力显得太过薄弱。人人应该具备媒介素养的时代来临了,让媒介素养教育成为公民通识课程的理想有了充分的必要性,它利于真切而有效地反映事实,合力推动社会进步,形成对远地生活和外部世界的正确认知。

基于此,本书不单是专业学生的教科书,而且是普通大众的通俗读物。

也许普通读者会问:上传视频没有门槛,有必要专门学习视频采访原理吗?

生活中的问答与视频访谈有一个根本性的区别:前者只是生活,后者却旨在传播。我们在生活中的问答交流,即使是以视频方式被记录了下

引 言

来，但如果没让他人看到，那就不是视频访谈，也不需要太多的规范。而视频访谈具有十分明确的目的性，即通过采访，搜集自己或别人感兴趣的信息，然后与所有人分享。如果不具备视频采访的基本素养，采访缺陷就会在传播中被放大，受众回馈可能就会与采访者的预期截然相反，视频将会遭到意想不到的严厉诟病。

考虑到传播效果，把生活原态的问答交流摄制成视频访谈是否应该比照某些原理，做出一些必要的调整？如果是，究竟应该做出哪些调整，为什么？

首先，必须在理念上做出一系列提升，懂得视频采访并非如日常交谈那样简单，只有增加对社会责任的考量，采访人才会树立牢固的传播伦理观念，比如隐私应该被充分尊重、剪辑不能割裂事实、暗拍段落必须标明等。其次，应该杜绝那些被职业记者视为冒犯受访者的言谈。生活状态中不经意的小小冒犯实在太多，我们已经习焉不察，但视频传播会放大这些细节，凸显无礼色彩。再次，需要消除那些被职业记者视为严重错误的举止。采访人某些不经意的动作会让受众感到不愉快，比如翻白眼、跷二郎腿、手势过多等。最后，还有许多其他需要注意的地方，本书中均有详细论述。如果经常出现这样或那样的闪失，受众就会对我们的品质和能力抱有怀疑，对采访内容产生不信任感。

另外，数码媒介平台的门槛确实已低到了与地面齐平，但视频采访技能和视频质量的高下之分却显而易见，其中明显存在专业和业余的巨大差别。我们完全可以坚持随性拍摄和制作，但如果我们有意愿做得更好，希望掌握一定的专业技巧，而不仅仅是一名随性的参与者，那么我们的视频采访水平会有大幅提升。而且，学习基本技巧既不麻烦也不艰辛，只需认真阅读本书。我们可以是本原的自己，却接近专业高度，比照专业记者的高标准来要求自己。我们的身份可以是业余的，但我们的水准最好是专业的。

也许你会说：我不想采访别人，也不想搞什么采访报道，为什么要翻阅此书？其实，视频采访的内容就是采访者与受访者的对话记录，只是它的交流质量高于日常交谈。我们不想去做采访报道，但在生活中，我们总会有自己感兴趣的人想要了解，总会想去弄懂某些事情和某些现象的玄机，比如，在求学、交友、恋爱、谈判、购物的时候，总会有一些问题要问，而我们的提问就相当于采访。我们可以不用视频去记录它，但掌握了视频采访技巧，我们就能弥补自己在日常对话中的缺陷，自如地进行人际交流。当我们是别人感兴趣的对象时，或者在面试和求职应聘的过程中，我们需要有效回答问题时，学过视频采访的人最容易悟到发问者的意图和期望，从而做出出色的回答。

事实上，绝大多数人因为没有接受过采访和受访的训练，在生活中的问答质量常常较低。前不久，我闺女要和一名同学预约见面地点。我闺女问：我们在哪儿会合？对方回答：圆明园站。答者的瑕疵是，没有说清楚是圆明园公交站还是圆明园地铁站，两者相距百米以上。问者的瑕疵是，没有意识到对方的回答是含糊的，或者意识到了，却怕对方觉得麻烦，不好意思追问。把闺女送到圆明园南门附近时，我要闺女问清楚，究竟是在哪个圆明园站会合。闺女发信息询问，对方回答：我已在站台。这是答非所问。听者很难确定站台是地铁站台，凭对方用语习惯的模糊性判断，她说的站台也有可能是公交站便道。我要闺女确认是不是地铁站台，闺女不好意思，决定直接进地铁站试试运气。如此简短的对话，质量尚且如此堪忧，如果是复杂对话，情况可想而知。这种对话的质量，通过学习专业采访技巧，可以得到提升。

全民教材的专业性

在崭新的数码媒介时代，在职的电视采访记者、正在传媒院校研习视听采访的学生以及按照旧有模式忙碌于互联网视频平台的业余采访人，能

引 言

否在未来的市场竞争中生存取决于其能否顺应视频采访革命的潮流。

长期以来，植根于我们头脑中的传统经验指导着采访实践，使之充斥过度的人为安排、僵硬的坐定式问答、背离自然状态的特有架势，甚至虚假的配合表演。为了追求视听效果的完美，我们不得不改造交流的生活样态，我们很清楚，较高境界的生活样态很难在技术规范如此复杂的条件下造就。没有便捷的设备，我们无能为力，没有来自外部的压力，我们懒于革新，于是我们一直放任电视采访的拘谨和做作，高度提纯和精心修饰成了我们不假思索的职业习惯。

在互联网时代，根深蒂固的旧有工作习惯势必将阻碍我们顺应视频采访革命的潮流。实际上，视频采访更应该是社会交往活动的同步记录。笔者很希望这本书不仅可以让普通读者提高摄制水平、改善日常交谈的质量，更期望它能引发职业记者和在校专业学生的思考，如应该降化哪些专业技术指标，应该努力在视频采访中消除哪些传统格式，从而理解并认同，视频采访不过是人与人之间自然交流的朴素记录。

这是一个媒介界限被骤然打破的年代。过去，出版社只做书，报社只办报纸，杂志社只出刊物，电台只进行无线电广播，电视台只制作视听节目，但是现在，互联网实现了多功能并举。《南方人物周刊》主笔易立竞跨界与凤凰网合作，推出视频专访栏目《易见》，围绕话题人物展开对话。不过到目前为止，互联网的这种革命似乎仅仅表现为跨界生产，局限在一种媒介机构运用他类媒介形式进行采访，而并用多种媒介手段分工表达同一个采访内容的尝试，尚未得到重视和普及。本书认为，后者将是未来采访的主流方式。所以，视频采访人必须学会视频以外的媒介表达方式，综合呈现每一次采访。

任何一门学科都是由专业史、专业理论、专业实务三大部分构成，视频采访固然会涉及专业史和专业理论，但它主要是专业实务，因此它的应用性极强。作为视频采访的专业教材，本书安排了与众不同的章节顺序：

 视频采访实务

自视频采访的实际传播开篇,先厘清工作终点的各种特性,然后倒推,一步步回溯到起点。所以,带机实采被前置,而诸如采前准备的方方面面和谋划的各种原理这些在同类著作中排在前列的章节,本书一概后置。从实务训练的角度看,由结果解析入手,充分理解其性能和需求,然后反向求索那些能够达成善果的行动策略,是有的放矢,更为高效。

书中所用资料均为笔者多年教学讲义内容,部分来自手中视频资源等一手素材。有一点需要申明,即本书中有许多著名记者留下的采访教训,为了防止给个人造成麻烦,本书隐去了他们的姓名,请读者不要通过蛛丝马迹千方百计地猜测。我们在观察和研究采访活动时,通常会把视线集中在知名记者身上,因此就会在他们大量的成功之作中偶尔发现一点点瑕疵。而由于那些非知名记者不在我们的视野之内,因此我们很少援引他们的失误案例。所以说,即便知名记者偶尔出错,哪怕是严重的错误,我们也不能否认,他们远远优于那些"默默无闻"的记者。另外,采访生涯是电视记者的成长历程,再牛的采访人都是从新手起步,而早期采访中的瑕疵不会减损他们后来的优异表现。

社会科学令人回味无穷的是,它的所有问题均没有绝对正确的统一答案。在自然科学中,"1+1=2"是绝对公理,但在社会科学里,这一问题却体现了思辨。"1+1=1",一块口香糖和另一块口香糖被嚼在一起,其体积增加了一倍,但还是一块口香糖。"1+1=3"则是温馨的,一夫一妻相合,可以创造三口之家。如果从视觉角度出发,"1+1=11"和"一十一=王"也能自圆其说。因此,读者不必奉本书所言为圭臬,也不必轻率地判定本书谬误甚多,请把其中的原理视为一种主张。

总之,本书确是全民可读的通俗读物,但更是专业学习和专业训练的严肃教材。

视频采访是什么?

晋朝史学家干宝在《搜神记》序中写道:"若使采访近世之事,苟有

引 言

虚错,原与先贤前儒分其讥谤。"[1] 这是汉语"采访"一词第一次出现,可以看出,它从一开始便是主观认识客观事实的调研活动。而与"采访"对应的英语词是"interview"。其中"inter"既有深入地下的含义,又表示不同事物之间;"view"是观察视线和态度见解的意思。因此,"interview"蕴含着通过各种观察视线、在各种态度和见解之间进行深入探究的意思。中国新闻先辈用"采访"翻译"interview",二者含义相当一致。

而视频采访不过是用视频记录的独特方式,实现采访的共有理念。

笔者认为,视频采访应以内容信息为绝对核心,技术手段只是为其服务。

过去,电视采访承袭了纸媒采访的所有基本原则。但与纸媒不同的是,它不仅要探求信息,而且要通过访谈双方的交流和碰撞,创造出受访对象不可能单独表现出来的谈吐状态。与此同时,电视采访把更多精力用于对付复杂设备带来的麻烦,又利用其出超的视听优势,确立了自己在媒介社会中的霸主地位。视频采访承袭了电视采访的独特点,又由于摄制设备极度简化,参与者不再需要耗费大量精力去做技术应对,可以更为自如地新创出更多样式。

技术革新使得更多的普通人可以轻而易举地跻身视频采访者行列,于是视频采访的总体质量大幅度降低。面对这种局面,普通人需要学习更多技能。不过,让职业记者放弃过去那些过于精密的高标准,其实比让普通受众提高其制作水准更难,他们还是习惯性地把更多精力用在技能层面。他们没能意识到的是,视频采访已不求完美无瑕,一切以传递内容信息为要旨。

视频采访的工作方式是径直获取信息,它的重要使命是确保信息真实。

当今时代,一个突出的问题是虚假信息泛滥。这种现状常常被直接归

---

[1] (晋)干宝:《搜神记》,汪绍楹校注,中华书局1979年版,第2页。

结为新闻伦理的丧失，其实它不过是源于新闻采访的缺失。过去，采访被视为新闻报道的前提和基础，在欧美，如果电视记者不能采访到直接当事人，而只做旁白转述，他们的报道就会被怀疑是虚假的。记者采访在先，才保障了内容报道的可靠性。但在数码媒介时代，许多参与者没有意识也没有能力对事实进行基本的核查，他们坐在电脑前，直接做着二手信息的搬运工，使许多错误信息被广泛地复制传播。本书确信，无论日后媒介环境如何变化，采访作为信息传播第一环节的地位都永远不会改变。视频采访弥足珍贵的价值在于：直接求证，并以视听记录的方式证明求证过程的存在。

也就是说，视频采访是一种基于采访的共有理念，以朴素便捷的视听手段，原态呈现传播参与者直接探究事实的关键行动。

目 录

第一章 视频采访的最高标准 ……………………………… 001
一、待人以诚 ………………………………………………… 002
二、敏锐的观察力与生动的表现力 ………………………… 007
三、合乎常识，合乎逻辑 …………………………………… 014
四、用事实说话 ……………………………………………… 017
五、由质疑引发思考 ………………………………………… 019
六、弄懂一个讨厌的人而不是讨厌这个人 ………………… 022
七、合理的情绪控制 ………………………………………… 025
八、受访人的回答与采访人的提问 ………………………… 029

第二章 采访视频的最终完成 ……………………………… 038
一、视频采访的最终应用 …………………………………… 039
二、视频采访在定型产品中的作用 ………………………… 042
三、视频采访素材的后期编辑 ……………………………… 049
四、在视频采访的编辑过程中最容易发现工作失误 ……… 064

第三章 以视听采访构成内容主体的访谈节目 …………… 070
一、电视专访模式的实现 …………………………………… 071

　　二、人物专访节目的瓦解 ………………………………… 075

　　三、专访视频的传承和发展 ……………………………… 080

　　四、视频专访的工作困难 ………………………………… 085

　　五、专访视频的市场活力 ………………………………… 088

　　六、专访视频的突破 ……………………………………… 090

　　七、群访节目是专访的拆解组合 ………………………… 095

　　八、群访模式与专访模式的异同 ………………………… 099

第四章　采访风格和社会价值的铸成　　108

　　一、决定风格和价值的四种提问类型 …………………… 109

　　二、视频采访人获具个人风格和社会价值的奥秘 ……… 122

　　三、四类问题的运用实践 ………………………………… 123

第五章　视频采访的有效性　　127

　　一、有效视频采访的保障原理 …………………………… 128

　　二、采访人镜前表现的有效指标 ………………………… 132

　　三、尴尬而无过错的视频采访 …………………………… 145

　　四、视频采访素材的及格指标 …………………………… 147

　　五、视频采访效果的四个关键指标 ……………………… 150

第六章　视频实采中的控制力　　160

　　一、明确采访目的 ………………………………………… 161

　　二、了解最需要谨慎对待的五类受访人 ………………… 165

　　三、准备好打开受访人心扉的钥匙 ……………………… 168

　　四、开放式问题与封闭式问题 …………………………… 170

　　五、实施控制力的手段 …………………………………… 176

六、对受访人作答的回应 ………………………………… 188

　　七、调配控制中应注意的六个要点 ……………………… 193

第七章　视频采访的诸种方式 …………………………… 206

　　一、被严重轻视的动态采访 ……………………………… 207

　　二、最常见的三种定式采访 ……………………………… 220

　　三、须慎重使用的隐性视频采访 ………………………… 229

　　四、辅助性视频采访 ……………………………………… 231

　　五、视频采访的四种内容样态 …………………………… 239

第八章　带机实采事项 ……………………………………… 242

　　一、拍摄空间的安排 ……………………………………… 243

　　二、尽力消除干扰实采的各种元素 ……………………… 246

　　三、实采人与受访人的最初接触 ………………………… 248

　　四、谨记带机实采的基本任务 …………………………… 253

　　五、视频实采中的态度 …………………………………… 256

　　六、采访提纲的使用和实采信息的速记 ………………… 257

　　七、六个采访禁忌 ………………………………………… 260

　　八、编导在视频实采中的作用 …………………………… 267

　　九、实采中的随机结构 …………………………………… 268

　　十、视频实采的结束 ……………………………………… 272

第九章　视频实采前的准备工作 ………………………… 276

　　一、视频实采的思想准备 ………………………………… 277

　　二、确定实采环境 ………………………………………… 293

　　三、采受双方要不要在采前深度会晤？ ………………… 300

四、受访人要求看采访提纲，怎么办？ ……………………………… 305

　　五、为视频实采做好形象设计 …………………………………… 308

　　六、为视频实采准备小礼物和道具 ……………………………… 310

　　七、实采前夕要认真检查设备 …………………………………… 312

　　八、实采等候 ……………………………………………………… 313

第十章　视频实采问题的预设　316

　　一、实采问题预设的五大要领 …………………………………… 317

　　二、视频采访问题的禁忌 ………………………………………… 323

　　三、优秀实采问题的共同特征 …………………………………… 329

　　四、带机实采中的第一个正式问题 ……………………………… 331

　　五、大胆设计强势问题 …………………………………………… 338

　　六、私密情感问题的后置与杀伤性问题的节点设计 …………… 341

　　七、最终形成采访提纲 …………………………………………… 345

第十一章　从信息线索到实采预案　351

　　一、分析信息线索，确定采访题材 ……………………………… 352

　　二、选择有效的采访对象 ………………………………………… 355

　　三、初步收集采访对象的信息，进行采访预约 ………………… 358

　　四、传统的预采方式和预采任务 ………………………………… 365

　　五、带机预采的全程记录 ………………………………………… 371

　　六、确定结构，预设主题 ………………………………………… 373

　　七、正式采访的预案 ……………………………………………… 380

第十二章　视频采访的伦理　387

　　一、人际交流的底线 ……………………………………………… 388

　　二、视频采访人的自我认知 ……………………………………… 391

三、尽全力维护视频采访的客观性 ············ 395

四、社会责任 ············ 402

五、视频受访人的权利 ············ 404

六、合理取材 ············ 413

七、个人财富在什么情况下是隐私 ············ 419

八、社会知名人士的情感隐私 ············ 421

第十三章 视频采访的独特性 ············ 424

一、视频采访样态以适应设备技术性为前提 ············ 425

二、为什么可以抛弃那些没有必要的技术规范？ ············ 428

三、视频采访的直观性 ············ 431

四、视频采访必将经历彻底的革命 ············ 434

五、视频采访信息的易受性 ············ 440

六、记者群体性是否可以弱化？ ············ 442

七、视频采访人的个体性 ············ 445

第十四章 新工具改变旧样态 ············ 452

一、视频采访的拍摄器 ············ 453

二、采访拍摄器的新旧操作 ············ 458

三、视频采访的录音设备 ············ 463

四、视频采访的照明辅助 ············ 465

五、视频采访素材的后期编辑设备 ············ 467

六、尚未大规模发生作用的视频采访工具 ············ 470

第十五章 无缺陷的视频采访人 ············ 477

一、满怀对未知世界的兴趣 ············ 478

二、以社会交际为乐趣 ············ 480

三、倾听比提问重要得多 …………………………………… 482

四、善于提问的人 ……………………………………………… 489

五、无缺陷的视频采访人的外部特征 ………………………… 493

六、无缺陷的视频采访人的杰出工作能力 …………………… 495

七、哪些人适合做视频采访人？ ……………………………… 504

第一章　视频采访的最高标准

本章提要

尽管我们是从视频采访的最终结果一步步回看每个环节的准备，但有必要首先确认视频采访的最高标准，以了解现实状况与最高标准的差距。这些最高标准主要涵盖待人以诚、敏锐的观察力与生动的表现力、合乎常识与逻辑、用事实说话、由质疑引发思考、弄懂一个讨厌的人而不是讨厌这个人、合理的情绪控制七个方面。或许我们暂时无法达到这些标准，但要知道这是努力的方向。在起首这一章里，我们还要解决一个问题，即受访人的回答与采访人的提问之间的实际关系如何？两者的质量关系并不一定成正比，但这不是放弃高质量提问的理由。

视频采访在完成线上初期传播[①]之后，会得到各种反馈信息，这些信息可能是赞誉，可能是建议，也可能是严厉抨击，人们意见纷杂，莫衷一

[①] 线上初期传播是指采访视频自上线后至点击量、转发量停止快速大幅增长期间所实现的传播。

是。这个时候,我们可以暂时撇开来自外界的具体评价,用一系列视听采访工作的最高标准进行品质自评,以保持内心定力。

这种品质自评不应该首先加入市场影响力的考量对其进行干扰。我们都知道,并非所有具备社会价值的媒介产品都能赢得市场、实现最好的传播效果,而有些极具市场生命力的作品却谈不上什么品质。因为自身价值和市场价值并不一定匹配,所以自身价值不一定意味着市场的胜利。我们首先要讨论的是社会价值的最高指标,这是那些具有责任心的视频采访人应该努力追求的理想目标。

至于市场影响力,我们应该在确立社会价值的前提下加以讨论,与之相关的问题会在以后的章节中陆续涉及。

要说明的是,本章提及的最高标准虽皆由高品质的电视采访设立,却是视频采访应该承袭的。它们像是老生常谈,为我们所熟知,但实践起来并不容易。

一、待人以诚

绝大多数人在面对镜头的时候,会产生焦灼的情绪甚至恐惧的心理。镜头不仅是一种呈像记录,而且是一种冷峻的监督。在视频采访中,很多人对自己被曝光可能产生的结果充满忧虑,很自然地会想逃避。怎样让他们卸下思想包袱呢?当他们意识到,我们不是为了让他们难堪,而是作为不期而遇的朋友,对他们有着适度的好奇,又很在意他们的感受时,他们便会打开自己,淡忘镜头的存在。

在正式采访之前,采访人细微的关切举动,足以暖心。

在中央电视台(央视)综艺频道《艺术人生》栏目元旦特别节目"温暖2003"下集中张柏芝出场时,彩丝喷射,有两根紫色彩丝挂在了张柏芝的头发上,主持人朱军与她握手时,轻轻摘掉了那两根彩丝。那段时间,

第一章　视频采访的最高标准

张柏芝因与谢霆锋分手备受打击,曾表示自己爱错了人,节目请她,不可能没有热度的考虑,而主持人维护其形象的细小动作含有温情,使她感到温暖。有镜前经验的人都知道,在中近景和特写镜头中,发间毫无逻辑的挂件会破坏主体形象。

如果关切举动更明确一些,暖心效果也会更显著,不仅可以使受访者消除隔膜,而且能让受众大为感动。

1996年,《焦点访谈》为在世界防治麻风病日播出《走进麻风村》,派记者走访麻风病村。采访前,记者与麻风病人握手,表示尊重,赢得了他们的心理认可,然后直接对着镜头言明握手的目的,即想利用电视这种大众传播最有效最直接的方式,消除人们对麻风病人的偏见和对麻风病的恐惧心理。

2005年,笔者主持《非常接触》栏目,其中一期节目的嘉宾是感染了艾滋病的武汉女大学生。见面时,笔者与她握手,明显感觉到她的手微微回缩了一下。这说明,常人对她的畏惧已经让她产生了不能给别人添麻烦的强烈意识。但是要知道,周遭的人越是对其充满偏见,她越能敏锐地感知到谁对她没有偏见。录像前在休息室里就餐时,笔者吃下了她剩余的半盒米饭,以让她意识到笔者不介意与她进行接触。访谈过程中,笔者上前,在现场观众的掌声中,先施吻手礼,而后拥抱了她,这也成为节目播出后赢得大量观众来电、来信表达赞誉的一个片段。

在电视广播时代,大多数节目仅把这些举动视为与受访人拉近心理距离的工作手段,不会开机拍下来,即使碰巧拍了下来也会在后期编辑时忍痛割爱。但在视频传播时代,戈夫曼"后台前置"的原理被广泛施用,原属于幕后寒暄的这些细节大有必要做剪辑保留,它们不仅会起到缓解受访人镜前忧虑的作用,而且会使受众感觉到温情,还可以浸润他们,让他们对遭遇不幸的人持有正确的态度。

适时打开自己也是待人以诚的表现，可以换取受访人的坦诚。

不是所有采访人都有打开自己的勇气。长期的视频采访工作使许多采访人已经习惯了自己躲在暗处，却一直在引导别人亮明一切。这多少会让受访人感到不安和不公，所以他们有时候会敷衍行事，甚至三缄其口，把自己隐藏起来。这种情况下，采访人如果采用自我暴露法（self-disclosure），果断走到明处，甚至勇敢自嘲，首先制造关于自己的笑料，会让受访人顿感采访人是可以推心置腹的友人，于是放下没必要的过度自尊。

杨澜写过一篇文章《主持无艺术》，在分析美国群访主持人奥普拉·温弗瑞（Oprah Winfrey）的成功原因时，她说其成功秘诀非常简单，就是真诚的感情交流，既能设身处地体会他人的苦乐，又能敞开自己的心扉。在群访节目中，主持人的作为，既有"访"的提问启发，又有"谈"的回应启发。当受访人不太愿意表达节目组希望其表达的内容时，主持人可用朋友间的聊天方式，首先打开自己，说出自己的相仿经历，迅速扫除人际交流中的障碍，增加与受访人的亲密度，引发其说出心里话。温弗瑞曾经敞开心扉，在她的《奥普拉·温弗瑞秀》中袒露被性虐待的往事，以及其他不堪回首之事。

经验告诉我们，在采访人通过自我袒露促使受访人降低或放弃防御的采访中，后者长篇倾诉的时间会远远超过预料。

总之，如果一时打不开别人，我们应该首先打开自己。

在待人以诚这个问题上，**对视频采访人最大的考验是，面对那些被许多人认为完全没有必要礼遇的人，我们的态度是什么？**优秀的采访人不应该蔑视那些人，其使命是探知为什么，并使受众也理解这个人。

原西安机电设备股份有限公司经理周长青是一个曾经轰动一时的负面人物。早年他连打麻将都不参与，更没有贪污过公家一分钱，最后却在短短11个月里多次去澳门豪赌，结果越陷越深，把贪污和挪用的近5000万元公款输光。2000年，周长青被判处死刑，中央电视台《新闻调查》栏目

第一章　视频采访的最高标准

派王志去西安看守所采访他。王志曾思考,周长青临死前,最希望跟什么人说话,他想应该是一个可以推心置腹的朋友。于是王志决定,要像朋友一样去完成这次采访任务。如果是朋友,此时此刻应该是什么心情?肯定不是厌恶、蔑视、憎恨,而是万分痛心,想知道他究竟为什么突然变成了现在这个样子。

王志在其《采访课》中谈到,在周长青被判处死刑后第五天,王志见到了他。对于一个很快就会被执行死刑的人来说,王志朋友般的关切产生了效果,起初不愿意接受采访的周长青最后把心里话掏了出来,详细地告诉王志,他是怎样一步步跌入深渊的。

王志:112万,如果你不再赌了,从你们单位来说,也不至于损失到今天这个程度。

周长青:对。

王志:有没有过刹车的念头?

周长青:这阵儿我停的时间长一点儿,112万赌和第二次,我间隔的时间很长。

王志:多长?

周长青:三个月左右。当时我静静地考虑了,还得赌,唯一的一条路还是赌。只有赌才能把它赢回来,赢回来才能给单位还上,就是这种考虑。考虑了几个月,还要去,从这儿才开始一发不可收拾。

王志:本钱呢?

周长青:本钱,还是动的单位的钱。

王志:这个时候你好像没有跳出来,跳出来一看,你这个污点不是更大了吗?这个窟窿不是更大了吗?

周长青:我一直在保密着,捂着,让人不知道这事。

王志:怎么就能捂得住呢,那么大数目?

视频采访实务

  周长青：咱这个人，过去平时的信誉比较好，单位人也相信我，谁也不会相信我用这个钱去赌博。

  王志：输完180万以后，空了三个月，完了以后你用筹来的钱再去的时候，那个时候，我相信你的心情肯定是很复杂的。

  周长青：对，以后就没法说了。我过去体重160多斤，那段儿我的体重是130多斤。我晚上没有睡着觉过。我那阵儿确实是我一天都很难受的。

  王志：就那三个月？

  周长青：确实是。

  王志：怎么会一下瘦那么多？

  周长青：睡不好，吃不好，因为我这段儿做的确实是有罪的。底下也问这个钱咋还没回来，财务上催，我跟财务说，你先别催这个钱，我知道这打到哪儿去，进什么货了，到最后都没有说实话。那阵儿我确实很痛苦。

请注意"我相信你的心情肯定是很复杂的"这句话。按照传统的新闻采访教条，这句话是有问题的。第一，受访人的心情究竟是不是复杂，应该经由采访获知，要让面前这个人自己说，而不是记者主观臆断。第二，这是诱导提问，可能会诱使心情并不复杂的受访人顺应记者的猜测，谎称心情很复杂。但是，对于这些"清规戒律"，即使在电视采访时代，那些优秀记者也经常会触碰并加以调整，而在视频采访时代，这些教条更不应该是铁板一块。在生活状态的交谈中，当我们听完对方的一部分谈话之后，难道不可以做出一个逻辑判断而由对方来说明是或否吗？最关键的是，王志的这个主观判断足以表现出他对周长青的理解，只要一个人心存一点点善意，在身陷泥沼无法自拔的时候，总会对自己的错误行为心怀歉疚。周长青的悲剧恰恰在于，善念仍存却没能果断止错，他怀有侥幸心理，没有回头，最终葬送了自己。

第一章 视频采访的最高标准

要注意的是,在视频采访中礼遇对方,其实只是基于最基本的礼貌,这与待人以诚、真正地关切对方、深刻地理解其命运还有着很大的差距。而在视频采访工作中,如果从一开始就能牢固树立待人以诚的信念,那我们很快就会看到成效。

二、敏锐的观察力与生动的表现力

在视频采访中,敏锐的观察力是及时收集有效信息的保证,生动的表现力是以具象方式传递抽象信息的结果。

敏锐的观察力的前提是开放性思维,即杜绝想当然和先入为主,对未知结果不提前做出常规结论,随时准备接受各种可能。没有这个前提,采访人就会忽视甚至放弃随时随地的观察,一心趋向预设好的结论。原因很简单,结论已被确信,多余的观察也就没有了意义。

的确,我们对受访人的回答常常有着较为明确的预期,总是带着采访提纲和预设问题,引导受访人复述他们在预采中交代过的情节,以此构筑他们的故事。但在制订采访方案的时候,我们就应该知道,必须妥善处理预设问题与意外所得的关系。经验告诉我们,尽管预采减少了我们的误判,但实采依然会有意外,它会不断地击碎我们的预想。我们不能按照策划案和采访提纲一意孤行,必须及时发现疏漏和矛盾,捕捉受访人言谈中的新信息,一旦发现对方的回答中包含更深层次的内容,应该当即询问深挖。

完成优质采访的关键不是最初提问的质量,而是记者对于回答的关注程度,最好的问题往往是在交谈过程中自然形成的,也就是说,事先没有想到的问题常常是最好的。

敏锐的观察力主要包含以下三种情况,这三种情况作用在一起,最终会产出具有生动表现力的一个结果。

(一)敏锐观察受访者一举一动中的隐秘信息

首先,采访人要能在交谈中敏锐地发现,受访人正在回避事先预设的问题。

美国哥伦比亚广播公司出镜记者迈克·华莱士(Mike Wallace)曾专访巴勒斯坦解放组织执行委员会主席阿拉法特,希望他对自己在巴以和谈中的矜持做出解释。华莱士的探寻从以色列总理沙龙为什么一直想除掉阿拉法特入手。他意识到阿拉法特不愿正面回答,断然决定穷追不舍:

华莱士:为什么沙龙如此憎恨你?他想干掉你!

阿拉法特:他曾经13次试图干掉我。

华莱士:对呀,他为什么这么恨你?

阿拉法特:这,你得问他。

华莱士:不不不不,你有你自己的看法,为什么?

阿拉法特最终透露,沙龙的计划是一揽子解决巴勒斯坦问题,一劳永逸,而自己的方案是一步步慢慢和解,否则他会被自己人干掉。既然双方的设想是矛盾的,难以调和,那么沙龙干掉自己是一条捷径。

一般来说,采访人如果没能敏锐意识到受访人在回避,就会误以为对方没有听懂问题,于是一定会重复提问,而面对不想回答的问题第二次出现,受访人肯定会明确回绝,这便堵死了继续追问的大门,采访人坚持硬问就会显得无礼。而如果足够敏锐,采访人能当即意识到对方在回避,不是没听懂问题,就不会重复刚才的提问,而是会立即变换句式,继续追问,让对方还没有想到回绝就已经在慌乱中开始作答了。

其次,在交谈中,采访人要能敏锐地意识到,受访人正在说谎。

如果怀疑对方说谎,采访人应该当即抓住话题,变换不同角度,做重复性"盘问",加深受众对谎话的记忆。而后,用同样的问题采访能够捅破窗户纸的知情人。最终,在成片中将谎话与真话进行对比剪辑。

第一章　视频采访的最高标准

1994年，吉林市博物馆发生严重火灾，在《焦点访谈》制作的《惜哉文化》中，采访记者赵薇根据常识推断，主管副市长会淡化损失，遮掩事实，于是他以短促、简洁的纠缠法发问：

赵薇：损失大不大？

副市长：损失不大。

赵薇：损失有多大？

副市长：损失不大。

赵薇：损失有哪些物品？

副市长：只有图书馆的一部分藏书，大部分是儿童书籍，很多文物完好无损。

第一个问题"损失大不大"，是概括之问。第二个问题"损失有多大"是让了一步，你说损失不大，那我问你，不大的损失究竟是多大。第三个问题"损失有哪些物品"，再让一步，我只问你，损失的文物有哪些。越让步，问题越具体，得到的答案也越明确，即只损失了一部分儿童书籍。而后，赵薇问博物馆馆员同样的问题："损失大不大？"对方痛惜不已：损失太大了，无法估量，许多珍贵文物被烧，就连保存完好的一具恐龙化石也被付之一炬！

要说明的是，赵薇很可能已经先行采访了博物馆馆员，并做了相关核实工作，而后才去采访负责人。但在后期编辑时，从破迷的角度看，两个采访倒置会更精彩，而且会突出记者的职业敏感性。也就是说，采访视频中的敏锐性有两种来源：一种存在于实采的原始记录之中，一种是后期编辑的结果。后者不是采访过程中的敏锐性，但依然是采访工作中的敏锐性。

（二）敏锐意识到始料不及的状况之可贵，当即予以记录，并且最终编入成片

1998年3月19日，在人民大会堂，凤凰卫视记者吴小莉正在争取向

总理朱镕基提问。服饰上,吴小莉穿着红色西服,十分醒目。位置上,凤凰卫视在第一排为吴小莉抢占了座位。果然,她引起了朱总理的注意。朱总理说:你们照顾一下凤凰电视台的吴小莉好不好?我非常喜欢看她的广播。可此时,凤凰卫视的摄影记者却关掉了摄录机,他认为这个突发情节与采访主题无关。

对于提升主播知名度而言,这是何等难得的珍贵信息,但凤凰卫视没有自拍素材,不得不向美国联合通讯社(美联社)高价购买。无论采访主题是什么,受访人对采访人以及采访人所在机构的赞誉都是相当重要的信息,何况赞誉来自总理?它本应该是采访随机所得的重要内容。放弃这个信息的做法是极其拙劣的,敏锐而果断地捕捉到这样的信息的才是优秀记者。

再看一个案例。一个军事专题片中有一段战士采访。战士按照事先准备好的书面稿背诵,最初比较顺当,中间忘了词,他脸红了,用手挡住镜头,连声说,"不行不行,再从头来,再从头来",最后他清了清嗓子,继续背诵。对于这种情况,摄录师是否应该暂停拍摄,抑或后期编辑是否应该剪掉这一段?

对于优质采访团队来说,拍下它且保留它,应该是一个共识。第一,它是对真实状况的客观记录。第二,它暗含许多战士的共同特点:为了部队荣誉,事先精心准备,避免说错话,但没有公共发言的天赋和经验,中途出了小故障。第三,它无损战士的形象,相反却显出他憨憨的可爱。这样的小插曲其实是一种情趣,是受访人言谈举止的一个侧影。

(三)敏锐发现高效能细节,予以强化展现

笔者课上的一个本科作业小组在视频采访报告中提到,他们在采访来自内蒙古的交流生红领时问了一个问题:"你的父母怎样教育你?"红领说,有一次,因为她打了马,爸爸特别生气。这是蒙古族家庭教育中的一

第一章　视频采访的最高标准

个具体细节，如果挖掘和拓展这个细节，本可以求得一个完整的效果故事。遗憾的是，采访小组没能让红领解释马是蒙古族视为与人类同等重要的生物，也没让红领具体讲述怎么打了马，父亲又是怎么表示生气的，他有没有斥责红领，红领有怎样的感触。由于没对这个高效能细节进行展开和深化，因此这连一个梗概都不是，只是一条没能展开的线索。

要承认，不是所有人都具备发现细节的能力，绝大多数人的注意力总是被事物的主体性所吸引。但是，经验丰富的视频制作团队却一定具有敏锐发现高效能细节的特点，这是优质团队和一般团队的明显区别所在。

1993 年，中央电视台军事部主任刘效礼大校接受紧急任务——为纪念毛泽东诞辰百年制作 12 集大型系列专题片《毛泽东》。在观看历史纪录片时，编导们对两个细节很好奇。一是，1974 年毛泽东会见赞比亚总统卡翁达及其夫人，在与卡翁达夫人握手时，他有一个下蹲的动作。如果是一般团队，其注意力会全部放在毛泽东在会见中提出的"三个世界"理论上。这个著名论断当然很重要，而对于塑造毛泽东的形象来说，细节要比主体任务更能说明问题。于是，刘效礼团队派人采访卡翁达，求证毛泽东当时在做什么。卡翁达说：我的夫人戴着手镯，他问这是不是象牙做的，我回答是象牙做的。他对非洲很有研究，比如说屈膝礼，夫人为了表示对他的尊敬，用的是非洲礼节，他也行屈膝礼，用同样的礼节来回报。二是，1975 年毛泽东第二次会见基辛格夫妇，他握着基辛格夫人的手，笑着说了几句话。新闻胶片里没有同期声，不知道说的是什么。团队派人采访基辛格，向他求证了这个细节。基辛格说：毛泽东觉得有趣的是，我的妻子比我要高，他对这事儿做了评论，问我对比男人还高的女人有什么感觉。这两个细节，都是不起眼的小事，很容易被忽略，但对塑造领袖形象却太重要了。

在媒介实践中，也不是所有采访人都善于在发现细节之后挖掘它，最大程度地发挥它们的作用。反之，敏锐发现细节，果断扩展细节，并强化

细节效果,是优秀采访人的特质。

1995年,《焦点访谈》制作的《难圆绿色梦》,深度报道了内蒙古自治区达拉特旗的严重沙化状况。出镜记者周墨遇见在沙山上捕捉小鼠的男孩,在对话中得知,他过去会玩一种游戏,即在沙山上挖坑,用里面的湿土捏泥球。于是,他请男孩再挖个沙坑试试,随即出现了下面的对话:

周墨:下面有什么?

男孩:沙土。

周墨:你把湿土掏出来看看。

男孩:挖不出来了。

周墨:以前挖出过来吗?

男孩:挖出过。

周墨:怎么挖不出来了?

男孩:现在不下雨了。

周墨:多长时间不下雨了?

男孩:很长时间了。

在沙坑中挖湿土、捏泥球,不过是对话中偶然出现的信息,敏锐地抓住它并做形象的演示,使之与沙化严重产生逻辑关联,便是对细节的高效运用,它是形象而有力的证据,比抽象综述更能警醒受众。

《难圆绿色梦》中还有一个细节。周墨走进一个老太太的家,他问:"床上怎么这么多土啊?"老太太说:"刮风刮的。"镜头中,床上满是尘土,老太太用掸子一下一下拨开尘土,墨绿色的床单露了出来。这种对细节的视觉强化也是沙化严重的例证。如果没有这样的细节,片子就会缺乏实证性。周墨问:"刚才这点儿风在你们这儿算是小风还是大风?"老太太说:"不算大,一股一股的。"

以上三种敏锐在采访人身上交互作用后,可能形成一个结果,即运用形象、象征、寓意,对理性思维进行感性表达。他们不仅善于运用视觉、

第一章 视频采访的最高标准

听觉手段，而且善于利用触觉、嗅觉、味觉元素，进行全感采访。

在1999年之前，中国的棉花交易还不是市场行为，而是国家统一定价收购棉花，但那时一直存在个人不守法令而擅自抬价收购棉花的现象。1994年，为了制作《收购季节访棉区》，《焦点访谈》派记者去棉花大省湖北，报道违法收购现象。襄樊县（今襄阳市）朱集镇有一家棉花加工厂，它曾以代农加工名义违法收购棉花，受到国务院通报批评，但记者得知，它仍在违法收购，于是决定前去采访。因为这家棉花加工厂是镇办企业，就有人给镇官通风报信，于是镇政府立即下令，让工人们迅速整理现场，把棉花藏起来，把机器清理干净。这给证据收集工作带来了极大困难，但记者赵薇运用全感采访手段，揭开了这家加工厂非法收购棉花的真相。

视觉听觉 赵薇叫开紧闭的大门，询问开门的工人，这里是否在收购棉花。一个工人说不知道；一个工人说没收过，但在赵薇追问下，又承认收购过。在加工厂院内，工人们见到镜头，能躲就躲，躲不掉的就坐在台阶上，赵薇问台阶上的人是不是这个工厂的，得到的回答都是来玩的。记者决定强化视觉证据，于是采访了台阶上的一名女工，对方说家里没事，是来玩的，但特写镜头里却是她头发上的棉絮。记者问另一名工人："你的身上怎么都是棉花？"对方支支吾吾地走开了。此外，摄影记者拍到了墙上的收棉时间表，又从门缝里拍到了已经打好的棉花包。视听信息中的这些细节构成了有力证据，戳破了受访人的谎言。

触觉 赵薇走进加工厂的干部办公室，那里空无一人，但桌子上留有茶杯。摄像记者拍下了出镜记者触摸茶杯的动作，并记录下了她的触觉感知："茶杯余温尚在，看来主人刚刚离去。"违规者知法违法而且逃避批评的形象跃然眼前。

嗅觉 赵薇来到轧花车间，那里同样空无一人，但赵薇说："空气中弥漫着尘土味，看来这里刚刚打扫不久。"

敏锐发现可以揭示真相的细节,并运用全感体验,展现和强化这些细节,使得这期节目形象而生动,令人心服口服。

三、合乎常识,合乎逻辑

生活常识本应该是普通受众,更应该是媒介参与者认知事物的基本共识。但实际上,生活常识在人们的认知活动中常常缺失,许多人在背离生活常识的基础上进行逻辑推理和逻辑判断,于是谬误频生。因此,采访记者依据生活常识,准确辨析出采访对象是否在说错话假话,显得难能可贵。

1996年,淮河污染严重,夏骏为《新闻调查》制作《淮河水》。面对莲花味精厂排出的污水,出镜记者白岩松感叹,"写毛笔字根本不用买墨水了"。1997年,《新闻调查》派王志回访,制作了《再访淮河》,了解《淮河水》播出后污染情况有无好转。那时候,淮河污染的归因有许多方面,王志依据常识判断,只将其归咎于生活污染是不对的,破坏力最强的应该是工业污染。他去采访周口味精厂,得到的回答是:本厂污水排放是达标的,有环保部门的铅封设备为证。当工厂负责人说,他们的污水处理成本超过了生产利润时,王志断定他在说假话——普通企业不可能做赔本买卖。

与生活常识的缺失比起来,专业常识的匮乏更为常见,于是具备并且运用专业常识进行采访,而且还要让受众听得懂,便成为优质视频采访的高标准。

请看1999年《杨澜工作室》对余秋雨的专访片段。

> 余秋雨:过去传媒过于刻板,现在言路大开,多种能量释放,各类民间行为不可能再整齐地走一二一步伐,这在整体上不是坏事。我们应该以幽默的态度来看待这种纷乱现象,然后一起

第一章 视频采访的最高标准

努力，尽快促使我们的文化环境从无序走向有序。

杨澜：余先生，这一点我可能不同意你的看法，我觉得这种无序会延续很长时间，不能快速走向有序。你看无论是美国，还是香港、台湾，这种不真实的小道消息在传媒上也大量存在，我们恐怕只能适应它们，不能期望它们有朝一日会改观吧？

余秋雨：我说的"有序"不是指小道消息的消失。海外和港台报刊上的小道消息、艺人逸事、无聊调侃确实很多，但它们固守着一个本位，无聊就是无聊，庸俗就是庸俗，并不怎么装扮，更不会慷慨激昂地提高到关及民族命运、文化前途的道德评断上来，这也是一种"序"。如果硬把无聊提升到庄严，真正的庄严就失去了地位。与此相关，报刊的品位也有一个序，例如前几年香港一家大报误传一个与我有关的谣言，说我企图在哪个戏曲剧本上署名，后来文章的作者和那家报社经过多方查证得知是谣言，竟然连续几天发表公开道歉，把我感动得热泪盈眶。这就是大报的品位，那些庸俗小报做不到，也不想做。

杨澜：除此之外，广大的民众对传媒的态度也会成熟起来。

余秋雨：这是最重要的"有序"。

注意，通常人们对"有序"的理解是按部就班、秩序井然、不出纰漏，但对于专事大众传播的职业工作者而言，判断舆论环境不可能实现这种理想局面是一个专业常识。理论上讲，这种判断和理想是违背大众传播规律的。于是，杨澜需要了解余秋雨所说的"有序"是什么含义，如果没有接下来的一问，没有余秋雨进一步的阐述，受众就会把这里的"有序"理解为文化环境纯净到毫无错误的理想境地，但余秋雨并不是这个意思。

这是一个非常好的例证：采访人依据专业常识，给受访人提供了一个进行逻辑辨析的机会，使受众免于误入虚妄不真实的乌托邦，最终获得了

视频采访实务

一个符合社会科学原理的答案。

2013年1月19日,《新闻调查》播出了《兰考:未抚平的伤痛》,展现袁厉害收养孤儿过程中的种种问题。在调查造成孤儿罹难的火灾原因时,出镜记者张晓楠采访了兰考县公安局副局长梁成江,他是参与火灾事故调查的官员之一,负责刑事调查和认定。梁成江说:"至少从两个方面来考虑来分析,这个起火的原因:一个就是,是不是有人为纵火,就是刑事案件;再一个就是其他原因引起的一些失火,是事故。"紧接着,旁白说:经过缜密侦查,火灾事故调查组排除了"人为纵火"的嫌疑,火灾发生前只有三个人先后从现场离开,分别是袁厉害、袁厉害雇的保姆、袁厉害的母亲。梁成江说:这三个人里在作案的动机上、作案的目的,还有具备不具备作案条件,通过这个工作呢,这三个人也予以排除。为了确保结论正确,张晓楠采取交叉验证的方法,又采访了开封市消防支队的支队长蔡志杰。

张晓楠:我看到事故鉴定结果说,是孩子在玩火的时候引起的?

蔡志杰:对。

张晓楠:这个是怎么判断的?

蔡志杰:因为从张素叶离开这个现场,到程金花发现这个火情,应该是在12分钟左右。那么在这么短的时间内,不可能有阴燃的可能性,没有阴燃的时间和痕迹。我们从起火点的部位看,没有使用大功率的电器设备,也就是说排除了电器火灾的可能。

张晓楠:就它一定是有明火?

蔡志杰:对。着火点这个部位,碳化物当中发现和提取了三个打火机的防风罩和两个打火机的弹簧。

旁白:在现场,蔡志杰还原了火灾的路径,起火点是一楼客厅的沙发。

第一章　视频采访的最高标准

蔡志杰：这个沙发这个地方是最严重的。

张晓楠：所以你们判断基本上就是从这个沙发开始烧起来的？

蔡志杰：对。它整个的这个屋子里头，它有桌子、沙发，这里面也有，它整个烧燃以后，它这个蔓延，烟火辐射、蔓延，包括它向上，向东。

张晓楠：我看这个地方，怎么还是白的，这块还特别黑？

蔡志杰：这个地方它是，你看，火焰大它烟反倒少。

这里，采访记者依据逻辑方法，引发受访人从科学常识的角度为受众破解疑团。科学常识有时候刚好与生活常识相反，比如说，着火点呈浅色，而其他地方却是黑色的，经由科学解释，受众才能懂得，火焰大的地方，烟反而少。如果采访人注意不到这个细节，没能调动受访人进行逻辑分析，受众便会忽视这个问题，或者注意到了这个问题却不能解开疑团。

要说明的是，常识判断和逻辑推理最终都应该得到证据支持。

在《再访淮河》那期节目中，王志必须用证据说话，对自己的常识判断加以证实，所以记者团队费尽周折，找到了周口味精厂的隐秘排污口，并且赶在采访之前取样做了化验。

在第二天的采访现场，加工厂厂长信誓旦旦地说：本厂是达标排放。他还接了一杯淮河水，当众喝下，但王志却拿出了污水取样的检验报告。

在科学证据面前，厂方只能默认撒了谎。

四、用事实说话

视频采访人对所有要报道的内容，都应该做调查采访，而不是坐在工作室里拼凑材料，草率地制造视频。许多时候，搜集证据的调查采访极为困难和复杂，需要耗费大量时间和精力，长途跋涉，多方求取证据。但要实现用事实说话的高标准，必须知难而进。

 视频采访实务

请看 2006 年冬天《焦点访谈》播出的《追踪陈化粮》。

陈化粮不能给人吃,只能做饲料,但有没有人会贩卖陈化粮给人吃?长春万顺华饲料加工厂已经停产,不再生产饲料,却在大量购进陈化粮,他们要做什么呢?在他们的加工厂仓库中,记者看到一辆辆装满陈化粮的大货车,于是决定跟踪调查,看看它们到底要去哪里。

记者选定了两辆可能同方向行驶一段路程的货车,开车紧跟其后。两辆车上了从长春开往沈阳的高速路,司机在公主岭服务区吃完晚饭,继续向着沈阳方向前行,进入辽宁境内,两车分道。记者数量有限,证据不必贪多,如果可以证实其中一辆货车有问题,另一辆以及其他车辆的问题可想而知。于是,记者选定了跟踪蒙 E28315,它的时速只有 30 公里。

午夜时分,蒙 E28315 开进沈阳辽中县的杨士岗镇,那是粮食加工集散地。记者看到,马路上停了好几辆运稻谷的大车,马路两边有很多粮食加工厂。

蒙 E28315 停在强盛货物配载经营部院内,没有卸货。记者便在那里蹲守。早晨 6 点,这辆车出来,开进了星辰粮谷加工厂,把陈化稻谷卸在空地上。上午 10 点,记者进入厂房,那里堆满了一包包从长春运来的陈化稻谷,车间里,工人们正在用陈化稻谷加工大米。记者证据在握。

加工厂这种违法行为会危及消费者的健康。记者回到长春,向工商局进行了举报。第二天,记者随吉林长春工商局绿园分局市场科科长焦明喜,来到了万顺华公司的饲料加工厂。于是,我们看到了管理者的态度。

记者:你原来到这儿看过了,是吧?

焦明喜:看过了,不看我能找到吗?

记者:原来看的时候这里面就加工饲料吗?

焦明喜:对啊。

旁白:有意思的是,这次看到的和记者在两天前看到的情况完全不一样,果真有人在生产饲料。但是记者发现,这些加工饲

第一章 视频采访的最高标准

料的设备虽然在转着,可设备上却布满了蜘蛛网,不但设备上布满了蜘蛛网,而且连控制设备的电器开关箱里也布满了蜘蛛网。

记者:天天用着怎么还有蜘蛛网?

焦明喜:没事。

记者:你看这个是不是蜘蛛网?

旁白:看来这些尘封已久的设备刚启动不久。

记者:第一批现在入库多少,出了多少,你们现在清楚吗?

焦明喜:那个单子单位不都有吗?资料现在还不太清楚。

记者:他现在已经产出多少饲料了,你不清楚吗?

焦明喜:你是不是采访我?我不能跟你说。

旁白:按照国家有关陈化粮的处理规定,要加大对陈化粮销售、出库、运输、加工和使用等各环节的监督检查力度。当地的工商局有监管陈化粮的加工和使用的职责,但是当地的工商局不能确认饲料厂目前已经生产出了多少吨饲料。

记者:你能确定它一直都在生产吗?就是你确定他们这个工厂一直在生产饲料吗?

焦明喜:那肯定的,我来他这儿那就是饲料加工厂,他肯定生产了。

事实胜于雄辩,具有昭然的力量。在确凿的证据面前,管理者的谎言,不堪一击。要戳破假象,最好的办法就是用事实说话,证据是最有力的武器。

五、由质疑引发思考

美国人本主义心理学家卡尔·罗杰斯和管理学家弗里茨·罗斯利斯伯格合写过一篇论文——《交流的障碍与通道》。他们提出:只有 A 说服了

B，让 B 相信自己说的是真话，交流才是成功的；同时，只有当 B 能让 A 说出真实想法和感受，并且不在意 B 是否相信时，交流才是成功的。

由此看，许多视频采访并非成功的交流，它们只做到了采访人让受访人说出经历和感受，并且不在意采访人是否相信，受访人往往消除不了采访人心中的疑问，无法让他相信自己说的是真话。而且，这种没能成为成功交流的采访，恰恰才是视频采访的最高境界，因为采访人始终在质疑。从媒介的社会功能上讲，质疑远比相信和赞誉的价值高，它的终极目的是戳穿骗局。所以说，采访是一种特殊的交流，交流虽失败了，采访却因为质疑而获得了成功。

事实上，对受访人提供的信息保持警惕是造就优质采访视频的前提。

视频采访的主要信息是从受访人那里得来，采访人把受访人请到镜前，等于是把话语权单独交给了对方，如果不加质疑，那就意味着采访可能被受访人利用。受访人的媒介责任是讲真话，采访人的媒介责任是不让受访人说假话。如果注意到对方在说谎，不能默许，否则会让受众误以为受访人说的是真话。

采访人的终极目的是求取真相，在采访人和真相之间存在许多路径，质疑便是直达真相最短的那条直线。

对于有些质疑，受访人不愿回应，采访人却不能因为他们不愿回应就放弃质疑。新手在采访时总有一个担心，害怕质疑会惹恼受访人。其实，质疑常常会带来两种效应：一是极大刺激受访人发声，他们有可能大怒，但为了减轻或消除质疑，他们必须积极表白，采访便成功了；二是威慑受访人，让他们意识到，一个充满怀疑精神的人不好骗，迫使他们自觉地避免说假话，防止被当众揭穿。所以，该质疑的时候就要大胆质疑，质疑不一定比配合顺从的结果差。

这里要注意三点：第一，优质采访视频中的质疑是秉持客观立场，提出尖锐的问题，尽管意志上坚定执着，态度上却要谨慎克制，不能声色俱

第一章 视频采访的最高标准

厉、大吼大叫;第二,受众在观看视频采访的时候,也会对受访人抱有疑问,但来自受众的有些质疑并不可取,采访人必须在受众的好奇心和受访人的权利之间取得平衡;第三,尽管含有质疑精神的采访被视为上乘,但质疑不是每一位采访人的"人设",也并非每一次采访工作中的必需,许多采访只需要好奇的探寻并展示出事实。

优质采访视频还有一个特点,就是经由质疑,引发人们对社会问题的思考。

在2003年"非典"时期中央电视台《面对面》栏目对钟南山院士的专访中,王志把广州经验撇在一边,请钟院士阐述广州教训。

王志:广东的经验和教训都是非常值得总结的,那么广东的经验教训是什么?

钟南山:我想广东的教训就是说,当发现了这个病人在早期有一些共同的规律,特别一开始发现到病人已经有了所谓两个聚集性——一个是传染性和一个是致命性——这种情况来说,是不是应该更早地能够采取一些行动,组织更多的人力来进行研究,同时及早地报告给世界卫生组织以及中央。我相信这个工作,报告中央以及组织,这个工作已经做了,但是如何跟国际上接轨,因为这个是人类的疾病,一旦有这一类的疾病,它根本不管你国界的。过去由于各种各样的原因,经常我们国家就是要保密,或者要自己搞,自己解决。这种做法在当今已经不合适了,这个首先在我们政府有关部门的思想首先要想得通,这是一个学术问题,所以这条我想应该是一个很主要的教训。第二个就说明我们广东也包括全国的预警系统是非常薄弱的,或者说很缺乏的,我们没有一个临时的对某个灾害或者某个病,或者是某些意外的情况,特别是涉及我们健康情况的一个比较完善的预警监测系统,监测谈不上,预警就更谈不上。

钟院士说出的两点教训，如果不能引发社会思考和机制改良，日后当遭遇同类瘟疫灾害时，我们还会遭受重大损失。而最好的采访视频总是这种能够引发受众和社会进行反思的作品，因为能够促发社会思考，所以它们具有更大的社会价值。

六、弄懂一个讨厌的人而不是讨厌这个人

与弄懂一个讨厌的人比起来，对这个人表示厌恶其实很简单，直接暴露其令人讨厌的言行就足够了。颇为遗憾的是，我们讨厌一个人常常发生在尚未弄懂这个人的情况下，于是我们会忽略这个人让我们厌恶的真正原因。媒介的最高使命是弄懂一个人，弄懂其何以做出令我们不齿的事情，而仅仅表现出对这个人的厌恶其实是视频采访人的能力不足。

2019年，姜思达工作室与腾讯新闻合作出品了《仅三天可见》第一季。姜思达确信，弄懂一个人至少需要三天时间，同时可以说，最多不会超过三天时间。于是，他在八期节目中先分别与八位明星相处三天，再分别对他们做一个专访。

其中，第三期的采访对象是明星编剧Y，许多人不喜欢他，而且明显看得出来，姜思达也对他并无好感。在一个片场临时搭建的休息帐篷里，姜思达第二次见到Y，Y在喋喋不休地教训演员，问对方"你听得懂吗"，强调"我管你们怎么看我……别人怎么看我其实没那么重要"。紧接着，要吃午餐了，Y表现得更是令人惊诧。

Y：来呀来来，别客气别客气别客气，姜思达你可以有两份儿啊。

姜思达做出一个略带讽刺意味的鬼脸儿。

Y：没有没有没没我跟你说呀，你胖和瘦差不多，所以可以可以多吃一点儿。

第一章 视频采访的最高标准

姜思达：老师，我们只不过见第二面而已。

Y（压过姜思达的声音）：其实我也一样我也一样。哦是是是。哦但是我跟你讲一个实话啊，因为我是个编剧、制作人，我见过好看的太多了，所以不能以我的标准为标准，也许你在普通人眼里也还可以，好吗？可以吗？

姜思达忍不住扭脸朝一边不出声地笑。

Y（指着姜思达对一名男演员说）：观察人物，演一下他。

男演员笑而不做。

Y：我给你出即兴，你这很厉害的。来来来，秀一下。

姜思达（问男演员）：是不是你不好意思演？

男演员：不好意思。

姜思达：因为会把我演得很丑态百出，是吧？

Y：没有没有没有。

姜思达：好。好。呵呵呵。

Y：来来来我们看一下来来好吧，拍拍手。常铖，你很厉害的。

姜思达：哎Y老师，你这让我，我们两个都很尴尬这样。

男演员：不行不行。

姜思达：你真不行，是吧？

Y：所以他只能演个龙套了，你明白吗？

在另一个场景中，姜思达喝着饮料，旁观两位编剧与Y谈剧本，经常是一个问题悬在那儿还没回答，Y便长时间看着手机，聚精会神地回短信，把两位编剧晾在一边，如同其他人谁都不存在。此时，姜思达已经确信，Y不是仅对他如此，他对谁都是这样。

在杭州大剧院休息室，Y心无旁骛的样子，更是令人称奇。

Y从茶几上拿起一份节目单。

姜思达：你之前做过舞台剧吗，话剧什么的，Y老师？

Y（看着节目单自语）：噢，《遗愿清单》啊。

姜思达：Y老师？

Y（看着节目单自语）：《遗愿清单》我也看过。

姜思达（向其低探身，仰视其脸）：你做过话剧什么的吗？

Y（翻着节目单自语）：《白夜行》我也看了，韩雪演的那个。

姜思达扭脸看摄像头，笑，然后做鬼脸。

两人从走廊走向剧场。

Y：我们总算可以看戏了，哦考验你文化程度的时候到了啊，考验你文化，文化程度的时候到了。

看过这些段落后，恐怕没有人会喜欢这位明星编剧。通常，这就是绝大多数采访视频的结尾，呈现出一个令人生厌的形象，其最终目的是引起受众对这位明星编剧的厌恶。但这不是采访视频的最高境界，媒介的最高标准是弄懂这个人，弄懂他为什么会口无遮拦、似乎不会尊重别人。

在后续接触中，姜思达陪天生恐高的Y去了游乐场。Y为了克服恐高症，做了两个高空游戏。他总是不会使用安全保护装置，像孩子一样紧张，大声呼唤服务员过来帮忙。姜思达偷偷冲着摄录机笑，Y并不觉得自己不像成年人是一件难堪的事，他也冲着摄录机摆出卖萌的姿势，一脸天真可爱。在空中，Y竟然表现出难以见到的热情，像孩子一样天真地与姜思达交谈。两个游戏后，Y表示要吐了，不想再参与游戏，但姜思达故意说自己还想玩，但不好意思让Y等，而Y的反应中居然不见了自我中心意识，他甘愿坐在"海盗船"下等。随后，姜思达鼓动Y去开碰碰车，Y不会系安全带，在服务员帮助下系好后，又大叫"好害怕"。姜思达开玩笑地告诉他，害怕就哭出来，Y仰面大喊两声，然后朝摄录机说，"待会儿丢脸要帮我剪掉"。结果，游戏开始后，姜思达自如驰骋，Y却只会左右

第一章 视频采访的最高标准

乱打方向盘,始终在原地动弹不得。他不停地大喊着,"为什么动不了""为什么我不行呀",直到游戏结束。看到这里,我们已经可以明白,Y的技能让他成了明星编剧,但在心智上,他只是一个孩子。前面那些令人生厌的言行,放在孩子身上,其实一点儿也不讨厌,相反可能是天真可爱的。遗憾的是,他已经是一个成年人,而且是一个社会名流。

在最后的专访中我们可以得到这样的信息:(1)他非常能吃苦,在已经可以过好日子的时候,依然住廉价的招待所,坐经济舱,他担心舒适会让自己倦怠;(2)工作是他的一切,只要紧张、失眠、不愉快,他便投入忘我的工作。

听到这些信息,我们会不会觉得,先前对他的厌恶太草率了?

看完这样的节目,我们会不会觉得,姜思达的采访很谨慎也很高级?

七、合理的情绪控制

这个问题涉及在采访中遇到令人愤怒、感动、悲伤的情况时,采访人呈现的状态。所有非视频采访在进行编辑时,都可以通过转述或剪裁,彻底去除采访中的情绪错误,可是出镜采访过程中的情绪错误却无法被掩饰,会造成很大的麻烦。如果是直播,情绪失控会一览无余,无可挽回。如果是录播,尽管可以剪除错误,但这意味着,采访人会在较长时间里缺席,受访人的言谈举止将会变成没有对手的独白,节目质量就会大幅降低。因此,采访人在视频采访中合理的情绪控制显得非常重要。

大凡优质的采访视频,它们的结果可能是诱发情感,但并非它们的任务和目的,其任务和目的只是探索真相。柴静曾说:"人性中非常难克服的部分,尤其是当有大事件发生时,当很多人都渴望你替他们表达情绪时,这对记者是一种巨大的诱惑。但现在我慢慢意识到,记者要表达的是事实

而不是情绪。任何情绪都可能成为你采访中的障碍。"① 也就是说,应该把客观探求真相放在首位,情绪本该是这个过程中的自然流露,但视频采访人必须控制情绪。

在批评报道中,采访人经常会碰到令人愤怒的言谈举止,此时尤其要注意情绪控制。有的采访人因为厌恶而失去冷静,使用贬损词汇和挖苦语调,显现出对采访对象的不屑和蔑视。有的采访人因为愤怒而气急败坏,与采访对象高声争吵,甚至是对骂。这可能使一部分受众感到痛快,认为采访人爱憎分明,具有强烈的道德意识,但这么做却严重降低了视频采访的质量,使情感宣泄大于信息披露。而符合大众传播原理的做法是,呈现事实,让受众去判断谁是谁非。

在感动这个问题上,数码媒介时代的视频采访人可以更率真。

在过去的电视节目中,那些高标准的优质采访总是促使受访人和受众感动,采访人只是感动的诱发者和旁观者,多矜持于感动之外。

2003年,刘欢发行了全新翻唱的《六十年代生人》专辑,《艺术人生》决定第二次采访刘欢。同一嘉宾重上同档栏目,是谓"嘉宾返场"。制作这样的节目难度很大,因为嘉宾的全部有效信息在他第一次做客时几乎已经穷尽。

经与策划人商议,节目组确定,要以重现20世纪60年代的生活故事为主线,辅以制造重逢手法,营造一次集体感动。在录制现场,在朱军和刘欢畅谈了共同经历过的岁月留给他们的美好往事之后,全场情绪温度升高,朱军招呼了一声,"同学们都站起来吧",刘欢的十几位小学同学在观众席中呼啦啦站了起来。刘欢与他们已经三十多年没见过面,他惊讶地望着"从天而降"的老同学,然后双手捂脸,流下了热泪,许久说不出话来,现场观众无不为之感动。

---

① 柴静:《记者要表达的是事实而不是情绪》,《中国青年报》2011年10月23日第03版。

第一章　视频采访的最高标准

此情此景中，朱军是唯一的静观者。如果他也情不自禁地跟着感动，视频采访效果就会大幅减色，类似相声演员在逗大家笑的时候自己也笑得不成样子。

但是在数码媒介时代，视频采访人在很大程度上已经去职业化了，他们可以像生活中的普通人一样，感动就是感动，没必要控制和掩饰。

《仅三天可见》第一季第七期中有一个姜思达专访柳岩的片段，姜思达的流泪至少触发了笔者的感动，让笔者同样热泪盈眶。

姜思达：如果在你面前是十岁的你，你愿意跟她，说些什么吗？

柳岩：十岁的我特别优秀的。

姜思达：嗯。

柳岩：嗯。哈，嗯好，我想到了。差不多那个年龄段吧，我想跟她说，嗯柳小岩，嗯你现在开始要进入青春期了。我知道你会很有自尊心，我也知道你想有一个自己单独的房间，嗯但是不要嫌弃跟你外婆睡在一张床上，那并不代表你失去了自我，也并不代表，你没有在成长。嗯，因为你这个决定会让你外婆就是说离开你。我小时候做了件好蠢的事儿。就是那种青春期的时候，就是嗯，我不愿意跟我外婆睡一张床上，但是我们家很窄，然后就是因为我我还把那个什么床单，隔了一个帘子，就觉得我睡这儿你睡那儿。但是有一次我外婆翻身的时候，她的脚就是直接，碰到我的嘴角。我当时就，好难受我就说，我说我不要了，我这么大了，我为什么没有自己独立的床，为什么哥哥有，然后我就大发雷霆。后来隔两天我外婆就回乡下了，然后再也没回来过。（双手抹去眼泪）

姜思达：嗯。

柳岩：而且她是，父母工作很忙她一直陪伴我，度过我整个

的哦,整个的小学时光。

柳岩:我外婆,弥留之际的时候知道我来了,已经不能说话,她是抖着把自己那输液管给拔了,然后眼睛流着眼泪,她眼睛已经看不见了那时候。然后包括最后,我自己用我自己所有学医的技能给她插胃管,给她打流食,包括她最后临终的时候我给她做人工呼吸,嗯,一直到把她送走。我觉得,我我特小时候那种,最抱歉最抱歉的那种事情,就是对我外婆,对最亲的人,我把,永远把最坏的脾气,最不应该展示的真性情,展示在亲人身上,就特别特别抱歉。

姜思达:就是……(笑着,下颌挂着一滴泪,右手抹去右眼角里含着的泪)

柳岩:就家人才能让自己哭,你知道吗,就现在你再怎么坚强,就是,很多的舆论攻击,你自己你有心理准备,你有你有盔甲,可是家人没有盔甲,而且还是你拿着那根长矛去,伤害家人,那就是很难过的事儿。

看原视频,要比看干巴巴的文字感动。在那种情况下,如果采访人始终冷眼旁观受访人,那就太不近人情了。在非新闻类视频采访中,朴素的非职业状态更为可贵,它应该把视频采访人还原为活生生的一个人。

对新闻采访人而言,悲伤情绪的流露必须有充足的理由。

2008年,在汶川大地震后第七天,中央电视台新闻记者李小萌在北川进行采访报道时,路遇肩挑扁担徒步逆行返家的朱大叔。他的家已被夷为平地,但他想回家去收菜籽儿,为了以后的生活,也为了少给政府添麻烦。作别时,朱大叔转身说,"谢谢你,操心噢"。望着朱大叔越走越远的背影,李小萌忍不住失声痛哭。这个情绪凸显的段落被完整剪进了《路遇》短片,在新闻频道播出后产生了超强效应,也在互联网上被大量转发,感动了许多人。

第一章 视频采访的最高标准

李小萌的哭，是情绪积累的自然流露，是对朱大叔那番话的情感回应，最重要的，是对灾区人民的苦痛和坚韧精神的感动。这个情绪宣泄恰到好处，它没有破坏采访效果，却促发了强烈的情感共鸣。试想，如果李小萌严控情绪，平静地与朱大叔挥手告别，最后也没落泪，这样能否强化受众对朱大叔的转身、眼神和最后那句话的印象，是否有助于读解大灾大难中那种朴实的坚强？再试想，如果李小萌在采访了朱大叔几句之后便控制不住哭了，并且一直在采访中流泪，那样会不会冲淡受众对朱大叔的关注，把注意力全放在自己没完没了的哭泣上，并很快产生厌烦感？如果缺乏采访铺垫，缺乏朱大叔转身时的那句话，采访人为之哭泣便缺乏了启动逻辑。所以说，在视频采访中，悲伤情绪的释放和控制不仅需要一个恰当的时间点，而且需要恰当的程度。

需要注意的是：当受访人在悲情中表现出坚强，采访人便可以在坚强面前表现出悲伤；当受访人显现出极度悲伤，难过流泪，采访人就要控制好自己的情绪，不要只陪着流泪，正确的做法是给予对方安慰，缓和其情绪。

另外要提醒的是，当受访人表现出悲痛，忽然流泪，没有经验的采访人会不知所措，不敢再问下去。要知道，绝大多数人都有宣泄悲情的心理需求，他们需要采访人帮助自己宣泄出来，只要他们没要求停止追问，采访人就可以继续采访。

八、受访人的回答与采访人的提问

在第一章的最后，我们应该解决这样一个问题：受访人答访的质量与采访人提问的质量究竟是什么关系？

我们常常听到这样一个励志的说法：你的投入决定你的收获。受访人回答问题的质量取决于采访人提问的质量。如果提问枯燥乏味，回答也就

 视频采访实务

会枯燥乏味，只有高质量的提问，才会成就高质量的采访。这个说法并不完全正确，但也不是全错，只是太过绝对。

我们来看这样一个案例。

2003年6月26日，德国总统劳在总统府草坪向1000多名获得洪堡奖学金的中外学者和留学生发表演讲。记者们事先已被告知，总统不接受采访。但演讲完毕，总统忽然向听众区走来，这是事先并没安排的程序。

实际上，政要活动中经常出现这样的插曲，记者有可能在他们即将离开前抓紧时间，完成一个短促的采访。不过要知道，政要参加完活动，其工作重心会立即转移，记者能否抢访成功，完全取决于能否当即提出有质量的问题，这种问题旨在获取简短却又包含实在信息的回答。

当时，我们中央电视台记者立即上前，大声问道："总统先生，我是中国中央电视台记者。在今年获奖的学者中，中国学者获奖的人数居各国获奖学者之首。对此，您有何评价？"这是实打实的问题，没有脱离现场情况，又与中国观众具有相关性，而且易于总统回答。于是总统说："中国学者和中国留学生非常勤奋，非常聪明，目前在德国留学的中国学生有三万人，我有一个梦想，就是想让德国成为中国留学生最多的国家。"可以看到，这是好的问题，也获得了好的答案。

看到其他国家的记者一拥而上，我国记者赶紧又问："总统先生，您怎样评价目前的中德关系？"这个问题远离现场环境，范围扩得太大，不可能获得有价值的回答。这说明，不恰当的提问无法获得包含实在信息的答案。

这个案例证明，问答质量成正比，那个励志论断可能是对的。

但问题是，在更多的时候，这个正比关系并不存在。大量的视频采访实践告诉我们：假如受访人的镜前表达能力很差，优异的提问不一定会获得优异的回答；假如受访人的镜前表达能力很棒，优异的回答不一定取决于优异的提问。也就是说，受访人的镜前表达能力是视频采访能否成功的关键，采访人的优质提问可能会助长采访对象的回答质量，也可能完全无

第一章　视频采访的最高标准

能为力。但是，我们要注意到，尽管优质提问不一定获得优质回答，但如果优质问题存在，采访就会好看。

2018年，在中国（深圳）IT领袖峰会高端对话环节，数字中国联合会主席吴鹰向腾讯董事会主席马化腾提了一个有意思的问题："科技如此发达，假如未来有一天你和马云互换了大脑，你会怎么做？怎么带领阿里？"问题一抛出，会场就爆发出热烈掌声。但这个问题太难了，不是答问高手，很难出色地回答。事实上，马化腾避开了问题，谈起了参会感触，说未来朝生态方向发展，不是完全的竞争状态。吴鹰没有得到正面回答，便阐述了提问的意图："我是想问问马化腾，如果你站在了马云的位置上，会不会让腾讯和阿里的资源进行共享？"这是对前一个问题的直白通俗的翻译，但依然尖锐得难以回答。在很多领域，腾讯和阿里是竞争对手，换位思考并实现资源共享，谈何容易？马云没来参加这次对话，虽然他是回答问题的高手，但这个问题对他来说同样不好回答。总之，吴鹰的优异问题难倒了受访人，却留给了受众一个思考。

所以，不能因为优质提问不一定可以获得优质回答，便放弃对问题质量的推敲。姑且不谈回答效果，首先设计出好的问题就应该是一种职业化的自我要求。

赵忠祥在做记者的时候，一次要去精神病院采访一位女患者，编导提供的采访问题是："你什么时候得的精神病？"赵忠祥觉得，这样的提问生硬粗暴，缺乏善意。在实采中，他把问题分成了两个：一是"你在医院住多久了？"二是"住院前觉得怎样不好？"问话的信息含量是一样的，但问题的表述方式却包含更多温情，受访人不会觉得被冒犯，受众也不会觉得采访人无礼。

有时候，好的提问可以单独构筑视频采访的主体，无须受访人过多的表现。也就是说，受访人哪怕语言表达能力不强，甚至是根本不会说话的动植物，恰到好处的提问也会产生绝好的效果。

视频采访实务

2018年，中央电视台综合频道《加油向未来》第三季的一期节目全程展示了中国农业大学生物学院李赞东教授在实验室完成的首例小鸡无壳孵化实验，李教授带着名叫"小茶缸"的小鸡来到了演播现场。片尾，撒贝宁弯下身，双手捧起小鸡，说"小茶缸，加油哎，你可是中国第一只无壳孵化出来的小鸡儿"。此时，背景音乐起，撒贝宁继续说："你要知道自己身份的特殊哦，你承载的可是非常重要的科研任务噢，啊，希望通过你，能够为我们解读更多生命的奥秘，好吗？听懂了就张个嘴好吗？"小鸡在撒贝宁手上的时候，偶尔会张嘴鸣叫，撒贝宁在提出"听懂了就张个嘴"的请求后，很有可能恰好得到小鸡的回应。

在编导剪辑的三个中近景镜头中，小鸡昂首张嘴鸣叫，背景音乐达到高潮，撒贝宁对小鸡的提问完美奏效。

在我们中国，电视采访时代留下了一些"清规戒律"。其实，许多广泛流传的观点都不应该是僵死的定论。比如说，视频采访的提问必须简短。实际上，一些采访中常常会出现带有一定背景信息的提问，这样的问题，富含信息，自然会长。在撒贝宁对物的这段提问中，背景信息的核心是"希望通过你，能够为我们解读更多生命的奥秘"，如果没有这个必要的铺垫，只用最后一句提问，根本不可能出现效果。

下面我们再来看一个平凡提问获得绝妙回答的例证。

1997年秋天，在中央电视台播出的纪录片《背负着民族的希望》第六集《心系国土》中，记者采访了阿拉善沙漠中的一位排长。

　　记者：结婚了没有？

　　排长：结婚了，时间不长……在家待了27天就回到边防了。

　　记者：那你就说几句吧。

　　排长：家里能看到吗？

　　记者：我想能看到的，你就讲几句吧。

第一章 视频采访的最高标准

排长：那我就不讲了。

记者：为什么？

排长：免得她看到心疼。

排长最后的回答出人意料，本以为他问家里人能否看到，是准备跟家里人说话，没想到的是，他是怕妻子"看到心疼"。记者的两个提问和一个重复性的请求，平凡得不能再平凡，他预想的恐怕不是排长这个意外而又动人的回答。

凤凰卫视主持人曾对北大原副校长季羡林教授进行过一次采访，其中一个问题带有一定程度的诱导性，但季羡林的回答根本不在主持人的预期之内。

主持人：您放弃了国外优越的工作条件，回到中国，到底是什么驱使你回国呢？

季羡林：钱多。当时，一个副教授五十元，一个正教授八十元，而当时一石谷只两元钱，薪水和物价实在很悬殊，因此选择了回国。

此时，采访人这种提问显然不是想得到这样一个看似"没有社会责任感"的回答。面对这样一个可以借机拔高自己的提问，受访人通常也不会放弃高调表达。但季羡林如此直白的回复，尽显其率真个性，他并不附和媒介需求，也不在意受众如何看他。这个"俗到家"的回答却使这段采访显得格外不俗。

主持人：依您看，北京大学怎样才能成为世界一流的大学？

季羡林：北京大学本来就已经是世界一流大学，还不存在如何成为的问题，但要更进一步，主要是钱的问题、教育经费的问题。如果没有钱，就请不到好教授，就不能把学办好，其他什么都是空话。现在讲教育是什么什么都是假的，投入不增加，说得

再好听都是假话。

主持人：您认为怎样才能当好北大的校长？

季羡林：会弄钱，就是能把经济提高，把教育经费提高。

这两个提问完全算不上好问题，但都得到了出人意料的回答。老教授直率务实的个性给受众留下了深刻印象，受众对他始终不忘"钱"字而且丝毫不做遮掩感到忍俊不禁。

在2004年雅典奥运会上，胡佳夺得了跳水10米台金牌。请看央视记者对他的采访。

记者：你们跳水运动员在比赛中感到最困难的是什么？

胡佳：就是控制和调整自己，而且要在一秒钟的时间里做到这一点。

记者：一秒钟的时间很短，你来得及想这么多事情做这么多事情吗？

胡佳：一秒钟的时间对我们来说不短，在比赛中，我们甚至感觉它很长，什么都来得及。我五岁半学跳水，到现在16年了，16年就是为了一秒钟，为了奥运会这10个一秒钟。

记者的这两个提问太平常了，但胡佳的回答却是对时间问题的哲学展开，他把一秒钟理解为很长的时间单位，并把漫长的16年锻造和短暂的一秒钟绽放联系在一起，充分表现出了思想和表达的智慧。

再看2016年记者对傅园慧的采访。傅园慧在里约奥运会女子100米仰泳半决赛中位列第三，晋级决赛。当时，她刚从游泳池方向走过来，便被记者拦住了。

记者：你游了58秒95！

傅园慧：58秒95啊？我以为自己是59秒，我有这么快？我很满意！

第一章 视频采访的最高标准

记者：你觉得今天这个状态有所保留吗？

傅园慧：没有保留！我已经用了洪荒之力了！

记者：我们知道其实这一年你的身体状态不是很好，走到这一步非常难，现在恢复到以前的自己了吗？

傅园慧：这已经是历史最好成绩了，我就用了这三个月去做恢复，鬼知道我经历了什么，真的太辛苦了，我真的有时候感觉我已经要死了。我当初的训练真是生不如死，今天的比赛我已经心满意足了。

记者：是不是对明天决赛充满希望？

傅园慧：没有！我已经很满意了！

记者的问题毫不新奇，他似乎也希望傅园慧能向上拔拔高调，但傅园慧完全不按套路走，她上气不接下气，对成绩喜出望外，然后是有啥说啥。这种无所顾忌的率真表达立即在铺天盖地的奥运报道中被网友识别，并捧上了头条，而且被制作成各种表情包。同样是这些问题，如果采访另外一位运动员，也许毫无效果，沉闷无聊。所以，请忘记那些励志鸡汤类的采访专著和论文。事实上，受访人表现得好，并不一定是因为采访人的提问好，而只是因为采访人意外选对了受访人。

2017年春节期间，中央电视台播出了街访《家是什么》，其中有一段记者对包林伟的采访。包林伟是在外打拼多年的回乡者，他说每年回家时，一到村口就不想再坐车，想下车走路。

记者：你走那段路的时候都在想些什么？

包林伟：看着，想着，闻着，这片土地的气味挺好。

记者：是什么味道？

包林伟：小时候的味道。

这个回答并非"是什么味道"这种简单提问所能获得的必然答案，这样的提问获得的回答有可能平庸无奇，却也有可能如此精彩，但其好坏并

不取决于采访人,而是完全在于受访人的自主表达。

我们是否也看到过这样的论断:提问的性质决定回答的性质,挑衅性的提问会招致防卫性的回答,诙谐的提问会得到诙谐的回答。事实上,挑衅性的提问既可能引起进攻性的反问,也可能获得顺从性的坦白交代,而防卫性的回答也未必就是因为提问具有挑衅性。另外,诙谐的提问时常遭遇干巴巴的回答,幽默的回答也不一定源自诙谐的提问。

在普京的一次年度记者会上,美国记者问及俄罗斯是否会干涉美国大选。这个问题因为已经无数次出现而显得平庸,具有挑衅性,且一点儿也不诙谐。普京听了问题,故作认真地捂住话筒,侧过身,低声说:"我告诉你个秘密,是的,我们肯定会这么做的……不过,这么说完全是逗你玩儿,不要告诉任何人,好吗?"普京并无实质性的回答,只是开了个玩笑,却成就了这个陈旧乏味的问题。

为什么要在第一章里谈及这个问题?笔者的主要目的是告诫视频采访的学习者:当我们设计了最好的问题却没能得到最好的回答时,不要沮丧,这很正常。我们要坚持不懈地努力设计最好的问题,实践证明,平庸提问获得平庸答案的概率更大,而只要有了上乘的提问,哪怕回答是平庸的,采访视频依然可圈可点,发人深思。而在平淡无奇的简单提问获得了意外惊喜的时候,我们除了应该知道这是受访人的功劳,还应该总结一下,那些看似一般的提问是否在方向上协助了受访人的表达。这涉及提问意识是否正确的考量。在很多时候,视频采访交流的重点不在于展示自己的提问,而是用提问去提高与受访人的谈话质量。也就是说,在悉心设计自己的提问和倾心助推受访人的高质量表达之间,我们要谋求某种平衡。

第一章 视频采访的最高标准

▶ 本章最后要说的话

在一个采访视频完成线上初期传播之后,一定要认真做一番自我评估,看看它是否接近本章所讲的最高标准。如果差距很大,要仔细想想,如何调整才能在日后的努力中一点点改进。要知道的是,初学者很难企及这些最高标准,甚至许多经验丰富的采访前辈也未必能达到这种高度。果真如此的话,我们可以退而求其次,认真学习第二章以后的内容,让自己至少达到及格标准。同时,要告诫自己,尽管绝大多数采访视频不可能达到最高标准,但这些标准仍是采访人的努力方向,离它们越近越好。

本章思考与练习

思考题

1. 面对一个三缄其口的受访人,采访人在试着首先打开自己时,应该注意哪些问题?

2. 试想,如果采访人在质疑受访人时表现出激愤,受众会有哪些反应?

操作题

1. 在互联网上找到一个采访视频,比照本章八条标准,检测其是否达标;如果没有,分析一下差距在哪里。

2. 想想谁是你最喜欢的视频采访人,比照本章八条标准,分析这位采访人的采访表现。

第二章　采访视频的最终完成

> **本章提要**
>
> 从这一章开始，我们将由视频采访的尾部事务，开启我们的研习。首先要明确了解的是，视频上线传播不需要我们做的是什么，需要我们做的是什么。而后是深入制作实务的内部机制，理解视频采访在各类定型产品中的实际作用，注意采访工作的目的性。前两个认知基础奠定之后，可以反推出，我们应该为视频采访素材做出怎样的后期编辑。另外，对于学习者而言，非常重要的一点是，要注重在视频采访的后期编辑过程中，认真总结，发现和反思采访工作中的失误。这是最容易被忽视却又是效率最高的学习方式。

视频采访的编辑完成、上线传播、形成扩散，是视频采访实务的尾部问题。我们首先从尾部入手，掌握其基本形态、目的、特性，以便在后续章节中准确把握，为实现其定型、达成其目的、表现其特性，我们应该如何着手去努力。

第二章　采访视频的最终完成

一、视频采访的最终应用

在过去，电视采访素材经过编辑，或与其他素材组合，构成另一个节目，或自成访谈节目，这便是它的终结。所以，电视采访在备播的时候，其作品创作已全部完成。但现在，视频采访最大的变化是，即使到了上线传播启动的时候，它的创作仍未完成，已经完成的只是自制部分，来自受众的后续补充信息和评论信息也是其内容生产的重要组成部分。也就是说，上线后的视频采访信息只是舆论引子。结合日后来自受众的信息看，我们的自制采访内容不一定充分。

这个变化带给我们认知上和实务操作上的一系列重大变革，无视这个变化且墨守成规，我们的工作将会丧失成效。

首先，单个的视频采访作品无须完整、面面俱到，它可以很短，而且最好不要长，长作品不仅耗费受众的耐心，而且会堵死他们积极补充信息的空间。在互联网时代，内容生产者不能仅仅专注于信息推放，调动受众的互动激情同样重要。视频采访自制部分的任务是，提供原动力，激发受众的参与热情。

有人可能会有疑问，如果所有视频作品都很短，是否会破坏事实的完整性？要注意，这里说的"短"，是指单个作品要短，不是说不能由多个视频组成长系列。最好的操作是，把一个事件拆分为多个单元，每个单元分别制作出独立的采访视频，然后为每个视频拟定准确的标题。这样便于受众寻找他们最想收看的几个，也为那些希望掌握完整信息的受众提供整个系列。

其次，如果针对采访对象制作单个视频，最好在所有可采内容中选定一个区域作主采方向，但不排除向其他区域辐射的可能。这样制作出来的视频似乎是过去电视采访中的一个片段，但它却是整个可采范围内最有效果的片段。而且当这样做时，过去困扰电视采访的架构逻辑问题就

彻底消失了。

在篇幅很长的电视采访中,采访板块之间必须存在相互结构的关系,所有采访问题之间也必须具有逻辑性,但由于有时问答双方的思路不匹配,无论是在板块之间还是在问答组群之间,常常出现交织混杂和逻辑紊乱的情况,后期剪辑时必须恢复板块构造和问题组群之间的逻辑性。这是一件费力费时的工作。

每个学年,笔者都会给本科学生布置期末视频采访作业,虽然学生们尚为少年,但由于专业学习的长期浸润,他们不知不觉地因袭了传媒前辈的制作思路,丧失了其他同龄人顺应媒介革命的自然反应。其中一个小组做的是人物专访,专访对象是韩国留学生蒋承延。他们的采访框架和剪辑逻辑如同过去的电视专访,依照时间顺序展开了四个板块——蒋承延在韩国做练习生的经历,来中国后做练习生的经历,"萨德"事件对她的影响,以及她目前的练习生生活。这种力求完整的构思,经由缺乏经验的实采和剪辑之后,使视频显得冗长,板块之间只有单一的时间逻辑,因而单调乏味。另一个小组做的也是人物专访,专访对象是他们的师姐金莹莹。他们把师姐脱口而出的金句——"向前一步,换种活法儿"——作为采访主题,让它统领诸板块,摆脱了仅以时间顺序结构全篇的机械做法。但他们又觉得,板块之间跨度太大,连接生硬。实际上,这两个小组的问题是一样的,他们完全可以选定其中一个板块进行扩充:前一个小组集中采访"萨德"事件对蒋承延的影响,后一个小组重点采访金莹莹带娃读研的生活。对于其他板块,与重点板块相关的信息予以保留,为之服务,无关信息则一概舍弃。这样便无须考虑板块之间的逻辑衔接了。

也就是说,在为视频采访做准备的时候,我们要对可采内容先做板块切割,但随后应该择取其中一个板块进行扩充设计,在这个限定范围内,解决好具体问答的逻辑衔接问题。过去那种搭建逻辑板块的做法可以放弃了。

第二章 采访视频的最终完成

再次，视频采访在线上传播中的影响力，总是先由忠诚受众的最初点击量奠定一个基础，如果他们感兴趣，便会转发分享给好友，然后才形成第二级、第三级，直至第 N 级转发。于是我们需要弄懂，什么样的选题具有传播动力，最易引发受众的自主转发。

在选题这个问题上，古老的新闻价值理论依然奏效，但其固有指标的排序发生了极大变化。在电视广播时代，信息的新闻价值排序是重要性、及时性、显赫性、接近性、趣味性。而在数码媒介时代，趣味性由后位向前调整，与重要性齐平，甚至超过了重要性。凡是具有趣味性的采访信息，均具有强大的生命力，尤其是匪夷所思的刑事案件、让人幸灾乐祸的明星丑闻、离奇的社会乱象、催人泪下的故事。与此同时，并非所有传统意义上的"重要信息"都能吸引受众，最吸引受众的是重大灾难和关乎国计民生的新动向。而及时性指标，不能再像在旧媒体时代那样单独起作用，而是必须依附重要性、显赫性、接近性，只有具备了重要性、显赫性、接近性，及时性才有价值，而趣味性指标即使没有及时性也依然强悍。显赫性指标与过去相比，几乎没有变化。接近性指标却被赋予了新含义，对于令人耳目一新的各类技能的采访，受众会认为它们具有极大的接近性，因为对自己有用。

遵循新闻价值理论，重视它的新变化，视频采访在传播中获得成功的可能性便会增大。要特别指出的是，一个采访视频不必符合所有新闻价值标准，找准一条，充分做足即可。如果一条都不占，这则信息一定不会具有传播影响力。

最后，在制作采访视频的过程时，固然要自觉地努力消除错误，尽力做到无瑕疵传播，但有点儿错误也不必过于担心。因为，一是有机械式的上线审核标准，可以免除可能出现的麻烦。二是有虎视眈眈的网民时刻准备着纠错。如果视频中出现了严重错误，可以尽快删除，修正后重新上传；如果错误不严重，受众的评论就是一种勘误。而且，制作者为了激发受众的纠错热情，甚至可以在视频中"存心"留下不影响其公信力的小错

视频采访实务

误,以便受众展现聪明才智。制作者也可能为了某种目的,会故意把采访制作成"钓鱼"视频,让某些受众落入陷阱。

二、视频采访在定型产品中的作用

要想了解视频采访素材的最终应用、弄懂它是如何造就定型产品的,最好先对采访在视听产品中的结构作用做一番探究。

首先,视频采访是叙事结构的内部支柱,没有这根支柱,节目是撑不起来的。

为了便于理解采访在视频节目中的命脉作用,我们先由传统的电视节目入手,通过2006年1月15日央视《走近科学》栏目播出的《中国水怪调查》中的一个片段,来看一看采访与媒介成品之间的内在关系。

旁白:周凤瀛退休前在吉林省气象局通讯科工作,每年都要到天池气象站检修通信设备。在工作之余,他经常拿着望远镜俯瞰天池,从60年代起他曾经不止一次在天池中看到过不明生物。

吉林气象局通讯科退休员工周凤瀛:而我所看到的呢,一般的是两个,好像在里头戏耍互相追逐,就是说追逐前一个,它一潜水,后一个又出来了,前一个又潜水,好像这种东西,好像是一大一小。

旁白:尽管多次目击,但都因为距离较远,周凤瀛始终没有看清楚天池中的动物究竟是什么模样。直到1980年8月23日的早晨,他终于有了一个惊人的发现。

吉林气象局通讯科退休员工周凤瀛:和我同来的郑宝诗同志呢,他说我们今天回到长春,他说我回去以后准备给小孩儿,拣几块那个花石头,孩子做个纪念。我们俩就从那个烂石坡那个地

第二章 采访视频的最终完成

方，就一边走一边就唠嗑，大概半个小时，就下到天池底下去了。

旁白：周凤瀛他们下山的地方位于天文峰的东侧，是一个堆满碎石的沟谷，因为地势险峻，很少有游人从这里下到水边。

吉林气象局通讯科退休员工周凤瀛：这个时候，在山顶上就有气象站的几个同志就喊，你们注意看呐身后又出怪兽了。这个时候我们已经接近水面，将近20米。我们俩一回头，怪兽就是两个眼睛溜圆嘴张得老大，就是那个，那个样子很吓人的，就是哈哈哈就向我们游来了，当时给我的感觉就是挺吓人的那个样子。

旁白：为了再现周凤瀛老人的所见，我们请来了一位画家，为水怪画像。

吉林气象局通讯科退休员工周凤瀛：好像是耷拉两个耳朵，这个脸，这个扁方形的，它的头就是露出水面有一米多高，它的脖子是挨着头那块是细的，越往下越粗，这个脖子底下是白色的，就像那个老虎那个脖子抬起来以后，有花纹似的，就是这样的。

旁白：面对这个不期而遇的神秘生物，两人一时不知所措，而那个动物却在继续向他们靠近。

吉林气象局通讯科退休员工周凤瀛：正在这个时候，西边的山头上就已经开始打雷、闪电、下雨了，这个时候那雨点已经是很密了。当时郑宝诗同志就给我提出来，他说我们赶快走吧，我们今天还要回去。我一看我有点儿不甘心呐，我就转过身去，用手做一个喇叭筒形，我就"啊"。这个怪兽，掉过头来，就向那个天池的深处游去了。灰黑色，有点发亮光，身上是肯定没有鳞的，大概是，有毛皮之类的，这种东西。

主持人张腾岳：现在我们看到的就是画家根据周凤瀛老人的

口述绘制出来的一张长白山水怪的画像。头是方扁方扁的,眼睛很亮,这个嘴这个部分绝对是龇牙咧嘴的,而且牙齿非常锋利。老人当时还说,它背后的毛是灰黑色的,胸前的这部分是白色的。因为另外一位目击者我们始终联络不上,所以说,这张图像,别看只是一张半身像,但它却是目前为止,对于长白山天池怪兽,最具体的一个描述了。如果说黄祥童他们所拍到的那些生物跟它是同一种生物的话,那么从它的长相,从它用肺呼吸的这个特点,我们似乎可以断定,它是一个哺乳类动物。

这个片子的外部特征是,一段节目组的旁白配音,一段周凤瀛老人的受访同期声,两者交叉推进,仿佛后者是前者的辅助,用以补充亲历细节。但是想想看,同期声前后的旁白信息来自哪里,难道不是来自对周凤瀛的采访吗?答案是肯定的。也就是说,这个片子的背后,其实是对周凤瀛的全程采访,只不过为了让片子更好看,视觉元素更丰富,同时把受访人陈述的信息变得更简洁,在后期编辑时把其中一部分受访同期声变成了旁白配音,又插入了具有信息指向性的画面。所以说,没有对周凤瀛的完整采访,就不可能构造出这个片子。

因此,关于视频采访素材和媒介产品的基本关系,可做如下结论。

制作者可以剪出视频采访素材中有用的受访同期声,按照叙事逻辑和某种顺序依次展开,构成视频成品的主干线索。为了丰富视觉画面,可隔段替换同期声画面,将其转化为其他表述方式,并把同期声信息改写为凝练的旁白信息。最终留存的同期声受访画面,则均为生动的且有助于可信度提升的片段。

受众因为更关注旁白画面,会把受访同期声视为辅助。但实际上,所有旁白信息都是由同期声信息转化而来。

这里,我们还要探讨一下数码媒介时代的新变化。

早在 20 世纪 70 年代,麻省理工学院的尼古拉斯·尼葛洛庞帝(Nicholas Negroponte)教授就提出,"多媒体领域真正的前进方向,是能随心所欲地

第二章 采访视频的最终完成

从一种媒介转换到另一种媒介"①。人们通常把这个预言理解为，一个事件可以用一种媒介来记述，也可以换用另外一种媒介来记述。这个变革其实早已实现，所以对同一个人物的采访，可以同时出现在报纸、杂志、电台、电视台。中国学者称之为"互媒性"，即同一个作品可以在不同媒介之间进行转述。

然而，数码媒介时代的媒介应用不止于此。由于原先"井水不犯河水"的媒介边界变得模糊，我们完全可以打破长久以来使用单一媒介进行信息表述的传统，综合运用多种媒介手段，分担同一个事实的不同阶段和各个方面的呈现。也就是说，在《中国水怪调查》这个片段中，有的部分可以用简洁明了的文图表达，有的部分必须用视频呈现。此外，它还有全程音频版和相当于杂志深度报道的长链接。这就是1983年麻省理工学院的伊契尔·普尔（Ithiel Pool）教授在《自由的技术》中说的"各种媒介呈现出多功能一体化的趋势"②。所以，采访文本的媒介表达不再是重复性的，不是同一个文本用不同媒介分别进行完整表述，而是通过有效互补，实现配合表达，以求最大限度地方便受众更高效地吸纳信息。

技术变革非常重要的驱动因素是人的需要，人们并不需要什么都亲眼看见，因此未来的视频呈现，只应该出现在人们需要的地方，而不是全程性的。一场采访问答不必拘泥于使用视频媒介的方式进行从头到尾的呈现，我们完全可以灵活使用各类媒介，分别表达它们最善于表达的部分。

要注意的是，在所有媒介信息中，视频信息是吸纳起来最费时、最费力的信息形式，所以在数码媒介时代，绝大部分采访信息自然会改用非视频的方式来表达，只有以下采访素材可能在多媒介综合报道中作为视频部分继续存在。

---

① 〔美〕尼古拉斯·尼葛洛庞帝：《数字化生存》，胡泳、范海燕译，海南出版社1997年版，第85页。

② 艾志杰：《论媒介融合时代电影艺术的"可逆生产"》，《北京电影学院学报》2019年第11期，第15页。

（1）关键瞬间及其前后延展部分；

（2）受众需要直接观察受访人的态度；

（3）各类性质的证言；

（4）日后可能会被证实为谎言的信息；

（5）最可笑、最荒唐的说辞；

（6）可以共情的动态采访。

这里有一个问题：如果只有以上内容要以视频形式呈现，还需要长时间对受访人进行全程采访吗？如果我们想把完整事件拆分为组成系列的单个视频，那就必须全程拍摄采访，做好全面而充分的信息记录。即使是制作一个短视频，我们在带机实采中，也无从知道受访人说到哪里时会突然给出一个我们想要的信息，临时开机不可能追得上对方的前几句话。所以，我们的工作方式依然是记录全程，但在后期混编时，只挑选其中一些内容做视频呈现。

也就是说，采访依然要全程进行，它仍然是叙事结构的内部支柱，只是视频采访素材的直接呈现率大大降低了，许多通过视频采集来的信息转用其他媒介形式来表达了。

其次，视频采访具有证据性，它是当事人的口述，可以让受众相信，这些信息不是凭空杜撰的。

中国新闻网做过一个关于朝鲜平壤住房状况的视频。其中，在盛赞城市住房制度的部分铺满了配音旁白，即使对于受众一目了然的景物，旁白也要复述一番。但它没有任何一段同期声采访作为信息佐证。对于这种通篇是撰稿人主观叙述的视频，因为没有受访人的证言，其可信度会大打折扣。

视频采访在报道结构中的视觉表现形式是，同期声采访画面被以片段方式，陆续插入全篇各处，与插入点前后的内容有机结合，并为片中出现的信息点提供"证言"服务。它们可以暗示受众：同期声采访前后的信息也可能来自采访，即便是旁白撰稿人的意思，也是得到了受访人首肯的。

第二章　采访视频的最终完成

如果报道全片无同期声采访，不仅会失去编辑节奏，最主要的是会使受众起疑，怀疑旁白信息会不会只是撰稿人的主观意思。

《华哥聊体育》中有一个介绍美国篮球明星斯旺森的视频，选题很不错。斯旺森只有 1.35 米的身高，却通过奋斗成为著名球星。片子复述了他极为特殊的成长历程。但问题是，我们听不到任何一段斯旺森的受访同期声，即使斯旺森正在画面中对镜说话，我们却听不见他的声音，片子从头到尾全部是女声旁白。

视频制作者没能用斯旺森自己的声音加持视频内容的可信性，由此我们大致可以得出这样一个结论：这个视频的素材是别人拍摄的，制作者不过是用二手画面敷衍，配上旁白就算是自己的产品了，其自制量很小。

视频采访的证据性作用还表现在，如果日后受访人与采访人发生纠葛，采访同期声就可作为视频制作者的编辑依据。因此，所有采访素材——无论是被剪入成品的还是没被剪入成品的，一定要全部留存，不要在完成编辑后从硬盘中删除。它们可能在未来起到想象不到的作用，不仅可以成为自己的编辑意图的依据，而且可以为其他视频的编辑工作提供材料。

再次，视频采访直接为视频成品提供主体材料，即同期声采访不再是为其他类型的片子做片段服务，而是作为视听主体，直接构筑全篇。

这种视频模型有四类。第一类是三机拍摄的一对一专访。第二类是多机拍摄的群访。这两类视频是电视采访节目的延续，组织拍摄比较麻烦，做后期编辑时，对于背景信息、过程信息、同期声没能交代清楚的信息，一般会使用旁白完成介绍。第三类是用便携拍摄器对准受访人，采访人以画外提问方式对受访人进行动态采访。第四类是单机拍摄受访人，采访人对受访人进行坐定式画外采访和动态画外采访，采访提问在后期编辑时全部剔除。数码媒介时代，越来越多的采访视频转而采用后类模型，这将是未来的潮流。

2018 年，"梨视频全球拍"上线了一个三分钟的短视频《侵华日军文物收藏记》，讲述的是在美国开汽车修理厂的刘磊用营利购买大量侵华日

军文物的故事。片子的旁白全部是刘磊接受采访的同期声,画面却大多不是刘磊接受采访的状态。此后,这样的人物短片越来越多。

我们通过2020年先后上线的两个人物短片来看看其中的制作奥秘。

例一是《艺眼看透世界》的《画家侯一民》。其中,侯一民独自陈述的画面并非他架机自拍,而是由画外记者对其采访所得,视频完全没有配置其他人的旁白,通篇都是侯一民自己的受访同期声。

如果由毫无制作经验的人来制作,整期视频画面可能全是侯一民的独白,这样不仅太枯燥,而且无法展示他设计绘制的各种人民币上的图案。假如是电视广播时代的编导来制作,他们会使用旁白复述侯一民的成就,配以他设计绘制的人民币上的图案,然后分插他的受访片段。然而,视频传播时代,编辑却只使用了侯一民自己的同期声,并选用与同期声信息相对应的各种画面,隔段覆盖侯一民接受采访的镜头。这样做,我们通篇听到的音频均源自受访人,但视频画面却是受访与实物交替更迭,不仅丰富了画面信息,而且缓解了受众的视觉疲劳。

例二是《一条》中的《张克群:北京建筑与清华往事》。同样,这个片子貌似通篇是张克群的独自陈述,其实全部是记者对她的画外专访,一部分是室内的坐定式画外专访,一部分是室外的动态画外专访,两部分穿插进行。

由于室内的坐定式画外专访部分基本被指向性空镜覆盖,所以整个视频已经看不出是专访,更像是一个人物短片。只有察觉张克群贯穿始终的同期声,其间没有任何旁白,观者才可能意识到她其实是在接受记者的画外专访。

要制作出这样的视频采访作品,需要在带机实采时做出一系列调整,否则只能用旁白与同期声交织推进的老方法结构全篇。笔者的一名本科学生在视频采访作业的总结报告中说:剪辑的过程中,因为没有配旁白,所以采取了同期声加字幕的形式进行了不同部分的衔接,导致不同部分之间的逻辑性不明显。这是因为,在采访时没能求得受访人全面而完整

第二章　采访视频的最终完成

的叙述，所以在编辑时只能用旁白补充缺失信息，做段落过渡。

最后，在电视广播时代，同期声采访还有一个作用，即当某些段落信息无法用具体画面来表现时，就用同期声采访做口头描述。

比如，《新闻联播》中播出的《我国耕地人口承载已经处于临界状态》。其中一些信息必须体现出可信性和权威感，但没办法用具象画面来表达，那就代之以专家受访讲解的片段。不过，在数码媒介时代，这种难题很好处理，如果不能用精准的具象画面表述，那就直接使用文字表达。

三、视频采访素材的后期编辑

新闻界前辈艾丰曾说，采访素材如果在报道中用到了50%以上，甚至是80%，那说明采访不够全面，只有报道所用素材占全部采访素材的很小一部分，却又能说明问题，才意味着采访是全面、深入的。

我们可以这样读解这段话的意思：只有采访素材量很大，我们才能在广度上和深度上充分掌握信息，经过精心筛选，留下精华；我们不能因为最终只使用很少的素材，便大幅度减少采访时间，否则只能把大部分采访素材编进成片，这样的工作态度是草率的。

也就是说，我们需要处理的视频采访素材通常都有很大的量，而对于编辑新手来说，最大的问题便是，总觉得每段素材都很有价值和意义。不过，一定要明白的是，受众对于没能亲身参与的采访并无情感投入，他们不可能像采访者那样（把观察采访问答当作本职工作）兴致勃勃。他们忍受不了冗长和平淡，所以需要去粗取精，只留下精华。

也就是说，每一个视频成品背后都有无数被舍弃的素材。

（一）初步整理和舍取

首先将全部素材调出，按其在记忆卡中的存放顺序，进行机械码放。然后用讯飞工具，将素材音频上传，生成文字版，并在文字版上把比较重

要的内容统统标红。此时,要下定决心,把没有标红的部分从视线中抹去。

要注意的是,并不是受访者的所有话都要呈现在报道中,但裁剪必须控制在一定的限度之内,以不歪曲原意为底线。音视频造假非常容易,只要在可察觉的剪接点上铺一个画面,便可以让没有专业知识的受众误以为亲眼看见了完整的事实画面、亲耳听到了受访人连贯的原话,轻而易举地误导他们。因此,必须明确的是,在剪辑构思时,后期编辑有义务尊重受访人每一句话的上下文语境,在选取他们的同期声引语时,不做歪曲裁断。

接下来要做的很重要的一项工作是,认真审看标红的部分。尽管它们看上去都很重要、很精彩,但必须删除其中所有不当、不佳的片段。这些片段包括:

(1) 所有可能不实的信息;

(2) 所有不符合社会伦理和职业道德的言谈;

(3) 所有与叙事主干不相干的旁枝。

视频采访的构成总是需要确定几个叙事重心,共同形成一个主题意思。但有时候,我们会在素材文字版中发现,几个叙事重心分别呈现出不同的主题意思,如果把它们合编在一起,就会出现混乱不搭的怪异状态。所以,我们必须果断删除某些重心,以使剩余的重心具有向心力。

美国国家广播公司主持人芭芭拉·沃尔特斯(Barbara Walters)对尼克松总统做过一次专访。早在1972年的时候,沃尔特斯全程报道过尼克松对中国的历史性访问,但尼克松还是不愿意跟她多谈国家的事情,只希望谈谈自己的夫人。"第一夫人"当然可以是专访的一个重心,但40分钟的专访怎么可以只谈总统的家庭?所以无论如何,这不应该是总统专访的唯一内容。于是,在谈了一会儿"第一夫人"之后,沃尔特斯提议:"总统先生,我们已经谈了您的家庭,现在我们来谈谈困扰着美国这个大家庭的问题吧。"在沃尔特斯的连续追问下,尼克松阐述了他对越南战争问题和吸毒问题的看法。

第二章 采访视频的最终完成

如果要为沃尔特斯这个专访素材做纸版编辑，我们就会发现，"第一夫人"的信息和外交内政的信息不在一条逻辑线上，两者合编，会出现两个重心，因此最好的处理办法是删除一个重心。毫无疑问，国家的现实难题才应该是总统专访的重心，那就应该删除"第一夫人"的访谈内容。

而有时候，叙事重心无法放置在我们惯以为应该在的地方。一般来说，专访卓有成就的新闻人物时，重心多是他们的事业，但是对科学界的新闻人物而言，他们的事业很难被常人理解，在大众看来，他们的人生历程更有价值，此时便可删除他们的职业经历信息。

1998年，杨澜在美国采访年度诺贝尔物理学奖得主崔琦教授，并被他的早年经历所吸引。杨澜判断，能打动自己的经历，肯定也能打动观众，于是他把崔琦离乡求学、从此失去父母的回忆确定为采访重心。

杨澜问崔琦，为什么从来不回河南老家？崔琦说，1949年10岁之前，他没读过书，在平顶山宝丰县的农村放羊养猪。10岁的时候，姐姐找到了一个让他去香港教会学校读书的机会。然而，父亲不同意独子远行，因为男儿长大了可以干农活，助他一臂之力。崔琦也不愿意离开家，但不识字的母亲非常坚定地要送他去读书。妈妈给他做了两双鞋，蒸了两个馍，说你放心去，等到明年夏天收麦子，你就可以回来了。但谁也没想到，崔琦这一去就再也没见过父母亲。

这要比采访诺贝尔奖得主怎样呕心沥血获得成功动人得多。这个专访如果没有删除无意触碰到的科研解读，节目的情感重心便会倾斜，显得有些杂乱。究竟什么才是采访重心，要因人、因事、因时而异，无法一概而论。不过，大凡提到一位受访人，观众最迫切地希望从他那里获取的信息，或者观众听到他的讲述后可能久久难忘的信息，便应该是采访重心。而留存与采访重心无关的信息，哪怕它也很吸引人，都是对采访重心的干扰和破坏。

在素材文字版中，应该删除所有分散主攻点的不当提问，让剩下的问题都能围绕采访重心展开。比如《新闻调查》中的《"黑脸"姜瑞峰》一

视频采访实务

期。河北永年县工商局执法大队副大队长姜瑞峰谈道,腐败分子一天到晚,就想着金钱啊美女啊……此时记者插问,金钱和美女有什么不好吗?这个问题被许多教科书奉为经典,记者本人也认为这是一个睿智的好问题。但事实上,突然听到这个没头没脑的提问,姜瑞峰愣了,他蔑视的是腐败分子沉溺于金钱美女,至于金钱美女好不好,那是一个不大相关的哲学问题。这个偏离采访重心的唐突提问并未获得有效的回答,这种问答属于跑题故障,应予删除。

要说明的是,电视广播时代的专访节目和群访节目均有采访主题,但并没有一个采访核心,它们是由数个采访重心累积出一个总体意思,从而完成主题表述。这两类节目具有相当的时长,为使受众不感到冗长,几个采访重心之间必须边界分明,观众看完一个重心便进入下一个重心,获得清新的推进感。而数码媒介时代的视频采访通常是把电视采访的各个重心切割为相互独立的作品,因此每个采访视频都只有一个重心。无论是电视采访节目还是视频采访节目的采访重心都好似一个球心,所有纵向挖掘都要从球表伸向球心,任何横向勾连都是为了旁证和说明重心,与此不相关的信息则为多余。

另外,在对出镜采访素材进行取舍时常常会遇到这样一个问题,即除了删除错误不当的问答和没有价值的段落,只为大幅压缩时长,还必须忍痛删除一些难以割舍的信息。许多编辑采取的方式一是压缩每个故事的讲述时间,删除情节铺垫和某些故事细节,二是大量剪掉采访人的问话,全部删除采访人听到受访人回答后做出的反应。这两种操作方式都是错的。

第一种错误操作是因为没有弄懂情节铺垫和故事细节在视频采访中的重要作用。所谓故事,其实就是事件,但强调的却是它的细节,前提是它有必要的铺垫。对于视频表达,具体形象的故事细节易于吸引受众,也易于被他们吸纳、记忆,扩大传播范围,而抽象的道理和没有故事依据的情绪会让受众感觉空泛乏味,一无所获。错误的视频实采获取的大多是受访人的说理、态度、情绪,错误的视频采访编辑是重视说理、态度、情绪,

第二章 采访视频的最终完成

严重忽视故事细节。那么反之,正确的视频采访的索取目标应该是故事及其细节,正确的视频采访编辑旨在故事及其细节的呈现。

为了满足时长要求,许多编导的做法是,对各个故事削削减减,企图从每个故事的讲述中节省出一些时间。他们可能会剪掉故事情节所必需的铺垫、悬念和必要的停顿、一些细节和许多感想,使每个故事的讲述都变得支离破碎。这严重损害了各个故事的完整性和精彩程度,同时会破坏段落之间的自然过渡,产生许多生硬的跳动感。最终的结果是,没有一个故事是完整圆润的,每个故事都是伤残的。

正确的做法应该是,忍痛割爱,整体删除一两个比较而言效果稍逊的故事,这样做,不仅能维持留存下来故事的完整性,而且剪辑效率极高。另外,故事叙述中往往已经蕴含了态度、观点、道理、情绪,即使不把它们抽象出来,受众也能体会它们的含义。因此,后期编辑完全可以依靠诸个小故事的堆积,清晰地表达出主题意思,其中的抽象语言——哪怕是非常出色的效果语言——皆可被删除。

第二种错误操作是因为忽视了出镜采访的特性,从而削弱甚至抹去了采访人的存在感。事实上,采访人的提问和反应所占用的时间很少,即使把这两种内容全部删除,也无法大幅压缩时长。而大量剪掉采访人的问话和反应意味着,采受双方的交流感丧失殆尽,出镜采访变成了受访人的个人独白,于是问答节奏没了,独白段落突兀衔接,绝对是得不偿失。

应该明确的是:第一,采访人的系列提问是视频采访的逻辑线,它们构筑了节目的基本脉络;第二,采访人的提问风格是形成栏目特色的重要因素。后期编辑应尽最大可能地留存出镜采访人的提问和反应,哪怕它们略显平庸。而对于精彩提问和优质反应,就更不应该删除,那正是视频采访的闪光点。

这里要注意,对于采访人的失当提问,要毫不犹豫地予以删除。这不是节省时间的问题,而是维护采访质量的必需。

请看凤凰卫视记者在2018年采访许子东时提的冗长问题:

你看今年，鲁迅的《狂人日记》100周年。啊明年其实就是五四运动，100年。刚好我们是在这样一个，这两个100年的这样的时间节点上。我们再翻过头去看这个，现代文学史，然后再聊到这个五四运动，然后新文化运动这样的一个发端，您也会特别有感触，因为毕竟是两个100年了，虽然觉得其实并没有那样遥远，因为鲁迅和张爱玲似乎就一直在我们的这个周围萦绕，但的确是100年转眼就过去了。

这是一个标准的专访节目，主宾之间并非在聊天。所以，这个问题的第一个毛病是太过冗长；第二个缺陷是语无伦次，不知所云；第三个失误是主观臆断，未经问询就断定受访人特别有感触；第四个问题是逻辑不通，两个100周年不在同一年，谁也不可能同时处在两个时间节点上；第五个瑕疵是，面对年长的学者，一会儿用"您"，一会儿用"你"。因为不知道这段话的意图是什么，许子东接下来的言论与记者的这段话基本不相关。既然如此，记者这段话有什么存在的意义呢？应该完全删除。这样的提问如果原样留存，只会降低节目的档次。

素材"瘦身"工作的最后一步是，最终确定可以使用的效果故事、效果细节、效果语言，这是视频采访中的可看点，其余的素材统统舍弃。

注意，在素材"瘦身"的过程中，要把所有背景交代和过程交代的信息，把内容很重要但叙述冗长且不清晰的片段，全部标记出来，准备替换为其他表达方式。

（二）确定剪辑构思

后期编辑主要有剪和辑两个方面，确定剪辑构思，才从素材中剪出所需内容，进行重组辑录，而剪辑要解决的无非是视听叙事中的时空问题。也就是说，要按照自己设计的叙事顺序，对素材文字版中留存下来的有效信息进行时空调整。其中，对时间问题的剪辑只需要头脑清晰。它是一种罗列，哪怕是倒序，也就是把后面的某些素材前置，它是一种置换位置的

第二章 采访视频的最终完成

陈列。但对空间问题的剪辑却需要更多技巧，它是一种创造。

在所有空间叙事的剪辑构思中，最为出色的是，用人物采访素材构造界面，即用一个人物的采访构造一个界面，用多个人物的采访分别构造出多个界面，并让它们交织在一起，综合反映某种事实。例如，央视2006年摄制的系列电视专题片《再说长江》中的《水火山城》。这期节目旨在描述长江上游的大都市重庆，它由四个重庆人的生活和工作结构全篇，展现了他们所在城市的巨大变化。

其开篇从李曦入手：

画面：20世纪80年代轰动全国的电视专题片《话说长江》的旧影像，在重庆的跨江大桥上，童年李曦在跑步锻炼。

旁白：20多年前，李曦11岁，是重庆少年体校的学生。作为居住在长江大桥边的孩子，在重庆这座当时唯一的跨江大桥上晨跑是他每天的功课。

画面：新世纪，李曦仍在这座大桥上奔跑。

旁白：20多年后，李曦和家人仍然居住在重庆南岸区的长江边，儿时在大桥上晨跑的习惯，也一直保持下来。

画面：重庆的铁路和街景。

旁白：这是李曦生活的城市，一座以山水作为悬念的城市。城市的厚重历史在这千回百转间，留下3000年的岁月年轮和眼前这座繁华都市。这是一座怎样的城市？

画面：李曦的工作场景。他在重庆市中心一家图文广告公司就职，那是测绘局下属的广告公司，工作内容与新重庆的行政区划密切相关。李曦的工作是根据急剧变化的重庆城区、郊区的经济、交通、旅游点制作最新的地图。

李曦：1982年这张图当时只有渝中区半岛这一块，像南岸区大概就只有边上这一点。1989年的图就不一样了，像南岸五小区这些全部都出来了。最近，2005年，整个这一块，就感觉目前的

这个图都装不下了。

画面：重庆地图。

旁白：1997年，重庆成为中国的第四个直辖市。之后，它在令人不可思议的高速中变脸。八年后的重庆，城市以每年25万平方千米的速度迅速扩展，人口以每年40万到60万的速度向城市化过渡，现在的重庆是另三个中国直辖市总面积的2.4倍，重庆版图的翻新，已缩短到每三个月一版。

择取李曦这个人物的巧妙之处，不仅仅在于《话说长江》中有他童年时期的影像，而且在于他现在是重庆地图的制图员，从他的视角出发，可以具体而形象地展现重庆城郊的巨变。于是，专题片可通过李曦那里的一张张地图的变化来呈现事实，摆脱仅以宏观航拍加抽象描述生硬介绍城乡巨变的平庸做法。一个人物的采访报道有效地表现了城市规划变革的历程。

这期节目中的另外三个人物是：尹明善，经历坎坷，中年起家，当时是重庆力帆集团董事长；李娜，高校女学生，在做兼职模特；苏兴蓉，重庆苏大姐火锅饮食文化公司董事长。通过三个人物，分别展现出重庆的打拼精神、青春美、辛辣火爆的饮食传统，令重庆的形象栩栩如生。

节目结尾重现了在大桥上奔跑的李曦，与开篇呼应。旁白是，"李曦习惯用奔跑来形容他今天的生活以及他所生活的这座城市，这是一个20年前他难以想象的奇迹般的城市，20年后，李曦生活在中国面积最大的直辖市"，整片的立意得到了朴素的提升。

这里蕴含着剪辑构思的三个基本原理：第一，所有事件和现象的信息表达，最终都会归结为对当事人的采访报道；第二，采访报道各部分胶合构成的整体效果，远大于各部分单独存在产生的效果之和；第三，后期的剪辑构思最好是始于前期策划案中较为完备的结构设计。对于《水火山城》的这种空间叙事结构，如果有前期预案准备和实采执行中的落实，那么后期剪辑就比较容易完成；但如果前期工作的方向不明确，那么后

第二章 采访视频的最终完成

期剪辑只能抽丝剥茧，巧妙利用已有采访素材，创造性地艰难搭建全篇结构。

这类在互联网上可以搜到的电视节目，与纯粹的互联网视频比起来，篇幅更长，叙事线索更复杂，因此更能体现剪辑构思的作用。如果不谈在互联网上的传播能力，单从社会意义和艺术价值上看，这类作品堪称经典。所以，无论是旧作还是未来新制的同类产品，在互联网时代仍有存在的必要性。

我们以2016年"凡是摄影"关于湖南资兴市小东江的一个视频为例，看看数码媒介时代的编辑结构有什么特点。《小东江》这个视频时长不到10分钟，呈现方式是出镜报道加画外音采访，工作团队顶多两个人；采拍带有较大的随机性，后期编辑基本上是所见所闻的叠加；具有一定意图，但并不突出某个主题。

其编辑结构如下：

（1）采访人凡哥以远处的小东江为背景，介绍江面在每年春天到秋天的每个早晨都会出现薄雾，并交代自己的行动目的，即他很想知道，为什么这里会盛产摄影大片、它们是怎么产生的、究竟什么人来这里拍摄。

（2）采访人遇到了资兴摄影师A，了解到，在江边架机待拍的人极少数是本地摄影师，绝大多数是从外地自驾而来的摄影爱好者。

（3）采访人与摄影爱好者B进行画外音问答，想要了解晨雾呈现出什么状态是最好的拍摄时机，但没有得到明确答案。

（4）采访人听资兴摄影师C说，小渔船和渔民在栈道下面。

（5）资兴摄影师A说，渔民由旅游局发工资，每天早晨表演撒网，目的就是让大家拍摄。

（6）资兴摄影师C说，今天的拍摄者特别少，多的时候会有三四千人，桥上和栈道上全是人。他们大部分是从外地自驾过来，住在市区，天蒙蒙亮的时候进景区，要买90元钱的门票，明天会有福建省摄影家协会的50多位摄影师前来。

（7）资兴摄影师 A 告诉凡哥，引发小东江拍摄热潮的就是旁边那位红衣摄影师，于是凡哥的注意力转移到红衣摄影师身上，得知他叫曹广文。

1997 年，曹广文拍摄的小东江图片在《中国摄影报》和德国莱卡的系列联赛中获得了一等奖，从而吸引了一些摄影师前来小东江拍摄，最后人来得越来越多。凡哥与曹广文有这样一段十分重要的对话。

画外音采访：

凡哥：你实际上是带动了这里的旅游业，这地方得感激你。

曹广文：没有没有没有。

凡哥：那肯定嘛！

曹广文：现在不这么说啦。

凡哥：现在不这么说啦？

曹广文：现在我自己都感到很惶恐，不知道是做了好事还是做了坏事。

凡哥：怎么说呢？

曹广文：环境保护有问题，管理有问题。

凡哥：哦我看没有人往里扔垃圾呀，这儿……

曹广文：住在里面的人，吃的吃喝拉撒全往里面排。

凡哥：噢。

曹广文：这里的水已经不是我 20 年前看到的水了。

凡哥：你 20 年前看到的是一种什么样的景象？

曹广文：那样的水，那真叫像翡翠一样绿的水，水里的草，青青兮兮的。现在水里的草，都有绿藻了。

凡哥：噢。

曹广文：环境恶化非常快。

凡哥：环境环境恶化非常快，这是一个遗憾。

曹广文：不是遗憾，而是迫在眉睫需要解决的问题，但是呢，现在解决的速度很慢。

第二章　采访视频的最终完成

凡哥：很慢。

曹广文：现在我很担忧的是这个事儿。

凡哥：但是……

曹广文：是干了好事还是干了坏事。

凡哥：但是当地政府因为有了这样一个景区，一张门票90块，每天有那么多人进来拍照片，这个也大赚了一笔呀？

曹广文：问题是，钱嘛它总是一时的，环境才是永恒的。我们留给子孙后代的应该是蓝天碧水。这个可能比一届政府、一个时期的政府挣点小钱要更重要。

（8）摄影家们拍摄的一组渔民在晨光薄雾中撒网的精美图片。

（9）凡哥在小东江大坝内侧解释薄雾何以形成。他说，水库平均深度是170米，底部的水非常寒冷，它们流出坝底涵洞，驱动涡轮发电，当它们流入下游峡谷，便形成了江面薄雾。

如果是电视节目，拍摄者一定会克服所有困难，想尽一切办法，不惜花上更多时间，拍到应该拍到的画面。但是，对于视频节目，拍摄者并不会难为自己，遇到谁就采访谁，拍不到表演撒网的小渔船，那就在挡住渔船的树林前指指点点，无法在水库大坝外侧拍出它的200米高度，那就在内侧解说清楚。

如果是电视节目，后期编辑一定会确定一个主题，主题核心很有可能是凡哥与曹广文的那段对话，由此在景区收入和环境恶化之间形成一个议题。但是，视频节目的后期编辑很随意，进入景区后的第一个、第三个、第四个镜头甚至是无效的，在叙事框架上也并不工于设计，只是流程结构，近乎自然主义，而凡哥与曹广文的对话不过是行动记录中的一个偶遇。

这些变化的关键原因在于，时长变短，制作者不再需要花很大的气力去留住受众，而只要表现出一定的趣味性，提供一定的信息，满足一定的好奇心，视频即告成功。也就是说，视频编辑的负担已经大幅减轻。

（三）非线编辑中避免低级错误的五个要点

确定剪辑构思后，素材就可以上非线编辑程序了。

许多人认为，视频编辑是一项复杂烦琐且难以掌握的技能，其实不必心生畏惧，买一本关于 Final Cut 的教程书，一边学习，一边剪辑，可以事半功倍。

一些基础性的操作技能，一旦掌握，会给后期编辑带来极大便利。笔者的一名本科学生在视频作业报告中说，同一个话题的采访用两个相机进行拍摄，因此我们有两个角度的素材，可是在想用这两个素材时，却要花较长时间去核对两个角度的素材。这是因为他还不知道，两个相机中的视频素材可以在非线软件中平行码放，在拍摄时间点上对齐，如果发现一个相机拍摄的镜头不完美，可以立即调用另一个相机在同一时间点上从其他角度拍摄的镜头。

关于视频采访素材的编辑技术，要另写一本教材才可能讲授清楚。这里，只需记住避免出现低级错误的五个编辑要点。

第一，避免破坏采访素材中的设计意图。

后期编辑要想尽一切办法，强化采访意图，增强采访效果，而不是无视素材中显而易见的设计意图，破坏采访构思。

请看央视《百家讲坛》特别节目《解读于丹》的这个案例。

　　柴静：今天在观众提问之后呢，我们实际上还安排了一个很特别的环节。我们为你邀请到了一位神秘的嘉宾，但是呢，你要来猜猜他是谁。我给你五个问题，你可以问我但我只能回答是与否。

　　于丹：好。

　　柴静：开始，你问吧。

　　旁白：于丹教授（此时音乐起）是否能够猜中神秘嘉宾的名字。

第二章 采访视频的最终完成

后续节目片段中的同期声画面：于丹问，他是我的学生吗？柴静答，不是。

旁白：这个神秘嘉宾的到来（此时出现易中天鼓掌上台的画面），又会给于丹教授带来什么样的新问题，广告之后，请继续收看特别访谈节目《解读于丹》。

三分半钟广告之后，节目继续。

柴静：今天在观众提问之后呢，我们实际上还安排了一个很特别的环节。我们为你邀请到了一位神秘的嘉宾，但是呢，你要来猜猜他是谁。我给你五个问题，你可以问我但我只能回答是与否。

于丹：好。

柴静：开始，你问吧。

于丹：他是我的学生吗？

柴静：不是。

于丹：他是《百家讲坛》的主讲人吗？

柴静：问得漂亮，是。

于丹：是易老师吗？

柴静：哈哈哈哈，有请易老师！

易中天鼓掌上台。

柴静要制造一个悬念，让于丹猜测谁将上场，后期编辑却给刨了根儿，在广告之前便透露了神秘嘉宾是谁，于是广告之后的重复问答显得格外可笑，受众已经知道谁是神秘嘉宾，台上却还在认真地问猜。后期编辑这样做，不仅没能增强采访效果，反而瓦解了原有设计。

第二，避免受访同期声与受访画面同进同出。

在同期声受访部分与前后其他画面衔接时，受访同期声要早于受访画

面出现，晚于受访画面结束。我们以《中国水怪调查》中对国家地震局地质研究所副研究员魏海泉的采访为例。

<u>对天池火山而言，它这个</u>岩浆成分上，我们说它是一种很偏酸性的这种岩浆，这种岩浆有的这个层位里面，我们已经测到了比较高的放射性的含量，但是<u>总体上它是一个安全的背景，对于我们人是没有影响的</u>。

要注意，在画面还是火山岩浆奔流的时候，魏海泉的同期声"对天池火山而言，它这个"已经先行出现，然后他接受采访的画面才出现；在他的受访画面消失后，他的同期声仍未结束，他继续说"总体上它是一个安全的背景，对于我们人是没有影响的"，此时画面已是天池山岩。

所有同期声采访与前后画面的衔接都必须严格遵循这个规范，无可商榷。声音先出，暗示说话的人物形象即将出现；声音后逝，可作为画面人物消失后的余音。只有这样做，才符合受众听看的心理预期。如果不这样做，同期声和受访人同时出现、同时消失，画面会显得凝滞、呆板。

第三，避免插画面与受访同期声的信息指向不一致。

所谓"插画面"，指的是在受访同期声专有所指的时候，用其他同指画面覆盖同期声画面，以达到具象效果。插画面所使用的可能是一张或多张静态图片，也可能是一段动态镜头。

初学后期编辑的人可能会有疑问，担心忽然插入一个画面又很快撤走它，是不是太突兀，会不会让受众感觉不舒服？其实，只要想想，在没学后期编辑之前，我们自己是否曾意识到"插画面"手法的存在，这个疑问也就迎刃而解了。只要画面插得合理，没学过后期编辑的人根本意识不到插画面暂时挡住了受访人。相比较而言，该插画面时没插，观众反而会觉得视觉信息平淡。所以说，该插画面时，要大胆行动，让插入的画面果断开始，并在适当的时候果断结束。

第二章　采访视频的最终完成

插画面的目的是，用适时插进的图片或影像，更好地说明同期声中的信息专指，以服务于受众的视觉需要。如果插画面不含相关信息，那对受众就是一种打扰，使其感到画面凌乱。如果插画面与同期声的信息指向相反，比如同期声说的是伤心事，插画面却喜气洋洋，受众就会感到愤怒。

第四，避免背景音乐使用不当。

为采访同期声添加背景音乐可以增添受访人的语言感染力。对于同一段采访，一个不添加任何背景音乐，一个添加合适的背景音乐，后者一定会明显增加受访人情感表达的厚度。要注意的是，背景音乐一般应该起自同期声采访的后半部，并平铺至结尾，做少许延长，不要突然中断。要特别注意的是，背景音乐不宜音量太大，以免淹没同期声，但在同期声的信息空白处，可适当加大音量。

第五，避免画面文字设置不当。

为画面添加字幕，使用专业软件 Arc Time 可以使繁杂的工作简单化。

在浅色衬景中，白色字幕不易看清，一定要为它添加灰底，再把它的不透明度调到 65。在不改变原意的前提下，可适当调整字幕语序，特别是去掉那些毫无意义的赘词，比如"这个""然后""就"，使字幕信息变得简洁明了。在何处折行，要灵活处理，以便于观看为原则。要格外注意的是，在受访人明显的较长停顿处，字幕必须立即停止，不要提前泄露受访人尚未表达的信息。对于这一点，许多后期编辑常常不注意，这无异于破坏悬念。

对于采受双方的头衔字标位置，应该在采访拍摄时做好预留，不要让采受双方居于画面中央，应该偏左或偏右，预留出后期编辑加注头衔信息的空间。要注意的是，头衔字标一定要指向精准，不要张冠李戴。

凤凰卫视《名人面对面》栏目的这个版式，在长达 20 年的时间里，屏幕比例已经从 4∶3 变成了 16∶9，却还是把主持人"许戈辉"的名字打

在专访嘉宾的画框下面。其实，问题不是"许戈辉"的名字应该打在哪里，而是究竟应该打谁的名字。栏目主持人是固定不变的，受众皆知，所以字标应该打临时嘉宾的名字。

在加注头衔字标时还要注意，在镜头更迭时，字标对应的人暂时消失，头衔信息也应该及时撤下，以免挂在下一个镜头中的其他人物身上，等对应人再次出现时重新打出其头衔信息。

另外要注意的是，在传统电视节目中，对头衔信息的出示时间吝啬得出奇，总是挂上八秒钟即下。笔者建议，只要有可能，头衔信息应该始终与受访人相伴，以便从任何一个时间点进入的受众都可以马上知道谁在说话。

以上五个要点，不要忘记，违背了便是硬伤。

四、在视频采访的编辑过程中最容易发现工作失误

视频编辑过程，其实也是检查前期采访工作和预案设计是否存在缺陷的过程，因此应该一边做着剪辑工作，一边随时总结教训，以便在日后的采访中杜绝这些失误。这是完善采访实践的十分有效的办法。

在编辑视频时，最容易清晰地发现采访人的不足。所以，采访人若要改进自己的采访技巧，提升采访水平，观看自己的采访成品远不如回看自己的采访素材。当素材编辑成片时，编辑已经删除了所有瑕疵，采访人会误以为自己不曾有过失误，于是同样的失误会一再延续。行为人对自己行为的记忆与旁观者对其行为的观察之间经常有很大差距，旁观者的观察更接近真实，而采访人在回看自己的采访素材时，等于变成了自己行为的旁观者。所以，笔者强烈建议，所有视频采访新人务必要在后期编辑之前，全程回看自己的采访素材。

笔者的本科学生田钟慧在她的采访实践报告中这样写道：

第二章 采访视频的最终完成

后期剪辑过程中,我发现我有三个采访技巧层面的问题需要改正,分别是语气令人不适、回应过于频繁和经常打断受访人。回听采访录音时,令我大吃一惊的是,自己提问的语调竟然如此别扭,虽然自己没有意识到过,但音频里自己的语调的确给人一种不屑一顾的感觉,下次采访应有意识地放缓语速和平和语气。频繁回应受访人的习惯也使我在剪辑时吃尽苦头,红领回答时经常能听到我的"嗯",遗憾的是,当回应声和回答声音轨重叠时,后期也无法自然处理。今后采访时我应该尽量克制回应的冲动,通过点头表达回应。当红领跑题、过多地拓展以及跑出画面时,我经常在她话说到一半时就急着打断她。虽然这样做节约了采访时间,但会降低受访人的兴致,重新开始时往往和上一部分无法衔接,因为语调瞬间变得十分平淡。因此,尽量不要因为着急而随意打断对方,即便需要打断对方也应先等受访人说完。其实后两个问题我在采访前已提醒过自己,但实际采访时因为紧张和着急仍没有做好。

这是非常好的总结,有着非常重要的发现。采访时的自我感觉是主观的,主观感觉经常是靠不住的,而拉开时空距离,旁观自己过去的行为,我们会轻而易举地发现许多问题,并且会对那些原先一点儿也没有意识到的问题大吃一惊。

在实拍的时候,我们可能遇到个性和主见都很强的受访人,当时我们对自己应对无措的记忆只是略有一丝尴尬,只有在看素材的时候才会发现,我们乖乖做听众的结果是,受访人信马由缰,从始至终都在用抽象、空洞的大道理教训我们。自己呆若木鸡的程度,远超过我们对自己的印象。所以,我们应该积极一些,哪怕是一张嘴就被强行打断,至少也可以表现出在对方的态度里自己却没有放弃。

冷静看素材,我们有时会发现,采访对象的某个说法前后不一致。这

是因为，实拍的时候没有意识到，没进行求证。它给我们带来的麻烦是，不知道是应该在两个矛盾说法之中选编一个对的，还是有意呈现并强化两个说法之间的矛盾。如果做取舍，我们不敢保证保留下来的一定是对的；如果呈现矛盾，我们可能强化了受访人无意间的口误。有人会提议，事后给受访人打个电话，问个究竟。但是想想看：如果受访人是口误，我们当然可以选择正确的说法；但如果受访人是说谎时露出了破绽，我们在采后去求证会不会是打草惊蛇，会不会被要求删除矛盾说法？所以，一定要在实采过程中，及时发现模糊和矛盾之处，当即求证两个相反的说法中到底哪个是正确的。采访人，尤其是新手，会不好意思打断受访人，于是放弃追问。我们必须明白一个道理，采访人的核心任务是负责任地获取精准答案，对受访人存有的任何疑问都不应该被忽略。要知道，获取精准信息不仅对受访人至关重要，对采访人也同等重要。如果当场求证后，受访人纠正了口误，给出了确切答案，我们在编辑时就可以安然选用被他确认过的说法。假使求证时，对方无法解释矛盾，那在编辑时就可以呈现甚至是强化矛盾事实，表现出对方的含糊其词。

许多媒介是团队协作，实采人和后期编辑分属两队。如果实采人经常发现后期编辑删除自己的提问，那就一定要好好想一想，是后期编辑无视视频采访的过程性，还是自己的实采表现有问题。关于后期编辑应否保留采访人的提问，前面已经有了详细论述，此处我们只分析视频采访人的问题。

白岩松说，"无论是主持人还是评论员，你的形象树立，很重要的一点就是你的提问，其中包括你的语言风格、提问技巧，而最重要的就是你的思考角度"，"我们外出采访时提出的问题可被轻易删掉，就是因为其不具有这样的力量"，以至于问题被删除了却"并不影响观众对被采访者所说的理解"。①

---

① 孙克文主编：《焦点外的时空》，生活·读书·新知三联书店 1997 年版，第 197 页。

第二章　采访视频的最终完成

要知道，后期编辑最容易删掉的是笼统问题，这种问题是求教型的，旨在一次性获取相对完整的信息。采访人提出这样的问题之后，便恭候受访人进行长时间作答，问者答者之间不讨论，所以问与答无交织，听到答案后采访人也没有自己的态度，因而采访人可有可无，没有存在感，受访人的答案往往是大段大段可以独立存在的陈述。所以说，删除采访人的提问完全无碍于信息表达，留下这些提问反倒像是画蛇添足。相反，如果我们能把笼统问题切碎，按照某种逻辑线索进行短问短答，由环环相扣而又紧密延展的一组问答呈现完整信息，后期编辑便无从下手，不可能删掉其中的任何一个问题。

请看崔永元在央视《实话实说》栏目《面对孩子的谎言》一期中的一组问答。

崔永元：你这样看着我，我就知道你急着想告诉我你的撒谎经历。（笑声四起）

小朋友：我是撒过谎。记得在二年级做作业的时候，我十分想玩儿，可是不知道怎么办才好，然后就冒出一个主意来，就是告诉我妈说，作业做完了，可以看电视了吧，我妈说可以。事情过后我又生怕老师告诉我妈。终于有一次，老师找到了我妈，我妈知道了这件事以后非常生气，当时就说了我几句。（观众笑）

崔永元：当时老师在场，她没有办法，所以只说了你一两句，后来老师走了，你妈又……？

小朋友：我妈就开始大骂我了。（观众大笑）

崔永元：骂着骂着后来她越想越觉得你做得不对，后来她又……？

小朋友：她又打了我呗。（观众捧腹大笑）

这种一问只针对一个细节点，步步纵深，最终击中目标的采访方式，在逻辑上十分严密，去除其中任何一个问题，前后答案就会出现衔接困难。而且这种系列问答十分精彩，主持人用提问有效牵引，受访人用回答

视频采访实务

满足受众的好奇，两者一呼一应共同完成了信息传递，后期编辑没有删除提问的理由。

此外，笔者的本科学生提交的采访作业报告中经常提到，在后期编辑时发现，因为没有多机位同时拍摄的素材，有些剪辑点前后难以衔接。其实这很简单，单机采访素材一样可以解决镜头衔接的问题，只要在实采前后多拍一些过渡性的景物空镜，将其覆盖在剪辑点处，就可以用来组接受访人的两段同景别谈话镜头。

最后要说的是，编辑视频时所能发现的最严重的失误，莫过于素材漏录和素材遗失，这是视频采访新人很容易犯的错误。在出现这两种情况时，后期编辑便是巧妇难做无米之炊，视频也就编不成了，整个工作将会以失败告终。所谓"漏录"是指机器没有录制却误以为录制开启，所以日后在拍摄时，必须确认录制标志在闪烁。所谓"遗失"是指误删素材文件，所以养成良好的职业习惯非常重要。

视频采访人和视频采访团队一定要在每一次后期剪辑过程中认真检讨存在的问题，这个工作习惯会使我们的视频采访水平和视频采访工作的质量获得快速提升。

本章最后要说的话

绝大多数采访者，在视频采访完成之后会感到劳累，一般会选择休息放松。但可能恰在此时，一些刊物会邀请我们撰写采访心得。愿意接受这种任务的采访人不多，因为梳理视频采访中的细节，等于是重新回到刚刚结束的工作之中，费心、费力、费时。其实，这是提高自己视频采访功力的有效方法，而且这些心得可能会成为未来某部专业书稿的重要资源。

这是视频采访的尾部活动中非常有价值的一项工作。

第二章 采访视频的最终完成

本章思考与练习

思考题

1. 我们可否在实拍前完全不做构思，通过加大采访素材量，在后期剪辑时再在大量采访素材中寻找并确定剪辑思路？

2. 如果视频采访的内容是新闻事件，在为其配置背景音乐时，应该注意哪些问题？

操作题

1. 尝试制作一个四分钟的人物专题短片，反映一位友人的生活，仅用友人的受访同期声，不得使用他人旁白。看看自己在制作中会遇到哪些难题，在本书后面的章节中，尝试找到解决难题的办法。

2. 在人物专题短片中有意留下一处明显的错误，将短片上传到社交网络上，看看有没有网友会指出错误。

第三章 以视听采访构成内容主体的访谈节目

本章提要

在所有视听节目类型中,直接以采访形式构成的有两类:一类是视频专访,一类是电视群访。只要能做好这两类采访,其他采访便轻而易举。由于电视群访属于旧媒体时代,我们的主要精力应该放在视频专访上。研习了视频专访,其他性质的视频采访工作将变得相对简单。我们将从电视专访模式入手,理解视听专访的特性,但目的是了解视频专访发生了哪些鲜明的变化,比如人物专访式微,取而代之的是事件专访,而且出现了过去不存在的观点专访等。在这种剧烈的变化中,视频专访应该对电视专访有哪些传承?同时,也要对视频专访的工作困难和专访视频市场能力限制有所认识。总之,要以对专访视频的深刻理解,作为掌握视频采访的一把钥匙。

在我国,视听采访在很长时间里都是在为其他节目形式提供采访素材和信息,完全是后台工作,而一直没能以相对完整的独立形式出现在前台,构成某种节目形态。这主要是因为,制作者一直没能解决视听采访的可看性问题。他们曾经都认为,单纯以问答形式构成的节目,不可能好看。

第三章　以视听采访构成内容主体的访谈节目

在这个问题上,欧美同行一起首便创造出了较为成熟的专访模型,后来又创造了群访节目模式,使视听采访从一开始便摆脱了仅为其他节目做嫁衣的地位。

在这一章,我们将着眼于纯粹以采访构成其主题内容的专访视频和群访节目,它们是视听采访效果最为直接的体现。

专访视频分为一对一专访和多对一专访。例如,中央电视台的《面对面》栏目就是一对一专访,由一位出镜记者采访一位嘉宾。三立都会台的《国光帮帮忙》栏目是多对一专访,由三位主持人共同采访一位艺人。群访节目分为一对多群访和多对多群访。例如,央视的《实话实说》栏目是一对多群访,由一位主持人采访多位嘉宾。北京光线传媒公司为中国教育台制作的《父母大人》栏目是多对多群访,由两位主持人共同采访多个家庭成员。

也就是说,专访视频与群访节目的区别仅以受访对象的数量为据:受访对象是一人或一体人,比如一对儿夫妻、一对儿双胞胎、一对儿搭档,即为专访;受访对象是属性不同的多人,即为群访。而采访人的数量不是区分两种节目的标准。

一、电视专访模式的实现

我们先来回顾一下当年用电视采访创造电视专访节目时面临的困难。

第一,一个事件由多人的行为交织而成,如果为了复原某个事件而分别采访多个相关人,那么这不是专访节目,而是调查节目,其中所有采访都是在为调查节目提供信息和证据。但如果只选择事件当中的一个人,对其进行单边专访,那么对事件的描述就只来源于一个人,信息就会严重不均衡,这在逻辑上站不住脚。

举个例子。2006 年 8 月 29 日,央视《大家看法》栏目播出了《精神

病之争的背后》，其大致内容是，陈先生的父母委托精神病院，强行收治陈先生，因为陈先生对他与前妻生的女儿不好，还数度对父母进行死亡威胁。节目中遍布对各个相关人的采访，受众可以听到当事人的不同声音。但如果为这起家族纷争做一个专访节目，就只能选择一个受访对象。选择了陈先生，对其父母和女儿不公，而选择了老夫妻或小女孩儿，又对陈先生不公。

所以说，单独选择一个人而排除其他相关人对整个事件进行解读，这肯定是不妥的。

第二，只采访一个人，不容易扩展出足够的话题空间，以达到一定的时长。

第三，仅以访谈话语推动节目进度，很难克服单调感和沉闷。

第四，具有出镜采访能力的记者不多。他们必须展现提问过程和听到答案后的反应，如果仅是受访人的回答很出色，而记者的提问和反应很糟糕，节目肯定也是没法看的。

第五，在实景中采访，要同时拍下问答双方单独的中近景镜头，视频的同步采集会遇到困难；音频记录也会因为环境嘈杂而效果不佳。

如果这些疑难问题都能得以解决，专访节目模式便可以建立起来。

20 世纪 50 年代，哥伦比亚广播公司的两位主持人创造性地解决了这些难题，完成了对电视专访节目的探索和实践。

爱德华·默罗（Edward Murrow）是世界电视史上第一座灯塔式的巨人。1953 年，他创办了《人人之间》栏目，并兼任主持人。这是世界上第一个人物专访节目，而且是隔空直播专访。默罗的专访对象是社会名流，每期节目由两个 15 分钟的专访合拼而成，如果第一位专访对象是知名度略低的科学家，第二位专访对象便可能是大名鼎鼎的演艺巨星或妇孺皆知的政治家。1956 年，在这个栏目中，默罗专访了中国总理周恩来。

另一位主持人是西奥多·库普（Theodore Koop），他在 1954 年创办了

第三章 以视听采访构成内容主体的访谈节目

《面向国家》栏目,并担任主持人。这是一个周播的政治专访节目。默罗的《人人之间》后来下马了,但《面向国家》一直延续到今天。

我们来总结默罗和库普如何解决专访节目中的五大难题。

第一个难题的解决方案是,慎做事件专访,转而大量制作人物专访,尽量避免话语权不平衡带来的麻烦。如果不得不对某个事件做专访,那就从事件当中挑选一个命脉人物,由主持人以与其对立的立场,代替那些未能出席者向其质疑,由此保证节目的公正性。为了避免信息单边化,主持人常常要正题反问,制造尖锐的矛盾冲突,但这些质疑并不一定是主持人自己的观点。

这样看,针对《精神病之争的背后》而言,其中的命脉人物应该是陈先生,记者可以站在陈先生的父母和女儿的立场上质疑,暗示受众,陈先生说的只是一家之言。这样做,固然还是一个人的声音,但至少可以提醒受众,可能会有站在受访人的对立面的不同观点。

第二个难题的解决方案是,足量收集信息,然后精心挖潜,预设问答段落并对其进行逻辑分区,确定好采访架构,由此确保话题空间的延展性。

第三个难题的解决方案一是增加刺激性问题和趣味性问题,避免沉闷,二是让受众在段落区块的更迭中不断体尝清新感,破除单调印象。

默罗的所有专访都没有严格的剧本,却都有周密的计划。不设置问答台本,不提前暴露尖锐的问题,为的是,避免受访人进行表演。按周密计划去完成专访,旨在确保段落层次不断展开,避免长时间谈话带来的凝滞感。

1993年,央视新闻评论部在《东方时空》栏目中推出了《东方之子》板块,使国人第一次惊喜地看到了出镜记者与嘉宾的对话过程,节目因为新奇而获得了成功。不过,"东方之子"这个名称有局限,无法容纳西方之子、非洲之子、美洲之子,且新闻事件中的所有非正面人物也不可能成

为受访对象。于是，2003年，央视新闻评论部又推出了《面对面》栏目。

但及至于此，专访节目能否具有活力，仍是一件可疑的事情。很多人觉得《面对面》不会成功，怀疑有没有人愿意看着两个人干坐在眼前，一问一答持续40分钟。他们提议，最好像其他节目类型那样，每期不止采访一个对象。

此间，凤凰卫视的《鲁豫有约》栏目为改变专访节目的单调形式提供了一个解决方案，它用小专题片画面加旁白解说的方式进行提要式引入和过渡，一段旁白小片，一段专访，再插入一段旁白小片，再接下一段专访，两厢交织进行，既简化了程序信息的叙述，又破除了专访节目的沉闷。

后来，《面对面》也采用了这种方式，以专访为主体，中间穿插资料短片。

至于第四个难题的解决方案，在那些人口基数庞大的国家，找到具有出镜采访天赋的记者是有可能的；在那些设有专门机构培养出镜采访人的国家，找到出色的出镜记者也不是难事。

第五个难题的解决方案，即多机组合摄录，配以防燥话筒。

专访节目的制作成本低廉，制作周期短，模式便于学习又无须缴纳版权费。在默罗和库珀取得成功后，这种模式很快推广开来，催生了许许多多著名的专访节目。其中最璀璨的是新闻专访节目，但它一直被男性出镜记者把持。

1976年，美国广播公司以百万美元年薪，挖来世界上第一位新闻女主播芭芭拉·沃尔特斯（Barbara Walters），让她做黄金时段的晚间新闻主播。从此开始，沃尔特斯间或以《芭芭拉·沃尔特斯特别节目》进行新闻专访，成为世界上第一位主持新闻专访节目的女性出镜记者。她最得意的三次专访分别是1977年对"古巴国父"卡斯特罗的专访、1997年对巨星杰克逊的专访、1999年对克林顿性丑闻女主角莱温斯基的专访。沃尔

第三章 以视听采访构成内容主体的访谈节目

特斯在 70 岁的时候,年薪已经是 1200 万美元,但她对新闻专访越来越不看好。她说:现在的年轻人,连总统是谁都不知道,电视专访节目前景黯淡。

美国思维和商务管理专家吉妮·斯科特(Gini Scott)博士曾说:

在一个生活节奏极快,人们只有短暂注意力的时代,它在一个可视的媒体中很难奏效。因此,这类节目只有很低的收视率。其结果是,虽然这些节目努力提出一些严肃的问题并提出解决的建议,一般却很少有影响。这是我们的时代和电视谈话的中心问题——重要的信息内容通常总是转化成低收视效果,因为在一种希望信息快捷而且富于戏剧性的综合媒介时代的文化中,它无法在电视中表现良好。①

事实上,旧媒体时代的电视专访真的式微了,但数码媒介时代的视频专访却崛起了。

二、人物专访节目的瓦解

有学者把电视专访节目分为事件专访、观点专访、人物专访三大类:事件专访以披露当事人亲历信息为要,观点专访以阐述受访人意见为主,人物专访重在展示受访人的个性并为其塑形。

笔者认为,电视采访时代的这个分类,并不符合实际情况。

那个时代,因为不好选择谁是事件中唯一的受访人,所以事件采访大多交由调查节目和群访节目去做。另外,从来没有哪个电视专访节目仅以阐述观点为主要内容,在电视节目中,社论和通篇观点性的内容是无法集

---

① 〔美〕吉妮·斯科特:《脱口秀:广播电视谈话节目的威力与影响》,苗棣译,新华出版社 1999 年版,第 283 页。

中在一起单独存在的。更多的情况下,新闻事件解读和人物形象构造在电视专访模式中是一种交织状态,其间又杂糅着各种观点。也就是说,记者虽提及事件信息,探访的却是思想根源,其中势必涉及一些观点,但最终获得的效果却是对人物形象的塑造。

这些元素均不能单独存在,它们必须混合在一起,以达到栏目规定的时长,所以我们很难对专访节目做分类。实际上,因为栏目时长一般都不短,以便于展现受访人的人生,所以绝大多数专访节目都像是人物专访。

即使是进入视频传播时代后,那些电视台制作的专访节目,依然是事件、观点、人物形象相加,最终人物塑形大于一切。

也就是说,电视专访节目选择受访对象的着眼点首先是其新闻性,它总是来源于一个事件。所以,节目开始便是出镜记者就热点事件提出问题。但是不久,新闻事件解读完了,但栏目尚有大量空白时间。其后的专访便会回溯受访人的人生经历,甚至追溯到他们的童年和祖辈,中间会涉及世界观、各种信念、对未来的态度,于是事件采访彻底转化成了通常所见的人物专访。

但在视频采访时代,过去冗长的人物专访失去了生命力,它们被浓缩成五六分钟的事件短片,其中已没必要继续设置一个采访人抢镜占时间。这种事件短片多以画外采访素材编成,因为完全剪去了采访人的声音,所以受访人处于自述性的独白状态,他们的同期声贯穿始终,但受访镜头却只是间或出现。也就是说,原先占主导地位的人物专访消失了,取而代之的是事件专访和观点专访。

2017年6月22日凌晨,浙江杭州蓝色钱江小区2幢1802宅中的保姆纵火,女主人朱小贞及其三个子女惨死。朱小贞的哥哥朱庆丰在火灭前即赶到妹妹家,是死者亲属中离案发现场最近的当事人。不久,《新京报》"我们"视频的《局面》栏目主持人王志安专访了朱庆丰,视频时长21分钟。

第三章 以视听采访构成内容主体的访谈节目

视频的前 14 分 37 秒完全是事件专访,朱庆丰讲述了他如何得知火情,初到现场听到了什么错误信息,怎样混进消防行列上到了起火楼层,怎样几次催促消防员先查看妹妹和孩子在哪里,见到抬出来的亲人是什么样子,怎样一路跟车去医院,直至医院抢救无效宣布四人死亡。叙述中,朱庆丰多处流露出对建筑材料、绿城物业、消防程序的不满。于是,视频的后 6 分 23 秒展开了他的观点。他认为,建筑材料的阻燃性不够,物业行动不及时,且错认为宅中无人而误导了救援措施,消防方面则严重贻误了救人时机,所以这部分属于观点专访。

这里要注意,数码媒介时代,许多事件专访呈现出来的样态已经不是采受双方的我问你答,而是通过画外专访获取受访人的同期声,最后用同指向画面覆盖受访画面,制作成事件短片,其中同样包含当事人对于事件的观点。

我们以 2018 年"梨视频"上传的一个短片为例,剖析一下这个问题。

这个短视频没有标题。主人公是 28 岁的环保志愿者林鹏,他在春天时从四川雅安出发,徒步 92 天,走到了拉萨,沿途清理垃圾。如果是人物专访,视频必须由多个事件构成,以体现一定的人物生平。然而,尽管这个视频的主角是林鹏这个人物,可它只描述了其沿途清理垃圾这一个故事,我们甚至无法知道他是哪里人、在哪儿读的书、本职工作是什么、有着怎样的家庭。因此,它是一个就事论事的事件报道短片。

之所以称之为事件专访是因为,其叙述框架是由记者采集的画外专访素材构成,林鹏出镜受访之外的大多数画面的同期声均为受访同期声,其余画面中的同期声是其与路遇者交流的记录,其间没有记者的提问,也无任何旁白。也就是说,从形式上看,这个视频像是事件报道,但其实质却是事件专访,这是数码媒介时代专访视频的新特征。视频时长近四分钟,后四分之一都是林鹏夹叙夹议的观点,所以它是事件和观点的杂糅,却不是人物专访。

总的来说,以上两个视频都是事件专访,其中的观点专访部分无法脱离事件专访部分独立存在。而真正的观点专访可能涉及许多事件,却无须将这些事件一一展开,更不会只依赖某一个事件而存在。

我们以2020年《杨澜访谈录》对黄奇帆的专访为例,看一看观点专访的情况。

这个专访既没有展现黄奇帆的生平故事,也不是讲述某个事件,其内容就是黄奇帆对美国国债的看法。他认为:美国国债的年利息是3.3%,远远高于1.5%的英镑利息、0.5%的欧元利息、0.25%的日元利息,所以中国当然应该买美国国债;另外,美国两百年来从来没有赖过对任何国家的债务,即使它跟伊拉克和伊朗打仗,也没有冻结过这两个国家购买的国债,因此美国国债具有安全性;4月24日,有一个美国议员提议冻结中国持有的美国国债,26日,白宫国家经济委员会主任库德洛便发表声明,宣布美国政府要像保护眼睛一样保护美国国债的信用。总之,美国不会冻结中国持有的美国国债,否则等于是在信誉上自杀。这些观点尚未为国人所知,谈出来便振聋发聩,扭转了恐慌的情势。

与事件专访呈现事件短片的样态相同,观点专访也不一定是杨澜与黄奇帆那样的问答形式,它同样可以通过画外专访获取受访人的同期声,用同指向画面覆盖受访画面,制作成只有主角同期声表达的视频短片。

2020年,"一条"视频上线了一个时长3分52秒的短视频,主人公是41岁的美国人罗朗,他以擅长烹饪中国菜而闻名。起首1分30秒,罗朗的画外音简要介绍了他的个人信息:少年时代开始学厨,19岁来到中国,后来成为美国驻华大使馆的行政总厨,2009年上路,悉心学习中国的各种烹饪技巧和饮食文化。2分22秒时,在一个个对位镜头中,罗朗的同期声陈述了他的心得和观点。

这样的视频很像是讲一个故事。其实,它的架构就是画外观点专访,只是因为覆盖上了相应的一组组画面,它呈现了短纪录片的样态。

第三章　以视听采访构成内容主体的访谈节目

总之，在人物专访模式瓦解的过程中，原先难以制作的事件专访，原先根本不可能存在的观点专访，却大批涌现出来。这是因为，对事件中每一个比较重要的当事人，我们都可以给他们分别制作单独的短专访，让他们从各自的角度解读同一事件的不同侧面。因为时长大幅缩短，纯粹的观点专访也有了生存的可能。这些便是视频专访节目的最大变化。

用事件专访和观点专访的形式取代人物专访模式来进行报道，最大的好处是可以避免在人物定性上的评判失误。

在社会急剧演进的时代，许多人物专访节目是靠不住的。昨天是令人羡慕的明星夫妻，明天就可能反目成仇；昨天被树为行业模范，明天就可能丑闻缠身；昨天被赞誉为成功企业家，明天就可能赔得倾家荡产；昨天被讴歌为杰出要员，明天就可能成为阶下囚……人物专访节目多是为今天点赞，明天却可能成了笑话。

人生在世，未来充满了各种可能性，从社会功能上讲，用人物专访节目做定性报道有许多弊端。所以在视频采访时代，放弃人物专访模式不是一件特别遗憾的事情。过去是借由事件新闻，拓展访谈范围，制作长篇人物专访，而今不如就事论事，直接做事件专访或观点专访，不仅可以去伪存真，而且可以避免贻笑大方。

比较遗憾的是，许多堪称经典的人物专访节目永远成了历史，它们留下的丰沛的工作经验也丧失了对未来的指导作用。

比如《艺术人生》对电影导演陈凯歌的专访。策划人设计了五个电影胶片盒，里面分别装着能够唤起陈凯歌成长记忆的旧物。从打开第一个胶片盒开始，后面四个盒子里装着什么物件便构成了小悬念，引发受众的好奇。于是，一套别出心裁的道具成为推动访谈发展的动力。

这样的经典设计的一个重要使命是，破除电视受众长时间观看访谈节目的疲劳感。可是现在，绝大多数受众已经无论如何也无法接受长视频了，哪怕这视频很好看，因此必须以相当时长作为前提条件的人物专访节

目失去了生存的可能性,过去那些为了克服收视困难而形成的设计手法也就没有了用武之地。

不过,人物专访节目还是留下了一些经验,视频专访应予以继承。

三、专访视频的传承和发展

传统的人物专访节目有许多功能,其中重要的一项便是披露重要信息。

1977年,英国时事评论员戴维·弗罗斯特(David Frost)专访尼克松,深入探讨尼克松担任美国总统期间的各种争议,包括最著名的"水门事件"。

尼克松非常坦率,在专访尾声,他第一次为自己的错误道歉说:我辜负了我的朋友们,我辜负了我的国家,我辜负了我们的政策制度,辜负了所有希望进入政府的年轻人的梦想,这一切都太腐败了。弗罗斯特这个专访,后来被改编成话剧和电影。其中,罗恩·霍华德(Ron Howard)执导的电影《对话尼克松》获得第81届奥斯卡金像奖的多项提名。

人物专访节目传播重要信息的这个功能将被观点专访视频继承下来,但大为不同的是,观点专访视频是一种短视频,它只是在专访素材中单独截取包含重要信息的片段,然后独立成章、独立播发,不再像过去那样把重要观点淹没在庞杂的其他信息之中。

过去,在较为罕见的事件专访中,出镜记者为了客观公平,总是要与受访人拉开距离,甚至自设为受访人的对立面。现在,我们可以分别对事件中所有当事人进行专访,每个当事人都可以在自己的专访短视频中发出声音。但毕竟在每一个单独的专访短视频中,受访人还是唯一的发言者,所以出镜采访人应该继承传统,扮演受访人的对手。

要注意的是,如果有些质疑虽是普遍的声音却又思想水准很低,采访

第三章 以视听采访构成内容主体的访谈节目

人不要把它表现为自己的质疑,要明确说出来,这是其他人的看法,以免破坏自己的形象;采访人不要提前暴露自己的判断和结论,否则采访对象会受到诱导,或者出于礼貌的考虑,不自觉地顺从采访人的意思。

过去,优秀的人物专访节目有两类:一类是凡人专访,重点是小人物亲历的大事件;一类是名流专访,吸引人的是大人物身上的小故事。前者的关键是个体视角,后者的关键是故事细节。

2003年,王志在为《面对面》专访钟南山时,发现一个小细节:钟南山在给病人看病时,总是要先把听诊器捂热,然后去接触病人的身体。钟南山是权威院士,是呼吸内科的一把手,他在业内地位越高,这种小细节就越能打动人。王志和同事们很感动,但在钟南山看来,这实在不算什么。

王志:小陈告诉我,你原来是不开手机,不太用手机,从什么时候开始24小时开机?

钟南山:这个应该是在一月下旬开始就一直在工作状态了,因为这个时候随时有变化的时候就必须,特别是后来很多医务人员,因为这些医务人员很多都是各个医院的负责人,而且他本人就是抢救非典型性肺炎的负责人,他病了,他要转到我们这儿来,那这个时候我们的责任就更大了,就随时要了解病人的情况。

王志:到你挨个儿去看他们口腔的时候,你应该是已经知道这个病有强烈的传染性了。

钟南山:是的。

王志:那为什么还要这样做呢?

钟南山:我知道它是有强烈的传染性,从学术的角度我更想知道它是怎么回事儿。你不做一些了解的话,你怎么能够得到第一手的资料。光是听人讲?另外一个,我也有点相信自己,我想

身体好的人,不会每个人得病的。事实上也是这样,我们大多数都没得病。还有一个想法就是,我整天接触这些病人的话,说不定也有抗体的。

王志从钟南山全天候开机待命和挨个儿查看病人口腔两个细节入手,展现了他在抗击"非典"斗争中救死扶伤、不惧劳顿和危险的形象,这要比抽象描述有力得多。

长篇人物专访类型正在消亡,变型为许多相互独立的事件专访短视频。但在短视频中,小视角的运用和对故事细节的挖掘依然至关重要,应予以继承,它们可以使采访免于只是流程化的介绍和空洞叙事。

过去,人物专访节目最基本的功能是,求得并传递事实信息。在大多数情况下,把事实描述清楚也就完成了任务。但是,人是事实信息的理由,事实信息因人而生动,人物专访恰是一种探究人的形象艺术。所以,人物专访节目的极致并非仅仅传递事实信息,还要展示人的特性和情感。

2020年,蒙冤近27年的张玉环被无罪释放,他那欢天喜地的前妻宋小女,一连接受了好几个短视频专访。或许她说的事情会被遗忘,但她在镜头前展现出的喜出望外的神态、生动丰富的表情、直率坚定的性格,却会被长久记住。

事件专访短视频和观点专访短视频都应该这样继承传统,在受访人的事件读解和观点表述中努力展现人性的特点。

过去,制作专访节目必须精心设计第一组问题,它不一定是全篇中的实质性问题,却会奠定整个专访的基调,决定专访是否顺利,因此十分"烧脑"。从实践上看,有时它的设计被证明是有利于采访的,有时却是不利的。

2006年,易中天在央视《百家讲坛》栏目中讲授三国历史,他的讲述通俗易懂,风趣幽默,见解独到,因此知名度迅速提升。就其所讲的究竟是不是学术以及学术与商业市场的关系问题,杨澜和央视记者分别对他进行了专访,但两者的第一组问题截然不同。

第三章 以视听采访构成内容主体的访谈节目

杨澜的开场寒暄是温和的,在迅速取得合作信号后直接切入正题,但并无攻击性。

杨澜:首先要恭喜你,《品三国》呢,刚刚也是哦,拍得了一个哦,目前的出版界算是一个天价了吧,有55万册的……

易中天:首印。

杨澜:首,首印,啊然后有14%的版税,啊这样一个数字是哦,在您的预料之中的吗?

易中天:老实说,这样一种做法呢,恐怕在历史上还是第一次……豁出去了,就把自个儿放在市场上去检验,验出一个什么数字来就是什么数字。

杨澜:其实这个事情也可以在下边跟某个出版社谈好你就可以做了,放到市场上这样哦,大家来竞标一下,哦万一那个数字不是,很如意,或者说同行之间有一些什么样的议论,就是心里有没有过这样的一种,嗯,权衡?

易中天:啊啊对,权衡这个词儿很好,哈哈哈。

杨澜:对您说话得特别字斟句酌哈哈,呵呵。

易中天:权衡是有的。哦我们也考虑过,各种可能,但是不理它,因为你不管做什么事儿,都会有人说三道四。比方说我今天接受你这个访谈,哦也会有人来说,哈哈哈你就那么爱出镜啊!

以上是正式开场后真正的第一组问题,杨澜由易中天新书的市场效益入手,准备探寻对方如何看待其学术价值。她不仅没有站在敌对立场上,反而是在为易中天的声誉担忧,于是访谈顺利完成。

央视记者的开场问题却充满了火药味:

记者:我们走进这个房子里的时候,有人告诉我们这里是富人住的地方。

易中天：不是，我楼下有住着出租车司机呢，这个房子刚开始的时候价位并不高。

记者：但是现在易老师在人们的心目中间，你已经属于有钱人的行列了。

易中天：什么叫有钱？多少钱叫有钱？其实比我有钱的多了去了！一个教书匠凭着自己的劳动，挣了一点钱，怎么就撑破了新闻界的眼皮儿了？

对于专访对象的家的议论，本属于寒暄的一部分，但记者借题发挥，直接暴露出了对获利的关注。其中包含错误的世界观，即把劳动获利视为不当。

记者：你的生活有什么改变吗？

易中天：我生活没有什么改变，我还这么过日子。不过现在一点改变就是，以前坐公交的次数比较多，现在打的的次数比较多了。也不仅仅是有钱的原因，还是要抢时间嘛。

记者：但是银行里存折数字在变化，你晚上睡得好吗？

易中天：这有什么睡觉不好的？我根本不知道它在怎么变！

记者这一问，已经达到无礼的程度，因为银行存款在增加而晚上睡不好觉，可能是因为收入不合法，可能是怕人惦记，可能是兴奋过度，总之全都是负面联想。

记者：这个结果是意料得到的吗？

易中天：这个意料不到，《百家讲坛》你去讲一讲能挣多少稿费啊，一期就1000块钱。

记者：想到过有这样一种效益吗？

易中天：哪一种效益？

记者：名，利。

第三章 以视听采访构成内容主体的访谈节目

易中天：我就奇怪了，这个媒体，包括平面媒体，也包括你们电视台，还包括阁下，怎么都关注这两个字？这难道就是当今老百姓关心的事吗？不会吧？

记者：可能跟我们平常心目中的学者形象有很大的一个反差。

易中天：意思就是大家公认学者就该穷，是不是这个意思？

记者：还有一个动机的问题。

易中天：刚才你提到的那两个字，它是副产品，搂草打兔子的事，现在没看见我搂草，都看见我逮着兔子了。

以上诸问显示出记者对受访人发散式的种种怀疑。这些违背社会学基本常识的怀疑奠定了整场专访的基调，使整个专访充满了低水平的质疑和高质量的反驳。这期节目是成功的，但它的采访却是失败的。

数码媒介时代，为专访节目精心设计第一组试探性问题的传统可以弃置，由此可能产生的错误也就不存在了。由于专访视频的时长大为缩短，因此采访人无须寒暄和迂回，可以单刀直入地提问，直接拿出核心问题，问出结果工作就可以结束了。也就是说，整个专访视频只有一组问题，只要设计好切入点，采访一开始便可以直奔主题，速战速决。这是视频专访较之于电视专访的很大一个变化。

四、视频专访的工作困难

专访视频在实践中频频显露的问题，基本可以说是电视专访时代遗留下来的顽症，这些常见问题如下。

（一）专访视频与其他视频类型的不良杂糅

电视广播时代，为了稳固忠诚受众且服务于他们，也为了工作便利，我们的前辈经不断探索，成功确立了许多节目模式。这些模式之间界限分

明，井水不犯河水。模式之间相互杂糅是大忌，除非能说出充足的道理。

但在视频传播时代，模式边界出现了许多合理的模糊，不过专访模式与其他模式的不良杂糅，仍是对应有节目类型的歪曲，会造成不良效果。

比如，专访视频与画外采访模式混淆，出镜采访人就似乎只是受访人的视觉提示器，提出一个问题之后便很少说话，放弃了采访调配；后期编辑会觉得出镜采访人呆若木鸡，可有可无，于是不得不减少其亮相的频次；专访就变成了受访人的独白。比如，专访视频与聊天节目混淆，采访人过于松弛随意，频频自我讲述，话语量与受访人相当，就产生了严重的喧宾夺主的效果。比如，专访视频与群访模式混淆，采访人总是喜欢处理嘉宾的答话，而且频频开玩笑，就会让人心生反感。比如，专访视频与调查节目混淆，采访人不择重点，四处采访，却没有针对核心嘉宾的采访主线，背离了视频专访的基本模式。

(二) 对明显带有负面信息的知名受访人束手无策

绝大多数有身份、有地位的人不愿意曝光，出现负面信息又愿意接受媒介问询的名人更是罕见，于是好不容易有机会对这些处于舆论中心的名人进行专访时，采访人却不得不谨小慎微地照顾对方的情绪，并有意忽略一些线索，主动为其掩盖要害信息。

数码媒介时代，预约短视频专访几乎全部是不加遮拦、直奔主题，所以到目前为止，还没有出现任何有负面新闻的名人接受专访的先例。他们知道，电视专访节目只会委婉触及负面新闻的边缘，为了填充时长，还必须附加许多与负面新闻无关的人生内容，这些填补信息基本可以冲抵负面新闻带来的狼狈感。但专访视频会直击目的，让受访人没有回旋余地，于是他们干脆不接受专访。

一个明显的变化是，一些焦点事件中的当事人原本寂寂无闻，忽然因为负面新闻而成为"高光"人物。这样的人，没有令人称道的业绩，在电

第三章 以视听采访构成内容主体的访谈节目

视专访时代一定无法撑起一整期节目,所以从未在专访节目中出现过,但他们很适合短视频专访,他们中的一些人也愿意接受采访,不惮于回应采访人的各种质疑,比如浑元形意太极拳掌门人马保国。①

(三)出镜采访人呈现出不饱满的人格状态

这种现象由来已久。一是因为,中国记者的年龄普遍偏小,与欧美那些白发苍苍的记者比起来,很像是未成年人,而在采访这一行中,阅历决定着水平,阅历不足,水平则显得稚嫩。二是因为,在知名受访人面前,我们已经习惯了逊让,所以与其说是在求真相,不如说是在求教。

2006年8月11日,央视《新闻会客厅》栏目播出了对全国人大常委会副委员长许嘉璐教授的专访。许嘉璐和蔼可亲,但面对年轻的女记者,有时不免流露出对晚辈的居高临下的循循善诱。他笑问记者:懂一人一校吗?记者乖乖地回答:懂。如果记者怀有充分的职业自信,此处的回答应该是"当然"。"当然"的意思是:您应该知道我懂。这样回答,既不会冒犯副委员长,也不会使自己像个顺从的小学生。

无论是在电视广播时代,还是在视频传播时代,我们的采访人在权贵面前都显得过于顺从。这种现象的原因是,采访人内心深处始终恪守着一套复杂而离奇的原则,不得不经常有意疏忽或放弃对一些真正的问题的求索,这让渴求真相的受众深感遗憾。

这种现象还可能与个人收入构成有关。过去,电视出镜人员部分涉及灰色收入问题,这和不可示人的秘密交织在一起,使许多记者在镜前呈现出奇异的状态。他们带有尊贵的心态,却并不被受访人高看,于是奋力挣扎着表示不服。在视频传播时代,采访人更多的是一般人,面对社会地位

---

① 马保国,1952年生人,一贯对自己的武术技能超级自信。2020年5月17日,他在山东与民间搏击教练王庆民进行了擂台战,结果30秒钟之内被王庆民击倒三次,最后直挺挺地仰倒晕厥。这一事件一时间成为笑谈。

比自己高出很多的受访人，或者呈现出驯服，或者反向表现为极端不逊。但这都不是视频采访人应有的人格状态。

总之，在专访视频的采访人中，能够展示出人格魅力者并不多见。

五、专访视频的市场活力

"非典"之前，钟南山院士是业内权威，但并不是公众人物。在呼吸医学领域，与钟南山旗鼓相当的权威不止一人，只是他们没能在"非典"初期勇敢地公开自己的见解，成为被媒介关注的医学家。如果钟南山没有接受《面对面》的专访，他或许也不会成为具有公众影响力的"明星"院士，拥有后来那么大的公共话语权。在他成为家喻户晓的公众人物之后，无论社会上发生了什么——计划生育政策的争议、雾霾频现、医患矛盾、疫苗安全性等问题——都会有人去问询他的意见。

对此，受众很容易产生一种误解，以为专访节目具有极高的收视率。事实上，即便是那些著名的专访节目，其收视率也通常维持在较低水平。钟南山在《面对面》中现身并一举成为公众"明星"，并非因为这个栏目具有超强的影响力，而是因为，疫情的突如其来临时推高了其中几期与疫情相关的节目的关注度。

总的来说，电视专访节目的社会价值很高，但可看点不多。

其看点如下：

（1）焦点事件被及时而深度地解读；

（2）受访人是焦点事件中的核心人物，如果同时又是名人甚至是明星，则会因为显赫性而更具有可看点；

（3）出镜记者让嘉宾说出了逆于普遍印象的真相；

（4）出镜记者与嘉宾针锋相对；

（5）出镜记者具有人格魅力。

第三章 以视听采访构成内容主体的访谈节目

这些理论上的看点未必就能吸引普通大众,所以电视专访节目在传媒市场上的活力不足。数码媒介时代,专访视频呈现出许多新特征,一举革除了过去的许多麻烦。其中最突出的一点是,因为没了时长限制,专访视频的篇幅骤然变短,这使得电视专访模式中的好几个疑难问题迎刃而解。

焦点事件中有许多当事人,我们可以分别为这些人做一个短视频专访。这些短小的专访并不必交织合成一集,变成调查节目;也不必像过去那样,艰难择选其中唯一的关键人物作为受访人,并把这种单人采访扩充成冗长的完整专访。

比如"杭州保姆纵火案"。王志安不仅专访了遇害女主人的哥哥,而且还分别专访了她的丈夫和涉案保姆的律师。如果被指责的绿城物业和消防部队愿意出面回应,王志安也会倾听他们的声音。

又如《精神病之争的背后》。也就是说,其中的每个人物,陈先生和现任妻子、陈先生的父母和女儿、陈先生的前妻、精神病医院的相关医护人员,都可以分别接受专访,受众从中可以分别了解事件的各个侧面。

这些短视频专访独立存在,各抒己见,却又存在相互联系,受众可自主选择其中一个、一部分或全部进行观看。针对同一事件做出的各个小专访之间的冲突越大,受众全部看完各个小专访的可能性就越大。

因为时长变短,制作者无须再像过去那样挖空心思,谋定一个吸引受众看下去的大框架,再按照某种逻辑,在框架中切割出几个相对独立的内容版块。短视频专访只需单刀直入,就事论事,问完相关问题即告完成。

视频聚合网站具有开放性,准入门槛很低,人人可以自做专访视频,这会极大地激发广大参与者在新技术条件下不断创新的热情。由于大量非职业采访人参与,他们不知道采访摄制上的种种规范,因此专访拍摄方法发生了很大改变,过去闻所未闻的专访形式会层出不穷。专访拍摄不再像过去那样烦琐,如组织多机拍摄,或者用一个轻便拍摄器把采受双方纳入

中景景别一镜到底，或者采访人不出镜，做画外音专访，把画面足足留给受访人。现在，可以让身处不同物理空间的问答双方同时出现在屏幕上，即进行分屏式异地专访，中间可随时切换画面，突出正在说话的一方；也可以跟随受访人，不断转换地点，进行动态专访。

这些自由的范式频繁出现，久而久之，受众自然会放弃过去那些约束采访人的传统标准，看到更为生活化的专访交谈。至于采访人业务上的不足，受众可以随时指正，对于专访中的信息疏漏，受众也可以随时补充。

不过要知道，这些改变只是增加了专访视频的活力，并没有给它增加更多的可看点，而所有变革带来的生命力又与受众严重分流的情况相抵消，其得以活下去的经济链条远未构建完成，所以专访视频的市场活力比以前强了一些，却远不能与娱乐节目相提并论。腾讯新闻2021年推出的《我的青铜时代》两季共13期专访，因为嘉宾是热点人物，所以收益略大于成本。而2017年起已经做了四季的《和陌生人说话》，专访了形形色色的普通人，许多内容精彩得令人难以置信，但始终不能营利，外加种种限制，已经越来越难做，能否做下去也是未知数。

六、专访视频的突破

近年来，能营利的专访视频要数腾讯与许知远的单向空间合作摄制的《十三邀》。自2016年起，《十三邀》已经推出六季，每一期都是长视频。从时长上看，它仿佛是电视专访，与新型专访视频背道而驰。但从制作手法上看，它是对电视专访的革新，完全属于数码媒介时代的产物。

今天，过去完全属于幕后信息的内容得以大量前置，拓展了视听专访的边界，加大了专访内容的丰富性，增加了数不胜数的可看点。

首先，它最终展现给受众的，不仅是专访问答，而且包括为完成专访

第三章 以视听采访构成内容主体的访谈节目

问答进行思想准备的过程，甚至不惮暴露采访人采前的焦虑情绪。

2018年是戊戌变法120周年，《十三邀》第三季制作了《寻找谭嗣同》上下两集组合式专访，即两集在不同区域，分别对了解谭嗣同的人进行了大段专访。在上集开篇，长达4分钟的时间展现的是许知远给他的助手们开策划会。他在白板上写满了各种场景和关键词，找手机给大伙儿听那首激荡起他思绪的美声唱曲，在美声音乐中诵读他在自己书中描述的谭嗣同夜访法华寺的段落，其间他曾几次说不下去，忽然想不起自己要表达什么。

受众由此得知，许知远因何非要制作这么一期看上去十分"另类"的节目，也可以看到他一时找不到准确方向的状态，明白了这期节目是怎样出笼的。

把幕后工作呈现在前台，透露有趣、有益的信息，满足受众的好奇心，是数码媒介节目的一个鲜明特征。

2016年，《十三邀》第一季专访了冯小刚。在那期视频中，冯小刚出现在6分50秒，此前呈现的是许知远的忐忑不安。原先约定的时间突然提前了，访谈被穿插在其他媒介对冯小刚的采访之间，在这样的情况下，许知远不知道冯小刚有无心境对他的专访上心。在杂乱的书房里，许知远一时找不到冯小刚写的《我把青春献给你》，便随手将两本自己的书放在包里，"我不一定给他，到时候看，聊得开心就给他，不开心就算了"。在车上，许知远翻看着关于冯小刚的英文评论，想知道其他采访人的思路。坐在小放映厅里，许知远几次向门外空无一人的走廊张望，不知道冯小刚会怎样出现。冯小刚走进小放映厅时非常冷淡，许知远明显紧张，小心翼翼地试探。其实，这些内容对我们理解一场访谈是有价值的，如果去除了这些信息，《十三邀》便会和电视专访节目一样只能呈现出片面信息。

可以说，《十三邀》不仅是一个关于专访嘉宾的节目，也是一种关于采访人如何工作的节目。

其次，它强化了采访人的主人地位，放任他带着强烈的主观思想，与

受访人展开交流，听取对方的意见。

可以明确地界定，《十三邀》不是人物专访，而是以人物为依托，探寻其思想态度的大型观点专访。其中大胆革新的是，采访人许知远并不像传统采访人那样，在采前整理自己的看法，以便客观听取对方的陈述，而是带着观点出现的。

例如，在2021年《十三邀》第五季专访吴国盛的那期视频中，开篇穿插了两条线索：一条是许知远在清华大学校园里徒步走向约定专访地点，一条是吴国盛骑行前往同一地点。吴国盛始终不语，画外音是许知远向助手介绍他的同期声。许知远走走停停，他会坐下来，大谈中国人与科学精神的错位关系，这些声音也会作为吴国盛骑车画面的画外音。这个段落有2分16秒的时长。

在电视专访节目中，采访人总是虚位以待，明明自己是"主人"，却把"家"交给了客人。与其相比，在《十三邀》中，采访人更像是节目的主人公，他带着自己的属地意识，倾听来自客人的意见。

要注意的是，许知远并非全然抛弃了传统，他的方式是突破与继承的结合。每一集的采访人宣传片中都有许知远的这样一句话："我会带着我的偏见出发，等待这些偏见，被打破，或被再次印证。"突破在于，采访人敢于带着可能是偏见的观点出发，因为它也可能不是偏见。继承在于，倾听和尊重对方的声音，如果发现自己持有的是偏见，那就粉碎它。

再次，它大幅度降低了提纯度，在专访问答前后和之间，夹杂着采受双方极为丰富的互动，夹杂着反映采访人情绪的各种行动。

制作电视专访节目时被用于侧面了解情况和熟悉环境的废料，被视为正片内容，而不仅仅是作为花絮予以保留。在专访吴国盛那期视频中，许知远在清华校园路遇一个孩童，对方问："你们是谁？"许知远回答："我们来看你滑板。"这与专访主题毫不相关，却是专访视频中的一种情趣，去掉这些信息，就像菜肴中去掉了调料。

第三章 以视听采访构成内容主体的访谈节目

《十三邀》制片人朱凌卿说，第五季专访武侠导演徐皓峰。徐皓峰曾说，他对武侠的兴趣源于其他孩子都去轧马路时他却天天在公园练武。于是有一个场景是，徐皓峰打拳，边打边说话，此时旁边跑来一个小孩儿，小孩儿听得津津有味，但后来被摄录师拉开了。朱凌卿差一步，没能阻止摄录师。等拍摄完成后，他马上批评了摄录师。他问道：这个画面是不是事实发生？有无违反画面？再多想一点，他们在讨论的是自己年少时的事情，那这个孩子是不是就像他们年少时一样？在朱凌卿看来，这里不但不该赶走那个孩子，而且应该给他拍特写。

《十三邀》总体上是专访，主体肯定是专访问答，但这并不排除问答之间夹杂着大量其他方式的交流。与吴国盛聊着聊着，许知远应邀摆弄起了对方收藏的古代科技仪器，这些宝贝不仅让许知远兴趣盎然，而且也对受众具有吸引力。

就专访研究科学哲学的教授来说，这段内容并未游离主题，反而增加了可看点。

2018年6月11日——戊戌变法启动于120年前的这一天，为了纪念那场悲壮且以失败告终的改革，许知远在夜里找了块空地，燃放喜乐烟花。一束束白色的烟花在夜幕中绽开，许知远仰面用手机拍摄，谁知暗夜中突然冲出一位大妈，她用地方话喊，"深更半夜不知道还在玩啥，吵人"，紧接着是许知远作揖弯腰和一连串的"对不起"。悲壮与喜乐、理想与现实、读书人的情愫与普通人的生活，这些巨大的反差在近乎荒诞的小插曲中淋漓尽致地得以展现。

朱凌卿说：我们在央视很早就学到，好的访谈往往发生于拍摄开始之前和拍摄刚刚结束。《十三邀》节目组没有指令摄录师开始和结束的习惯。要获取这些素材，摄录师必须具有持续拍摄以便随时捕捉信息的工作意识，而且后期编辑必须放弃为专访问答进行高度提纯的传统，而要把所有交流都视为专访的组成部分。

视频采访实务

然后，它以专访为主体，掺杂多种采访内容，采访人会对专访对象的外围进行零星采访，采访人也可能接受别人对他的采访。

因为放弃了提纯传统，拍摄素材庞杂了，编辑手法也更加灵活了。在《十三邀》中，各种各样的采访内容、各种各样的采访地点、各种各样与专访对象相关的外围人物，都极大地丰富了节目信息。

在第一季第四期，许知远要专访冯小刚，但视频起首却有几个小段落是许知远受访，谈他的紧张和不知所措，谈他为什么要看冯小刚的英文材料。第五季第一期的专访对象是罗翔，许知远坐进罗翔的司法考试培训班，与学员们一起听课，然后接连单独采访了几个学员，并群访了四五个学员。

在电视专访节目的制作过程中，这种采访属于外围调查，是为正式的专访问答做前期准备工作，不会被编入正片。但在《十三邀》中，它们作为对专访主题有益的补充，"堂而皇之"地呈现给了受众。

总之，将后台记录前置于正片，是真实秀征服收视市场的重要利器，它破除了传统专访节目的单调性，使专访视频充满了意外的趣味信息。

最后，广告与节目属性具有贴合性，既能营利，又不让人厌恶。

《十三邀》中投放的广告有两个，一是汽车广告，一是会商系统广告。

采访人总是要赶往专访地点，既然许多非专访信息可以被编入正片，那么受众便不会拒绝看到采访人乘车赴约的片段，何况车中发生的事情又与专访有关，比如许知远在车中解释了他为什么要看关于冯小刚的英文评论。车是专访工作的工具，于是车的广告也就自然融入了正片，受众还可以看到采访人对它某些功能的操作。

《十三邀》第五季专访了傅高义（Ezra Vogel）。那期视频在中国香港拍摄了一半，本来约好去美国继续拍，却被新冠肺炎疫情打断。遗憾的是，不久老人便过世了。于是，视频补充了好几段许知远对傅高义夫人伊克尔斯的越洋采访，其采访工具是腾讯会议的云录制。

第三章 以视听采访构成内容主体的访谈节目

与汽车相比，会商系统直接是采访工具，如果拒绝这种工具出现，那就意味着拒绝这期节目。

《十三邀》在收视市场和效益市场上的成功是以上因素合力的结果。无论是节目的质量和创新度，还是节目的生命力和赢利状况，它都是近年来最为出色的专访视频之一。

七、群访节目是专访的拆解组合

视频传播时代，设置多位采访人的专访和设置多位受访人的群访，因为时间太长，网上关注度较低，数量逐渐减少。而《奇葩说》《吐槽大会》《脱口秀大会》那样的互联网视频节目，尽管其演播室的环境构成与电视群访节目很像，但它们已经转化为过去极为罕见的群言模式，"访"的色彩大为淡化，主体要素则是演讲人的一段段独立发言。因此，拥有多位采访人的专访节目和拥有多位受访人的群访节目，均不属于互联网，只能在电视台播放。它们离不开复杂的设备系统，在组织和操作上都很烦琐，只能由经验丰富的电视工作者实现。

群访节目的通常组织方法是：在节目录制之前，主持人不与任何嘉宾见面，由策划人去摸清情况，嘉宾之间也不相互见面，为的是保持话题的新鲜感和录像交流过程中的自然状态；在录像时，或由多位嘉宾采访带动现场观众采访，或由现场观众采访引出多位嘉宾采访，围绕冲突性的话题进行讨论交流；在群访过程中，导播不必在意镜头是否能够准确切换给正在说话的人，能及时捕捉到正在说话的人固然好，但切换给正在聆听的人也不算错（反正发言者的声音未断）；至尾声处，各方意见不一定能达成共识，但每个人都已展示了各自的观点，并且聆听了别人的意见。

群访节目的意图是促成理解，而不是观点的竞赛，交流中不存在胜负问题。

095

不甚准确却十分通俗的说法是，群访节目其实就是专访节目的拆解组合。不同的是，风趣幽默的主持人要同时充当组织核心、采访人、调节人、裁判，不仅要采访数位主嘉宾，而且要激发起现场观众的交流欲望，营造一个多元意见的谈话场；不仅要善于提问，而且要善于对各位受访人的各种回答做出即兴回应。

在录制现场的人际交流中，群访主持人是组织者和主导者，必须具有比较明显的个人魅力，能迅速被嘉宾和现场观众喜爱和接受。这样，观众和嘉宾才能心悦诚服地服从其调度，跟随他适时转换话题，形成热烈的谈话氛围。

请看崔永元在《中国足球甲A联赛》中介绍嘉宾时数次快速的指问转换。

崔永元首先问电视足球评论员张路：张路先生以前做过专门的足球运动员，您是守门？得到回答后又问：还有一个小问题，我们看足球队员的名单里，经常会出现一个领队，这个领队是干什么的？这个问题是为了引出猎豹足球队领队吕丽萍。张路说，领队相当于打仗时的政委。随后，自然到了影视明星吕丽萍亮相的时候。崔永元又问北京大学社会学教授郑也夫：我们知道您是社会学者，但我们也在很多评球的场合见到您，有没有人说您是不务正业？在崔永元分配发言权的过程中，没有人拒绝配合，现场观众也没有不耐烦。

要特别提到的是，群访节目由新闻评论部制作，它讨论的全是严肃的社会问题，却不能缺少娱乐气质，是新闻评论节目和娱乐节目的交集。其收视利器有两个：一是话题的冲突性，一是主持人用诙谐幽默创造出的许多笑点。这两者缺一不可，缺一个便减色一半，如果两个都没有，节目将注定失败。

且看崔永元在《实话实说》中如何采访一群孩子。

第三章 以视听采访构成内容主体的访谈节目

崔永元：你们喜欢看动画片吗？

孩子们：喜欢！

崔永元：为什么？

孩子甲：我觉得可以受教育。

崔永元：你呢？

孩子乙：我觉得可以长知识。

崔永元：你呢？

孩子丙：我觉得可以受教育，长知识。

有学者认为，崔永元使用的全是开放式提问，回答可以不着边际，所以他连续问了好几个孩子，回答却都如出一辙。这个评判不算错，却没有留意问答效果。要注意的是，在"为什么喜欢看动画片"这个总问题下，崔永元一系列问题的编辑结果只有平行的三问。一问所答，平常，没有幽默效果。二问所答，依然平常，没有幽默效果。但三问所答，是前两问所答的机械叠加，于是笑点就出现了。也就是说，不问出最后这个答案，便没能完成娱乐任务，有了这个回答，群访效果便出来了。

要警惕的是，群访节目对娱乐性的重视，不能超过对信息的求取。要知道，如果群访节目中的娱乐成分过多，采访提供的实质信息便会减少，只有娱乐成分适度，实质信息才会饱满。

德国哲学家尤尔根·哈贝马斯（Jürgen Habermas）提出了"公共领域"理论，意指公民以私人身份参加自主性聚会。在这种社会公共空间里，畅所欲言，他们呈现民意，相互沟通意见，达成一定共识。电视群访节目所提供的，恰是古代欧洲议事厅那样的公共话语空间。与古代版本不同的是，电视媒介的平民化性质摧毁了古代公共空间的四壁，使所有人都可能在自己家中听到关于公共话题的讨论。

由此看来，好的群访节目可以发挥两方面的作用。

一方面是，在市民社会尚未成熟、行政参与机制尚未健全、民意表达

途径尚有不畅的情况下，发挥大众传媒的舆论功能，实现公众与权力机关之间的沟通，使公众及时表达各自的意见，推动政府了解社会上的种种变化，提升决策质量。

2011年，内蒙古自治区呼和浩特市出现了一个矛盾：玉泉区春光嘉园处在新城规划的干道上，政府坚决要求拆迁，但业主花费一生积蓄入住小区还不到三年，他们无法接受这个决定。面对矛盾，双方不约而同地想到了内蒙古电视台经济频道的群访栏目《百姓热线》，并在那里进行了直接对话。

在哈贝马斯的理论中，很重要的一个概念是"对话"，它以参与者在共享空间中拥有同等表达机会为基础。为了确保公正，《百姓热线》安排多方参与，除了社区居民代表和分管拆迁的副区长在场之外，还邀请艾国平律师做嘉宾，邀请内蒙古社会科学院经济研究所所长于光军做评论员。在座位的安排上，居民代表和政府官员没有高低之分，是平等的。对于涉及城市发展和拆迁的问题，官员拥有太多话语权，普通居民却知之甚少，而群访主持人是现场话语权的主宰，他要根据判断，把发言权交给最该发言的人。于是，主持人雷蒙适度向后者倾斜，当居民想说又不敢说的时候，雷蒙甚至会为其发声。比如，听到副区长说，拆迁对整个呼和浩特市的发展有利，以后大家的生活也会比过去更幸福时，雷蒙说，"韩区长，你的好心我理解，但是你不能替我决定我未来怎么样是幸福的"，现场立刻响起了热烈的掌声。

5月12日，《百姓热线》播出了《拆新房为哪般》，节目促成了四个结果：官员就拆迁令中不周全的内容当场道歉；业主基本认可拆迁的必要性；双方按照律师提议，共同选定某个机构，重新评估拆迁补偿价格；对业主"希望立即给现房"的要求，官员当即表示可以考虑。

另一方面是，实现社会各阶层之间和公民个体之间的交流，增强社会联系，发挥"减压阀"作用，缓解甚至驱散公众的不良情绪。

第三章 以视听采访构成内容主体的访谈节目

群访节目为什么要设置现场观众？电视广播是单向发散型，传受两端隔着庞大的媒介机构和价值连城的设备系统，观众与节目之间的交流很难实现。群访节目设置现场观众可以起到居间作用，实现一定程度的人际交流。加拿大媒介理论学家马歇尔·麦克卢汉（Marshall McLuhan）说，受众除了希望从节目中索取信息，还希望参与其中，那些邀请受众共同完成的节目恰好可以满足这种期待。在群访节目中，来自社会各界的现场观众可以发出各种各样的声音，这些声音可能是他们的宣泄，却可能发人深思，促进相互理解。

可以探讨的是，在数码媒介时代，能否以多框分屏方式，集结身处各地的嘉宾，在主持人的调控下，仅就一个热点话题，进行为时不长的直播交流，所有在线受众都可以受邀参与讨论？如果这种模式可以实现，那将是群访视频的革命。它极大缩短了视频的时长，加剧了紧张感和话题冲突，因此不再需要主持人的诙谐幽默。将来会不会有这样一种视频群访直播，犹未可知，此处只是一种遐想。

八、群访模式与专访模式的异同

群访与专访是完全不同的两种模式，如果两者的重要元素被无原则地混淆，节目看起来就会不伦不类。

第一，群访节目中的嘉宾和现场观众，必须共时录制节目，如果其中哪一方档期不合适，可以另找作用相仿的人进行替换。专访视频的受访人只有一位，针对性极强，具有唯一性，更换受访人等于是另做一期节目。

第二，在录制群访节目时，参与者都会意识到这是一个交流场，所以很快会忘记摄像机的存在。如果他们对录制工作并不好奇，就没必要告诉他们设备系统如何运作，也没必要向他们解释什么是导播、什么是挂机、什么是调白，只需叮嘱他们不能做的事情，比如不要在激动时猛拍胸口，

否则胸麦会记录下巨大的噪音。而在录制专访视频时，受访人面对一位提问者，自己还肩负着陈述事实的使命，因而不容易忘记自己处在录影中，所以最好大致让他知道录像设备与自己的关系。但如果使用的是便携设备，即使从未有过视频受访经验的人也无需指导，我们只需提醒对方不要偷看拍摄器就够了。

第三，从节目目标上看，群访的组织工作复杂，从节省经费的角度考虑，一般至少要凑齐四期节目才租用演播室进行连续录像，所以制作周期很长。这导致它所传播的信息已经是"旧闻"，因此群访主持人问出的答案没有其对答案的处理态度重要。也就是说，在群访节目中，主持人的重要价值是善于应对嘉宾叙述。而专访视频的组织拍摄工作相对简单，事件一发生，就可以立即安排去实地采访，制作周期很短。它更能为受众提供新鲜信息，因此其目的是直接求得嘉宾答案。这样看来，群访是一个求"趣"的过程，专访是一个求"实"的过程。

第四，从采访人的工作状态上看，群访主持人不能容忍嘉宾长篇大论，要不停地处理嘉宾的回答；而专访记者的工作状态一般是长时间倾听，基本不对受访人的回答做出回应。如果群访主持人听到嘉宾答案后没有表明态度，总是转而去问另一个问题，节目将会惨不忍睹。假使专访记者听到受访人的答案总是要应对，那将是严重的喧宾夺主。

第五，从采访人的身份认知上看，群访主持人多半会被视为娱乐明星，专访记者却无疑是新闻工作者。

第六，从受众关注点上看，群访中的受访人不止一位，看群访节目的受众更关注意见表达和交流探讨，而专访中的受访人不超过一位，看专访视频的受众更关注事件真相和个人观点。

这里要重点说明一下，针对受访人的回答，群访节目和专访视频的采访人在反应和处理方式上有天壤之别。

群访主持人要敢于表现自我，显露个性，其对受访人的回答有六种回

第三章　以视听采访构成内容主体的访谈节目

应方式。

第一，跳跃式联想，将错就错，硬性衔接脆弱的逻辑联系，频频制造笑料。

崔永元在《鸟与我们》中提问：养鸟有什么乐趣？嘉宾回答：作为老年人，可以锻炼身体，它催人早起，天明则叫。崔永元当即插话：您说的情况，我听着像养鸡。鸡与鸟分属不同禽类，体形相差很大，所以逻辑联系薄弱。但主持人借着都有翅膀这一共性，把不大相关的两者错拉在一起，形成跳跃式联想，笑料便产生了。

第二，或横向阻滞，降低受访人紧张的语速，拦住囫囵吞枣的快速表达，促动其描摹细节；或纵向助推，改变受访人过于松弛的表达，防止其滔滔不绝，促动其尽快表达新的信息。

同是在《鸟与我们》这期节目中，嘉宾长篇大论，说内蒙古百灵鸟原先叫声非常难听，通过人工饲养和驯化，它可以叫出13套声响，莺、猫、燕、狗、家喜鹊、灰喜鹊、黄雀、麻雀的叫声，公鸡打鸣，母鸡下蛋，它都可以模仿……崔永元以诙谐的语调打断了他，说你养了一只百灵，鸡鸭猫狗兔都不用养了。这既是横向阻滞，也是纵向助推，暗示受访人不必凝滞于此，可继续阐述其他信息。

第三，巧截不当发言，却不带任何恶意。

在《四世同堂说电影》中，老奶奶兴致勃勃地讲了一大段话，大有继续讲下去的态势。崔永元插话说：奶奶，咱们不说了，留一点儿急急他们。明明是要截断对方的话头，但含有"捧"的意思，老奶奶听得美滋滋，观众也不觉得主持人无礼。

在《唐·金》中，金跑题了，但谈兴正浓，内容也很有趣，大家愿意听，所以崔永元没有立即打断他。等到有了停顿的气口，崔永元说：我刚才仔细听了听，好像是我在问我的问题，唐·金先生顺着他的思路在说自己的事。其实，我的问题特别简单，就是拳击的推广人和拳手之间是一个

什么样的关系？前半句，让观众心领神会。后半句，说给受访人听。这样做，既让观众饱了耳福，又没有伤及金的面子，也巧妙地牵回了既定话题。

第四，如果受访人的答案冗长，主持人需要进行简洁归纳，使结论变得短促而明晰。

第五，前后不断呼应，使节目浑然一体。

在中视（台湾）的《综艺大哥大》栏目中，主持人张菲问一个小女孩儿，现在有没有一点饿？因为这个小女孩儿太瘦弱了。

随后，小女孩儿做后软翻动作，失败了。张菲赶紧跑上前，扶住小女孩儿，做出要拉走她的姿态，同时说：我们先去吃一碗饭再来。小女孩儿坚决要再试试，做到第三个后软翻时已经十分勉强。张菲再次上来，拉住女孩儿说：好了好了，好了，我先泡碗面啦，先吃碗泡面。后两个处理如果不是呼应了第一个处理，三个处理的诙谐度就都会降低。假如没有这三次呼应处理，受众会明显感觉到节目时间变长了。

第六，在访谈过程中的三两处间隔点题，为节目构造一条灵魂线索，它可以烘托主题，也可以消除节目的冗长感。

由于群访主持人需要不断处理受访人的答案，其处理不当的概率也会增加。出现频率最高的几种不当处理如下。

第一，归纳过早，阻断了受访人的表达，而且自己的理解还是错的。

在央视的《精品女人的困惑》中，上海女性问题专家王裕如说：在追求成功的时代，人们的压力非常大，总会被前面的金苹果带着走，还差一点点，我马上就到了……主持人截断话茬说：就是买了车想要房子，买了房子想要别墅。然而，这不一定是受访人想要表达的意思，而只是主持人自己的理解。

第二，横拉纵推不当，造成了意想不到的节外生枝。

王裕如极善表达，本无须调配，但多次被主持人打断。王裕如说：我知道有一对夫妻，年薪都在二三十万，他们是外企的，大企业的中层干

第三章 以视听采访构成内容主体的访谈节目

部,也许不是最高的……主持人突然插问:他们俩都很好,是吗?这种插问,很容易使受访人的叙述方向发生改变,在前叙还没有完成的情况下,开始新的话题。

第三,荒谬处理,引发严重非议。

相比之下,即使绞尽脑汁地想,历数专访记者对受访人回答的处理方式,最多也只能想到以下四种。

第一,对回答不甚满意,穷追不舍地再问,表示疑点尚存。

在接受白岩松专访时,深圳文稿拍卖策划人 WX 强调,文稿拍卖期间的商业演出不以营利为目的。白岩松回应:如果你不想得到回报,我觉得你近乎圣人。后来,WX 兴致勃勃,谈到刘晓庆对活动的祝贺和参与。白岩松说:刘晓庆已经很富有了,你们这次活动对她来说,是锦上添花而不是雪中送炭。最后,在 WX 谈到活动的意义和发展前景时,白岩松问:许多非常好的作家在这次活动中并没有体现出他们应有的价值,你们还给不给中国文学一个面子了?

白岩松表情平静,语气平和,但他的质疑溢于言表,他的前两个看似结论的陈述句其实都是反义疑问句,表示不相信。

第二,谨慎表述自己的看法,激发受访人的兴致。

袁鸣在专访哥伦比亚广播公司《60 分钟》的出镜记者莫利·塞弗（Morly Safer）时,是这样提问的:你曾报道过多少战争?我说起这个词来有些困难,因为我痛恨战争。你一生报道过多少战争?插入这个短句——"我说起这个词来有些困难,因为我痛恨战争"——显然是希望用简短表态,与受访人取得一致立场,因为塞弗虽是出色的随军记者,但他同样痛恨战争,所以这可以让塞弗把采访人视为同道者,产生回答的兴趣。

香港中文大学教授李欧梵在接受《名人面对面》专访时说,香港的生活节奏太快,在保险公司工作的夫人整天忙碌,在地铁里走路也比自己快,他总是叫夫人慢下来,并给她写了一篇文章《慢》。许戈辉回应道:

我看您那个文章的时候我就想起，看的那个电影是叫什么，叫 Beyond the Clouds 吧，中文翻译成《云上的日子》。其中有一个故事我记得就讲一个考古队到非洲的一个地方去考古，后来呢，他们就雇了一些当地的脚夫帮他们抬那些器材呀什么的，结果呢，在疾走三天之后呢，脚夫们突然停下来就不走了。后来考古队的那个队长就问，说你们为什么不走了，赶快走啊，我们还要赶呢。他们说，就是根据我们当地人的习惯呢，要疾走三天之后我们要停下来，因为我们要等一等灵魂，灵魂落在身后了。

许戈辉这段回应，既对李欧梵的文章做了赞许，又用自己的联想激发了李欧梵夫妇继续谈话的兴致。

第三，如群访主持人一样，专访记者也要归纳受访人的答案，求证对方是否认可。有时，回应不仅是对复杂信息的简洁归述，而且点破了复杂信息的实质。

第四，有限度反击，适当压制对方的锐气。

《60分钟》栏目的制片人丹·休伊特（Don Hewitt）在接受袁鸣专访时，有些轻蔑地说：你一定希望我能爆出什么料，最好在回答中批一通布什，我知道你想听到什么。袁鸣当即表示：不，我并没有抱这样的期望。当然，如果你愿意的话，我也不反对。然后，她再次追问：在去年的总统竞选辩论中，你觉得谁更有意思，小布什还是克里？有时候，强人在感到棋逢对手时，才能报以尊敬之心，进行平等交流。

总之，专访记者对受访人的回应均应以实现提问意图、完善嘉宾回答为目的。

群访节目和专访视频的共性在于以下几点：

第一，它们同样以实现一定的社会调节功能为使命。

第二，它们同样勇于放弃行动手段，主要依靠纯粹的话语方式推动内容进程，凡因不自信、贸然混进其他节目要素的群访节目，无一不以

第三章　以视听采访构成内容主体的访谈节目

失败告终。

央视国际频道的《名将之约》栏目，旨在邀请曾在国际体坛上勇创佳绩的中国健儿回顾他们的成长经历，但节目中不断插入纪录片片段，其总量占到了节目时长的一半，节目很快便失败了。与之相对，《鲁豫有约》和《面对面》中的短片插入，只是访谈的辅助，其时长占比不到节目的五分之一。

第三，它们都需要自然状态，因而从采前预热开始，就要尽最大可能，努力让受访人放弃受访架势，还原成日常闲聊的样子。

2004年，联合国秘书长加利接受了《东方时空》记者水均益的专访。在他走进会客室时，水均益迎上前，用阿语跟他打招呼。在中国听见家乡话，加利很惊讶。水均益解释说，自己曾在中东工作，在埃及学过几句阿语。加利的表情变得亲切，不住地点头，偶尔还纠正水均益对开罗某个街道的发音。于是，两人像是多年未见的老乡，缓缓交流起了家乡的故事，专访顺利开始，顺利结束。

第四，群访对象不止一人，很有可能产生行为互动；专访对象尽管只有一人，但有时也可能左右大幅度晃动身体，或者忽然站起来，甚至从受访位置走开，所以掌机者同样需要警觉，要保证随时抓拍。

《国光帮帮忙》2005年12月13日播出了刘若英专访。主持人孙鹏问刘若英：你有没有为你的某一个男朋友做过一首歌？刘若英说有。孙鹏问哪一首歌，刘若英说《打了一把钥匙给你》。孙鹏问：那个时期是谁呀？刘若英起身离位，绕场追着嬉打孙鹏，此时摄像师如果懒惰不警觉，是无法抓拍到这个镜头的。

第五，在新技术条件下，对于两种节目的录制都不必再担心导播出错。在过去，录制群访节目时不能采取各个摄录机各自使用本机磁带进行记录的方式，那样做，编导会累死。专访视频也一样，如果三架摄录机拿出三套磁带，后期编辑就要在三套磁带中查取素材，工作效率奇低。所

 视频采访实务

以，对于两种节目，都需要导播在录影过程中进行切换，一次性完成粗编。具体方式是，使用电子现场制作系统（Electronic Field Production）多机同时拍摄，导播当场切换，素材随即被存储。这就意味着，尽管各个摄录机同时都在拍摄，但只有一架摄录机的画面可以被导播切入素材，没被切入素材的镜头就全白费了。而且，如果导播在忙乱中切错了画面，后期也没有很好的补救方法。

但是现在，在导播做切换的同时，各个摄录机可以各自使用磁盘做记录，所有素材被存入非线编辑系统之后，可按时间取齐，后期编辑可以调取同一时刻任何一架摄录机拍摄的镜头。如果导播在哪个地方出错，后期编辑便可以在那个时间点上另寻别的镜头。

▼ 本章最后要说的话

了解群访节目和专访视频的区别，比了解它们的共性更为重要。群访节目的重心不完全在受访人身上，主持人的调配很重要。所以，主持人切忌只问只听，没有反应和议论，多向交流是群访主持人的基本状态。专访视频的重心几乎全在受访人身上，采访人切忌掉书袋，大发议论，喋喋不休，倾听是专访记者的基本状态。这两个认知——无论是对采访人还是对其幕后团队——都非常重要。

在理论上和实践中，我们常常混淆这两种节目模式的两套标准，这给这两种节目的策划和制作带来了严重困扰。只有清楚了解它们的不同，才能在分别制作这两种节目时，彰显它们各自的本色。

第三章　以视听采访构成内容主体的访谈节目

本章思考与练习

思考题

1. 请为短视频专访设计一条市场生存的经济链条。

2. 如果想让电视群访节目在数码媒介时代变形为视频群访节目，你有哪些设想和建议？

操作题

1. 找一名采访伙伴，由其采访一个对象，你使用手机进行不间断横拍，看看能否在包含他们两人的小全景和分别拍摄他们两人的中近景之间自如过渡。

2. 选定一名近期爆出负面新闻的明星，拟为其制作一期短视频专访，设计一份采访方案。

第四章　采访风格和社会价值的铸成

本章提要

　　少数视频采访人会很快成为明星,而大多数视频采访人却始终寂寂无闻,其分野在于,一是有没有受欢迎的采访风格,二是有没有社会价值。那么,我们是不是都很好奇:一位视频采访明星的采访风格和社会价值究竟是怎么形成的?在形成视频采访素材并完成视频采访节目之前,这是一个需要首先弄明白的问题。在本章,我们将集中研习与此相关的四类提问,它们在采访问题总量中的配比关系,决定着视频采访人能否获具个人的采访风格和社会价值。我们的研习方式是,完整阅读一个经典案例文本,对其中的提问进行分类统计,窥视各类问题交合作用后产生的采访风格和社会价值。四类提问的优化配比是视频采访人获取成功的关键。

　　与其他旧媒体不同,视频采访,特别是画外音采访和出镜采访,不只是呈现采访结果,而且还要展示问答过程。因此,其他旧媒体记者频繁使用的许多不可示人的小招数,视频采访人绝大多数不能使用。同理,视频采访人可以使用的提问方式也非常有限,一共只有18种,本章仅提取其中

第四章 采访风格和社会价值的铸成

四种进行详解,其余 14 种将在第六章中逐一介绍。第六章要研究的是视频采访技巧的圆润度,其前提是采访人能够针对具体情况,在所有可供选择的问题类型中当即择取最适合的一种,很好地完成提问。所以,一场视频采访在技巧上是否圆润,取决于采访人对所有可用问题类型的熟悉程度,也取决于其在实采中灵活运用多种问题类型的熟练程度。而本章要研究的是视频采访人的风格与价值,要完成这个任务,只需首先把握其中四种提问类型的情况,完成对它们的占比分析。

这四种类型,一是简单提问,二是配合提问,三是留错提问,四是质疑提问;另有一个辅助手段是插问。除插问不计,在视频采访人的问题总量中,这四类问题的占比结构,决定着采访人能否具有独特的采访风格以及会呈现出哪种风格,也决定着采访人是否具有社会价值。数字媒介时代,视频采访呈现出更为随意的特色,但电视时代留下的这个隐秘原理依然奏效。

这个理论模式有两种实践意义:一是在打造明星采访人时,可以根据其自身特点,方向明确地为其设计更利于其有所成就的问题;二是在评价一位视频采访人何以具有某种采访风格以及是否具有社会价值时,可以作为一个量化分析工具。

没有风格、没有价值的采访人会被受众忽略,而有风格者注定会成为明星采访人,有风格且有社会价值的即为家喻户晓的明星采访人。

一、决定风格和价值的四种提问类型

首先来看第一种提问类型,即简单提问,其作用是获取最基本的简单信息。比如说:"阿忆,请问您是哪年生人?"笔者如果不是话痨,一般就只会回答:"1964 年。"在这类提问中,问题的特点是零碎、浅显,性质上没有太多的独立存在价值。

视频采访实务

这里要注意两个问题。

第一,简单提问之后,如果不做进一步追问,或者没对回答做有效回应,而是转而开始另外一个简单提问,那么第一个简单提问可能就没有太多价值。但是,如果以简单提问后获得的回答作为前提条件,或进而纵深发问,或立即生发出感想,这个简单提问便有了存在价值,它可能是后续问题的基础,也可能是有效回应的铺垫,没有它,后续问题便无法展开,感想也无法生发。

例一是,在2007年9月8日播出的《综艺大哥大》中,张菲与张韶涵有一段对话。张菲简单提问:"而且这个吻是真吻还是怎么样?"张韶涵回答:"真的。"如果张菲转而又问"那你演戏累不累"或者"你最喜欢哪一场戏",那么真吻假吻的简单提问便没有太多价值,而只是问出了是真吻这个事实。但实际上,张菲是要借用"真吻"这个答案开玩笑。他紧接着自问自答:我就常常搞不懂为什么综艺节目哇,也是在那个四方形的框框播出啊,为什么电视连续剧就可以真的吻,为什么我们综艺节目就不能吻呢?今天我一定要打破这个传统。于是,众人欢腾大笑。可以看出,没有真吻假吻的简单提问在前,后面的玩笑就开不成。

例二是,2021年元旦,"抖音"上出现了一个短视频。一位摄影师记录了他在节日凌晨的片段:他找到了一位刚从陕西泾阳代驾到西安的清秀女人,在一点零三分为她拍了一张照片并镶框送给了她,然后与之交谈。请看他们的交谈记录:

摄影师:你平常白天做什么?(简单提问)

代驾女:我,在幼儿园上班。

摄影师:在幼儿园上班,晚上还要干代驾吗?为什么呢?(不解追问)

代驾女:生活所逼吧,呵呵。现在每个人都不容易嘛。

摄影师:压力这么大?(不解追问)

第四章　采访风格和社会价值的铸成

代驾女：嗯。

摄影师：那你一天上多长时间班呀？（简单提问）

代驾女：我们，白天是早上 7 点 20 上班到下午 6 点钟下班，然后晚上忙完我就干代驾。

摄影师：晚上你一般做到几点？（简单提问）

代驾女：像周内上班的话我一般到 12 点就下班，然后今天不是放假吗，就稍微晚一点。

摄影师：噢，你这儿从这儿到泾阳回去得多长时间？（简单提问）

代驾女：两个小时差不多吧。

摄影师：哇。

代驾女：骑电动车肯定慢嘛。

摄影师：今天晚上太冷了，我感觉都有零下 10 度左右。（由衷感叹）

代驾女：有。

摄影师：然后你再骑个自行车，真的很辛苦了。（由衷感叹）

代驾女：辛苦的人很多，像送外卖的也很辛苦。他们一直……骑电动车我还好，来的时候我可以给客户开车，还可以吹空调。

摄影师选择的时间是一个节日，是其他人已进入梦乡的时辰；地点是黑暗而寒冷的街头；对象是一位女性，她一定承受着巨大的生活压力，却丝毫没有怨天尤人；对话的背景音乐令人怅然。在这样的情景中，感叹就是一种纵深，它使简单提问及其获得的回答全都增值了。

第二，不要因为提问过于简单，便误认为优秀的视频采访人绝不会使用它。事实上，新闻调查视频的优秀采访人，一定会大量使用简单提问。这一是为了在核查事实时不带任何主观偏见；二是必须以简单提问首先触及线索，以获取有价值的细节，然后才能纵深追问；三是在上一个简单提

问没能产生效果时,继续用简单提问寻找突破口;四是一些事实真相无须使用其他提问类型去发掘,只用简单提问即可,但需要用一系列简单提问合力完成。

在《一只猫的非常死亡》中,柴静采访了黑龙江萝北医院药剂师W,仔细询问这个虐猫女,在踩死小猫的过程中,为什么会始终保持微笑?这微笑,究竟是授意者要求的,还是W自己的残忍、冷漠、麻木所致?这一点关系到虐猫女的心态和动机。

柴静:我看那个时候的你一直是,面带微笑的,这是,对方对你的要求吗?

W:不是。好像我表情愿意这样嘛。

柴静:你自己没注意到吗?

W:没有。

柴静:你都不知道,你脸上自己带着笑容吗?

W:不知道。

柴静用第一个简单提问获知,W虐杀小猫时面带微笑不是他人授意,而是她的习惯表情。而后,她又用两个简单提问确认,W对自己习以为常的笑容根本无察。这是一个非常重要的确认,一个永远保持笑容的人,真有可能压抑和掩饰了太多愤懑,因此她需要某种发泄。于是,柴静启动了下一个简单提问。

柴静:你说你这么去做的时候也是为了一种,发泄。是有这种释放的感觉吗,你觉得?

W:有,当时是有。

柴静:为什么这样可以让一个人觉得,释放呢?

W:这个无法用语言去形容。

第一个简单提问确认,W虐猫正是为了发泄和释放,但第二个简单提

第四章　采访风格和社会价值的铸成

问没能获得有效回答。之所以对 W 的回答做编辑保留是因为，这可以表现她对情绪郁结和情绪释放之间关系的含混认知。

柴静：为什么要踩它的眼睛呢？

W：这个细节，不要描述了。

柴静：你为什么不想再谈起这些细节？

W：因为呀，如果要再谈起这件事，我好像又勾起我这种仇恨。动物只是个替代品。可以不谈这些啊，不要谈这些了。

第一个简单提问直接触及关键细节的残忍性，被受访人拒绝了，但柴静转而运用第二个简单提问，请受访人给出拒绝的理由，于是获得了有效回答，从而进一步证实，W 虐猫是为了排遣某种仇恨。但 W 再次提出不要再谈虐猫细节，柴静暂避细节，又用一个判断加征询的简单提问获得了受访人的确认。

柴静：你这个时候你把它想象成是你仇恨的人，我可以这样理解吗？

W：对，可以这么理解。

柴静：但这么做的时候你能听见那只猫在叫吗？

W：当时头脑一片空白好像什么都没想过，也没有感觉到什么。

柴静：你没有意识到，脚下这是个生命？

W：没有。

柴静：你后来为这件事情自责过吗？

W：嗯。

柴静试探性地再次提出一个涉及细节的简单问题，并得到了回应，于是她开始纵深追问，但仍用一个简单提问获得确认，继而用最后一个简单提问，探寻受访人是否心存善念，得到了肯定回答。

113

视频采访实务

"面带微笑"这个细节非常重要，如果不破译它，就会把它理解为残酷虐杀动物时的喜悦，但事实并非如此。W 不是因为得到发泄而高兴，而是平素习惯了用微笑掩饰愤懑，虐杀小猫则是为了释放郁结的情绪。

在采访过程中，柴静使用的全部是简单提问，却精准地发掘出了这个真相。

其次，再看第二类提问方式，配合提问，其作用是诱发受访人做出大段的拔高自述。比如："阿忆，听说您是 1964 年生人，那时生活不富裕，您怎么可能长到一米八四的身高呢？"笔者自然会兴奋起来，大段讲述国家的恩情、家族的遗传基因、父母的悉心养育、自己的勤奋锻炼等。所以，这类采访也被戏称为"贴金式采访"。

我们常见的视频采访绝大多数是为了颂扬受访人，让他们成为社会典范，因此采访人使用的多是配合提问。

例如，央视《大家》栏目专访力学家钱伟长的一期节目。开篇前两个问题便是配合提问。主持人先是问：听说您自己讲，您没有专业，国家的需要就是您的专业？紧接着又问：听说您没有自己的住房，也不拿工资？钱老听到这两个问题，立即接过话茬，顺向发挥，自塑并强化了大公无私的形象。

有时候，记者的问题貌似严厉，但实际上仍是递送"梯子"，让受访人向上攀升。且看《东方之子》对游泳运动员蒋丞稷的采访：

记者：你现在仅仅把这个游泳或者说是体育，仅仅把它当成一种竞赛吗？

蒋丞稷：我认为不是，它是一个民族，它是一种气势，也是一个人的较量，它不光是肌肉，不光是体能，而是一个人，它是整个人的体现。当你在综合指标上超过别人的时候，你才有可能赢。好比以前说的一句话，四肢发达，头脑简单，我认为不适用于运动员，因为体育是人的竞争。

"仅仅把"这三个字，含有明确的贬义，貌似要将受访人推至死角，

第四章 采访风格和社会价值的铸成

其实是在暗示,请回答"不仅仅"。因为,没有人在听到"仅仅把"这样带有贬义的问题时会承认确实是这样,正常人都会否定这个判断,再描述一个光明的自己。

再次是第三类提问方式,留错提问,其目的是授人以柄,诱使受访人反扑过来,修正问题中的错误信息。比如:"阿忆,听说您是1946年生人?"笔者肯定会大声反问:"我有那么老吗?1946年出生的不是我,是我老妈。"这类提问,一般会产生诙谐或幽默的效果,令受众忍俊不禁。

请看崔永元在《实话实说》中对拳击经纪人唐·金的采访:

崔永元:我现在第一个问题就是我邻居,一个非常和蔼的老奶奶提出来的,她说这个叫"唐·金"的人为什么老组织别人打架?

金:我们并不是打架,而是一种体育竞技活动。

这是一个典型的"崔式"留错提问。为了留有回旋余地,崔永元经常把自己的问题说成是别人的问题,而且还特别强调,这是"一个非常和蔼的老奶奶"提出的问题,以防止受访人因为误解而被激怒。最重要的是,崔永元明知拳击比赛并非打架斗殴,却似乎接受了老奶奶的错误认识,把真理解释权留给了金,让他回击自己。

再看笔者在《非常接触》国庆特别节目中对美国人龙安志的采访:

阿忆:龙先生读过《三国演义》吗?

龙安志:我曾经翻了一翻。

阿忆:翻一翻也会有一些印象,在《三国演义》中还有一个人特别聪明,跟诸葛亮一样,你知道他是谁吗?

龙安志:你说!

阿忆:他叫孔明。

龙安志:孔明是诸葛亮的另外一个名字。(众人大笑)

视频采访实务

  这里,主持人自己装作误以为诸葛亮和孔明是两个人,把纠错的权力交给受访人,以检测这位白发碧眼的美国人是否精通中国文化。对方如果不知错,就告诉他正确答案,诙谐效果微弱;但如果对方回答正确,幽默效果爆发,观众会为他鼓掌。

  这里要注意"授人以柄"四个字。采访人要勇于故意犯错,谋求受访人反过来修正自己,让对方道破真理和真相。如果采访人过分在意自己的尊严和形象,不敢也不善于自嘲,不愿意让受访人显得比自己聪明,那就不可能使用这样的提问方式,也就很难营造诙谐幽默的氛围。

  2016年9月10日,央视综合频道《开讲啦》栏目播出了生物学家颜宁的演讲。在开篇对她的采访中,撒贝宁按照自己的理解在问题里打了一个很可能不正确的比方,以供颜宁评判:

  撒贝宁:我不知道我理解的对不对,<u>转运蛋白其实就是一个一个的快递外卖小哥</u>,他们骑着电动三轮摩托,奔驰在不同的细胞膜之间,把葡萄糖运送到细胞里面?(现场观众笑)

  颜宁:你这么理解也可以,其实我更愿意说的是,<u>转运蛋白就是那道门</u>。当然你知道门,你去过这个商场吧?

  撒贝宁:嗯。

  颜宁:那个旋转门。

  撒贝宁:对。

  颜宁:那就是转运蛋白最佳模型。但是这个过程你看着很简单,它确实时时刻刻都在发生,刚才这一个小机器每一秒钟,它可以转1200次。想想这个速度。

  撒贝宁:一秒钟转1200次?

  颜宁:1200次,这还不是最厉害的。你大脑中的葡萄糖转运蛋白,一秒钟,6000次。

  撒贝宁:我怎么觉得有点晕现在。

第四章　采访风格和社会价值的铸成

颜宁：但是要想一想，当它不工作了会有什么后果，你血液里的葡萄糖不能转进细胞了。

撒贝宁：就没有能量了。

颜宁：有一种非常著名的疾病，糖—尿—病。糖尿病它其实真正的原理，它是葡萄糖这个蛋白呀，它上不到膜上去了。就说我们膜上本来有比如说1000道门，现在突然间只剩10个门了，大家涌不进来了。

撒贝宁：啊，好吓人，唉。

撒贝宁的起首问题非常重要，它是一个比喻，可以诱使颜宁以比喻的方式讲解葡萄糖转运蛋白。如果他的比喻得到百分之百的赞同，颜宁就会沿用他的比喻继续讲下去。但最好的效果是，他的比喻不对或不全对，以便让颜宁修正自己，针锋相对地拿出她的比喻，形成错与对的反差。当然，得到颜宁认可也可以，只要颜宁对应着拿出更为精确的比喻，效果也会不错。总之，撒贝宁不仅敢于使用留错提问，而且能以比喻诱发受访人的比喻。

2018年2月25日，在芒果TV《放学别走》上线的新节目中，撒贝宁用对问题的延续处理故意犯错，以自毁自嘲增强了喜剧效果。

撒贝宁（问台上的七名少年嘉宾）：谁告诉我为什么叫二胡？

两位少年：因为两根弦。

撒贝宁：呵呵，NoNoNo。（转向身旁的主嘉宾陈依妙）正确答案，告诉他们。

陈依妙：其实就是两根弦。

撒贝宁（低头故作不好意思）：咳咳咳。（现场观众大笑）

单独看撒贝宁的问题，它只是一个简单提问，但他听到答案后故意做出错误反应，把简单提问补充成了留错提问，此时二胡世家小妹陈依妙一

说出权威答案,立即产生了"笑"果。

最后是第四类提问方式,**怀疑提问**,它或者引发受访人对事实的激烈辩解,或者引发受访人虚弱无力的回避,使受众产生紧张而刺激的痛快之感。比如说:"阿忆,我们经过仔细调查,知道你是 1964 年生人,但你为什么一直自称是 1946 年生人?"笔者如此造假,有可能是想推销某种延年养颜商品,面对采访人的质疑和揭露,笔者一定会极力辩白,或在无力继续说假话的情况下含糊其词。

怀疑提问就是我们通常说的质疑,与简单提问相比,质疑是采访人挖掘真相最有力的工具。它的内核是"我不相信",而不仅是"我不知道",其表露的是"请回答我的疑虑",而不仅是"请您告诉我"。所以,怀疑提问带有逼迫感和进攻性,可以刺激受访人立即做出应激反应。

怀疑提问一般会得到四种回应。

一是受访人通过合理的解释,消除了疑问,满足了受众的知情愿望。

二是受访人的回答具有感染力,是正确的,但并不是针对采访人的疑问作答。这种问答的价值仅在于问,它可能得不到实质性的回答,但问的存在就是它的价值。且看王志在《王岐山:军中无戏言》中对北京市代市长王岐山的专访片段:

王志:你的信息渠道是什么?你怎么能了解最实际最前线的情况?

王岐山:我的信息渠道相当之多。说实在的,我这个人,整个的经历过程从来没脱离过社会,我的朋友在方方面面都有。他们有的是很底层的。我这人还愿意,经常和他们聊聊天。我理发的时候都问问理发员,我有时候让司机跟我说说,下面的情况。有时候我专门找那个还在社会下层的,插过队的朋友。一起和我插队的人现在,下岗职工都有哇,我打个电话问问,我说怎么样了。还有市长电话。我通过市长电话的一个两个三个四个信息,

第四章 采访风格和社会价值的铸成

一方面我可以用来指导我的工作。你比如昨天我就发现了,市长电话,西客站,脏乱差,我前天就交代过城管委主任,我说在此时此刻,你的卫生环卫的水平,是哇只能高于平常的标准,而且要加上"非典"的考虑,出了问题找你负责。昨天我马上把这个信息,交给了我的秘书长。秘书长立刻打电话,其检查,落实,而且举一反三,通过这个,为五一节、为抗击"非典",全市环卫大动员,今天消灭死角,改善状况。所以我说市长电话可爱呀,你不要把它变成一个偶然的。

王志:日常的情况呢,正规的这个工作汇报渠道,畅通吗?

王岐山:非常畅通,是我没时间听,因为现在日常的有些工作我只提出来,现在就是必须把日常工作作为前提和基础。"非典"斗争是在这个基础之上,而不要搞两张皮,好像专门有一批人就去对付"非典",其他人都好像没事干了。不对,整个这个城市的基本功能,不能丢,水煤电气,是哇,你这个无论是商业、治安、环卫,等等,这些都要比平时做得更好。你不要光表态誓师说我们一定怎么样,我说你把这个工作做好,然后再加上"非典"的考虑。

王志第一个怀疑提问显然是,不相信北京能快速建立起疫情信息系统,这也是当时北京老百姓十分关注的问题。王岐山动之以情,讲述了几个了解疫情的渠道,但这都不是王志希望知道的正规渠道。于是,他拿出第二个怀疑提问,并为问题缩小了外延范围,直接要关于正规信息渠道的回答。王岐山没有正面回答这个问题。但受众会因为王志为自己代言发问感到满意,也会懂得急速建立起疫情信息系统难度极大。

三是,受访人面对具有杀伤力的质疑,依然依据没有说服力的理由,为自己辩解,坚持错误立场。比如,《新闻调查》2007年12月8日播出的

视频采访实务

《虎照疑云》中,有一段柴静与陕西镇坪县县长的对话。柴静先拿出一个简单提问,使县长表现出在处理事务时的轻信态度。

柴静:现在外界对周正龙照片的真伪都存在争议和质疑的情况下,您做过这方面的调查和研究吗?

县长:我觉得没有必要,因为,我相信这张照片是真的。就是对周正龙其人,我觉得这样一个普通的农民,为啥把他想得那么复杂,好像和那个造假制假联系在一起。

柴静:但是如果没有调查研究,依据的是相信一个人的人格,您觉得这种态度科学吗?

县长:对照片,就我们现在掌握的情况,我们觉得是真的。

继而,柴静进行怀疑提问,直击县长轻视科学调查的硬伤。面对这个质疑,县长无法应对,但又不能缴械投降,所以只能毫无根据地继续坚持错误。

一般来说,怀疑提问一经出现,采受双方便像是敌人。我进攻你防御,你反扑我后退,我反击你认输。这种冲突性产生于求取真相过程中的较量,对受众极具吸引力。

要注意的是,有时候,有些提问既像是某一类提问,又像是另一类提问,我们该如何对它们进行辨别和归类呢?比如说下面的这个例子:

金:他们互相谩骂……我有时候愿意看到这种不稳定的情绪,因为它能够带来激情,带来很高的票房价值。

崔永元:对不起,您是愿意看到他们和好,还是愿意看到更高的票房?

拳击对手如果和好了,比赛还怎么进行?这个提问很像是授人以柄的留错提问。但是,令拳击对手凶猛搏击,只为求得更高票房,这是不是一

第四章 采访风格和社会价值的铸成

个道德问题?于是,这个提问又像是怀疑提问。

金:我希望高票房,毫无疑问我要赚钱,这是一码事……

崔永元:这是《实话实说》,您经常做调和他们关系的工作吗,还是火上浇油?

如果可以调和拳击对手关系,那还组织拳击比赛干吗?所以,这个提问同样像是授人以柄的留错提问。不过,是放弃金钱考量而营造和平氛围,还是为了金钱而挑动情绪对立,这似乎确是道德问题。所以,这个提问也像是怀疑提问。

金:我的超人之处就在于我能在处理问题的时候把握时机进行分析,如果需要火烧得旺一些,我就会加点油,如果需要浇点水,我也会浇点儿水。

从金的最终回答可以反推,崔永元的上述两个提问应该归属于怀疑提问。如果采访人放任金把票房摆在第一位,会引发受众强烈质疑,节目播出也会遭到批评。因此,崔永元是在质疑金可否为了金钱一味刺激激烈的情绪,直至金做出分组讨论,以中庸的方式,得出了时而加油时而灭火的结论。

也就是说,一个提问如果同时与两个类型都很相似,在归类上它更偏重哪一类,就应该归属哪一类。

最后说说插问。它的特点是短促,语句不完整;作用是承上启下,推动受访人的回答。从本质上讲,它并非一种提问类型,甚至根本不可以独立存在。它其实是上一个提问的延续,当受访人回答上一个问题始终在兜圈子、含糊其词,并因此产生停顿时,那就要用插问催促其完善回答。也就是说,上一个问题是什么类型,插问就附属于什么类型。它并不是一个新提问,如果它是新提问,便要比照四类提问的定义,重新确定它的归属。

视频采访实务

二、视频采访人获具个人风格和社会价值的奥秘

视频采访人是否具有个人风格以及具有哪种风格，取决于其提问总量中四类提问方式的占比。通篇使用简单提问的采访人不会具有任何个人风格。如柴静采访虐猫女只是整期节目中一个很小的片段，尽管在那个片段中柴静使用的全是简单提问，但在整期节目中占比最大的却是怀疑提问。大量使用配合提问的采访人会呈现出正派而温暖的特点，但他们的采访可能会出现错认、错判。大量使用留错提问的采访人诙谐、幽默。反之，大量使用怀疑提问的采访人显得冷峻且咄咄逼人。

一个视频采访人是否具有社会价值，取决于其提问总量中顺向提问和逆向提问的占比。简单提问和配合提问属于顺向提问，它们不会引起受访人的不快和紧张，会让他们平静和喜悦。留错提问和怀疑提问属于逆向提问，它们会刺激受访人，致使他们高度警觉并易于发起反攻，让他们处于积极应对的状态。使用顺向提问的比例越大，采访人的社会价值越小。那些只会使用顺向提问的采访人，缺乏社会价值。使用逆向提问的比例越大，采访人的社会价值越大。那些善于使用逆向提问的采访人，具有显著的社会价值。

这里要做一个说明，即我们绝大多数记者和主持人习惯了使用配合提问，他们的任务不是揭露阴暗，而是正面弘扬各种模范。因此，这样的记者和主持人一直被视为拥有最高社会价值的采访人。当他们使用配合提问，迎合了受访人自我塑造的意愿时，如果得到了他们的积极回应，共同完成了高尚表达，我们便会觉得，他们实现了社会价值；但是，一旦遇到受访人不配合提问，相反率真作答，直抒胸臆，没有表现出高尚，我们便会惊讶地发现，配合提问显得如此幼稚且尴尬，甚至拙劣。在大多数情况下，这样的记者和主持人很容易顺利完成任务，他们带给社会的是自豪、自信和稳定，其社会价值不能说不大，但与那些给社会带来批评、警醒、

第四章 采访风格和社会价值的铸成

建议和改善的记者和主持人比起来,他们的社会价值肯定不是最大的。

社会价值比较大的是善于使用留错提问的采访人。英达和崔永元在每场采访中使用留错提问的数量,一般会占到提问总量的四成以上,他们是使用留错提问的高手,其风格是幽默,他们带给社会的意义是"笑"与"和解"。社会价值最大的是善于使用怀疑提问的采访人。杨春、柴静、王志在采访中使用怀疑提问的数量,总是占到提问总量的五成以上,他们的风格是犀利和刨根问底,他们带给社会的意义是"真"与"改进"。

三、四类问题的运用实践

不同风格的视频采访人都有其存在的意义,他们的采访视频也都或多或少地具有不同程度的社会价值。如果我们有志做视频采访人:首先,要发现自己具有巨大潜能的核心天性,看看自己是喜欢发现美的,还是喜欢鞭挞丑的,是娱乐的,还是严肃的;其次,确立风格方向,是歌颂型的,还是批评型的,是诙谐幽默的,还是冷峻严厉的;再次,应该在每一次采访中适度加大与自己风格相吻合的提问类型的比例;最后,要坚持既定原则,切勿贸然半途而废,只有在确认既定方向肯定不对的情况下,才决定做出调整。总之,没有哪种风格是一文不值的,也没有哪种风格是至高无上的,重要的是,确定一种适合自己的风格。

我们再来回顾一下刚刚学习过的四类提问类型。

简单提问:

以简单提问获得基本信息,体现的是采访人最基本的问询能力,它可能是一种铺垫,为的是纵深探寻,也可能是没有多大价值的无心一问。

在谋划采访方案时,应该精心设置必要的简单提问,目标明确地求取和确认相关信息,避免无谓之问。在实采过程中,发现可能具有价值的线索和信息后,要首先使用简单提问进行扩展,确实有价值便深入挖掘,如

果最终发现没有价值，应在后期编辑时完整删除问答片段。总之，要让简单提问发挥最大作用，避免无效发问。

配合提问：

这种提问类型在我们的节目中极为常见，它表现出对受访人敬重有加，受访人可以"为所欲为"地表达自己想要表达的意思。惯于使用配合提问的采访人，常常看不到疑点或者有意回避疑点，因此他们制作的节目充满温情和感动，总是皆大欢喜。充斥着配合提问的节目中常常会出现一种尴尬，即对于一些嘉宾，采访人无视他们的缺陷甚至是劣迹，把他们塑造成德艺双馨的"完美"人物，但日后如果他们忽然败露了，成为遭人唾弃的反面典型，过往的节目就成了笑柄。这样的例子不胜枚举。所以说，颂扬不是坏事，但一定要颂扬那些值得颂扬的人和事，对于劣迹斑斑的人要怀有高度的警惕，把他们剔除在嘉宾名单之外。

总之，配合提问确有其价值，但也应该慎用。我们当然要展现世界的美好，但不能塑造一个虚假的美好世界。

留错提问：

这类问题一般无法提前谋划设置，它是在实采过程中对嘉宾回答的即兴反应。主持人或对受访人话语中的某些细节故作不懂，或者做出不含恶意的曲解，有意诱发受访人反扑，触发笑点，带来欢快的现场效果。留错提问并不是要置受访人于死地，它是一种善意的为难。但要注意的是，留错提问不仅是为了带来笑声，它好能在笑声中引发不同程度的思考，推动思想交流，增进阶层互解，实现其社会价值。

怀疑提问：

怀疑提问旨在发现真相，消除弊端，改善社会状况。采访人必须不留情面，刨根究底，揭露伪装。由于在文化传统上大部分人秉承着不得罪人的习惯，所以为数众多的采访人十分乐于使用配合提问，以至于具有进攻性的采访人十分罕见。受众方面也是如此，对具有更高社会价值的怀疑提

第四章 采访风格和社会价值的铸成

问,他们却很容易反感。

笔者曾在采访课程中,带领150名选课学生共同观摩和分析了王志专访N的这期节目,结果是,肯定这期节目的学生只有五人,即使是这五人,也认为王志是突袭,让对方猝不及防,不是真正的较量,像是庭审,不应该呈现太强的攻击性。否定这期节目的学生认为,王志的提问太过刻薄,不该询问他人隐私。这非常遗憾地反映出,我们的一些受众缺乏鲜明而健康的正义观。与人为善是对的,但也要看看对方究竟是什么人。这个现象可以昭示视频采访人:我们揭露了我们应该甚至是必须揭露的阴暗面,但我们不一定能获得好评,甚至还会引发厌恶。何去何从,要自己抉择。笔者要重申的是,逆向提问决定着采访人的社会价值,有理想的采访人最好从一开始就高度重视自己与它的匹配度。

> **本章最后要说的话**
>
> 我们从四类提问的占比关系出发,探讨了视频采访人铸成个人风格和社会价值的成因,但这并不意味着在视频实采中,采访人只有四种提问类型。这四类提问的比例关系决定了视频采访人的风格和价值,视频采访人能否灵活运用包括四类提问在内的所有提问方式,决定着其采访技巧的圆熟程度。
>
> 其他提问类型将在第六章中详解。

 视频采访实务

本章思考与练习

思考题

1. 有没有可能,一位视频采访人通篇只运用简单提问,就可以完成一场很棒的专访?

2. 一位视频采访人如果过多插问,可能是因为哪些原因?

操作题

1. 运用四类提问的占比原理,分析《艺术人生》2005年1月25日播出的成龙专访,谈谈你对朱军在这次专访中的表现的看法。

2. 运用四类提问的占比原理,分析《看见》栏目2011年9月25日播出的《专访:李阳家暴事件》,谈谈你对柴静在这次专访中的表现的看法。

第五章　视频采访的有效性

本章提要

自塑采访风格和提升社会价值的前提是视频采访具备有效性。所以这一章，我们首先要学习保障视频采访有效的一个法则和三个原理。然后重点了解采访人镜前表现的六项有效指标，由此解决与视频采访意识和视频采访表现相关的诸种问题。其间会涉及一个问题，即有些失效采访其实是由于受访人的过错，却通常归罪于采访人，我们应该怎样对待这样的情况。最后，我们还要从视频采访的结果出发，理解视听素材是否及格的三个指标和传播效果能否呈现的四个指标。所有这些内容，都是我们在实采结束后、在后期编辑之前，对采访成果做出基本判断的尺度。

在操作上，视频采访复杂于其他媒介的采访，而且复采效果不佳，所以在实采前预判提问及其可能获得的答案是否有效，是一项重要工作。而在实采时，那些被判定为有效并可能带来有效回答的提问，并不一定都产生了实效，所以在后期剪辑时必须在采访素材中挑选有效问答，以保证成品的质量。

大凡作品，无论是虚构作品还是非虚构作品，都是不能按照及格线来自定满意度的。即使非虚构作品的目的不是美，但多少仍会带有供人欣赏的意味，如果仅仅满足于及格，那就太简陋了。所以，一个视频采访作品，假如达不到第一章中论及的最高标准，至少要达到中等偏上的水平。也就是说，中上等是视频采访作品的底线，视频采访必须达到中上等水平，才被视为有效。

另外要知道，对于那些达到高标准的视频采访作品，创新性是其突出特点，而一心遵守"清规戒律"是无法创新的。但是，视频采访要想达到中上成水平，却恰是恪守各种规矩的结果。为了保证视频采访的有效性，采访人必须重视和遵循一些工作原理和经验规则。

一、有效视频采访的保障原理

首先是"客观记录"法则。这是从事信息传播工作的人员必须遵从的首要原则，它是核心和命脉问题，不容讨论和质疑。

视频采访的"客观记录"法则主要是指两个方面：一是采访人和受访人的问答是客观记录，二是辅助信息同样是客观记录。

在采受问答方面违背"客观记录"法则的情况有以下三种：

一是违背平衡原则，只真实呈现一方言论，但缺失他方言论。比如说，就某个问题进行街采，假如采访对象不够多元，在性别、年龄、受教育水平和职业背景上趋于一致，这个街访的客观便是局部客观，很有可能与总体客观是矛盾的。

二是断章取义，只真实呈现一段言论，却删除了语境，从而彻底改变了原始意思。后期剪辑时，可以对采受问答素材进行合理的加工处理，删繁就简，置换次序，剪除口误，但不能伤损其本真原义。

三是伪造采访过程。比如说，受访人的回答完全是采访人 A 进行提问

第五章 视频采访的有效性

的结果，但采访人 B 却录制出自己提问的画面，替换下采访人 A 提问的镜头，伪造自己对受访人的采访。这严重违背了视频采访的职业道德。

辅助信息是否有违"客观记录"法则，主要是看获取它的拍摄方式。

拍摄分为抓拍、约拍、摆拍，其中抓拍肯定是真实记录行为，约拍尚有一定的真实基础，而摆拍毫无疑问是自造式记录。

摆拍的存在是因为很多精彩瞬间稍纵即逝，单靠抓拍无法获取，于是采访人出于视听表现力的考虑，不得不对受访对象实施一些程度较为严重的影响，甚至直接发出指令，以复原那些业已消失的过程。它可能是夸大其词的摆拍，也可能是无中生有的摆拍，还可能是不人道的摆拍。

2004 年，在黑龙江省齐齐哈尔市昂昂溪区的头站村，发现 20 多枚日军遗留的化学炮弹。某摄影记者欲安排六岁的双胞胎女童站到炮弹前留影，被女童的奶奶拒绝。摄影记者于是请求奶奶蹲在炮弹旁，留下了这幅照片。

这个影像记录的不是村民的真实活动，而是人为安排的情景，它使拍摄对象处于危险之中，以此吸引受众关注。

我们的电视采访前辈曾为摆拍设置了明确而严苛的底线：第一，摆拍不可以作为视频新闻的首要或主要的结构元素；第二，摆拍不能安排在采访之前，必须安排在全部采访完成之后，为的是最大限度地消减主观臆想的可能性；第三，摆拍必须建立在确凿的事实基础之上，重现采访对象做过或时常为之的言行，不能设置人造信息和情节。

但即使如此，摆拍的结果依旧是赝品，而且是很容易被识破的赝品。

上一章已经说过，数码媒介时代的采访，可以由多种媒介形式交互完成信息记述，如果发生过的事情没有被抓拍到，完全可用文字形式追述，没必要运用摆拍手段进行情景再现。

其次是"第一时间获得"原理。要力争第一时间完成视频采访。

时效性是新闻价值理论的重要标准，其实所有采访视频都一样，皆以

 视频采访实务

迅速满足受众的先知心理为重要目标。它要求视频采访人养成随时准备出勤的工作习惯，能在没有周密谋划的情况下，以经验为本，进行应急采访。在视听质量方面，如果时效性优先，可以相对降低其他标准，为拍摄和剪辑减少工作量。比如，画面构图不必精益求精，光线和色彩不必唯美，因为受众的第一需求只是实际信息。

要注意的是，在时效原理和真实法则之间，必须保持平衡。要抢时效性，但对来不及核实的信息，不能妄加猜测，应当冷静理智地留下空白。

再次是"第一现场取材"原理。要力争在第一现场完成视频采访，而不是在其他现场或演播室进行。

第一现场采访优于其他现场采访和演播室采访，这是业内的共识。

很好理解的是，从消息源到最终接受者的传播过程中，信息多少会经过一些加工环节，每个加工环节都可能使信息准确度受损，所以越接近消息源，获取信息时受干扰的程度越低。第一现场是消息发源地，信息损耗度最低，所以第一现场应该是视频采访人的首选舞台，在其他地点的采访均为补救措施。

笔者在某高校代班讲课时曾做过这样一个试验：

业内一著名学者来校举办晚间讲座，笔者把学生分成两组：一组去讲座现场采写新闻，一组在宿舍里通过观看学校的闭路电视转播来写新闻。结果是：现场采写新闻的学生发现，前来听讲座的人稀稀拉拉，气氛颇冷；但在宿舍里写新闻的学生却以为，听讲座的师生济济一堂，场面非常热烈。

出现这种差异是因为，视频传播者在转达信息的过程中对空位信息做了过滤，他们有意或无意地对现场信息中的另外一些局部进行了强化。

这个案例对当前从事信息传播工作的人员是一个警示：亲临第一现场进行采访，不难获得真切的消息源，而凭借二手资讯做发挥，传播的常常是假象。

第五章　视频采访的有效性

笔者曾读到一名职业记者的这样一段文字：

> 作为文字记者，有时坐在家中根据现场直播写新闻反而比亲临现场效果好，国际互联网络的普及更使得记者可以"大偷其懒"……利用国际互联网络，记者一天可以浏览成百上千个新闻事件……若是记者亲临现场采访，纵有三头六臂，一天能采访几个新闻事件？

具有这种意识的，不应该是记者，而是作家，且是拾人牙慧的作家。如果信息都是不实的，纵使每天做出上百条报道，条条也都是误导。如果传播的是真相，哪怕半个月才完成一个采访，也是功德无量。令人担忧的是，近年来，一些视频自媒体从业者很少做实地采访，仅凭互联网上检索来的二手信息，或是酒桌上听来的闲言碎语，便做出言之凿凿的评论，使许多错误信息被放大且一再被强化。

亲临第一现场采访，不仅可以获得和传播真实信息，而且就视频媒介的可视特性而言，客观展现真实场景，可以实现新闻价值理论中的接近性，这是视频采访超越其他媒介的绝对优势。受众直观感受现场情境，获得亲历感，便于读懂事件当事人的逻辑，理解他们的行为和情感。

此外，现场信息的丰富度、独特性、可变量，均超过专门择定的其他现场和稳定性极强的演播室。正是基于"第一现场取材"原理，哥伦比亚广播公司对采访记者的要求是：能让信源在镜前直接说话，就不用解说词；能让采访对象在第一现场说话，就绝不让他们在其他地方说话；能让受访人动起来，就不让他们坐着。

最后是"一次摄录"原理。即要尽一切可能，一次性完成实采拍摄工作，尽量避免片段补采，杜绝全程性的重复采访。

视频采访得到的不仅是答案，而且是寻访答案的过程，受访人的状态一览无余。从连贯记录的角度看，一次性视频实采就像是一次直播录像，带有很大的即兴性。

视频采访实务

如果进行片段补采,由于其内容指向明确,受访人已经是有备而来,因此他们的状态会与第一次录像不一致。两次录像的素材交叉使用,结果可能是前后不搭,产生明显的跳跃感,让人看了不舒服。而且,补采中可能遇到受访人对上次录像内容的反悔,后续操作会变得复杂。

如果进行全程性重复采访,受访人对同一位采访人讲述同样的故事,总会觉得不好意思,除非他是一位职业演员。绝大多数受访人不可能是出色的表演家,他们没有经过严格的镜前训练,所以只能展现自己的惯常言行。另外,受访人面对相同的采访内容重复多次受访,可能产生厌倦感,尤其是由于采访团队方面的失误而要求受访人重复相同内容时,他们甚至会感到厌恶和生气。此外还可能出现一种情况,即对相同内容的重复次数越多,受访人在镜前表现出的游刃有余就越缺乏质朴和情感,像是敷衍了事的劣质表演。

经验告诉我们,在视频的即兴记录中,受访人的状态往往是最自然的。

二、采访人镜前表现的有效指标

视频采访人的水平,不能通过其求得的答案来判断,一定要观察其提出的问题及其自身表现。一个极平庸的采访人,因为遇到一位极棒的受访人,可能会获得一段不错的采访视频。一位极棒的采访人,因为遇到一个极糟糕的受访人,可能会一无所获。采访人镜前表现的有效性也一样,不能由采访结果出发,反推其工作是否有效,而应该单纯比照以下标准,考察其提问质量和表现水准。如果符合这些标准,采访人的镜前表现就是有效的,反之则无效。

(一)采前充分准备,实采中认真倾听,能确保各类信息无误

在带机实采之前,采访人必须精准知悉受访人的姓名、大致的出生时

第五章　视频采访的有效性

间和准确的出生地点、过去的业绩和现任职务、相关专业领域的常用术语、与之相关的基本社会关系，这是对受访人最起码的尊重。如果对这类基础信息尚存疑惑，必须在开机之前进行核实并确认，否则在采访中出错，会引起受访人的不快，也会使受众感到惊讶和不解。假使连这一点都做不到，受众很难相信这样的采访人是认真的，或相信他们能在采访中准确掌握受访人陈述的各种信息。

我们在口头交流中很难避免瑕疵，说者可能含糊其词，听者未必领会其意。在带机实采过程中，一旦受访人对某些基本信息表现出不确定，采访人就应该当即求证，不遗留模糊点。对于受访人提供的关键信息，采访人应予重复，让对方确认。在受访人结束段落叙述之后，采访人应该简要说出自己的理解，让受访人矫正其理解偏差。

（二）做到了自持，没有自卑，也不自满

荧屏无论大小，都像是细节的放大镜，生活中不易察觉的状态，却会在荧屏中展露无遗。因此，无论是自卑还是自满，只要有一丝流露，都很容易被受众察觉。自卑会轻贱自己，自满则会丑化自己。

视频采访人处在互动关系中的心理下位，可能会出现自卑流露和自卑隐藏两种反应，而后者较之前者更为常见。

较为严重的自卑流露，会把视频采访变成"低三下四"的求教：采访人脸上是谄媚的表情，嘴里是肉麻的阿谀奉承，动作上是频繁的点头哈腰。受众看了这种状态，更多的不是觉得可怜，相反是鄙夷，认为采访人不知道自重，像个势利小人。这样的采访人必须调整心态，做到平视受访人，否则就既不会得到受众的尊重，也不会得到受访人的尊重。

拼命掩盖其自卑的采访人，有时反而会表现出要跟受访人一争高下的状态，有一种急不可耐的傲慢。他们急于表现自己的全知全能，好让受访人别小看自己。因为要用自傲掩盖自卑，他们会忘记，视频采访的主要任

务是让受访人说话，而不是采访人的自我表现。其实，自卑是一种精神负担，力图掩盖它，反而会加重负担。正确的做法是，在采前明确告诉受访人，"我在您面前很自卑"。不再隐瞒了，也就卸下了负担。而且，这样做还会唤起受访人对自己的体恤之情。

视频采访人处在互动关系中的心理上位，通常也会出现两种反应：一种是得意扬扬，时常以不经意的方式表露出优越感；一种是自视甚高，认为自己是真理的化身。

二十多年前，笔者曾在某卫视娱乐节目中看到这样一个片段：受访嘉宾称赞了一下主持人的马甲；主持人认真地说，这马甲确实不错，但一点儿都不贵，才四万多块钱。笔者的侄女听了，气得把电视机关了。主持人的这种轻描淡写的炫耀，在芸芸众生面前，是一种极大的心理满足。但他不知道，受众不会因此而羡慕他，相反会像笔者的侄女那样，瞬间产生反感。实际上，受众喜欢的总是那些地位远高于自己但生活状态却与自己相仿的人。

采访人最为自满自大的表现莫过于，通过视频采访对犯罪嫌疑人实施媒介审判，意气用事地盖棺定论。要明白的是，失去自由的涉案人员是弱势个体，而视频采访人是强大的舆论代表，在没有律师在场的情况下，采访人集提审警察、监察官（公诉人）、法医、法官、司法新闻报道者的角色于一身，迫使受访人"认罪"，这种做法违背了公平制衡原则。视频采访人这样做，固然会使受众觉得痛快、解气，但也很容易制造"舆论冤案"。

采访人只有在视频中不卑不亢，其采访才可能是有效的。

（三）没有使用不当提问

在视频采访中，最能反映采访人水平的莫过于提问质量。视频采访提问的作用有：（1）可以直接反映采访人的语言表达能力和交流沟通能力；（2）可以反映采访人的思维敏锐度；（3）可以反映采访人对人情世故的练

第五章　视频采访的有效性

达程度。所以，要考察视频采访人的镜前表现，一定要看看他们的提问质量。

首先是没有使用笼统提问。

敬一丹说："我要求自己，不能问'请问您有什么感想？'这类的问题。我把这句话看作是我的忌语。"① 例如，我们采访一位公安局局长，提问"请您谈谈本市的治安情况"，或采访一名医生，提问"请您谈谈医生是如何救死扶伤的"，这种问题大而无当，过于笼统宽泛，会让对方感到无从下口。所以，他们往往会随口回答一些抽象、空泛、不着边际的套话，其中缺乏有价值的实在信息。

事实总是包含各种细节。视频采访人只有指向最有触发力的具体细节，其提问才具备有效性。

其次是没有使用先入为主的封闭式提问和诱导性提问。

在日常生活中，我们可能听到过这样的对话：

——我觉得不大舒服。

——你是不是昨晚又喝多了？

这是一个封闭式提问，问者已经先入为主地预设了答案，希望对方做出肯定回答。实际上，问者不是在提问，而是在表达对频繁醉酒的厌恶。如果是一个客观性提问，问题应该是："为什么会感觉不舒服？"这是一个开放式提问，它扩大了答者做出解释的范围。

在其职业生涯中，有些采访人同样希望受访人肯定他们提前做出的判断，于是他们设定好封闭式的诱导性问题，期盼受访人给出肯定回答。请看记者对中国首位高低杠世界冠军马艳红的采访。在 1980 年美国哈特福德国际体操邀请赛中，马艳红在做高杠转体 180 度接前空翻落下动作时没能站稳，动作失败。

---

① 敬一丹：《99 个问号》，中国广播电视出版社 2004 年版，第 82 页。

视频采访实务

  记者：对于高低杠的失利，是否给你带来一些思想负担？
  马艳红：没有呗。
  记者：你其他项目都和大家差不多，有信心再夺冠军吗？
  马艳红：有呗。
  记者：你难道就没有什么思想顾虑，或者压力、波动？
  马艳红：哎呀，中间才间隔20分钟，哪有那么多想法，前一个失败了，争取下一个好呗。
  记者：你一上场，观众席上连台湾来的同胞都喊，"马艳红加油加油"，人不多，声儿挺响，你听见了没有？
  马艳红：我一点儿也没听见。

  这是比较典型的先入为主的案例。记者的判断是，马艳红应该因为高低杠比赛失利而产生思想负担。在前三个提问中，这个意思非常明显。而第四个问题显然是希望马艳红说，想到同胞的殷切期望，一定要放下失利带来的精神压力，树立必胜信心去夺冠。马艳红如果顺应了这些提问，这些提问似乎看不出什么问题。但她没有理会记者的诱导和暗示，这四个提问顿时显得笨拙而可笑。马艳红最终在这场赛事的平衡木项目中获得了冠军，但这一切似乎跟现场观众的激励没有任何关系。

  实际上，记者最应该获取的应该是观众最好奇的信息，即马艳红没能完成比赛动作的原因是什么，这很可能也正是马艳红最想告诉大家的事情：她不习惯美国赛场上的高低杠，中国的杠比较硬，而美国的杠比较软。但是记者根本没想到，应该用开放式提问，去采访其比赛失利的原因。

  所以请注意，如果使用"你是否认为……""你是否因为……""你当时是不是想到了……"这种带有诱导性的封闭式问题，采访的有效性将大为受损。

第五章 视频采访的有效性

再次是没有对受众清晰可见的事实明知故问。

在一条关于洪灾的电视新闻中，一个灾民走在大堤上，他刚刚从政府赈灾处领到棉被，棉被就在她怀里。记者上前问她："您是刚领到被子吗？"灾民回答"是"；记者又问："有了这被子，今晚是不是就暖和了？"灾民回答"是"。

这是一个经典案例。如果满心想着让灾民感恩，记者的提问就很容易强调画面中已经显而易见的视觉信息，并且可能出现"有了这被子，今晚是不是就暖和了"这种无须解释便一目了然的愚蠢问题。

另外一个经典案例是，2002年12月3日夜晚，为了庆祝中国2010年上海世界博览会申办成功，上海几个区域同时举行了盛大的庆祝活动。在复旦大学会场，主持人在雀跃欢呼的大学生中一连采访了两人。主持人问第一个学生"你高兴吗"，问第二个学生"你激动吗"。这两个问题毫无价值，受众看得到画面，提问多此一举。

必须明确的是，当画面明确呈现出某些信息时，视频采访人的提问必须跨越这些信息，将受众的注意力引向画面信息之外，力求让受访人补充画声元素中没能表现出来的东西，避免没必要的信息重复。

最后是不吝以"愚蠢"问题获得精妙回答。

下面这段对话是电视广播时代讲解分析问答逻辑时的一个经典案例，目的是让学习采访的人不要像这位记者那样愚蠢。

记者：明天会下雨吗？

天气预报员：不会。

记者：那么天气会不错吗？

天气预报员：这要看你所说的不错是什么意思。

记者：是晴天吗？

天气预报员：不是。

记者：那是什么？

视频采访实务

  天气预报员：下雪。

  记者：你为什么不直接说下雪呢？

  天气预报员：你根本就没问。

如果记者老老实实地问，"明天天气会怎样"，预报员的回答肯定是"下雪"，简单明了，不必纠缠。但这还有什么意思呢？老老实实的记者常常显得无趣；记者表现得完美无瑕有时也会显得乏味。而真正的生活对话中充满瑕疵和错误，而且幽默的前提就是敢于故意出错。当记者把问题的边界极度缩小，只问会不会下雨时，其他可能出现的天气状况便被排除在外了，于是就产生了既不下雨但又不是晴天的困惑。结果，受访人一个脑筋急转弯，给出了"下雪"的回答，受众恍然大悟，趣味性就这样产生了。

数码媒介时代，我们完全可将这种情况视为采访人故意提出"傻"问题，授人以柄，以反衬受访人的高超。

请看20世纪50年代美国记者与"氢弹之父"泰勒之间的一段对话。

年轻记者问：可否请您解释一下相对论与现代时空的关系？泰勒回答：我怎么解释呢，爱因斯坦用了13年时间才确立了这个公式。

记者这个问题，一是范围太大，需要用一部专著来回答；二是即使得到了回答，记者和受众很有可能也听不懂。因此，它不是一个好问题。但是泰勒的回答，在不满和无奈中有着机智、聪敏。那么我们能不能这样想，记者用一个大而无当的提问，有效展现了泰勒的诙谐？

再看2002年英国科学家霍金来中国杭州出席学术会议时我国记者和他的一段对话。

  记者：你认为人类历史的下一个世纪，最伟大的发明将是什么？

  霍金：如果我知道，我已经把它做出来了。

第五章 视频采访的有效性

对于记者这个问题，在听到霍金回答之前，受众不会觉得有太大问题，只是觉得有些平庸，没有太大意义。但霍金的回答一出，我们会觉得问题太愚蠢，哪个科学家会把自己已经想到的发明留给遥远的未来？那么，我们能不能这样想，记者用了一个逻辑中暗含缺陷的提问，有效获得了霍金对逻辑缺陷的开释？

过去电视记者不该问的许多"傻"问题，在数码媒介时代，"傻"问题却很容易换得"棒喝式"的精妙回怼，产生很强的传播动力，因此那些意外获得了精妙回答的"蠢"问题同样具备有效性。

（四）能够破译潜台词，戳破"窗户纸"，点明问题的实质

1998年4月17日，《新闻调查》播出了《从市长到囚犯》。新闻背景是河南鹤壁市市长朱振江因索贿受贿，被判处有期徒刑12年。这个农民的儿子、曾经刻苦攻读的穷学生，是如何在做官之后一步步走上犯罪道路的？带着这个疑问，出镜记者钱钢来到监狱专访了朱振江。在整个采访中，钱钢十分严厉，措辞像是提审员，对罪犯的憎恶溢于言表。所以，这期节目不能算是上乘，但钱钢能够敏锐破译隐含在案情叙述中的种种信号，其专访却是成功的。

钱钢：当你跟他个人的关系发展到比较亲密以后，你自己，什么时候感觉到可以向他提一点你的要求？

朱振江：就是出国的时候，有一次，到美国去出国。哦当时，哦，资金比较紧张嘛，哦我跟他提过，后来他给了我1000美元。

钱钢：我希望说得更细致一点，当时是怎么一回事。

朱振江：就是这么回事，就是他后来给了我1000美元。

钱钢：这个1000美元是你，主动提出来的吗？

朱振江：嗯。

钱钢：在此之前，你有没有向别的人主动提出来要过钱？

朱振江：没有。

钱钢：这是你第一次向别人提出来要钱了，跟过去，别人送上门来，它是很大的不同。

朱振江：但是因为就是他那儿有嘛，当时换外汇也比较困难，出国的时候每个人当时只是，允许换，30美元嘛还是80美元，我忘了，那么这样出去我是不够用的。啊，所以这样的话我知道他那儿有，我先从他那儿拿来用，后来回来以后他再没有追过，这样的话我也没有再，再还他。

记者：实际上你内心深处，对于这个"还"字，到底有没有？

朱振江：没有。

人生的转折点，无论是向善还是向恶，都在种种第一次当中。钱钢抓住朱振江第一次索贿的事实，先以一组严丝合缝的问答完成铺垫，后用关键而深刻的一问破译了问题的实质：在朱振江那里，"借"其实就是"要"。

（五）没能求得明确答案，却明确展示出怀疑态度，引发受众警觉

由于立场倾向、受访时的情绪、记忆失准、蓄意隐瞒或歪曲事实等多重因素，采访对象讲述的信息会存在不同程度的失真，所以采访人需要抱有怀疑态度，不能完全相信他们提供的答案。如果受访人的说法很可疑，采访团队又无法通过多信源采访的方法证实其说法是错的，那至少应该明确展示出怀疑态度。

2001年4月7日，《新闻调查》播出了《绛县的经验》。背景是1999年元月，山西绛县被中国农业科学院确定为第三个全国农业科技示范县，而仅仅过了一年，绛县就宣称建成了142个科技示范区和2687个科技示范点。出镜记者董倩在采访山西绛县主管农业的副县长时，找准了"农民收入统计方法"这个关键点作为呈现问题的突破口，表现出了明确的怀疑态度。

第五章 视频采访的有效性

董倩：您告诉我一个确切的数字，全绛县种了多少亩无籽西瓜？

副县长：5300亩，比较成功的3700亩。

董倩：比较成功的标准是什么？

副县长：成功的标准就是老百姓的收入。

董倩：收入怎么衡量？

副县长：去年好的卖两千五六，单亩收入2500块钱。

董倩：普遍都能达到这个水平？

副县长：普遍是1500元左右，成功的是2500元。

旁白：因为实际了解的农民收入和县里的统计差别太大，记者再次就农民收入问题对副县长进行采访。

董倩：关于农民收入的数字是怎么统计出来的？

副县长：这个数字我们下去以后一家一户走，你卖了多少钱，他卖了多少钱，有的笑得跟花儿一样，有的很满意，还不错！差不多！明年继续干！

董倩：这样的户多吗？

副县长：10个人种西瓜，8个人挣了钱了，一般不向外张扬。

董倩：为什么不张扬？

副县长：一个是收入一两千块钱有啥张扬的，如果收入十万八万，老百姓还有点儿小思想，真正有两户不好他就吵得特欢，政府让我咋了咋了，这个不对，那个不对。

董倩：您能不能具体地告诉我这个统计是怎么做出来的？

有了出镜记者对农民收入统计方法的两次怀疑提问，受访人是否正面回应已经并不十分重要，其工作方法显然有问题。如果副县长做出了回应，受众会带着审慎态度，自动辨识其中的漏洞。

副县长：总共我们是八个乡镇就是几十个村子，而且面积就

视频采访实务

3000多亩,我们有包乡镇的干部,有包项目的领导,没有准确到像测量小麦产量那样,因为也没有必要把它弄那么准确。农业动态,只要把整个动态了解清楚,以利于我们今后更好地指导农业工作。

董倩:不经过精确的统计,怎么能够知道种得好的有多少,种得不好的有多少?

记者再次表明了怀疑态度,而且这种源自方法论的质疑可以当即赢得受众的认可。即使副县长坚持自己的立场,受众也已经能够确认,他的工作方法不对。

副县长:因为我们熟悉农村工作的,基本上统计情况都能弄出来。像你吧,你肯定弄不出来,你就要靠一家一户统计,算算,走访户调查。

董倩:你觉得通过这几种统计方法统计出来的数字可信可靠吗?

副县长:比较可靠。

副县长不可能承认自己有错,即使面对出镜记者的第四次质疑,他肯定还是要坚守原有立场,但这种嘴硬已经显得相当可笑了。

2003年8月11日,《新闻调查》播出了《农民连续自杀调查》,出镜记者杨春对案发地江苏南通市如东县桐本乡的工作组成员YHQ说:在我看来,你们的第一反应是首先看李祥的自杀自己有没有责任,而第一个念头不是去救人。下一个镜头是YHQ长达10秒钟的沉默,他面露尴尬,无言以对,既没否认,也没有给出肯定回答。但当这10秒钟的沉默出现在鲜明的质疑之后时,它的含义就是默认。

采访人镜前表现的有效性,不一定是获得了受访人的语言回应,但最好能呈现出受访人掩饰不住的反应。如果受访人毫无悔意,采访人就必须鲜明地质疑,引起受众的警觉。

第五章　视频采访的有效性

（六）没有出现对受访人的不敬

视频采访人对受访人的不敬，依程度不同表现如下。

1. 不对长者和权威人士使用尊称和敬语

上海电视台《往事》栏目 2006 年 2 月 24 日播出了对"中国第一股民"杨百万的专访。年轻的主持人始终用"你"称呼这位长者，在提问中几次不经意地翻眼皮，扫视杨百万。2 月 27 日，该栏目又播出了对"棋圣"聂卫平的专访。年轻的主持人与聂卫平年龄差距悬殊，却称对方为"老聂"。这些细微的不敬都会给受众带来不快。

2. 直接催促受访人或硬性打断受访人

贸然催促受访人快点儿入题、生硬打断受访人的谈话势头，都会使受访人的自信心突然遭到打击，出现明显的慌乱。这是对受访人比较轻微的不敬。视频采访是状态呈现，受访人忽然变得慌乱，意味着采访的自然状态遭到了破坏。所以，视频采访人必须在控制采访时间和保护受访人的兴致之间找到平衡，寻找合适的气口，委婉地推动受访人进入期待状态，巧妙地顺势转移话题。

3. 对年长者和旧事表现出夸张的讥笑

三立都会电视台《封面人物》栏目 2006 年 8 月 13 日播出了对庾澄庆的专访。在庾澄庆每每提及以前某位艺人，提及以前某首老歌时，女主持人都会立即做作地表现出那些东西太老而我还很年轻的样子，几度干扰了庾澄庆的叙述。

4. 令无辜受访人感到难堪

有时候，视频采访人可能会就一些令人忍俊不禁的事情进行提问，但这些事情并非由受访人主导，他们只是承受者。有些采访人会在这种情况下，表现出过分的好奇和幸灾乐祸的心态，问出一些让无辜者难堪的问题。

视频采访实务

但也有一些采访人同样有着好奇心,感到事情很有趣,却仍能够体现出尊重对方。

例如,河南电视台民生频道《大参考》栏目2021年发布了短视频《上百人姓"骂",原因是为啥?》。记者阿旭在周口市商水县周庄村采访"骂"姓农家。对于此前闻所未闻的"骂"姓,绝大多数人都会感到十分好笑,但姓氏是无可选择的命定事实。阿旭显然也觉得这很有意思,但他并没有表现出嘲笑和不敬。

视频一开始,便出现了一位名叫"骂幸福"的村民,阿旭没有借题发挥,关注姓和名之间的搭配。即使是在采访骂老师的时候,他也并没有忍不住大笑,而是关心她在教学生活中如何避免尴尬,进而探问"骂"姓的由来。

5. 伤害了受众的同情心

2003年2月15日,《新闻调查》播出了《寻亲18年》,讲述的是小时候被人拐卖的程娜娜在知道自己的身世后,寻找生身父母的故事。

程娜娜回忆说,十五六岁时,有一天下班晚了,要独自回家。当她说到,走在土坡附近,有一个男人靠了过来时,她的眼里涌出了泪水。听者都应该猜到接下来发生了什么,但记者却满脸疑云,问程娜娜发生了什么事。程娜娜啜泣着说:没想到发生了那样的事。记者追问:你所说的是指……?程娜娜放声大哭:强暴!随后是特写,程娜娜把手里的纸巾揉成了团。

笔者认为,受访人接受采访,意味着做好了公开伤痛的准备。程娜娜没有拒绝提问,且事后也没有要求删除这段问答,这意味着,她不反对让受众看到她的痛楚。因此,记者请受访人咀嚼痛苦,对于勇敢露面的当事人不一定会构成二次伤害,可能还利于他们宣泄和排遣情绪。但是,受访人回忆的痛苦一定会对那些富于同情心的受众形成强刺激。问题是,受众的感受不重要吗?事实上,许多看过这期节目的受众发出了批评的声

第五章 视频采访的有效性

音,他们指责同为女性的记者对严重受过伤的女性没有同理心,是在撕扯她的旧伤口。这样看,记者和编辑是否应该反思一下自己的处理方式,是否可以在受众能够意会的地方删去追问,而运用旁白来讲述程娜娜的遭遇?

我们可以对照上述标准,看看自己是否拥有避免出错的明确意识。如果答案是肯定的,我们的镜前表现就会有效;如果答案是模糊或否定的,我们的镜前表现则尚有瑕疵和严重缺陷,还有可能破坏视频采访的有效性。

三、尴尬而无过错的视频采访

在一些交流不畅的采访视频中,明明是受访人无理,受众却认定是采访人不对,学者甚至将这些视频作为采访人失误的案例,写进了教科书。面对这种情况,采访人应该有清醒的自我认知,不要一味听信别人的批评意见。要知道,采访人可能只是做得不够好,但是并没有错误。

案例一:

1987年,美国得克萨斯州米德兰地区的一位母亲麦克卢尔不慎将怀中的婴儿掉进了水井。事后,记者把麦克风举在麦克卢尔面前,然后问她:"婴儿掉到井里时,您有什么感受?"这个场景被歪曲为,记者把麦克风杵到麦克卢尔脸上,起首便问把孩子掉井里的感受如何,以增添其采访不当的严重性。而且,案例记述者未经采访求证,仅凭主观想象,便说麦克卢尔很想拿这个问题反问记者:"如果您的孩子掉到井里了,您会有什么感受?"这样的记述只可以表明,记者愚蠢,没有共情能力。

实际上,记者这个提问并非起首之问。如果是第一问,的确是莽撞,而且含有强烈的责备母亲的意思。但它出现的地方是在麦克卢尔复述婴儿落水的一刻,在那个语境下,问一下母亲刹那间想到什么,其实并无不

当。不过，如果一定要说有什么问题的话，其措辞如果改为"您当时吓坏了吧"，将会更有人情味，而且完全避免了责备母亲的歧义。

案例二：

2017年8月25日，飓风"哈维"登陆美国得克萨斯州，在休斯敦形成持续强降雨，造成11人死亡，近6000人被迫搬进各个临时避难所。29日，有线新闻网记者弗劳瑞斯（Flores）在一家避难所做直播报道时，恰好遇到刚刚抵达的灾民丹妮尔，便采访她是如何被营救出来的。丹妮尔说，她被困了将近五天，没水、没电、没食物，她叫了警察，等了36小时仍没人来。她在屋外挂了一面旗，还是没人来，只好自己行动。她带着孩子，穿过大水淹没的街道，走到一个加油站，有人给他们叫了一辆出租车，这才来到了避难所。

弗劳瑞斯（心疼地轻抚了一下丹妮尔的右臂）：我们已经听到一些母亲从洪水中奋力救出孩子的故事，你能给我们讲讲你是怎样……

丹妮尔（忽然激愤起来）：第一天，我们走过一米二高的水，去给他们找来吃的。是的，那就像是×××一样，但你们都坐在这儿，你们都在试着在人们最糟糕的时刻采访他们，试着问我们都××出什么事儿了！

弗劳瑞斯再次抚摸丹妮尔的右臂，急忙道歉。

丹妮尔（调门越来越高）：人都已经崩溃了，你还架着摄像机和麦克风，问我们到底出了什么事！我和我的孩子都冻得发抖浑身湿透，你还要把麦克风怼在我的脸上问我！

弗劳瑞斯依然在说抱歉。

丹妮尔愤怒地转身走了。

仅从言行上看，弗劳瑞斯并无过错，而且明显有着体贴的意思。丹妮

第五章 视频采访的有效性

尔突然发怒，可能是因为逃难刚刚结束，心情实在糟糕。也不排除此人平素教养不好的可能性，她把满心怨气发泄在了打扰她的人身上，不管对方是不是在关心她。

不过，这同样是一个采访人没有过错但可以做得更好的案例。有时候，受访人需要我们感同身受、设身处地为他们着想。所以，在面对灾民时，不要打扰他们太久。他们惊魂未定，心情很沮丧，又疲惫不堪，不应该把采访时间拖得太长、问过多的问题，应该让他们早点儿去休息。

如果我们在做视频采访时遇到同类情况，遭到受众讥笑和指责，或受到专家批评时，要相信，自己没有违背职业道德和基本伦理，但也要反思一下，自己应该做出哪些调整，以减少尴尬情况出现的可能性。

四、视频采访素材的及格指标

采访视频要用一定时长去实现其预设的功能，传递预想的信息，就必须得到相应素材的充分支撑。采访视频的制作完成涉及许多最基本的保障元素，这些元素看似简单，却不可缺失。它们是否充分，不是视频有效无效的问题，而是视频能否制作完成的问题。也就是说，视频采访素材首先要达到及格标准，然后才涉及有效性的问题。

（一）各种基本素材是否充分

首先，应该充分获取能够准确表述事实及其具体细节的典型视听素材。

这是视频采访工作的重中之重。这类素材是视频生命力的核心，因为实在太重要，视频采访团队都会高度重视，所以它在数量上不会少，得失均为质量问题，此处不赘述。

其次，应该充分收集能够表现空间环境的视频信息。

视频中关于时间的记述一般要通过同期声或撰稿词来完成，但涉及空

间的记述最好通过镜头语言来表现。如果采访是在演播室之外,那究竟是在什么地方,那里有怎样的客观环境,这些都是视频采访报道的基本要素。如有可能,对于受访人陈述中涉及的事件发生地,也应该拍摄足够的空镜,以丰富画面语言。

能用视觉方式呈现具体地点,是视频媒介在谋取提升其新闻价值时独具优势的手段,它可以瞬间实现地缘接近性。总之,应该充分运用视听语言进行空间表现和空间关系交代。

最后,应该搜集足够多的辅助镜头。

辅助镜头,业内摄制人员称之为"腻缝儿"镜头。如果事件是一堵墙,构筑事件的各个片段便是一块块砖,而砖和砖之间的衔接需要水泥腻缝儿。辅助镜头只是过渡性画面,不为旁白或同期声所专指,像大全景、静物特写、被访人的介绍性镜头、采访人的过肩反打镜头,均可充当辅助镜头,可在采访段落之间起到衔接、过渡作用。

在采访拍摄中,要大致预估需要多少辅助镜头,其拍摄数量应该大于实际使用数量。在后期编辑时,面对数量充足的辅助镜头,要挑选那些与受访人陈述内容最贴近的画面编进片子。也就是说,辅助镜头并非随意拍摄,它们与受访内容越接近,效果就越好。要注意,不必把所有"腻缝儿"素材全部编进片子,它们只是服务于镜头衔接的工具,并非视频采访的内容主体。

(二)可视证据的采集是否充分

受访人陈述信息中关键点的可靠性,最好能得到他物和他人的佐证。这些佐证素材可能是:

(1)相关的证件、往来票据、信件、日记、出版物;

(2)相关的法条和机构公文;

(3)相关的各类用具;

（4）相关的历史图片和影像、媒介报道、网页截屏；

（5）外围证人和权威评论人的信息补充和信息矫正。

这里要注意，以上视听信息皆可以转化为屏幕文字或解说词的形式。但是想想看，一份文件以字幕形式出现和以文件样态出现，哪种情况更可信？答案是不言而喻的。

（三）采访同期声的采集是否充分

在视频中，绝大多数的图像一旦没有声音，就会失去感染力。

视频的声音信息可分为客观声音元素和主观声音元素，前者包括受访同期声和现场音响同期声，后者包括旁白、配置音效、人工配乐。其中，同期声具有现场性和客观性，是一种听觉证据。这种证据性使其成为采访报道中居于首位的声音元素，尊重同期声就是尊重来自现场的客观证据。

受访同期声相当于文章中的引用。一个视频如果只使用旁白配音来完成所有叙述，完全没有引用，从观看角度讲，就会太过单调乏味。在电视广播时代，会将旁白配音与采访同期声穿梭交织起来，避免主观声音的单一，创造出富于变幻的叙事节奏。而在视频传播时代，旁白配音常被采访同期声取代，变成了同期声旁白。许多视频是由同期声旁白画面和受访同期声画面交错构成，所以受访同期声更显重要。

作为受访同期声的背景声，现场音响同期声可以加强视频采访的现场感，延伸受访同期声的情绪效果。在央视《共同关注》栏目的《轮椅上的舞者》中有一个片段是采访轮椅舞者陈思的母亲。她靠经营杂货店为生，受访时，她一边整理店里的小商品，一边回答记者提问，其间画面伴以她拨弄食品塑料袋的同期声，这个微弱的声音使陈思母亲有限的言辞散发出了更多的含义。所以，在视频采访中，不必为了受访同期声的干净而删减现场与其相关的声响。

总之，应该最大限度地发挥客观声音在视频采访中的作用：能用同期

声交代清楚的信息，就一定使用同期声；只有在同期声不能清晰地表情达意的情况下，才使用主观声音。

五、视频采访效果的四个关键指标

采访人镜前表现的有效性和及格的采访素材，都是视频采访效果的前提，视频采访效果则是采访人镜前表现的有效性和及格采访素材的目的。

视频采访是否有效，关键要看它是否达到了四个指标。

(一) 受访人镜前状态自然而健康

与文字记者不同，出镜记者与受访人互动的过程是在向受众做视听展示，使他们以心理投射的方式与采访现场产生合一感，从而如同身临其境，成为现场对话的旁观者。这项工作要运用设备来完成，这些设备可能会程度不同地扭曲生活的自然状态。

从电视媒介诞生开始，其重装备投入的特点便决定了，电视采访是一种形式感很强的工作方式，问答双方的紧张、故作姿态、矜持等都可能是因为各类设备的干扰。因此，在电视采访中，出色的记者都会考虑如何帮助受访人忘掉摄录机、话筒、灯光的存在，让他们沉浸在与自己单纯的对话之中。

而在视频采访时代，由于拍摄器材小型化和简约化，采受双方的自在程度明显增强了。但受访人依然知道采访人在做视频记录，所以好的采访仍需努力去还原生活化的交流场，让受访人更加轻松自然，忘记是在接受采访，使他们从"别人要我说"变成"我的确很想说"。

视频采访中最为严重的非自然表现是背稿状态。有时，甚至是镜前读稿。如果我们的目的不是取笑受访人的笨拙，那这种视频采访即是失败的。

一方面，视频是受众期盼的亲切媒介，置身其中的人被期盼着是在对

第五章　视频采访的有效性

个体受众说话，而不是对着想象中的虚拟群体讲话，而背稿和读稿恰是对众发言的状态。另一方面，荧屏有着极度放大失误的功能，对于违背视频规律的人，视频媒介会冷酷无情地展示其哪怕很小的一个错误，使之昭彰在目。所以，企图在镜前生动地背稿或念稿而不留敷衍的痕迹，几乎是不可能的。

受访人如果忍不住偷窥镜头，然后慌忙避开，会破坏受众的观感。

受众不会认为那是受访人在观望处在旁听状态的自己，而是会瞬间被提醒——采访现场有一架摄录机。他们会当即醒悟，自己的上帝视角其实是由隐匿在现场的一批工作人员提供的，这会让他们感到受挫和沮丧。

不过，受访人如果对摄录机进行稳定的注视，甚至直接对镜表达，却是视频采访的有效内容。为了达到某种情绪效果，采访人可以让受访人直勾勾地凝望镜头，这会增添视频采访的艺术性。我们是否注意到，在央视《舌尖上的中国》第一季的每集结尾处，当集出现的主要角色都会长时间直视镜头，那是一种令人动容的抒情，让我们记住了精美食品背后那些质朴无华的劳动者。

最好请受访人摘掉墨镜，如果对方不愿意，戴着也未尝不可。

在电视广播时代，有些被确定为极不自然、极不健康的状态，在数码媒介时代却被认可了，比如，镜前戴墨镜得到了一定程度上的宽容。

在电视采访时代，如果受访人不愿摘下墨镜，采访便失去了有效性。

在荧屏上，特别是在中近景景别和特写景别中，受访人最清晰的外形是脸，脸部最传神的部位是眼睛。在非病理情况下，戴墨镜接受视频采访意味着，被访人从一开始就在执意回避受众的旁观。所以，对眼睛的蓄意掩藏，是一种对受众的直接冒犯。

但在数码媒介时代，视频采访变得很短，即便是在坐定式采访中，受众也会认为，采访人和受访人是邂逅交谈，说不了几句话就要相互告辞，因此来不及或没必要调整双方的外饰。

掐灭香烟更好,但接着抽完同样未尝不可。

在电视时代的正式采访中,如果记者放任受访人抽卷烟,这个采访就彻底失效了。无论是采访人还是受访人,在视频采访过程中抽卷烟都是一种对受众的严重冒犯。而且,在后期编辑时,如果要打乱采访拍摄的时间顺序,进行倒序或穿插编辑,可能出现烟的长度"逆生长"的诡异现象。

那个时代,镜前吸烟只有两个例外,一是抽烟斗,二是耄耋老人抽卷烟。

手拿卷烟的姿势是"夹",在视觉上显得不雅,而手拿烟斗的姿势是"握",在感觉上柔和许多,因此烟斗常常被视为优雅的艺术。由于烟斗不会变短,在后期编辑时也不会遇到卷烟那样的麻烦。

对于耄耋老人,人类的宽忍度总是极大的,欧美国家的电视采访,对老人抽烟也是网开一面的。

与受访人戴墨镜的道理一样,由于视频采访变得很短,受众同样会认为,在采访人邂逅受访人时后者恰好在吸烟。所以,如果他们能在镜前灭烟更好,但接着抽完也未尝不可。因为时间不长,视频采访几乎无须进行颠倒拍摄次序的编辑,所以也不会出现卷烟长度忽短忽长的困扰。即使是长视频专访,为了追求生活状态,平复紧张或疲劳,采受双方都抽卷烟也会被宽容。

许知远在专访冯小刚时,前者相当紧张和拘谨,后者疲惫不堪,于是两个人一同抽起烟来,而且都抽了不止一支,随后凝结的空气渐渐舒缓了。

总之,视频能遵从现代文明规范最好,如果不能,那就将其视为对真实状况的客观记录。

(二)获得了数个效果小故事

视频传播的弱点决定了,视频采访主要通过受访人的小故事进行表达，而受众对视频时长的忍耐度也决定了，最终只能择取几个小故事呈现给受众。

什么是效果小故事？我们通过两个电视节目片段，来求得认知。

A：韩国首尔广播公司。《夜心万万》栏目，2006年9月25日。

英子：有一次跟朋友聚在一起喝酒，我们旁边坐着一个体形庞大的人。男人一般不敢跟美女搭话，所以我就成了牺牲品，总是骚扰我（众人笑）。我还以为他想认识我，其实他想跟崔真实说话，但是没胆量所以先骚扰我，看着我说"哎胖子"（惊讶罐头声）……他叫我"胖子"，崔真实听到这话后爆发了，她马上跟他理论起来。作为当事人我觉得被人称呼为"胖子"太丢脸了，崔真实为我讨公道，但是她的声音太大了（众人持续大笑）。

朴秀洪：其实没必要闹大。

英子：他就坐在隔壁桌子，可以小声地说。崔真实，"为什么叫她胖子啊"！（众人爆笑加掌声）太丢脸了，看到瘦小的女孩儿这么大喊大叫，他们无可奈何地走了出去。他们走了就算了，崔真实跑下楼梯，那些人正在过马路，马路上人多，崔真实："为什么叫她胖子！"（众人爆笑加掌声）

如果英子在讲述崔真实时，只是说她率真、较真儿、为友仗义，这在视频传播当中没有任何意义。她必须讲出一个具体故事，形象展示崔真实的这些特性。这个故事还得便于理解，令人记忆犹新，易于再次传播。

B：央视综合频道，《朗读者》第二季第10期，2018年7月21日。

董卿：在您的记忆深处有没有，您觉得自己对不住她的地方啊？

王智量：……我在陕西城固，西北师范学院附中，上初中的时候，有一天我跟同学们坐在教室门口，晒太阳，冬天，老远看

视频采访实务

见有一个老太太，穿得破破烂烂的走过来，再走一步一看是我妈。我一看母亲穿得那么破烂，同学们都坐在旁边，我觉得妈妈给我丢人。正好这时候上课铃响了，同学们都进教室了，也没注意到这点，我就跑过去把妈妈挡住，让她走，不让她再来。到过阴历年我回家了，妈妈她说，明天你就长大一岁了，这一年里面你觉得你哪件事情做得不对吗？我说我不知道。你记得不记得，那天，听说你生病了，我走了七十里路到学校去看你，结果，你走过来，不让我和同学见面，第二天我又七十里路再走回去。啊，她就说，你是嫌我穿得破烂，给你丢人是不是？妈妈那天把这句话一点破，哎呀我知道我错了。

董卿的提问直接就是要故事，而不是要感想、要道理、要意义。如果王智量教授的回答不是故事，而是抽象地说，我有很多对不住妈妈的地方，妈妈伟大，做儿子的当年不知道，现在想起来非常非常痛心。这样的回答，没有任何力量。

要获得效果小故事，在设计采访问题时就需要以谋取小故事为目的，而不是只想着索取受访人的态度，听其宣讲道理。实采时，可以直奔预知的小故事，要受访人完整复述，清晰拓展，同时注意捕捉未知的小故事。至于心得感想、其中的道理、升发出来的意义，这些都是故事的衍生信息，并不十分重要。事实上，受访人在讲述故事时，感想、道理、意义已蕴含其中，不特意提炼也没问题。

这是视频采访新手最容易忽视的理念，他们没有索取故事的意识，常常习惯性地问询受访人关于某事的看法，以及为什么要这么看，最终只能获得一些抽象表达，这样的视频采访其实没有价值。

这里要注意以下五个十分重要的问题：

一是在采访中，注意故事的跌宕起伏，帮助受访人层层展开，让每一层都出现意外信息。

第五章　视频采访的有效性

二是在索取已知故事的提问中尽可能弱化诱导性。

凤凰卫视主持人在采访小说家刘震云时，提出了这样一个问题：袋泡茶的故事你还记得吗？现在你还喝那种一袋儿一袋儿那种茶吗？显然这是在向刘震云索要与袋泡茶相关的故事。这是一个典型的诱导性提问，视频采访中出现这样的问题，常常可被视为采访人的能力有待加强。

杜绝这种提问方式的办法如下：在开机采访前，向受访人言及自己想要的故事，向其预订任务，并加深其印象；在带机实采中，借助上下语境，因势利导，自然挑起相关话茬；如果受访人忘记了事先约定的任务，绕着圈子不入正题，采访人可以直接提示，但务必在后期编辑时删除此处的诱导性问题。

旧媒时代，记者恪守着不得使用诱导性提问的采访原则，为的是客观取材，不干扰受访人的自主表达。但在新媒时代，除了少数较为严肃的新闻采访必须因循传统"戒条"，许多采访已变化为镜前聊天，于是只要是聊天可以采取的方式，视频采访也可以使用。不过，在聊天式采访中，像"袋泡茶的故事你还记得吗"这样的问题同样略显生硬，明显是在督促受访人复述某个故事。其实，采访人完全可用陈述语带起受访人的复述，比如说，"我听说，你曾经认为，世界上最文雅、最高贵的茶就是那种袋泡茶"。

三是捕捉故事讲述中的关键细节。

细节分为叙事性细节和关键细节，叙事性细节是说清事实的前提，在此基础上，还要强化关键细节。采访人可以向受访人预约讲述视频采访前已经知晓的细节，并在实采过程中适时暗示其该表达了。另外，不能忽视受访人临时透露出的关键细节，应该表现出明显的惊讶，然后拉停过程讲述，就地展开细节，强化受众对关键细节的关注和记忆。

有时候，对一个细节的意外发现可以点醒整个故事。笔者在为湖北卫视《往事》栏目专访时任"新东方"董事长俞敏洪时，无意间在他办公室

发现了下面这张图片。

笔者问他,这是哪里?他说,这是他考上北京大学之前的家。笔者在节目中使用了这个信息,这个细节可以诠释俞敏洪最初的奋斗。

对于视频采访而言,故事细节重于一切,无细节即为无功而返。没有细节的视频采访不会打动人,更不会给受众留下印象。

四是抓住受访人在讲述中的异常反应。

2019年,在腾讯新闻《进击的梦想家》栏目专访李国庆一期中,当主持人李奕希谈到其夫人俞渝"逼宫"时,意外出现了这样一个片段。

李奕希:会怪她吗?

李国庆:当然怪了。

李奕希:回来接下来你们,有单独去聊这个事情?

李国庆:没聊。

李奕希:为什么不聊呢?

李国庆:那还有什么聊的呀?我一看人家,管理层我也不知道什么心态人都签了字了,人家等于带着管理层人家让我交枪,那我聊什么呢?我对管理层一点儿也没怨,一点儿也没恨,都是跟了我十几年的。

李奕希:那对老婆呢?

李国庆:那,我当然不能原谅,因为她是我老婆。你可以有的是办法嘛,为什么要这样呢?

李奕希:感觉像一棵刺一样。

李国庆:不是刺,是——

<u>他突然抄起茶几上的水杯,急速举过头顶,使出全身力气,重重摔在地上。然后双手撑住膝盖,身体向前压下,</u>直视着李奕希。

李国庆:根本不是刺!

第五章 视频采访的有效性

这一摔,似乎摔出了所有郁闷,也摔尽了全部力气。他仰靠在沙发背上,眼望前方,沉默了片刻,左脚两次拍打地面。

李国庆:不是刺。不是刺。她从来过去说,为了鼓励我战斗,说没有我俞渝可以有当当,没你李国庆就没有当当,她也从来说哎呀,几年前说咱俩有一天如果不能在一起生活,那么,你拿大头儿我拿小头儿。我说不不不,五五开。她说她说三七也行,我四也行你六也行。我说那干吗呀,我说当然你是史上最贵的CFO。我说也不对,你什么都不干你是我老婆也该拿一半儿。怎么突然就变脸了呢?干吗要用这么阴谋诡计的方式呢?对不起我这这,还没走出来。

李国庆突然摔杯子,无论是出于什么原因,无论是否符合问答逻辑,都是专访过程中的异常行动,可能包含可供受众解读的多重含义,极具吸引力。事实上也是如此,可能绝大多数人没有看过这场专访的其他部分,却都看了这个片段。摔杯后过了一会儿,李国庆对李奕希说,"我能抽支烟吗?歇下来,让我缓缓",然后他走出玻璃门,面朝外吸烟。可惜这个画面没拍下来,否则可以与摔杯行动形成一个小小闭环,构成情绪上的前后呼应。

五是留存受访人抽象表述中的效果语言。

这里所说的"效果语言",是指依附效果小故事前后的抽象评论,其表达风格极端个人化,其阐述的思想观点水平极高。

我们先来对比一下非效果语言和效果语言的差别。

A:台湾电视公司,《幸福星期六》栏目,2006年4月29日。

黄国平:我有一句我自己对爱情的看法,就是我觉得我的,我的女朋友跟我的老婆一定是我最好的朋友,那么呢我觉得,只有朋友才是可以永远下去的,我觉得任何激情和爱情其实最后总有淡的时候,可是可以支撑你,让你们一起白头偕老就是你,两

视频采访实务

个可以手牵手一起老去的时候,那时候我觉得爱情……

吴淡如:老师我想上厕所了。

被主持人吴淡如半途打断的这个发言就是非效果语言,它空洞、冗长、平庸,听着让人昏昏欲睡。与之相反,下面这种具象、简洁、独特的个人看法,即为效果语言,让人听了恍然大悟。

B:凤凰卫视,《名人面对面》栏目,2006年8月20日。

文怀沙:生命有两个特点,第一个短暂,第二个又充满了惊险。像我们这代人,幼年时候的五四运动后来我自己参加的一二·九,哎呀峥嵘岁月稠。这是讲客观世界。那么你主观世界跟客观世界,应该怎么样,如果外头下疾风暴雨,我内心也下雨,这就太苦了。毛泽东有两句话:敌人围困万千重,这是客观世界;他的主观世界呢,我自岿然不动。

在视频采访的后期编辑中,所有非效果语言均应被毫不犹豫地删除。

在带机采访时,可诱使受访人在讲述相关故事时说出来那些在预采时发现的效果语言,后期编辑时切勿釜底抽薪,不要删除其前后的效果小故事而单独留存效果语言。效果语言的效果只有依附具体故事,才能迸发出最大的能量。

▼▼ 本章最后要说的话

我们应该思考,为什么有的采访视频可以让人屏气凝神,不忍半途中断,看过后回味无穷?有人会说这是受访人的魅力所致,但问题是,当同一位受访人面对其他采访人的时候,为什么就显得黯然失色、平庸乏味?究竟是为什么,有的采访可以形象生动,让人感同身受,而另一些采访却枯燥混沌,味如嚼蜡?

原因在于,一些视频采访是有效的,而另一些则是无效的。

第五章　视频采访的有效性

本章思考与练习

思考题

1. 如果出现意外，不得不复采，应该注意哪些问题？

2. 在本章提到的那条关于洪灾的电视新闻中，如果是你，你会向那位怀抱棉被的灾民提出什么样的问题？

操作题

1. 不用拍摄器采访一位同学，向对方求得一个应对考试的故事，然后思考应该拍摄哪些与故事有关的辅助镜头。

2. 让自己的小伙伴戴上墨镜，你使用中近景景别对他进行采访拍摄，然后完整回看素材，记下你的感受。

第六章　视频实采中的控制力

本章提要

　　这一章是全书的重中之重,是视频采访人在实采当天需要具体运用的实操要领,不具备这些基本常识便无法较为出色地完成实采任务。在实采中,首先要具有明确的采访目的,针对性质不同的受访人,运用能够开启他们心扉的某种钥匙,促使访谈顺利展开。接下来,要在访谈中施展控制力,其前提是充分理解各类视频采访问题的属性,以便在采访中恰当使用。因此,我们必须分清什么是开放式问题,什么是封闭式问题,并熟练掌握18种具体的提问方法。许多采访视频之所以看上去生涩单调,正是因为缺乏了丰富的提问方法。最后,我们还要掌握实采调配的五个要点,解决那些较为复杂的问题。认真消化这一章的内容,将使我们的实采能力获得明显提升。

　　在采访视频中,采访人注定要频频把话语权交给受访人,但绝不能把谈话场变成对方的主场。受访人肯定是主角,但谈话场的控制者却必须是采访人。如若不然,问答双方的谈话场就很容易变成受访人的个人秀场。

　　新手在视频实采中常常会遇到这样一些问题:不知从哪儿开始提问;

第六章 视频实采中的控制力

问题大而全，空而泛，对方不知从哪儿开始回答，只好泛泛而谈；访谈呈现的状态是一问一答，十分机械，没有交谈气氛；当受访人回答完一个问题时，不知如何回应，又想不起下一个问题，于是频频冷场；受访人口若悬河，自己却呆若木鸡，任由对方远离主题，漫无边际地长篇大论；在必须打断受访人的时候，显得生硬不礼貌，令对方扫兴。当出现这样的问题时，视频采访必然失控。

其实，所有这些问题都是视频实采中的控制与调配问题，如果没能弄清这个问题中的基本道理，常常会措手不及。这一章，我们将借助电视采访时代留下的经验和教训，一步步解决这些问题。

一、明确采访目的

在实采开始之前，有经验的视频采访人首先要明确采访目的。这里所说的"采访目的"，不是指采访要达到什么效果，而是指采访要用来做什么。"采访目的越明确，采访越容易取得成功。"[1]

案例一，1997年，崇州电视台《变味的义务劳动》。

在四川创建卫生城市的活动中，崇州市在名义上是组织公职人员义务打扫公共卫生，实际上是雇人代劳。记者清楚地知道，自己要做的是事件报道，视频采访的核心是搜集崇州机关雇人代劳的证据，以形成对报道结论的强力支撑。

> 记者：您是哪个单位的？
> 打扫卫生者1：我不是，我是来做活儿的，你问他吧。
> 记者：您是哪个单位的？

---

[1] 〔美〕肯·梅茨勒：《创造性的采访》，李丽颖译，中国人民大学出版社2004年版，第16页。

打扫卫生者2：我们是那个，我想一下，国税局的。

记者：您是那个单位的职工，还是他们请的？

打扫卫生者2：他们请的。

打扫卫生者3：我是工行的。

记者：您是工行的职工吗？

打扫卫生者3：不是的，我们是他们请的临时工。

打扫卫生者4：我们是给建行打扫的。

旁白：当我们正在市建行的卫生责任段采访时，该单位开着桑塔纳车的检查人员可能觉得有点儿不妙，开车急速驶出我们的摄像机镜头。我们追踪到市建行，采访了那位检查人员。

检查员：就是跟他们说一声，整干净。

记者：那你跑什么？

检查员：一会儿把我整点事上，去曝一下光，安逸吗？形象本身就不光辉了。那个人相当于我们请的临时工，一次给20块钱，每月尽一回义务。

旁白：随后我们赶往市国税局和工行崇州市支行，想看看这两个单位的职工是否真的抽不开身参加义务劳动。结果是他们的办公人员或聊天，或辅导小孩功课，或边抽烟边看报。像这样自己悠闲自在，却要出钱请人帮助尽义务的做法，是不是义务劳动变味了呢？

意图明确，就可以把控采访方向，避免走偏。在我们看到的第一段采访中，四个街头受访人均承认自己是雇工，受雇于崇州市国税局和工行崇州市支行。这是多个证据，容不得他们的雇主不认账。第二段采访追踪了崇州市建行的检查员，他透露说自己是雇主，坐实了确有公职人员雇人代劳的情况。采访干净利索，毫不拖泥带水，高效完成了任务。

第六章 视频实采中的控制力

案例二，2006年，《新闻调查》之《长大未成人》。

面对少女堕胎率的惊人增长，记者深入未成年少女群体，探问她们如何看待情感、性、自己的身体。这是现象报道，记者的任务是获得观点。请看柴静在和上海一些初中女生座谈时与一名女生的对话。

柴静：在这个时期，跟男孩子接触的时候要注意什么？

女生：不要做过分的事情。

柴静：什么是过分的事情？

女生：越轨。

柴静：什么是越轨？

女生：近距离接触。

柴静：怎么样算近距离接触？

女生：肌肤之亲。

柴静：女孩子怎样才能避免怀孕，怎样才能保护自己？

女生：离床远一点。

新闻调查节目中的观点采访，最好短促快捷，不能长篇大论，因此采访人的提问最好与受访人的观点形成交织。这样做，或者能激发对方的信心，使其越战越勇，或者会让对方意识到自己的观点错了，戛然而止。在使用这种问法获取观点时，首先要预判受访人的思想深度和表达能力，对方如果具备条件，便可以在短兵相接的问答中显露其聪敏和干练。

在视频实采之前，必须明确采访意图，确定要拿采访结果去做什么。如果采访目的是含糊的，实采便会失控，任由受访人自由发挥。

我们来分析一下笔者的学生在视频采访作业中的这段问答。

北京大学新闻与传播学院本科生：你当初选择读天体物理学这个专业，是有什么特殊的东西使你下定决心的呢？

北京大学物理学院本科生李嘉轩：有一句话怎么说，你认为

163

视频采访实务

很平常的每一天其实都在改变你的人生轨迹,所以我的轨迹就是一点一点被拐到了天体物理这个"坑"里,最大的魅力其实就是满足了我的好奇心。因为做天文可能跟别的东西不一样,比如说你去做化学,那么你做的东西是有用的,你可以用来制药,可以用来开发新材料,这是对于人们的福祉有直接作用的,但是做天文呢,没有任何用。你知道宇宙是怎么膨胀的,又怎样呢?你知道天上有几个黑洞,又怎样呢?对人没有任何用处。所以经常有人问我,你学天文有用吗?我的回答很直接,就两个字,"没用",但是它满足了我的好奇心。所以你可以说天文学家都很自私,这是没问题的,其实说得大一点就是,我们代替全人类满足了全人类的好奇心。

这个采访作业中存在的问题是:第一,如果提问是,你因为什么选择了天体物理学,受访人的回答可能会偏重自己选择专业的某个故事,但实际上的提问却是,天体物理学有什么东西特别吸引你,这样受访人的回答势必会偏重天体物理学的某些特点。从可看性上讲,后者一般没有前者好看。第二,当采访人把问题抛向受访人最熟悉而自己却很陌生的领域时,受访人很容易呈现出居高临下的训导状态,使采访人像个生涩的乖学生,失去了对访谈方向的控制。第三,早在第三章中,笔者已经说明,视频采访时代,人物专访模式已经消亡,以访谈问答构成的视频模式中只有事件专访和观点专访两种,但是这个采访作业既没有集中针对某个事件,也没有集中针对某些观点,而是以构造人物专访为目的提出了几个问题,所以受访人这段回答中既没有事件元素,也没有值得受众关注的观点。第四,就算是可以做人物专访,专访中也必须有故事及其细节,而这个视频作业中缺乏故事元素。

采访作业小组在提交的总结报告中说:引导受访人讲故事的意识还不够,成功追问出的完整故事较少,观点性的句子较多。通过这次实践我感

第六章 视频实采中的控制力

觉到，采访容易落入观点性空话，因为观点比较直白，好驾驭，而故事需要在采访、剪辑中有更加细致的设计。实际上，在这些问题中最主要的是，采访目的不明确。本来可以做成观点专访，却习惯性地朝着人物专访的路数走，想做人物专访，却又没能索取故事，得到的仅是没能深挖拓展的零碎观点。

总之，在实采之前一定要问问自己，采访目的是什么，期望获得什么样的结果。明确了目的，就有了方向，就可以实施控制，以防跑偏。

二、了解最需要谨慎对待的五类受访人

采访总会遇到形形色色的受访人。因为是呈像采访，问答双方的状态都会一览无余地留存在镜像中，所以对于什么人可能呈现怎样的状态，针对某种人的某种状态，采访人的应对是否适当无误等这些问题，一定要有个基本认知，以便在实采中实施有效的控制。

在视频实采中，我们需要格外关注五类受访人。

第一类，不幸者。这里的不幸者包括在各种灾难中遭遇过不幸的人和无法摆脱疾病及残障状态的人，还包括因为贫穷、笨拙、家有服刑者、外形特异而频遭嘲弄的人，也包括艾滋病患者等被社会边缘化的人，他们有着鲜为人知的内心世界。

在与不幸者交流时，采访人需要投入更多的时间去准备，要调集更多的耐心以获得他们的好感和信任，还要较为明确地释放出善意。在采访这些人时，务必要提醒自己，我们不是去猎奇的，我们的目的是了解他们的生存状态，努力通过自己的采访报道，帮助他们获得更多的关注和理解，力图解决困扰他们的现实问题。

要知道，表现出善意不意味着过度释放泛滥的同情心，必须悉心体会这两者的差异。在采访残障人士时，不要表露出过分的同情，应该把对方

视为与健全人没有太大差异的对象。假如我们的采访重心不是受访人的残障状态,而只是因为对方是事件当事人,或是取得了耀眼成绩,那就忽略其残障状态,就事论事,不必大肆渲染其身体状况而做身残志坚的拔高。

在接触这类受访人的过程中,我们可能要触及冷酷的现实,发现许多与理想状态相矛盾的事实,应该用镜头记录下这些信息,促使社会来改变它们。

第二类,公职人员。他们接受采访时,最担心出头露面别人会怎么看,说话是否安全,如果说错了后果会怎样,所以采访人要为他们营造安全感。

采访这类对象时,有三点经验可供参考。

一是,不经意间提及某个职位比他们更高的人与自己相识,或他们十分信赖的上级部门与自己有密切交往,先让他们把信任关系移植到自己身上,再抛出一两条我们已经掌握的信息,让他们觉得我们已经掌握了事实,知道的不比他们少,使他们降低心理戒备等级。但要注意的是,要谨慎透露从别处得来的信息,不能让对方摸清底细,也不能出卖给我们提供信息的人。

二是,真心诚意换置到他们的立场,用心理解他们,帮他们分析问题,让他感觉到我们没有敌意,其实是他们的朋友。媒介与官员打交道时,这一点最为重要,却最难做到:我们必须放弃与官方为敌的习惯心理,时刻提醒自己,我们的目的是促进问题解决。

三是,在对方不配合的情况下,使用"你不认为向公众解释是你的责任吗"这样的质问,刺激对方的责任意识。这个办法一般不会奏效,但会让受众看到我们的态度,同时让他们看到受访人的冷漠。

第三类,名人、专家、权威人士。文化明星、高校教师、科学家在面对媒介采访时通常有一个共同点,即他们会不满意那些对他们的工作一无所知的采访人。其实,任何具有专长的人都一样,面对对其专业领域不甚了解的人,都会感到无话可说。所以,在采访这些人之前,多少要对他们

第六章 视频实采中的控制力

的专长和成就有所了解,并且就此形成一些疑问,让其感到我们对他们的工作很有兴趣。

特别要注意的是,在面对专家时,不要担心自己的问题太初级。对于许多初级问题,不仅我们自己想弄明白,很有可能受众也希望弄明白。当对方提到关键性的陌生术语时,我们必须当即求教,不能让它们作为模糊信息混杂在采访之中。另外还要注意,不要问那些必须通过一部专著才能解答清楚的问题,比如在采访数学家陈景润时提出"您是怎么推导1+2这道难题的",即使陈景润做简要解答,至少也需要半个小时,而且我们和受众仍然不大可能听懂。

第四类,老人。视频采访老人时,要事先预估他们的身体状况,他们可能很容易疲劳,所以要选择他们状态最好的时间,用最短的时间完成带机实采。他们可能行动不便,所以实采应该预约在他们容易到达的地方,不要只考虑自己的便利。

还要提前获知他们的喜好,确知他们有哪些避讳,以照顾老人的情绪。要注意用词的礼貌,语气温和,避免冒犯和争执。如果老人耳背,要提前做出安排,或由助听器来协助,或由某位家属充当翻译,不能到了采访现场才想办法。一些老人受不了人工补光的刺激,就要使用拍摄器的增益功能,避免强光伤害他们的眼睛。他们可能口齿不伶俐,语速很慢,在采访过程中要有足够的耐心。如果老人家突然出现身体不适的状况,务必要记住,他们的健康和性命是第一重要的,此时,必须立即停止采访。

第五类,小朋友。大多数小朋友认生,当他们发现有拍摄器对着他们时,心理上的恐惧感会倍增。在怕得要命的情况下,他们不可能回答问题。我们必须在采前快速而有效地营造亲近感,让他们认识我们,让他们喜欢我们,让他们感觉到好玩和快乐。我们一定会遇见极度不愿配合的小朋友,特别是四岁以下的幼童,他们可能根本听不懂我们的问题,也可能是没有表达能力。这时候,我们要表现出理解,不要强迫他们说

话，也不要因为心生怨气而坏了情绪，我们完全可以选择其他孩子来完成采访任务。

如果我们碰到的是大方而幽默的孩子，我们可以站着和他们交谈，这可以显现出对方不怕我们的意味。但在大多数情况下，我们应该蹲下来和他们交谈，这可以让我们的视线取平。更重要的是，这是一种照顾晚辈的亲切姿态，我们降低高站位，可以破除他们的高大恐惧症，拉近和他们的心理距离。

有学者提出，视频采访小朋友之前，采访人要告诫自己，不要抱着逗他们玩儿的心态去对待他们。笔者对这个看法持异议。只要我们有一个牢固的信念，即把小孩子当成具有人格尊严的独立生命来对待，不因为他们幼小而轻视他们，逗他们玩儿只会显得他们天真可爱，哪怕逗他们说出的是错话，那也是天真而可爱的错话，而不是让他们出丑，没有嘲弄的意思。

还要知道的是，小朋友多是情绪化的，开心不开心全都写在脸上。在采访过程中，要随时观察他们的情绪变化。当他们明显表现出抵触，不愿继续说话时，应该停下来抚慰他们，并快速反思一下自己的问话有什么不当之处，以便在他们恢复情绪之后调整自己的方式，最终完成采访。

对这些需要特殊对待的受访人有所了解，会有效增强我们在视频实采过程中的控制力。

三、准备好打开受访人心扉的钥匙

同理，想让受访人配合视频采访，最有效的办法是，首先研究那些最不愿意配合的人。最难的问题解决了，简单的问题就会迎刃而解。

毫无疑问，采访死刑犯是最困难的，因为很难接触到他们，而且事已至此，说什么都不可能改变结局，所以说服死刑犯接受最后一次采访是一个非常大的难题。但是换个角度想，如果接受采访，至少他们能有最后一

第六章 视频实采中的控制力

个机会,让世人知道自己犯罪的环境原因,获得一定程度的谅解。

2000年,《新闻调查》栏目指派王志去江西第一看守所专访胡长清①。

当时,胡长清已被二审裁定死刑,不日将被执行。节目组只有一些通稿,没有更多资料,王志动身前并没有想好怎么让胡长清开口。3月5日上午,王志在机场地摊上买到了一本刊物,封面印有一篇文章的标题文字——胡长清和他的86个情人,其内容或许是杜撰的,但却很有可能是一把钥匙,能打开胡长清的心锁。

胡长清一直以来拒不接受任何采访。法官和看守所所长都认为,他同样不会接受王志的视频专访。有位警察建议,不要告诉他采访小组来自央视,以免产生提防和戒备心理。但王志觉得:我并不是一个没在电视上露过脸的人,万一对方认识,而我又说了谎,这个采访就更不可能进行了。他认为,对待受访人的基本原则是不说谎,哪怕他最终拒绝了采访。

3月5日下午,采访组进入看守所,胡长清一眼就认出了王志。王志说:你接受了我的采访,不会对你有任何帮助,但是我想,在生命的最后时刻,你应该会想留下些什么的心理诉求。他拿出那本刊物给胡长清看,胡长清笑了,说有86个情人根本不可能。王志顺势说:如果你不说,将来大家就会认为这就是事实,我或许无法改变结果,但至少可以部分还原真实。胡长清没有马上接受采访,但态度已经转变,他的担心是,"就算接受采访了,也不一定播得出去"。

胡长清不想让世人认为他是百分之百的坏人,最终接受了专访。王志请求狱警打开了他的手铐,给他递上了一杯热茶。这对胡长清是一种暗示,即司法框架中的死囚,在媒介框架下却不需要强制性束缚,他与记者是平等关系。所以,从采访开始之前,王志便打消了胡长清的敌意。而"86个情人"这个非事实线索,作为一把钥匙,开启了王志与胡长清的谈话。

---

① 胡长清,江西省原副省长,因索贿受贿544万余元,行贿8万元,另有161万余元财产不能说明合法来源,2000年被判处死刑。

视频采访实务

  王志：86个情人，是真的吗？

  胡长清：怎么可能，我也没那个身体啊。

  其实，采访完全可以延续这个话题——如果不是86个情人，那究竟是几个？但王志很快就转移了方向，用"临刑前最思念什么人"的话题引出了胡长清的长谈。

  王志：现在最想见谁？

  胡长清：最想见我的老母亲。我母亲不容易，家里孩子多，我10岁前都没穿过鞋。

  专访进行了两个半小时，胡长清从贫穷的家境谈起，讲述了他的五个10年。他历数自己为江西做出的有益工作，时而感慨万千，时而叹息悔恨，时而潸然泪下。专访成功了。三天后，胡长清被枪决。

  打开受访人心扉的方式有很多种，最差劲的一种是，不在乎对方的感受，企图破门而入。王志专访胡长清的案例告诉我们，要善于发现打开心扉的钥匙，这把钥匙要简单而亮眼，却含有深意，"86个情人"的传言应予以澄清，被扩展为"至少可以部分还原真实"的期盼。所以，让受访人懂得，接受采访，不是为媒介服务、提供谈资，而是为了澄清自己的事实，这一点尤为重要。

四、开放式问题与封闭式问题

  明确采访目的，把握特殊受访人的基本特征，寻找开启受访人心扉的钥匙，这些都是视频实采控制力的基础，发出问话才是真正实施控制力的开始。

  从视频采访流程的角度看，采访问题大致分为四类集群。

  第一类是线索问，它是用钥匙开启谈话的尝试，是视频采访的第

第六章 视频实采中的控制力

一阶段。

第二类是情况问，它是话题的展开，采访人要对已知线索进行横向拓展，复原相关情境，它是采访选择各个纵深挖掘点的前提。

第三类是疑点问，旨在纵向挖掘深层次信息，它是解决疑惑和理解难点的关键。

第四类是确认问，它是采访的收尾部分，采访结论可能得到受访人的确认，也可能被受访人否认，当然受访人也有可能不置可否，但总之，它是受访人的态度。

这里要注意，后三类问题并不一定是层次分明地分割为三个阶段，它们常常交织在一起。比如，在某些情况问之后，紧接着就是疑点问，然后就进入确认问。在视频采访实践中，没必要在进行情况问的时候，单把所有疑点全部留存到第三阶段再提问。

按照问题性质分类，采访问题包括开放式提问和封闭式提问，或对应称为非结构型问法和结构型问法。对这个分类的认识，远比对流程分类的认识更重要。

所谓开放式提问，是指使用概括、宽泛、发散的非结构型问题，给予受访人充分的回答空间，让其在极大范围内自由选择答案。比如说，"您对冬奥会有什么感想""您如何评价近年来的国际形势""您觉得孔子学院怎么样"，这些问题均不指向具体细节。

这类问题有五个特点：（1）因为没有具体所指，极不适于文化水平较低和不善言谈的受访人，他们会不知从何谈起，一时难以整理好回答的内容；（2）采访人十分省力，不需要认真思考，对任何人——哪怕是我们一无所知的人——都可以随时发问；（3）问题过于泛泛，受访人多是泛泛应对，所以采访不深入，不易获得实在话；第四，问题过于宏大，受访人可能漫无边际、滔滔不绝，把访谈问答变成自己的独白；第五，受访人获得极大自由，话锋可指向任何方向，或许会透露出某些新线索，采访人可借

视频采访实务

机拓宽采访路径。

对开放式问题如果稍加限制,缩小一些范围,得到的回答便会更加实在而有个性。例如,在调查采访哄抢事故货车的事件时,不加限制的开放式提问如下:

采访人:这里发生了什么?

警察:附近的村民,捡走了货车上的许多货物,货车司机重伤却没人施救。

警察的回答是基本事实,但这样的信息没有特点,完全可以用解说词替代。如果采访人对开放式问题加以限制,规定好指向,警察的回答可能大为不同:

采访人:您是第一个赶到现场的警察,当您看到村民不问受伤司机安危,都在捡拾货车散落的商品时,您的第一反应是什么?

警察:不能这样,货车遭遇了不幸,你不是雪里送炭,但怎么也不能雪上加霜吧!

采访人:您觉得怎么才能杜绝这种事情发生?

警察:立法,追究刑事责任,不能法不责众,不了了之。最好赋予我们现场行动的一些权力,比如用一定的威慑手段去阻止乘人之危。

把"发生了什么"缩小范围,变成"第一反应是什么",受访人便可能做出个性化的观点表达,这种表达比陈述基本信息更有价值。

前辈们留给我们的一个训诫是,不要提过大的问题,妄想获得囊括一切的回答,对开放式问题加上一些限制,问题就会相应缩小,受访人的回答就会具象。

所谓闭合式提问指向性明确,对问答结构具有预塑性,所以又称结构

第六章 视频实采中的控制力

型提问。它可以减少受访人的理解误差,防止跑题,采访人问什么,受访人就得回答什么。例如,当食堂发生食物中毒事故时,采访食堂负责人的闭合式提问如下:

到目前为止,一共多少人出现不良反应?

这些人情况危险不危险?

他们能得到及时救治吗?

费用由谁承担?

食堂如何杜绝再次出现事故?

以上每个问题都有明确所指,而且层层递进,受访人只能对应作答。

因为指向明确,无须受访人发挥想象力,所以它适用于所有人,对文化水平较低的人和未成年人也不例外。

在视频采访中,调配控制力最强的通常是闭合式提问。它非常适用于递进查证,挖掘真相,并能凸显采访人的成竹在胸,因此调查节目中经常出现这种提问类型。例如,在《新闻调查》的《虎照疑云》一期中,柴静掌握了为陕南存在华南虎做鉴定的诸位专家的情况,在带机实采时,她只是让陕西师范大学生命科学学院的王廷正教授回答是或否。

柴静:您没有发表过关于华南虎的论文是吧?

王廷正:我没写过这个。

柴静:您也没有在华南虎的基地做过专项研究?

王廷正:没有。

柴静:就是说您是在没有研究过华南虎也没有实地考察的情况下,做出这个地方有华南虎的判断的?

王廷正:只能是根据我搞动物分类学,这个角度上我认为它应该是华南虎。

旁白:我们还查询了其他几位参与论证会专家的专业背景,

发现也并无大型兽类的研究方向。

柴静：您是研究啮齿动物的，刘教授主要是研究金丝猴的，还有一位许教授主要是研究鱼的？

王廷正：对。

柴静：听上去这个跟华南虎差距都挺大的。

王廷正：人家要开鉴定会了，这个省上没有研究这个的，他只能是找动物学工作者。

柴静：不管是哪个级别的鉴定吧，比如说假如是一个关于田鼠的鉴定，可是由研究华南虎的专家来做，您觉得合适吗？

王廷正：好像也不太合适。

柴静最后的这个假设问法，提出了换位设想，这位研究田鼠的专家去做关于华南虎的鉴定，他自己可能不会觉得太过不妥，但华南虎的研究专家一定会觉得荒唐，正如研究华南虎的专家去做关于田鼠的鉴定，田鼠的研究专家也肯定觉得不妥。

闭合式提问的第一种风险是，受访人只能回答是或否，有或无，如果他们是回答问题的高手，自然会在做完肯定或否定回答之后自动解释原因。比如水均益向基辛格提出的第一个问题：您认为冷战结束后中美两国是一种什么关系？我们是朋友呢还是敌人？基辛格在朋友和敌人之间做完选择后，未加停顿地给出了解释。但如果受访人不善言谈，不能对答案进行扩展解释，视频采访就会显得极为尴尬。请看一位记者在采访国际象棋大师谢军时的闭合式提问：

记者：经过一段时间的紧张比赛，我想你一定是累了吧？

谢军：对。

记者：但我想你一定是又累又兴奋吧，你现在的心情是不是这样？

谢军：是。

第六章 视频实采中的控制力

记者不知所措,一时没接上话,采访停顿良久。这是视频采访中的严重事故。

闭合式提问的第二种风险是,采访人由于控场力度过大,仿佛是问答过程中的主角,受访人反倒像是配角。而且,问题咄咄逼人很容易造成紧张氛围,甚至导致采访中断。

闭合式提问的第三种风险是,回答范围相当狭窄,受访人没有发挥余地,如果问题只硬性地指向一处,可能就错失了其他方向上有价值的线索和信息。

实际上,开放式提问和闭合式提问没有优劣之分,它们能否发挥应有作用,关键要看使用环境是否得当。请看下面两个案例,悉心体会一下,这两类提问是如何恰当地交互使用的。

例一:由开放式提问启动,封闭式提问紧随其后,问题是从普遍到具体。

采访人:大专辩论赛预赛就要开始了,作为指导老师,您觉得您的北大辩论队面临着哪些问题?

老师:最大的问题是我们辩手的健康状况,我们没有多余队员,一个辩手出了问题,没有替补辩手。

采访人:您的辩手出了问题吗?

老师:是呀。

采访人:是谁呢?

老师:王昱,我们本来安排她做二辩。

采访人:她怎么了?

老师:天气干燥,她又吃了辣东西,大概有些上火,嗓子哑了。

例二:由封闭式提问启动,拉开后用开放式提问,问题是从具体到普遍。

视频采访实务

　　采访人：我发现王昱一直不说话，她病了吗？

　　老师：这个城市很干燥，她又吃了些辣的东西，大概有些上火，嗓子哑了。

　　采访人：如果她不能上场，几天后的辩论赛会出现什么情况？

　　老师：我们没有多余队员，一个辩手出了问题，没有替补辩手。如果王昱不能上场，后果不堪设想，我们正在想办法。

以上两例说明，无论是开放式提问还是闭合式提问都有其存在的道理和功效。但是，如果在该使用开放式提问时使用了封闭式提问，或者在该使用封闭式提问时使用了开放式提问，那这两类提问的功效便都无法发挥。

最后请记住，在视频实采中，开放式提问可以调节问答气氛，缓冲采受双方的压力，还可以作为过渡来转接新话题，也可以沿着新线索去发现新情况；而闭合式提问指向非常明确，可以加快问答节奏，给受访人施压，迫使其"就范"，大大提高采访效率。

五、实施控制力的手段

从采访技巧上看，视频采访提问一共有18种方法，它们是采访人实施控制力的手段。采访人能熟练掌握并适时运用的方法越多，其调控力越强，实采胜算可能性越大。

（一）过滤提问

这是一种避免浪费时间的先问法，用在实采开始之前，其目的并非摄取采访内容，而是排除不该采访的人。比如问，"刚才发生车祸的时候您在现场吗"，如果对方是刚刚赶来看热闹的，那就赶快另寻知情者。对于

第六章 视频实采中的控制力

采访现场中的身份不明者,首先要确认其是否知情,不要在不知情者那里耽误时间,而错过那些转瞬消失的知情者。

(二)正向提问

这是视频采访中最常使用的方法,不客套,不拐弯抹角,开门见山,单刀直入,抛出关键问题,直击事实真相,可以高效完成采访。

(三)简单提问

这是第四章中已经做过详解的提问方法,是视频采访最基本的手段。这里要强调的是,在视频实采中,不要再问"您在哪里出生""您是哪个大学毕业的""您创业开始于什么时候"这样的简单问题。关于这类基础信息,采访人应该在资料搜集阶段就已经了如指掌,并且将其纳入受访人的介绍信息,比如说,"我面前这位先生,他在桐庐长大,后来以优异成绩毕业于浙江大学",紧接着便提出更有价值的问题。也就是说,基础信息由预采确认,简单提问要获取的并非基础信息。

(四)背景提问

采访人把已经掌握的基础信息作为背景置于问题前部,或者让受访人解释和扩展背景信息或在基础信息之上提供更有价值的新信息,可以省却受访人对背景信息的复述。

1996年,《东方之子》专访了新闻前辈萧乾夫妇,记者对萧夫人(文洁若)使用了一次背景提问。

记者:1966年萧老曾经自杀,当他醒来的时候,听说您并没有掉眼泪,而是用英文给他写了一句话?

文洁若:我说,We must outlive them,就是我们要比他们活得都长。我说你要是自杀,我将来会告诉孩子们,你是一个怯懦

177

的人；可是你要是不自杀，都挺过来，你将来还是孩子们可骄傲的父亲。后来他说天塌了，我说天塌了地顶着。就这样，我说我是只老母鸡，我能保护你，把你们都保护起来。

这个背景提问让文洁若解释了记者提出的背景信息，丰富了它的内涵。而下面两个背景提问则让受访人以背景信息为基础，解释了自己的作为和应对。

1993年，以色列总理拉宾首次访华，水均益的背景提问是这样的：

1000多年前，一些犹太商人和拉比带着商品和在羊皮上写成的《圣经》卷宗来到了中国的黄河岸边，从那时算起，犹太人民和中华民族有了第一次良好的交往。今天，您作为第一位犹太国家的领导人，又一次来到中国，您给我们带来了什么？

水均益没有让拉宾介绍中以交往史，而是把他的来访置放于千年友谊基础之上，请他介绍自己的使命。拉宾不喜欢新闻界，很少接受采访，即使受访也不多说一句话，但水均益的问题令他愉悦，他微笑着一口气说了七分钟。

1996年，水均益专访加利时的背景提问是：

几个月前，您在接受美国《时代》周刊采访时，曾自称是"超级乞丐"。的确，联合国经费短缺，某些会员国拖欠会费已成了一个很严重的问题。作为秘书长，您认为应该如何解决这个头疼的事？

水均益已知晓联合国经费短缺的事实，他用背景提问避免了加利的重复介绍，再用简单提问直接求取解决办法。

背景提问可以暗示对方：我对你并非一无所知，因此可以激发采访对象的热情。不过要注意，背景提问注定是长问题，而长问题恰是视频采访的大忌，因此务必谨慎运用。

第六章　视频实采中的控制力

首先，复述背景时应尽量简要。

我们在学术报告会和各类记者会上经常会看到一些学生和记者，他们在提问时总是自顾自地先说上一大段话，迟迟不提问，让旁人听着非常着急。其实，这可能是在卖弄自己，他们的提问质量通常是很低的。

在2018年"两会"的媒介提问环节，一位近年来在许多记者会上频频抢镜的红衣女记者抛出了史上最冗长的背景提问，其大部分言辞都是个人见解。与此同时，她身旁的蓝衣女记者，因为忍受不了同行的自信和卖弄，翻出了史上最抢镜的两个白眼。于是，"翻白眼事件"被视为喜剧，引爆了互联网，两位女记者的身份、从业史和各种段子、表情包、漫画竞相出笼。红衣女记者的问题在于，她把对他人的背景提问当成了个人表演，所以背景陈述变得异常冗长。

采访人侃侃而谈，会给受众造成卖弄、出风头的不良印象，面对采访人的滔滔不绝，受访人会因为主说地位被夺占而感到坐立不安。要记住我们的前辈留下的训诫，不要把背景提问变成卖弄的手段，在视频采访中，那会导致很差的效果。

其次，背景部分和提问部分要明确分开，切勿杂糅。

请看一位记者就当下大学生择业过程中出现的问题对劳动部门官员的采访：

> 请问，你对目前不少高校毕业生找工作时眼睛只盯着大城市及富裕地区，择业取向在以上海为中心、以长江三角洲为半径的范围内的这种现象是怎么看的？

记者对受访人没有尊称"您"，这是个小瑕疵；更严重的问题是，她把长长的背景信息塞进问题，形成了一个大型复句，使"这种现象"的修饰语过于冗长、复杂。要知道，绝大多数人的瞬间理解力和记忆力是有限的。所以，一是要使用简单句，二是要把背景信息和最后的提问分开：

179

视频采访实务

现在,不少高校毕业生找工作的时候,眼睛只盯着大城市和富裕地区,只想在以上海为中心、以长江三角洲为半径的范围内就业,您怎么看这种现象?

最后,复述一个背景信息,只提一个问题。

采访人如果没有想好究竟要问哪个具体点,就会在背景提问中夹杂几个提问点,而受访人经常会听了后面的问题就忘了前面的。视频采访的正确做法是,对于不同的问题,要一个一个拆开问,避免把好几个问题合在一起提出来,特别是不要在背景提问中放置一个以上的提问点。

2016年,国家大剧院为新作话剧《哈姆雷特》举办了新闻发布会,发布会围绕莎士比亚作品的翻译者朱生豪展开话题,并特邀朱生豪的儿子朱尚刚讲述了父母的故事。一个女孩儿在问答环节中给出了这样一个背景提问:

朱尚刚先生,您刚才和我们回忆了许多您父母亲的故事,但是,我很好奇的是,您父亲是在1944年过世的,您是1943年出生的,那么您对您父亲的印象是怎么来的呢?当然,我相信这里面很大一部分是来自您母亲对您的讲述,或者是您自己整理父亲遗稿时所想象出来的父亲。然后我想问的是,您这些资料是哪里来的呢?

第一个问号前的背景信息是必要的,可以让其他人清楚地知晓,朱生豪去世时朱尚刚只有一岁,于是自然引出了第一个问题。此时,问题本可以结束,但这位姑娘却自问自答,一下说出了自己的两种猜测,紧随其后的问题又变成了另外一个内容。要注意的是:(1)复述背景信息,是为了求得背景内外的信息,不是为了展示自己对背景信息的睿智判断;(2)切莫叠加问题,每个问题可能都不长,但叠加在一起却绝不会短,受访人可能不知道从哪儿答起,而且连在一起的回答也不会好看。

（五）推断提问

这是指，采访人亮出自己的推断性结论，看受访人是否认可。

受访人如果认可，会认为采访人善于观察，懂自己，于是将采访人视为知己，很有可能对采访人的论断进行扩大解释，添补新信息。需要特别提醒的是，使用推断提问时，不必担心受访人的否认，被否认的推断可以刺激其提供相反的解释，很有可能获得意外信息。

在视频实采过程中，不是所有问题都是问句，有时候，采访人可以用陈述句简要复述一个事实或陈述一个观点，直接引发受访人的回应。

意大利记者奥莉娅娜·法拉奇（Oriana Fallaci）运用推断提问时就经常使用陈述句。在采访伊朗国王巴列维时，她说，"您站在阿拉伯人一边，却又向以色列人出售石油"，要国王给出理由。在采访葡萄牙总统苏亚雷斯时，她对葡萄牙战争做出评论，"正如成语所说，鹬蚌相争，渔翁得利"，想听听总统是否认可。所以，推断提问也可称为陈述提问。

要注意的是，我们先给出推断，等于是暴露了自己的态度，这会让对方摸到我们的底细；另外，我们的主观推断可能会对受访人形成干扰和诱导。所以，一定要慎用这类提问。

（六）配合提问

这也是第四章中详解过的提问手段，它是歌颂型采访的工具，也可以在批评型采访中用于麻痹对方，缓解双方的紧张情绪。请记住我们的前辈留下的训诫，不要过多地提出这种让人"顺杆爬"的问题，它的答案并不一定好看。

（七）两选提问

这是指，在问题中给出两个可能，让受访者选择其一。

视频采访实务

其目的是：（1）请受访人澄清事实。（2）索求受访人的基本判断。比如，他是怎样一个人，贪得无厌，还是身不由己？（3）凸显受访人的价值观。比如，针对一位舰船技术专家被任命为舰船研究院院长，采访人可以发问：如果上级提供两个职务，一个是院长，一个是总工程师，您更愿意选择哪个？

很好理解的是，两选提问完全可以扩展为多选提问。

（八）假设提问

采访人提出一种假设，探求受访人的意见。这种假设一般是基于对前面所获信息的快速思索而试探性地提出来的猜测。

2009年，《杨澜访谈录》专访新上任的中国残疾人联合会主席张海迪，制作了一期节目《光环下的真实》。杨澜在尾声处使用了假设提问：

杨澜：如果做一个假设，你遇到上帝的时候，会不会第一句话就是劈头问他一句，你为什么让我的腿无法走路？

张海迪：不会。

杨澜：你会说什么？

张海迪：我就跟他说，"Hello, it's very good"，谢谢你给了我生命，尽管它是残缺的，我也认为很好。如果我不承受的话，别人也可能承受。既然是我承受了，我就说一句，勇敢地说一句，我不承受谁承受。人要大度一点，对吧？

柴静时常会在采访中说，"是不是存在这样一种可能"，此话后面的信息便是某种假设。它的确是柴静的主观判断，但柴静并不急于自我肯定，而是征询受访人的看法。所以，假设提问既可显示采访人有主见，又能展现对受访人的尊重。

第六章 视频实采中的控制力

（九）借代提问

采访人使用他人的言语向受访人提出问题。这里包含两种情况：一是直接借用别人的问题，仿佛是代为提问，其实那也正是自己的问题；二是搬出他人的议论，就这些议论提出自己的问题。

使用第一种借代提问时，采访人是中间人和服务员，受访人会感谢其传递信息；因为是隔空回答问题，不知道原始提问是什么样子，受访人会变得小心翼翼。这些都会使访谈调子变得更加柔和。

水均益在专访加利时提出的第一个问题就来自一个小女孩：

> 请允许我告诉您今天在这里采访您的除了我本人以外，还有许许多多关心联合国、关心您个人的中国人，因为我也带来了一些我们的观众的问题。现在我们是否可由一个北京的小学生的问题开始我们今天的采访呢？这个小女孩儿请我们问您联合国有多大，秘书长的权力有多大？

小女孩的问题显得幼稚却天真可爱，加利听了笑容满面。也正因为是"小"女孩的问题，加利表现得极有耐心，讲得通俗易懂：

> 联合国就像是一个大家庭。就像这位小姑娘的家有父亲母亲兄弟姐妹一样，联合国这个大家庭一共有185个成员，联合国就是这185个成员的家。联合国秘书长的权力并不是很大，他不过是这个大家庭的仆人，他就像一个大管家，负责保护这个家，每天早晨开门，打扫卫生……而且他要努力让这个家的成员彼此和睦相处，如同亲兄弟一般。因为这个家里经常会出现一些争论，秘书长的作用就好像是调解人，他的角色是解决争论，平息争吵。

水均益后来描述说：

> 此刻的画面就像是冬日里壁炉旁的一幅图像，一位祖父在向

视频采访实务

自己的孙女讲述一个童话故事。他是那样地耐心,那样地循循善诱……他尽管享誉全球,才高八斗,可是他却如此慈祥,如此平等地对待一位中国首都的小学生。①

有效使用借代提问,可以使受访人的情绪和态度转向温和,这在使用第二种借代提问时尤为明显。对于刺激性问题,如果采访人自己直接提出来,可能触怒受访人。而搬出他人的否定性议论,就可以把自己摘出去,以好心通报者的形象出现。用这种提问技巧,一是为了避免直接冲突,表示自己不过是代为提问;二是为了暗示受访人,这些非议是坊间的普遍看法,让其觉得有必要做出回应。

1979年,伊朗扣押了52个美国人质,要求美国交出流亡在美的巴列维。就此敏感问题,华莱士采访了伊朗宗教领袖霍梅尼。他通过转述埃及总统萨达特的原话,引发霍梅尼对扣押美国人质的行动进行自我评价。华莱士说:

萨达特说,您的做法是有损于伊斯兰颜面的,而且他称您为阿訇。请原谅我,这是他的话,不是我的。他说您是一个疯子。

这个问题不在事先提交的问题清单之列,肯定会激怒霍梅尼。如果提问中的这些措辞是华莱士自己的,很有可能他会被霍梅尼扣押。但这些话是埃及总统说的,霍梅尼只能去生萨达特的气。

在数码媒介时代,如果我们用手机直播实采,受众在观看过程中可以把自己的问题打在屏幕上,我们可以边采边挑选某些问题来询问受访人,这便是借代提问。不过要注意,受众参与提问,不会按照我们的逻辑线索行进,很有可能会对采访秩序造成干扰和破坏,使采访呈现出杂乱无章的状态。因此我们要权衡一下,可以代为提问哪些问题,必须忽略哪些问题。

---

① 水均益:《前沿故事》,南海出版社1998年版,第184页。

（十）反向提问

如果发现受访人不诚实，可以反向提问，迫使其坦率作答。

将反向提问与正向提问相对比，可以更好地理解其性质。比如说，"你违规了没有"是正向提问，不包含对方一定违规的判断，是想听听对方的解释；"你难道没有违规吗"则是反向提问，已基本认定对方违规，只是想看看对方的态度。由此看，反向提问会使采访对象当即处于被动状态，他们可能做出的反应不外乎三种——否认、承认、沉默，但无论是哪一种，他们都会感到不快。

（十一）怀疑提问

这是第四章中重点讲过的提问手段，这里不再赘述。

（十二）自曝提问

当受访人对讲述隐情有所犹豫时，采访人可以首先袒露自己的经历或感受，诱发对方讲出自己的故事。

有人说，迈克尔·杰克逊没有童年，为了证实这一点，主持人奥普拉·温弗瑞这样发问：

> 温弗瑞：我小时候非常喜欢玩娃娃，自言自语。每个孩子都有想象的天地，逃避现实的童话世界。你有过吗？
>
> 杰克逊：正因为没有，所以现在才需要补偿。人们总纳闷为什么我总跟孩子们玩，因为在他们身上我找到了我失去的迪士尼乐园、游乐场、电子游戏，小时喜欢得不得了，但是工作总是排得满满的，不是演唱会就是录音，不然就是上电视访问，拍照，总是马不停蹄。

要注意，采访人自己的故事要短，以免喧宾夺主；另外，如果采访人的故事讲得太生动，受访人会对复述自己的故事产生畏难情绪。

（十三）迂回提问

对受访人不愿启齿的事情，如果直愣愣去问，会引起警惕或反感，让采访出现尴尬场面，甚至半途而废。采访人必须退一步，扩大问题范围，模糊具体所指，但又为受访人吐露真情留有通道。

2005年年末，杨澜在采访马来西亚总理巴达维之前搜集相关资料，发现巴达维的妻子刚刚去世。得知他们夫妻感情非常好，杨澜很想问一个相关问题，但直截了当地问他妻子去世的伤心事很唐突，更何况对方还是一国总理。在实采中，杨澜问完政治话题，试探性地迂回问道："2005年发生很多事，但对你影响最大的事情是什么？"巴达维回答："2005年是哀痛的一年，因为我妻子去世了"，接着他用了十多分钟讲述他和妻子的感情，还讲到了妻子最后的日子。

采访结束后，巴达维的新闻秘书说：你们中国记者真有本事，我们总理在公众场合从来不谈个人生活。这就是迂回提问的效果，礼貌委婉，让受访人自愿讲述私密话题。

迂回提问的关键是避免直指，用泛指包含直指，为受访人回答直指提供可能性，也允许其不触及直指。

（十四）顺势提问

借助受访人某个话茬，抓住机会，顺势抛出在别处不易提出的敏感问题。《面对面》中有一期节目《沙祖康：我是"中国派"》，王志采访当时新任联合国副秘书长沙祖康。沙祖康说，"我喜欢直接，不喜欢间接"，话音刚落，王志顺势说，"那好，我有一个直接的问题，59岁是一个很敏感的年龄，您在这个年龄阶段被任命到这样一个位置，大家觉得您有后

第六章 视频实采中的控制力

台"。如果不是顺应对方"喜欢直接"的话茬，贸然提出这个问题，会显得突兀而生硬。既然沙祖康有言在先，提出这个问题似乎是在顺应他的习惯，而且可以考验他是不是真的"喜欢直接"。

（十五）道具提问

精心择定一种道具，利用一个简洁、通俗的具体形象，把一个抽象、宏观的大问题瞬间微观、具象化。

（十六）留错提问

这是第四章中谈过的提问手段，即采访人故意说出错误信息或引用一些错误数据，让受访人修正错误。它会产生喜剧效果。

（十七）沉默提问

在受访人不愿说话的时候，采访人可以试着也保持沉默，给对方造成心理压力，迫使其开口说话。江苏电视台《法眼观察》栏目主持人王凯有一次采访一个死刑犯，开始时对方一直低垂双眼，一言不发。王凯没有急于提问，而是静静地看着他，最终对方自己开始说话了。

（十八）总结提问

在获得了一系列信息之后，采访人提出一个归纳性的问题，请受访人为自己前面说过的话做一个总结。例如，2015年，国际足球联合会道德委员会宣布，八年内，禁止国际足联主席布拉特参与足球事务。央视记者专访布拉特的收尾问题是：

15年前您第一次接受我专访，您说足球之所以伟大是因为它既教我们怎么赢也教我们怎么去输，这对我非常有帮助。我想问的是，您现在来总结，您是个赢家还是个输家？

无论布拉特怎么选择，他的自我总结都将是他这番谈话的主题。

要注意的是，总结提问只有在一组问答的收尾中使用才会有效，如果用它做采访视频的开场问题，那会一无所获。请看央视《高端访问》专访英特尔公司第四任总裁贝瑞特时的第一组问答：

记者：回顾这些年，您如何看待，您给英特尔留下的财富？

贝瑞特：那是一段非常有趣的时光，我们在1999年到2000年，经历了互联网泡沫的破裂，那是一段非常艰难的日子，整个行业都是如此。我认为非常幸运的是，英特尔渡过了那个难关。在那段经济萧条时期，我们是最大的半导体公司。到目前为止，我们仍然是最大的半导体公司，扮演着领头羊的角色。

记者这个总结提问是一个开放式问题，贝瑞特不好回答，所以答非所问。在一切尚未开始的时候，上来就要总结，受访人的回答没有令人印象深刻的故事依托，往往会是一番缺乏实在信息的空话。

总之，一个在视频实采中缺少招数的人，注定会缺乏控制力，而视频采访中最怕的就是无计可施。如果能在学习阶段就把上述18种提问方法牢记于心，将来灵活而恰当地运用在实践中，实采控制力一定不会弱。

六、对受访人作答的回应

我们看到的许多采访视频都是程序化的，采访人在提出问题之后，便面无表情地坐在对面，任由受访人大段独白。受访人回答完一个问题，听采访人宣读下一个问题，然后继续独白。采访人几乎不能就受访人的回答再行追问，其全部工作只是提出事先预备好的问题，脑子里想的永远是下一个问题该是什么了。这种对受访人没有回应的视频采访是枯燥乏味的。

第六章　视频实采中的控制力

灵活运用各种提问方法是实施实采控制力的源发点，而对受访人作答的恰当回应则是维系采访控制力的关键。

首先，必须倾听。这是对受访人最基本的回应，是采访人实施控制力的基础。

倾听需要摆脱情绪因素的干扰，比如不喜欢对方的外貌或说话方式等，这些心思都会破坏倾听的质量。悉心倾听是对受访人的尊重。它需要好奇心，需要采访人以他人为中心，乐于并善于关注和关心他人。

倾听是使受访人葆有兴致的基本保障。我们的倾听越投入，对方的讲述越有激情。相反，如果我们没心思倾听，对方就会随便应付。

在视频采访中，我们是否在悉心倾听，受访人和受众完全可以从我们的目光语言、表情语言、姿态语言中瞬间做出判断。对受访人而言，这三种无声语言的影响力，要远远超过有声语言。因为，有声语言可以是虚假的，而无声语言常常是掩饰不住的真实反应，它们会与有声语言交织在一起，形成影响受访表达的信息流。如果在受访人说话的时候，我们的眼神是漫不经心的，表情是木然的，姿态是懒散的，对方的谈话欲望很快就会消失殆尽。

许多教科书中会谈到表现倾听的外化样态，似乎是在向视频采访人传授表演倾听的技巧。笔者要强调的是，那些倾听的外部表现必须是真正倾听的自然流露，而不是取悦受访人的表演。

在无声语言的交流中，眼神是最重要的因素。如果真是乐于倾听，采访人会专注地望着对方，通过期盼的眼神，表达希望继续听下去的热切愿望。如果在访谈过程中，受访人总是感觉不到采访人的目光，他们会不安、犹豫、尴尬。

这里要注意，有些人不习惯被人一直盯着，如果我们始终看着对方，就会给他们造成极大的心理压力，使其紧张、害羞以及眼光和姿态显得不自然。请看央视记者敬一丹记述的这样一个教训：

视频采访实务

我曾经很机械地用专注的目光看着被采访者，于是，出现了这样的场景：一位被采访的男士，频频躲闪我的目光，我几次停机，提醒他说："请你看着我，不然我们的镜头接不上。"但几次我都失败了。当我又一次提醒他："麻烦你还得看着我。"他说："我不习惯长时间看一个女士。"这句话虽然有点半开玩笑，但也毕竟是半认真的。他给了我一个提醒，我们要用职业的要求，让自己的表情具有很强的分寸感。就拿眼睛来说，怎么能说清专注、逼视、凝视的区别？采访的时候，眼神是"公务"化的，不是"私人"间的，但它又要求是有交流感的……①

笔者认为，在批评报道和调查节目中，采访人用眼神给对方造成压力确是一个逼问真相的有效办法，而在其他采访中，采访人偶尔移开目光，让对方放松一下，会让受访人的状态更为自然、从容。

在视频采访中，如果采访人真在倾听，一定会露出关注的表情。采访人的表情应该随着受访人的讲述发生相应的变化，时而凝神静听，时而肃穆凝重，时而会心微笑，时而睁大眼睛表示惊讶，时而张开嘴巴欲言又止。相反，如果只是认真倾听，没有这些反应，采访人在屏幕上的状态将是木然而冷漠的。

姿态语言是所有无声语言中最为明显的，最容易对受访人产生影响。哪怕采访人只是很自然地微微点头，也会被受访人轻而易举地看到。所以，我们应该做出一些轻微的动作，表现出"我在听，请继续讲""对，是这样，我也注意到了这一点""真的，我也有同感"，这对正在回答问题的受访人是明确的鼓励。

不过要注意，点头要有限度，如果采访人频繁而剧烈地点头，会让对方觉得这是不耐烦的表现，是迫切希望赶快讲完。

---

① 敬一丹：《99个问号》，中国广播电视出版社2004年版，第87—88页。

第六章　视频实采中的控制力

另外，如果采访人真在倾听，会不自觉地发出一些短促的感叹，比如"嗯""真的吗""对呀""后来呢""原来是这样""太有意思了"。这种零碎的声音同样不能太过频繁，否则后期剪辑会遇到大麻烦，剪掉很困难，保留又会干扰受众的注意力。此外，我们可以赞叹受访人的某句话，甚至是重复和回味这句话。不要相信受访人会因为听到过太多赞誉而厌倦表扬，所有人都一样，没人会在赞誉面前真的感到厌烦。

这里要特别提到，沉默也是倾听受访人的一种回应方式，沉默不等于信息空白。华莱士曾说过，在对方答复之后停顿三四秒，似乎等他再说点儿什么，对方会觉得有些窘迫，于是会说出更多信息。美国联合通讯社记者苏尔·佩特（Sur Pater）也说，提出下一个问题之前，停顿一下，这种短暂的冷场会让对方以为自己回答得不充分、不准确或太平淡，于是他会继续说下去。这就是视频采访实践中著名的"沉默四秒"定律。也就是说，听到答案后沉默的潜台词是，"这就完了吗？我还没听到有价值的信息呢。""真是这样吗？""难道没有需要补充的了吗？"受访人常常会略感窘迫，慌忙再做些补充。

最后要强调的是，倾听不仅是对受访人的鼓励，对采访人更是大有益处。

认真倾听，会让采访人抓住对方的核心意思，不被一些不重要的细枝末梢带偏，去探听一些不相关的信息；会让采访人的思维速度超过受访人的讲述速度，常常是受访人话说到一半，采访人已经领悟到了其中的要害。要知道，绝大多数人际交流都是不完善的，在视频实采中，采访人还需要留意受访人只说了一半便隐去结尾的话，领悟其中潜在的含义。有时候，受访人自己不愿意明说隐情，却不在意采访人听懂并且直译其义，甚至希望采访人为其挑明。如果没有倾听，隐情就不会被挑破，采访便不透彻。最为重要的是，如果全身心倾听，我们就会发现，我们先前的一些想法竟是错的，而更正这些错误是信息传播的重要使命。

认真倾听的视频采访人自然会察觉来自受访人的无声信号。人们常说，眼睛是心灵的窗户，受访人用有声语言伪装得再好，眼神也会暴露其内心。眼睛亮了，说明提问燃起了他的兴趣；目光躲闪，说明他心虚，可能在说谎。一个不愿认真倾听的采访人，会连带着忽视这些无声细节，错过追问的机会。

总之，倾听是一种微弱的回应，却是显著回应的前提。

其次，在视频采访中，果断追问是最主动积极的回应。

带机实采时，采访人不要无原则地只是倾听，任由对方独白。要迅速判断正在持续的话题中有没有需要拓展或深挖的线索，果断求取预定话题之外的有价值的信息，这样的信息恰恰特别容易因为谈话的继续而被埋没和遗忘。

这是笔者的本科学生提交的一份采访作业小结中的一段话：

> 在问到"抖音号为什么叫'耶小达'"时，莹莹姐自然地联想到自己之前在2009年参加《快乐女声》的经历，而这一具有较高价值的信息点在前期采访中并没有涉及，导致在正式采访中未能以合理思路快速展开。

实采时，没有当即开掘答案中显现的新线索，不能被归结为预采不全面和采前沟通不畅，其问题是敏感度不够，缺乏立即进行信息扩展的意识和经验。受访人回答问题时提到的某些细节点，可能是我们在采前已经预想过的，也可能完全出乎我们的意料，我们必须具有明确的意识，只要碰到有价值的细节点就应该马上拦住，求证或挖掘意外信息。采访人没有这样做的原因，可能是实采经验不足，犹豫一下就放过去了，更可能是，没能认真倾听，忽略了有价值的信息，在回看素材时才发现了疏漏。

所以一定要记住，必须认真倾听受访人的每一句话，这是能就某个疑点当即展开追问的前提。而发现疑点便是施展采访控制力的时机，消除疑点则是我们的任务。

第六章 视频实采中的控制力

最后，在带机实采过程中，适时截断话锋是一种必要的回应。

视频采访具有不确定性，什么样的受访人都可能遇到。有时候会碰到思维跳跃的受访人，他们非常健谈，只要提一个小问题，他们就会口若悬河，停不下来；有的人习惯性地要把所有知道的事情全说出来；有的人会说完本题说他题，渐渐变得答非所问，越说越远。

世界上没有专业的受访人，只有专业的采访人。出现这种局面，只能责备采访人失去了控制力，使视频采访失去了节奏。

遇到这种情况，采访人可以给健谈者多一些时间，但一定要知道，谈话到了什么程度就一定要打住。更为重要的是，采访人不能放任访谈主题跑偏，务必适时阻断对方的话锋，恢复对采访的控制权。

要注意的是，阻断话锋时不能生硬，要寻找契机，不失礼仪，否则会影响受访人的兴致。事实上，谈话词句再密集，也会有短促的气口和段落停顿，只要悉心倾听，就一定能抓住恰当时机，果断转换话题。采访人可以用新提出的问题来打断谈话，这样做不会让对方特别不愉快，因为接下来还是要听他说话；也可以在转移话题之前先赞誉对方的上一段谈话，以免让受访人觉得没面子。另外，新提出的问题一定要让对方感兴趣，以获得他的谅解和配合。

七、调配控制中应注意的六个要点

要点一：提出正中下怀的问题，促发兴趣盎然的回答。

一般来说，平庸无奇的提问会让受访人兴味索然，而别具匠心的提问却能使受访人兴致倍增。

2000 年，普京首次访华。在记者招待会上，水均益提出了第一个规定问题：您此行到中国的目的是什么？新华社记者又提出了类似的第二个规定问题。对这两个问题，普京毫无兴趣，如果后面还是这类问题，他可能

视频采访实务

会提前离席。按事先规定,第三个规定问题应该是关于中俄贸易的合作前景,但水均益自作主张,临时将其更换成可能引发普京兴趣的问题:

> 您在竞选的时候,曾发誓要让俄罗斯人过上应有的生活,您也表示国内发展的目标要高于国外的目标,俄罗斯当前最紧要的问题是什么?您是否认为有必要改善包括华人在内的外国人在俄的投资环境?

这段话中有两个背景:一是普京特别喜欢说要让俄罗斯人过上好日子,二是那些年外界都在抱怨俄罗斯投资环境不好。这段话点燃了普京的兴趣,他抬起一直放在桌板下面的手,语速也加快了。

局面打开之后,水均益又提出了一个新问题,这让普京更加兴奋:

> 听说您的办公室里挂着彼得大帝的画像,在俄罗斯历史上有不少时代令人印象深刻,比如彼得大帝时代、叶卡捷琳娜时代、亚历山大时代,当然还有苏联时代,您个人更倾向于喜欢哪个时代?

普京大为开怀,不仅因为他最喜欢的历史人物是彼得大帝,很希望人们把他看作拯救俄罗斯的彼得大帝,而且因为他觉得水均益懂他。

有时候,受访人的回答平淡乏味,那是因为提问平淡无奇。如果提问能触动其神经,受访人多半会给出不错的回答。有时候,受访人的回答抽象空洞,缺乏想象力,那是因为提问不够生动。如果我们问,"第一次求职时你感觉怎么样",回答不大可能具体形象,而问"第一次求职时你的感觉像是什么",受访人多半会用比喻作答。总之,要想改变答案,首先要改变提问。

要点二:千万要慎用以一问获得长答的方式。

如果没有提问调配,受访人的大段独白可能方向不确定,陈述紊乱,重点不突出。所以,最好的办法是一事一问,以一连串简问获得一连串简

第六章 视频实采中的控制力

答，牢牢控制住问答方向。请看在 2018 年哥伦比亚广播公司《晚间秀》中，主持人斯蒂芬·科尔伯特（Stephen Colbert）专访惊悚小说家金的一组问答。

金：上次我来这个节目，总统授予我国家艺术勋章，现在这个总统在推特上把我拉黑了。（现场观众大笑）

科尔伯特：什么时候拉黑的？

金：他拉黑我，大约是，八到九个月之前很长一段时间了。

科尔伯特：你做了什么，斯蒂芬·金？

金：我大概是说了他把脑袋放在了某个地方，那地方，特定的瑜伽动作才能做到放在那儿。（现场观众笑）就是这样，就这样。

科尔伯特：我觉得他应该做不到。你反击了吗？你怎么反击的？

金：好啦，我不让他看我的新电影。（现场观众大笑）

科尔伯特：你拉黑过谁吗？

金：对，我拉黑了特朗普。（现场观众大笑）

科尔伯特：你拉黑了特朗普？

金：我是这样做的。

科尔伯特：整个特朗普政府吗？

金：不，实际上我也拉黑了迈克·彭斯。（现场观众大笑）你知道因为，不管特朗普说什么，迈克·彭斯都会跟着说，那是对的，太正确了。我觉得他有点儿，迈克·彭斯有点儿让人心里发毛，我想和他的头发有关，他的头发看上去没有力量。他看上去像是肥皂剧里的无良医生，会贩卖毒品的那种……

科尔伯特以一问引出一答的方式，控制着访谈走向，从金什么时候被特朗普拉黑入手，询问金怎么得罪了总统、做出了怎样的反应、是否拉黑了总统、是不是拉黑了整个总统班底。其中，金拉黑特朗普的信息比较重要，科尔伯特请金重复并做了确认。科尔伯特的最后一问，意在了解金是不是不喜欢整个特朗普政府，金给出了一个长答。看得出来，他同样不喜欢副总统。

这说明，在多数情况下，简问简答最能调配访谈走向，而以一问获得长答不是不可以，但通常要置放在一组简问简答的尾部。

要点三：针对受访人的反应，及时调整提问方式。

在视频采访中，有时采访人提出问题之后，对方支支吾吾，甚至没有反应。

出现这种情况的原因可能是受访人根本没听懂问题，不知道应该怎么回答。

例如，敬一丹去山东农村采访养猪分会会长时，她的问题是："你们这个养猪分会辐射了多少农户？"会长疑惑不解地问："对不起，记者同志，什么叫辐射？"敬一丹急忙换了一个说法："你这个养猪头儿管着多少家？"[1]

这个案例告诉我们，提问和说话要看对象，忽视用语差异，常常会造成对方的理解困难，这样视频采访控制从一开始便失灵了。此时，要迅速调整问法，更换易于理解的关键词。

有时候，采访人抛出一个问题后，受访人陷入沉默，什么也不说。这种情况不一定是失控。在视频采访中，沉默并非零信息，相反，它可能蕴含更深的意味。一般来说，采访对象的沉默可能有两种含义。

第一种，不知道答案，无法回答。

2013年，超强台风"海燕"登陆菲律宾，造成了巨大的人员伤亡和财产损失。美国有线电视新闻网记者问一位受灾女性：你今晚住在哪儿？对

---

[1] 敬一丹：《99个问号》，中国广播电视出版社2004年版，第66—67页。

第六章　视频实采中的控制力

方表情凝重，沉默着，没做任何回答。因为，她茫然不知所措，根本不可能知道晚上会在哪里。此情此景中，相比于滔滔不绝地说一大段话，沉默更能反映灾区民众的心境，也更能唤起受众的同情心。

第二种，尽管知道答案，但不知道该不该说，也不知道怎么说合适。

在《焦点访谈》中，面对调查记者的质疑，我们常常看到受访人哑口无言，只得沉默。他们的沉默，其实已经是一种回答，受众会按照自己的经验，对他们的沉默进行解读，懂得他们担心的是什么，知道他们隐瞒了什么。

所以，沉默并非对时间的浪费，它像是中国画中的留白，常常比添加了视觉信息更能激发想象和共情。要注意的是，后期编辑时，不要让沉默时间持续太久，沉默所包含的信息不足以抻长太久，应该及时转入下一个话题。

要点四：不必对表达足够好的大段独白施加干预。

2015年，北京电视台播出了《纪念抗战胜利70周年》特辑，其中长达七分半钟的时间是旅日作家萨苏完整讲述抗战时期发生在成都上空的悲壮故事。

萨苏非常善于讲述。他先是简单介绍说，自己偶然得到一段录像，是1940年两名日本记者在日军轰炸机上拍摄的。这段录像让他意外发现了史书中没有记载的一场空战。他接着说，日本陆军航空兵的32架重型轰炸机要去轰炸成都，他们没有用战斗机护航，因为在此前的五次空战里，中国空军已经全军覆没。然后他结合录像内容，详细讲述了那场奇异的空战。镜头中突然出现了一架小型苏制飞机，它形单影只，却勇敢无畏地向日军开火。但它没有炮，只有机枪，无法击伤重型轰炸机，于是它在敌机的炮火中反复冲入敌机的三角阵形，企图撞毁它们。它没能成功，但也没有被击落。最后萨苏说，他们查到了这是中央航空学校的教练机，驾机者是一位李姓飞行教官，已经过世。他从没跟人提起过这次孤单的战斗，他的日

记里也没有相关记述,但在空战那天的日记中有这样一句话:"我的学生都战死了,现在轮到我这个老师上去了。"

萨苏连讲述次序都安排得非常好,根本无须采访人提供任何帮助。在场的两位主持人和七位嘉宾只要听着就行了,最多是发出一些感叹,做出一些附和。在这种情况下,采访人不必为了表现自己的存在,非要实施干预,干预了反而可能干扰和破坏自述的完美感。

要点五:三类敏感问题的提出必须适时适当。

电视广播时代,记者在采访过程的前半部分通常要充分表现出客观、温和、真诚,以获得对方的好感和信任,营造和谐气氛,让其视自己为可以亲近的友人,认为无论记者问什么,目的都不会是伤害。而敏感问题通常出现在采访后半部分,在提出敏感问题的时候,记者仍要延续恭敬态度,用礼貌包裹尖锐的问题,避免流露出"我其实最想问的就是现在这些问题"的意味。敏感问题如果获得了回答,采访就会得到加分,吸引更多的受众;如果激怒了受访人,采访中断,但采访主体已经完成,也不至于一无所获。

视频传播时代,似乎采访人在短视频的几分钟之内没有了回旋余地,必须从一开始就提出敏感问题,而且全篇都要围绕敏感问题展开。不过,这并不意味着电视广播时代的工作经验就没用了。实际上,采访人仍然需要先用较长的时间耐心取得受访人的信任,最后再触及敏感问题。只是在后期编辑的时候,删掉了祥和的前半部分,仅留下激烈的后半部分,这样视频时长便缩短了。当然,如果我们有把握直接缩短实采时间,上来就提出敏感问题,那也未尝不可,但它的效果不会比长录短剪更好。

所谓敏感问题,一是指疾病信息。

在西方,疾病归类为个人隐私,但对中国人来说,疾病似乎不算是必须被保护的个人秘密。所以采访人对疾病情况的提问,只有在它可能引起受访人的惨烈回忆的时候,才须格外审慎。可许多时候,我们不知道会不

第六章 视频实采中的控制力

会引起对方的痛楚,于是便会避免问及。笔者的本科生在视频采访实践报告中有这样一段话:

> 拍摄中,因为觉得不是很礼貌,没有询问被访者的具体病症,也没有对她的身体进行拍摄。在后期剪辑过程中,大家一致觉得需要对此进行补充,但是找不到相关画面,被访对象一直不回复微信,也没有问到具体的病症,是一大失误。

这个实践小组的采访对象是一支残障人士乐队中的键盘手,她是一个阳光乐观的女生。作为一位频频进行公益演出的残障人士,她能欣然接受视频采访,基本的判断应该是,她不会特别在意提及自己的残障情况及其原因。即使她有可能在意,也应该委婉地试探一下,哪怕是把她的残障信息做旁白处理。如果视频不交代这个信息,她就会被误认为是残障乐队中的健全人,但这并不是事实。

采访人应该明白,在自己很想问敏感问题却担心引起受访人不快的同时,受访人或许愿意把秘密透露出去,但她会因为不确定采访人是否愿意知晓这些秘密而在犹豫。所以,记者应该主动问询一下:"你介意谈一谈你的身体状况吗?"

所谓敏感问题,二是指私生活信息。

把隐私权让渡给采访人,最终让渡给公众,不是受访人必须履行的义务。实际上,私生活不是不能问,但要得到回答,受访人的自愿是前提。十分微妙的是,受访人是否会袒露私生活信息,常常取决于采访人的格局。

2004年,82岁的杨振宁在广东汕头登记结婚,续娶了28岁的硕士生翁帆。这桩特殊的婚恋事件具有极高的新闻价值。王志希望为《面对面》做个专访,在不降低节目品位的情况下,满足观众的好奇心,回应大众的疑问。但杨振宁的助理明确提出,专访不得涉及婚恋问题。

当遇到这种情况时,经验丰富的记者都知道,应该先把事情应下来,至于自己的采访意图,只要悉心留意,抓住交流中的某些细节顺势而问,

一定会有意外收获。何况这是杨振宁第三次接受王志采访，双方并不陌生，对他应该戒备心不强。王志提出在杨振宁的家中专访，这样便于找到进入其情感世界的生活细节。

果然，在为客厅布灯的过程中，王志注意到了一张沙发。对于这件家什，一人坐，它太宽，两人坐，又太窄。王志问杨振宁，这沙发为什么这么特别？杨振宁用英文说：This is our love chair; she is the gift from God。于是，机会来了。王志使用了顺势提问：您好像从来没有在公开场合谈论过她？杨振宁回答：没有。

  王志：您介意说一说她吗？

  杨振宁：你今天预备不预备谈呢？

  王志：我们想问啊，当然大家非常关心。

  杨振宁：你给我写的那几条上没有这一条。

  王志：是，所以我们君子协定，我想现在给您请求。

  杨振宁：我想提一下可以，不过不必深谈。

  王志：好。好像您这一次引起大家那么强烈的关注，就是因为您的婚事。

  杨振宁：是。这个问题是我们预先想到的，我想大家觉得年龄差距这么大，是比较少有的，所以就发生兴趣了。不过我们觉得，这是我们自己的事情，所以虽然有压力，我们觉得我们可以承受的。确实也是有些人觉得，这个跟一般的情形不一样，有些人很天然地就有一些反感。

  王志：您不在乎吗？

  杨振宁：当然翁帆跟我都有一点点在乎。我记得当时跟她说，我说不管现在别人怎么讲，过了30年以后，40年以后，大家一定认为我们这个结合是一个美丽的罗曼史。翁帆跟我这两天在看一个电视连续剧，叫作《人间四月天》，是讲徐志摩的。那

第六章　视频实采中的控制力

上面其实主要讲的，就是说一个新思潮之下的人，跟许多旧时的想法之间有许多很大的冲突，在那个情形之下出现的一些，也可以说是悲剧。我相信我们这次结合，最后大家会认为是绝对美好的。

王志：其实我们大家都很希望，都替杨先生高兴，都希望杨先生幸福。能不能帮您妻子说句话呢？她爱您什么呢？

杨振宁：我们没有仔细讨论过这个问题，不过我猜想，她觉得我这人是很诚，很真，我想这是她主要欣赏我的地方。

王志：其实很多的担心都是出于关心杨先生，您不担心翁小姐那么年轻，她把您给骗了吗？

杨振宁：是，我想是有人这样想，但还有更多的人我想不是，觉得我做了不道德的事情，是我骗了一个年轻的女孩子。事实上呢，我们都是想得很成熟的，我想这个是最主要的条件。

王志：杨先生说过一句话，给人耳目一新的感觉，说翁小姐是上帝给您的最后一件礼物。

杨振宁：是的，我写这几句话，是考虑了以后写的，是我真实的感觉。

王志：能说一说这个话的含义吗？

杨振宁：你知道所有的诗句，它的好处就是它的含义是讲不清楚的，我想这句话如果需要解释的话，它的诗意就没有了。

这说明，事先约定的禁令，并非铁板一块。当受访人感觉到采访人并无恶意时，他会撤销预设的禁区。2005年，《面对面》播出了《杨振宁：大师别传》之后，杨振宁委托秘书给王志捎话儿，表示很满意，他还特意要求多刻几张光盘给他。2006年，杨振宁让助手给王志打电话说，在所有关于他与翁帆的爱情采访中，《面对面》做得最好、最公允，他希望能把这个专访收录在他的自选文集里。

如果采访人的出发点是窥私欲，完全不为对方着想，受访人就会关紧

心门。如果采访人为的是满足公众善意的好奇心,希望去除他们的臆想和成见,并且很有分寸,受访人至少会打开一道门缝,透露一定的信息。

所谓敏感问题,三是指负面信息。

理论上讲,任何负面信息都会使人难堪,所以涉及负面信息的人物似乎都会选择回避,不愿接受视频采访。但实际上,就负面信息采访当事人,比大多数新手想象的要容易得多。一是因为,人在仓促间听到不利于自己采访问题最初几分钟之内,会忽然丧失形势判断,不假思索地做出应激回应。这可能是一种潜意识,想要坦然表现自己无错,而当他们恢复神智时,采访已经结束了。那些视频批评简讯和新闻调查节目中的负面信息采访大多是这样完成的。二是因为,一些涉及负面信息的受访人很坦率,这会让我们感到不解:他们竟然主动认错,似乎以此为荣。美国心理学家西奥多·赖克(Theodor Reik)的供认冲动理论(Compulsion to Confess)告诉我们:"罪犯的内心深处有两股力量在较量。一股力量试图将所有的犯罪痕迹清除干净,而另一股力量则想向全世界宣告自己的犯罪行为。"① 当他们感受到采访的利他主义目的,又判断采访人不会妄加臆断时,他们便会令人惊讶地敞开心扉。那些篇幅较长的专访节目中的负面人物就是这种心态。

在提出敏感问题的时候,采访人没必要胆怯、畏惧,也不必被同情心限制,过分担忧对方会感到难堪。既然接受了视频采访,受访人就已经做好了应对审视的心理准备。事实上,除了异常脆弱的少数人,其他受访人并不排斥适度的压力,他们会在质疑面前表现出积极应对的状态。

要注意的是,切勿在采访之前对关于负面信息的传言信以为真,应该听听受访人的解释是否合理;在提出敏感问题之前,最好做出预警,明确告诉对方,接下来的问题有些苛刻,可能难以回答,让受访人做好心理准

---

① 〔美〕肯·梅茨勒:《创造性的采访》,李丽颖译,中国人民大学出版社 2010 年版,第 99 页。

第六章 视频实采中的控制力

备,不至于让他们觉得自己变脸太快,断送先前已经营造的良好气氛。在具体操作上,采访人可以使用借代提问,说明这些问题都是他人的观点,自己只是通报者,旨在为受访人提供回应舆论的良机;尖锐的敏感问题一定会危及双方刚刚建立起来的信任关系,所以在一个提问过后,应该立即缓冲,修复关系,给对方一个喘息的机会,再提其他的尖锐问题。要特别记住的是,对负面信息的求证,务求审慎,因为对采访人来说,这不过是一场问答,但对受访人而言,这场问答将会影响他在很长一段时间内的声誉。

要点六:与谎言斗争时要心平气和。

受访人或者为了维护个人形象,编造故事,或者为上级、同事、下级、亲友遮羞,隐瞒实情,这些镜前谎言都具有极大的欺骗性。因此,采访人要调配控制最后的问题:一是防止受访人说假话,二是展示受访人说假话。前者是防止虚假信息出笼,误导受众;后者是在受访人一味坚持说假话的时候,向受众展示其荒谬。

为此,在调配控制时,具体操作手法如下。

(1)通过前序提问,让受访人了解我们的水平,知道我们不是用花言巧语就可以轻易骗过的人,因此放弃说假话的念头。

(2)运用委婉警告的方法,比如,"您刚才说的,跟我们在您同事那里了解到的情况不一样,难道是他们记错了",以让受访人明白,我们已经掌握了基本信息,而且很有可能再去其同事那里核实,所以说假话没用。另外,这会暗示对方,因为他说谎,我们会在后续采访中更加谨慎,怀疑他说的每一句话。

(3)就关键信息多次"盘问",如果对方说谎,他很难做到每一次给出的解释都和先前的陈述完全一致。当发现不一致或者相互矛盾的地方时,或者追问求证,戳破谎言,或者通过后期编辑,强化异常点,展现前后的矛盾。

（4）与受访人展开辩论，一步步引导对方沿着预设路径进入"伏击"圈，最后突然出击，让其措手不及，在辩论中揭露谎言。

（5）就同一个疑问，问询多个相关人，最终暴露谁在说谎。

在《惜哉文化》中，记者赵薇只有两个问题：一是吉林市博物馆的火灾损失有多大；二是吉林市博物馆到底有没有消防许可证。她带着这两个问题，分别采访了主管副市长、专家、普通百姓，得到的回答却截然不同。受众可以清楚地意识到，副市长在说谎，火灾是因为他们的失职。采访新人很容易满足于只采访一个人，其实在条件允许的情况下，应该尽量多地采访相关人。《华盛顿邮报》记者伍德沃德和伯恩斯坦为了披露"水门事件"，采访了至少500人。

首先，一定要牢记的是，实采不要受预设左右，也不要轻易对受访人的陈述做出正确或错误的判断。可以不同意对方的陈述，但要给予对方说话的权利，并且认真倾听。事实上，不同的观点更能引人注意，也更能引发思考。同时应注意，不要轻易认为自己采访的结果就一定是真相。其次，一定要牢记的是，说谎者经常会达到令人愤慨的地步，但视频采访人不要表现出勃然大怒，或与说谎者对骂。在视频采访中，如果你痛斥采访对象，就会让观众同情他；如果你想让观众站在你这边，就必须平和而克制。

本章最后要说的话

如果已经悉知本章所述技巧，并在实采中运用了这些经验，而在总结某次实采得失时仍然觉得很不顺利，我们不必焦急，那只是因为没有做好后面几章要讲的步骤。做完本章练习，我们可以向后翻阅此书。

第六章 视频实采中的控制力

本章思考与练习

思考题

1. 假如你要去伦敦采访英国国王,请设计一个背景提问。
2. 假如你可以采访美国总统拜登,请设计一个推断提问。

操作题

1. 请一位合作伙伴拍摄一个小全景,出镜人是你和你采访的同学。你要认真倾听,但试着一直不看受访的同学,然后观看这段采访素材,研究一下自己的状态有什么问题。

2. 寻找一位"话霸"并做一个视频采访,试着插话和控制话题。结束后回看素材,看看哪里有气口和稍纵即逝的停顿,分析自己的插话和提问是否处在最合适的地方。

第七章　视频采访的诸种方式

本章提要

视频实采需要提前确定采访方式，所以在这一章中，我们将学习视频采访的诸种方式。由于数码媒介发生了剧变，视频采访方式必将产生相应变革，因此这一章会体现出更多的革命性。我们要重点关注动态采访的价值，过去它一直被严重轻视，未来它会在视频采访中占有重要地位。也要注意最常见的三种定式采访在数码媒介时代产生的种种变化。随着便携拍摄器的普及，隐性采访会越来越多，但仍须慎用。另外，四种辅助性视听采访方式在过去不过是为其他节目类型提供补充信息，但在今天都可以独立存在，所以我们也应予以重视。

传统媒介时代，电视采访一般要经历两个阶段：第一个阶段是预采，不带机拍摄，以确保正式采访胜券在握；待一切准备就绪，第二个阶段是带机实采。本章内容仅以带机实采为主，第十一章将详解预采。带机实采有三种基本形式：一是画外采访，记者不出镜提问，后期编辑时删除其问话，只留下受访人的同期声；二是画外音采访，记者同样不出镜，但会留下提问声音；三是出镜采访，记者全息出现，与受访人同在镜前交流。

第七章　视频采访的诸种方式

要说明的是，上述是比较常见的分类法，以记者与镜头的空间关系为标准。但笔者以采访人的行动和工作状态进行分类，将带机实采分为动态采访、定式采访和隐性采访。无论是动态采访，还是定式采访，抑或隐性采访，都可以分为画外采访、画外音采访和出镜采访。

一、被严重轻视的动态采访

美国知觉心理学家阿恩海姆说："运动（movement），是最容易引起视觉强烈注意的视觉内容。"[①] 这是动物天性使然，只有持续观察有没有物体或其他生灵向自己靠近，才能时时刻刻规避可能出现的危险，所以物体移动和移动的物体对人类具有天然的吸引力。电视工作者不是不知道这个规律，但他们几乎一致认为，唯有呈像采访这件事是需要安静环境的。因此在电视广播时代，动态采访只可能出现在节目的开篇、过渡衔接处或尾声，起到次要的辅助作用。即使是在《新闻调查》那样的节目中，动态采访也只用于呈现记者沿多条线路奔走的画面，是定式采访的前奏，而关键问题和核心问题均不可能用动态采访的方式来完成。

数码媒介时代，动态采访依然可以是各种节目中的片段，但更可以是独立的运动记录式视频，其中包含一段段更为自然的访谈问答。

动态采访视频有五种呈现样态。

（一）车行式采访

车在运动，采受双方却是静止的，但车窗外的景物变化带有动感。这实际上是在运动路线上加载了一个相对静止的访谈空间，空间内的静止和

[①]〔美〕鲁道夫·阿恩海姆：《艺术与视知觉》，孟沛欣译，湖南美术出版社 2008 年版，第 312 页。

空间外的景物变幻完美构合。因为采访空间静止,所以拍摄难度不大,只是空间比较狭小。对于那些极其忙碌的受访人,采用这种方式可以在他们的行车途中完成采访。同理,在火车车厢、飞机机舱、轮船甲板上的采访都是采受双方所处的局部空间相对静止,但四周环境持续变化。

车行式采访中有一种更富表现力的做法。我们在采访一位专家,由其介绍沿途景物且路途较长的情况下,可以采取车行式采访方法。与受访人在车外寒暄后,请其坐进车厢,在镜前进行一小段交谈,然后镜头转向窗外,主宾访谈变为画外音,对窗外景物进行读解。

2022年,西瓜视频有一条新闻是,采访人与中铁四局的总工程师坐在车内穿越太湖隧道,车窗外的冷拌沥青路面、左右侧墙上色彩不同的腰线、LED星空顶、用新鲜空气置换尾气的射流风机进入了画面,画外音是采访人和总工程师关于这些可视物的问答。视频只有3分25秒,却高效完成了对这条中国最长的湖底隧道进行可视化介绍的任务。

(二)步行式采访

采访人和受访人边走边说,或许走走停停,当访谈内容信息与行走路线上的景物密切相关时,这种采访再合适不过。

2005年,中国传媒大学老师曾祥敏为北京市教育委员会制作过一个专题片《党旗下的风采——用地理创造奇迹的人》。主人公是北京教育学院石景山分院的地理特级教师王能智,他的两名学生测算出了石景山上一口古井的深度。为了增添叙事的生动性,在展现这件事时,曾祥敏跟随王能智爬上石景山,其间不断进行采访,让王老师讲述了学生测量古井的故事,而且还谈到了学生和他讨论石景山究竟是山还是丘的问题。

电视广播时代,罕见步行式采访,因为它的拍摄十分费力。为了镜头平稳,必须聘请身强力壮的摄像师使用沉重的斯坦尼康进行跟拍。考虑到后期剪辑时的镜头穿插,拍摄现场需要两架昂贵的斯坦尼康。为了拍摄到

第七章 视频采访的诸种方式

采受双方的正面镜头,两位摄像师必须始终倒行,所以各需一名助手在其身后辅助运动。要是在宽阔的平路上行走还好,如果是狭窄弯曲的山路,拍摄记录工作会相当困难。

但在数码媒介时代,摄录师可以使用微型平稳拍摄器,前跟拍摄对象,侧身单手拍摄,同时用余光注意身后的路;或者采访人可以使用航拍器,设置等距离后飞跟拍,这是一种自动拍摄模式,设定好程序后即可专注于采访。

2019年,在周轶君为优酷网制作的《他乡的童年》系列中,多处出现了步行式采访,显现出了新纪录片的随意性。周轶君已经没有了职业记者的架势,她很少进行坐定式采访,随便站在一个地方就开始与受访人交谈,时而边走边聊,时而边做事边聊。很显然,她并不追求采访素材的技术性高指标,而是力求以"一次记录"的拍摄方式呈现最自然的交流状态。

2020年,浙江卫视播出了《24节气生活》系列节目。第六篇《惊蛰》中有一段长达六分钟的步行式问答。中央美术学院人文学院的董梅老师在她的茶舍小院中,给武汉大学新闻与传播学院的陈铭老师讲述了茶与惊蛰的关系,然后引领陈铭去了一家制作惊蛰美食的餐厅。在从茶舍去餐厅的河畔小路上,柳吐新芽,一派早春风光,陈铭作为问者,听董梅讲述了花朝、民间花历、柳文化。

他们曾在花市驻足,董梅讲述了桃花、棠棣、蔷薇的寓意,并为陈铭的太太挑选了桃花和蔷薇。这种问答效果是室内坐定式采访难以企及的。

而今,摄影器材的使用如此便捷,步行式采访本应该大量出现,但实际上,这样的采访样式仍不多见。

(三)位移式采访

与步行式采访不一样的是,位移式采访是采访人变换相距不远的位

视频采访实务

置,寻找不同的人进行短访,而从一个位置走到另一个位置的过程会被省略。我们熟知的随机系列街访便是典型的位移式采访。

在电视采访时代,位移式采访只是一种辅助性的采访方式,而在视频采访时代,它完全可以独立存在,构成一种节目类型。比如李美越在互联网平台创办的《别闹了美越》栏目,其内容全部是李美越的各种街访。

与对特定对象的采访不同的是,随机街访不可能提前知道受访人的姓名,不知道他们具有什么样的教育背景,正在做什么工作,甚至不知道他们是否愿意受访,因此采访人必须抱着碰碰运气的想法与他们交流,做好屡屡被拒绝的心理准备。可以说,与预约采访比起来,随机街访是对采访人的判断力、交际能力、表达能力、反应能力的综合考验。

随机系列街访有如下目的。

一是做社会调查,了解大众对某些事情的把握程度。

2019年,美国全国广播公司做过一个系列街访,内容是测试父亲是否了解自己的儿女。有意思的是,记者总是先问父亲:"你觉得你和孩子的关系亲近吗?"回答都是:"当然。"紧接着,记者会问一个关于他们子女的具体问题。结果发现,这些父亲根本不记得儿女的生日是哪一天,不清楚女儿眼睛的颜色,不知道女儿就读于哪所学校、即将上几年级、最喜欢哪个学科、她的老师是谁,也不知道女儿最要好的朋友是谁。

最后受访的夫妻有四个女儿,形成鲜明对比的是,父亲对孩子一无所知,甚至忘记了大女儿的生日就在昨天,而他的妻子知道女儿们的一切。

在随机街访中,受访人的言谈可能不严谨,甚至是错误的,但他们具有个性,有时还带有喜剧色彩。这是一种开放式的客观呈现。

二是组织舆论,实现采访人的主观意图。

美国全国广播公司实拍上面那段街访视频时,不大可能连一位了解自己儿女的父亲都没遇到,但制作者的意图是,与无微不至的母亲比起来,

第七章 视频采访的诸种方式

父亲全是粗心大意的家伙。如果将一个对儿女了如指掌的父亲编入视频，预设主题的效果就被破坏了。

所以说，街访可能会专门收集制作人自己认为正确的观点，而淘汰与之相异的观点，让受众觉得他们看到的观点就是主流观点。

随机采访的优点是，能听到各种声音，谁都不会长篇大论，受众乐于听到那些与自己想法一致的观点，更容易注意到与自己想法截然相反的观点。其弊端是，后期剪辑时取舍极为便利，制作人一般很容易删掉自己不想要的观点，留下自己满意的观点，最终在系列编排上实现自己的主观意图，从而不能保持客观中立。

三是为调动主采对象的情绪，拍摄与之相关的街访视频，令其看过之后感动、焦急、愤怒，从而阐述更多的信息。

在专访节目和群访节目中，主持人在开场或半途中插入街访录像，为的就是运用言论调查手段，促使受访人围绕某个特殊问题展开讨论。

进行随机系列街访时应该注意：

第一，环境信息具有特殊含义和特殊作用，所以采访地点的选择很重要。就毕业生就业问题进行街访，可以选在高校大门附近；就民生问题进行街访，可以选在菜市场内外；就健康问题进行街访，可以选在医院周边。最好不要在一条完全没有信息含量的街道上进行街访。

第二，就社会话题进行随机街访时，受访人应该多种多样，各具代表性：既有女性，又有男性；既有年轻人，又有儿童和长者；既有大学生和白领，又有失学者和体力劳动者。要通过一个个缩影和一个个横截面，尽可能全面地呈现社会舆论。

第三，随机街访的问题必须简单明了，让对方一听就懂，立刻就能回答。例如，"最近买东西的时候您觉得物价上涨了吗？"这种问题很适合街访，但如果问"您觉得是什么因素造成了物价上涨？"除非是在街头巧遇一位经济学家，否则根本无法完成采访任务。

第四,随机街访素材一定要做出富余量,以扩大后期编辑的挑选范围。2014年春节,《新闻联播》连续播出了七期《家风是什么》,而后由《朝闻天下》和《共同关注》播出其加长版。这些采访涉及国内的20个行政区划和国外的5个国家。没有大范围的超量采集,不可能编出如此精彩的片子。

可以留意一下的是,在《家风是什么》的63条采访中,41条是随机街访;19条是定向采访,采访对象是梅葆玖、钟南山、陈忠实、柳传志、焦波、张颐武、聂海胜、朱之文、寇乃馨等,他们不大可能是街访对象。这是一个启示,即随机街访与定向采访相结合可以让整个视频更饱满。

(四)伴随式采访

采访人不参与采访对象的行动,不改变采访对象的行动方向,只伴随并记录其活动,让他们边做自己的事情边回答问题。

电视文献片《中国广告二十年》中有一集,讲述"凤凰"牌自行车的广告发展史。采访人曾祥敏为避免一开篇便是辉煌历史或车间厂房,就把镜头转向了上海弄堂:老太太钱凤鸣拥有一辆"凤凰"牌自行车。在她把自行车从弄堂角落搬到显眼处的过程中,曾祥敏一边拍摄一边问:您这自行车有多少年历史了?老太太回答:36年了,1963年10月份买的。然后,她忽然转过身,问曾祥敏:它的年龄可能比你还大了吧,你几岁了?你还没有36吧?曾祥敏说:还没有。老人自豪地说:它年龄比你还大了,待会儿看看发票你就知道了。

伴随式采访的动态呈现富于生活气息,能带给受众自然淳朴的视听感受。对受访人而言,伴随式采访可以减轻其心理压力,让他们觉得那不过就是关于自己日常生活的闲聊。

曾有一位军区记者下基层采访,其中一个受访人是连队战士,也是一名经验丰富的养猪能手。可是面对摄录机,小战士紧张得面红耳赤,手足

第七章 视频采访的诸种方式

无措,面对记者伸出的话筒,他的答话完全不知所云。

记者觉得,这样下去采访便无法展开,于是让小战士走进猪棚,告诉自己怎样喂猪。小战士恢复了工作状态,紧绷的神经放松了,不再觉得自己是在应付采访。记者的问题也改成了"饲料怎么煮才好""为什么要这样煮""你怎么想到这样煮呢""怎样喂食才科学""这是什么道理呀"。这根本不像是在采访,而像是在请教,因此增强了战士的自信心,也使他爱岗敬业的形象更具体、更生动了。

(五)参与式采访

这同样是不让受访人与其自然状态和固有环境割裂开来,但与伴随式采访不同的是,采访人不仅要提问,而且要参与受访人的行动。

1987年,山西电视台制作了《重访大寨录》。记者高丽萍对山西省昔阳县大寨村原妇女队长宋立英及其丈夫的一段采访,是围坐在一堆大葱旁展开的,三人一边择葱,一边交谈。2022年1月24日,央视中文国际频道《记住乡愁》第八季播出了《白马村:深山坳里地瓜香》。农民们参加挖地瓜大赛,记者王静也下到田里,想试试,但不知道怎么判断地瓜的位置。农民告诉她,微微拱起而土有裂缝的地方,下面就有地瓜。当挖出第一个地瓜时,她兴奋地大叫起来。后来,王静在农民家吃地瓜饭,一边品尝,一边与围坐在桌边的农民交谈。这就是典型的参与式采访。

参与式采访的优点是显而易见的。试想,采访人在室内坐定式采访一名公交车司机,与其和公交车司机一起出车、一起洗车相比,哪一种方式在视觉上更生动?试想,采访人站定式采访一个清洁工或掏粪工,与和受访人一同扫马路或清厕所,哪种方式更能让清洁工或掏粪工感到受尊重?显然,后者更容易被受访人接受,也更能唤起受众对受访人的认知和理解。而且,这种方式最适合那些不善言谈、没有受访经验、很容易在摄录机前紧张的受访人。

213

同时要知道，由于采访人的参与，受访人的行动可能会发生改变。

（六）体验式采访

采访人以当事人和采访人的双重身份出现在报道环境中，着重以当事人的体验传递直观信息，采访提问量会降至极低，但采访人获得的体验感受其实是更有效的采访答案，采访提问不过是用于印证自己的感受正确与否。

1990年前后，凌峰制作并主持的《八千里路云和月》，是台湾地区第一个介绍大陆风土民情的节目。为了增强受众的亲历感，凌峰在许多片段中都进行了体验式采访，特别是在少数民族地区，他会穿戴民族服饰，体验特殊的衣食住行，并说出自己的感受，再请当地人补充必要的信息。

几年后，央视《万家灯火》栏目创设了一个版块，定名为"体验"，内容是让记者或主持人用一整天时间，体验不同职业角色人群的工作和生活。在第一期《体验》中，记者小张越像肢残人士一样，坐在轮椅上，叫出租车、看电影、打公用电话，体验周遭环境对残障人士的态度，验证所处环境是否为残障人士提供了便利。

总之，临时充当某种职业的从业者，和纯粹以采访人身份去了解某种职业，采访人自身的感受和受众的观感都会大不一样。

许多人可能会有疑问——动态采访这么好，难道传统媒介不知道吗？当然知道，但是那个时代，拍摄团队有一大套"清规戒律"，这加大了动态采访的拍摄难度，极大降低了拍摄效率，所以很少有人愿意践行动态采访的理念。

数码媒介时代，动态采访会大规模出现，并重塑拍摄团队与受访人的关系理念。

过去的理念是，即使是揭示性的摄影记录，也应该以摄影团队在情感上与被摄对象保持距离为先决条件。这个基本理念一是寄希望于被摄对象

第七章 视频采访的诸种方式

无视拍摄团队的存在，二是要让受众觉察不到拍摄者的存在。也就是说，对拍摄团队存在的真相，必须予以隐瞒。

在传统媒介时代，这是一个至高无上的真理，绝对不可违背。但是在数码媒介时代，这个原则将被动摇，甚至可以被视为精致化的"造假"原则。

事实上，人们在镜前的表现很难做到一如平常状态时的本真和自然，他们势必添加不同程度的伪装，按照自己想象的可以得到赞誉的样子去表现。

只要不是暗拍，采访人不可能取得纯粹客观的记录。相比较而言，介入对方的行动有可能会影响受访人，使他们在不知不觉中去除一些伪装。于是，采访人记录下来的情景，便是自己介入对方行动后的客观状态，也是受访人在意识到自己被拍摄时的客观状态。

1959年，美国社会学家欧文·戈夫曼（Erving Goffman）出版了《日常生活中的自我呈现》，提出了拟剧论（Dramaturgical Theory）。其中一个原理是，人们表现的场所是前台，退出表现的场所便到了后台，但如果有人闯入后台，后台就会变成前台。1985年，美国传播学家约书亚·梅罗维茨（Joshua Meyrowitz）出版了《消失的地域——电子媒介对社会行为的影响》，推进了戈夫曼的前台后台理论，并提出了"混合场景"的概念，认为电视媒介具有"后区倾向"，可以把原属于后台的行为展现在大庭广众面前。可以说，"真实秀"（reality show）巨大的活力，就是后台前置理论最好的实证。在采访现场，采受双方处于前台，而在过去，拍摄者要一直隐匿于后台，但在数码媒介时代我们不禁要问，为什么一定要隐瞒拍摄者曾在现场工作的事实？

在旧原则之下，所有镜头不能暴露出工作状态，一架摄录机不能拍摄到另一架摄录机，镜头里不能露出录音话筒，不能出现工作人员。但在数

码媒介时代，让受众知道拍摄者一直在工作，受众并不觉得别扭。所以在《爸爸去哪儿》中，摄录师常常大胆地把其他摄录师和他们的摄录机拍入镜头，有意让受众看到他们在工作。

在旧原则之下，不能让受众意识到被摄对象身边有摄录机，他们不可以注意摄像头，且要无视其存在，如果他们下意识瞟了一眼镜头，这个镜头就作废了。而在数码媒介时代，让受众意识到被摄对象始终知道有人在记录自己，并不是什么大不了的错误，相反却很真实。

所以在数码媒介时代，拍摄者完全可以真实呈现采访团队在场的情景，并把自己干预事态发展视为合情合理。

动态采访的适用场景有如下几种。

第一种是新闻事件的现场。

如果是正在发生的新闻事件，采访人可以在现场进行伴随式或参与式的动态采访，记录事件过程。如果是在主体事件结束后的延续阶段，或者在新闻事件彻底结束之后，采访人可以使用所有动态采访模式，完成复原报道。

第二种是正在发生或刚刚结束的灾难现场、各类险情救急现场和刑事犯罪现场。

这类动态采访的基本做法是，多线路分头做目击拍摄，随机采访，后期穿插编辑。各路采访人不仅可以做伴随式采访，记录亲历过程，而且可以做参与式采访，记录自己对事件发展进程的改变。

在这些适用场景中，行动主体需要专业技能，而采访人参与行动的能力可能不足，但不排除在拍摄记录过程中搭把手的可能性。比如说，警察正在追捕的犯罪嫌疑人恰好要从采访人的身边跑过，采访人如果及时伸出腿，就可能绊倒这个人。这个行动缩短了事件的客观进程，却客观表现了采访人的存在。

第七章 视频采访的诸种方式

第三种是随警、随军执行任务的现场。

这类动态采访的基本做法是,与警察或军人并行同进,做行车式和伴随式的动态采访,记录完成任务的过程。这些应用场景的危险性很大,不仅采访人自身面临危险,而且还可能给执行任务者造成麻烦。因此,最好的工作方式是伴随式拍摄记录,在相对安全的时段再进行补充性和复原性的动态采访。

第四种是竞技赛场。

从赛事即将开始到比赛结束之前,采访人不能去打扰竞技者,所以竞技赛场的动态采访只能在其热身之前或赛后进行,多采用伴随式采访和步行式采访。

动态采访必须注意如下基本要领:

(1)应该从一开始就表现出"我在"

采访团队应该以主动积极的状态,伴随受访人的活动,不怕介入和参与他们的事务,甚至可以改变他们的行动进程。不要长时间沉默突然冒头,然后又长时间处于静默状态,因为每一次的突然介入都会惊扰受众。

(2)必须认真采集声音语言之外的信息。

动态采访时一定要注意,受访人的表情语言、身体语言、动作语言等常常丰富于他们的有声语言,它们同属于动态采访的成果。不要因为期待他们的有声表达而对他们的其他语言感到不耐烦,要尽力捕捉他们具有表现力的无声语言。

(3)必要时对镜补充信息

动态采访伴以大量行动,行动常常冲淡访谈,实质性的采访内容只能间歇性完成,所以会出现问答话语量不足、受访人的表意不充分的情况。如有必要,采访人可以在采访前、采访中、采访后即时对镜述评。虽然述评并非采访,但也是动态采访的补充部分。

2017年,凤凰卫视在美国纽约州拿骚县法院做周立波持枪涉毒案件的

开庭报道。记者跟随周立波夫妇一直走向法院大楼,进行步行式采访,但她一连问了10个问题,始终没得到任何回答。周立波在开庭前不大可能回答记者的提问,而这10个问题又欠缺缜密考虑,所以无法让周立波开口。中间,周立波可能觉得记者幼稚,问了一句"大学毕业了吧",记者没能就势开启交谈,只顺口回答"毕业了"作罢。由于动态采访没能成功,因此记者站在法院大楼前录制了一段讲解,后期编辑将没能成功的步行式采访分段插入了讲解。

记者的这段补充信息是关于审理流程的介绍,但语速过快,没有逻辑重音和强调,不熟悉美国法律的受众根本无法听懂,而像"我身后的这幢棕色的大楼"中的"棕色的","他们两位将一辆橘黄色的奔驰轿车停在法院入口处"中的"橘黄色"和"奔驰轿车","周立波是穿了一件黑色的大衣、戴着黑色的礼帽、戴着墨镜,那他的妻子胡洁是穿了一件粉红色的大衣"中的所有穿戴描述,在视频传播中都是没必要的。对于这些视觉信息,受众一目了然。

动态采访中的补充信息应该使用受众易懂的语言和方式,同时避免对受众完全可以自察的信息进行浪费时间的描述,要把着力点放在实质问题上。

数码媒介时代,采访视频变短,所以动态采访中的采和述都是短而快,且衔接紧凑,述也不一定是对镜述评。总之,其风格与电视广播时代的节目大不相同。请看《我是郭杰瑞》栏目在2018年上线的一个视频片段:

  郭杰瑞:你们一共有多少人?

  字节跳动员工:有上万人。

  郭杰瑞:一共有多少程序员?

  字节跳动员工:几千人吧。

  郭杰瑞:抖音在哪里?

第七章 视频采访的诸种方式

字节跳动员工：在那边那栋楼，中卫通。

郭杰瑞：噢，我们可以看到！那西瓜呢？

字节跳动员工：西瓜的话，在另外一栋楼，你这边可能看不到。

郭杰瑞：头条在哪里？

字节跳动员工：头条在这栋楼。

郭杰瑞：是这个全都是头条？

字节跳动员工：嗯头条也有在那边儿，我们都是分散的。

郭杰瑞：唉，你们有很多，那你们有那个接驳车吗？

字节跳动员工：有啊，我们有接驳车，每15分钟一班。

<u>郭杰瑞（在接驳车上）：我现在坐他们的接驳车去抖音。</u>

抖音员工1：我们两个是抖音的产品经理。

抖音员工2：然后我是抖音这次的前端研发。

<u>郭杰瑞（在员工办公桌旁）：他们有一个新的游戏。</u>

<u>接一组画面，均为手机里的新游戏，配郭杰瑞的以下话外音</u>：所以我们现在用嘴巴吃水果，大家猜一猜这个小游戏他们需要多久可以做出来。啊啊，我的双下巴！如果你要他做一个滤镜。

郭杰瑞（出镜）：让我就有一个下巴，但是他说，很难做。

抖音员工3：一般来讲，很难做的话就是可以做的。

抖音员工2：这对我们来说并不是说不可实现的，而是一个一个挑战，从入职到现在，就会一直在经历一项又一项的新的挑战。

郭杰瑞（在抖音走廊）：我们现在在抖音国际版，这个叫TikTok，我们现在要采访一个老外。

抖音外籍员工：我是在一款叫TikTok的产品下工作，但是我主要是南非市场。

视频采访实务

郭杰瑞：大部分外国员工都是来自哪里？

抖音外籍员工：根据国家来的，比如说泰国，他们就会有泰国来的员工。

郭杰瑞：你觉得这份工作最大的挑战是什么？

抖音外籍员工：文化和语言障碍，对我来说是挺大问题，但是这是一个有意义的挑战，正是我想要的。

与过去的电视采访报道不一样，现在的视频采访报道更像是生活记录，说和采快速交织，都不需要长篇大论。它不再需要采访报道人大段的背词能力和陈词能力，也不需要采访和报道的专业架势。实际上，它考验的是采访报道人快速的衔接转换能力，以呈现自然的交流状态。

（4）不必以视听素材为展现动态采访的唯一手段

当动态采访是在数码媒介平台上传播时，其在现场取得的视听信息未必全部用视频方式来表现，可以使用综合手段来传递信息。后期编辑可以删除冗长却没有实质信息的段落，对于那些不必以视频方式表现的内容，或者无法用视频方式表现的内容，则完全可以用图文方式来展现。

总之，传统媒介时代一直未被重视的动态采访视频，将在数码媒介时代独立存在，其数量将会大幅增加。

二、最常见的三种定式采访

在视觉上，定式采访最为稳重，适用于重要而严肃的采访。

在定式采访中，问答双方都没有过多的动作，有耐心的受众可以把注意力完全集中在对话内容上。不过，对于没有耐心的受众，这种采访是沉闷的。

一如前面讲过的，按工作状态分类的任何一种视频采访都可以分为画外采访、画外音采访和出镜采访。定式采访也一样。

第七章 视频采访的诸种方式

首先看**定式画外采访**。这种模式意味着,采访人虽然坐在受访人对面,但在成片中,其视听痕迹会被彻底消除。

数码媒介时代涌现出大量完全由画外采访素材编辑而成的短视频。不了解视频制作的受众会认为,这些视频的主人公是在对镜独白。实际上,被认为是独白的每一个片段,都是由定式画外采访所得。后期编辑删除采访人的提问和插话,把受访人的同期声串接起来,让受访人独自完成内容叙事。

在开始画外采访之前,采访人必须告知受访人,尽量以完整语句叙述,因为后期剪辑时必须剪掉采访人的提问,而受访人承接提问的省略回答会让受众不知所云。例如,采访人问"您是哪里人",受访人必须回答"我是广西人",而不能只回答"广西"。因为采访人的提问被剪掉后,受众无从知道"广西"两个字从何而来。

此外,画外采访要求采访人必须在提问中清晰地穷尽所有意思的表达,以求得受访人一气呵成地独自完成一段完整的讲述。采访人在受访人说话的过程中不能发出任何声响。如果受访人没有完全明白采访人的意思,中途偏离所求,采访人被迫插话提醒或纠正,将会给后期剪辑造成极大的麻烦。比如,采访人因为惊叹、赞许、愤怒,忍不住发出了声响,后期编辑时很难将其删除。

在大型系列专题片《铁马冰河:东北解放战争全纪录》中,除一处采访人出镜,其余均为不露声色的画外采访,采访所得素材经剪辑后被分插在整片叙事中。但在第四集中,当一位解放军退休军官讲述淌过冰河作战的艰苦时,他撸起裤腿,露出严重的冻伤伤痕,采访人忍不住发出短促惊问。受众不知道声源在哪里,会感到疑惑和恍惚。

其次看**定式画外音采访**。这也叫声音参与式采访,采访人不出镜,只在画外留下提问同期声,作为获取现场信息的手段,与受访人形成必要的互动。

画外音采访的优点是，隐去了采访人的形象，避免喧宾夺主。这一点与画外采访一致，但相较而言，画外音采访更简单。采访人可与受访人形成充分互动，避免回答节奏过于缓慢或回答信息过于冗长。如果受访人的回答信息不清晰，采访人可以随时插问。它的缺点在于，受众明明知道现场有采访人存在，却闻其声，不见其人，所以后期编辑最好在开篇一两处，交代声源来自何处。

对于定式画外音采访，后期编辑可在成品中用插画面的方式，编入采访团队在现场拍摄时的某些镜头，来表现画外音采访人感受到的环境氛围，外化受访人的心理反应。

在《探索·发现》的纪录片《三峡：世界上最大的水坝》中，有一段对重庆巫山县大昌镇一位黄姓中年女人的画外音采访。她家13代人住了400年的老宅将在五年内淹没在水下。在画外音提问出现之前，画面是黄家在庭院中吃饭，采访过程中插入了黄母在木门后露出半张脸向外观望的镜头。记者问，"你们还有什么特定的要求吗？"受访人一时语塞，似乎无法直视采访人。她先是低头向下看，然后抬眼向斜上方望，眼眶已经湿润。此时，背景音乐响起，画面中插入了两个孩子蹲在庭院中双手在大笸箩里搅和黄豆的全景。当景别变成其中女孩儿的侧脸特写时，受访人的同期声出现，"没有，只不过我们不想搬家"；当镜头换成男孩儿的中近景时，她又说，"我不知道自己怎能舍得离开"。最后，画面变为盛满黄豆的大笸箩的特写，画外传来一个更小的孩子大喊"爷爷"的同期声。受访人故土难离的情绪一览无余。

数码媒介时代，许多人是自己操作便携拍摄器进行采访，不想对拍摄素材过度编辑，这种情况下，定式画外音采访是最便利的。而且，定式画外音采访可以跟动态的伴随式画外音采访和步行式画外音采访交叉使用。受访人如果有所行动，就用动态伴随式画外音采访；受访人如果走动，就用动态步行式画外音采访；受访人如果站定或坐定，就用定式画外音采访。

第七章　视频采访的诸种方式

最后看**定式出镜采访**。使用这种采访方式，一是为了让受众目睹采访人进行采访的过程，增加采访人的人格清晰度；二是为了实现一定的见证性，采访人出现在采访现场，可以让受众体尝到一定程度的亲历感；三是为了采访人能随时与镜外交流，即对镜说话，与受众交流；四是为了用采访人形象给采访视频打上专属标签，防止剽窃。

定式出镜采访可以分为定式出镜碎访、定式出镜专访和定式出镜群访。

定式出镜碎访有两层含义：一是在实采中，采访人就事件当中的某个细节采访某人，因为是细节采访，所以用时不长；二是对某人的实采素材不算短，但在后期剪辑时，要把素材拆解成几个段落，分插在整片中最合适的地方。

在电视调查节目中，我们经常会看到出镜记者对几个人的采访交叉出现，每个采访的时间都不长，这就是定式出镜碎访。

1994 年，在《焦点访谈》栏目中，记者在安徽蚌埠火车站发现无人陪伴的小王丽，她只有四岁，不知道她是自己走失还是被人遗弃。于是，记者展开调查，得知小王丽是被继母遗弃。出镜记者跟随警察，找到了小王丽的家。她的继母刚好从屋里出来，嘴里吃着东西。一见警察，她把手里的食物往嘴里一丢，头一歪说，"走，进屋说去"。在这段动态采访之后便是定式出镜碎访。记者问小王丽的继母，为什么遗弃孩子：

继母：她把我逼得太狠了。

记者：她怎么逼你了？

继母：她一见我就哭。

记者：她一个四岁的孩子懂得什么？

继母：她就是不懂，也不应该哭呀！

采访问答很短，出镜记者只问，不做判断，而受访人毫无逻辑却强词夺理的形象已清晰可见。碎访主要就是为了呈现受访人的某种状态或某个观点。随后，出镜记者见到了小王丽的生父，这里运用的也是动态采访方

视频采访实务

式。小王丽的父亲明知记者在叫他,却佯装听不见,径直往前走。出镜记者紧追不放,由于忙乱,画面中露出了记者整理话筒线的动作。与前后的动态采访相比,夹在中间的定式出镜采访显得稳定而正式,其提供信息的作用更大。

  定式出镜碎访还有一种特殊的方式,即演播室新闻直播中的异地远程采访。主持人向新闻现场的记者提问,变成采访人,前方记者变成受访人完成现场报道。当然,这位记者不能是在行动中,而是需要处在基本的稳定状态。

  远程定式出镜碎访的第一种情况是,演播室主持人直播一组行动,在即时报道的过程中,不断连线采访事件现场唯一的出镜记者。注意,如果主持人不间断地持续采访这位前线记者,那就是定式出镜专访;如果主持人间断地插入对这位前线记者的采访,记者每次都出现在不同的场所,这便是定式出镜碎访。

  事实上,一位记者的行动范围有限,获得各方面信息的能力也有限。2003年3月23日,央视做伊拉克直播报道。直播室主持人康辉和远在科威特的水均益无法有效沟通,连线过于频繁。有一次,水均益不得不对康辉说:实在对不起,这儿没有什么新的消息。由于种种原因,国际事件中常常只有一位出镜记者负责全程报道。这种远程定式出镜碎访中的直播室连线次数不宜过多,要放缓连线频率,把握连线时机。

  远程定式出镜碎访的第二种情况是,演播室主持人直播联合行动,在即时报道的过程中,分别连线采访不同行动现场的多位出镜记者。请看2008年5月15日央视的《朝闻天下》。远在汶川地震灾区做报道的出镜记者有许多,主持人赵普连线采访记者何莉的内容如下。

    赵普:请问你现在在北川的什么位置?
    何莉:是这样的,今天我们在这个北川的东北角,在这个当时地震发生后受灾比较严重的陈家坝村。

第七章 视频采访的诸种方式

赵普：好，那么现在，因为我们看不到画面，你能不能够给我们描述一下，你眼前看到的画面？

何莉：陈家坝村是整个在这次北川地震当中比较严重的一个村，基本上这个村落整个变成了一座废墟。那么现在呢，这个解放军的部队，已经，我们看到的，数的车辆一共有40多辆，这个解放军的部队已经进入这个陈家坝村。然后呢，这个解放军呢，是通过这个铁锹，还有这个镐，这样的一些工具，来在这个村子里呢，进行搜救。嗯，目前呢，在离陈家坝村，这个的现场呢，不是特别远的地方，大概有两公里的地方吧，设置了一个简单的安置点。这个安置点呢，放满了食物、水，还有简单的帐篷。那么，一些重伤员，旁边是来了许多大车，把这些重伤员呢，直接拉到这个距离现在是北川有60公里的地方吧，大概应该在北由市，100公里，应该有120公里吧，应该有一段比较远的距离的北由市。那么这个北由市，啊，常油，啊，江油，江油！啊，现在是因为这边的信号不太好啊，啊，那个江油市，江油市有六家医院收留了北川现在比较危重的一些病人。

赵普：嗯，那么我们知道你早前是跟随民政部的一支队伍到达灾区的，那么，现在，我想了解，民政部门在北川灾区的具体安排安置都有哪些主要的内容？

何莉：啊，是这样的，从昨天晚上开始，因为昨天在下大雨，昨天晚上开始，整个夜里，这个，啊，民政部门就没有停过，一直在不停地往北川运送这个食品、帐篷和避雨的工具，还有这个棉被。那么，现在呢，这些物资呢还在不停地往这儿运。那么，具体数量呢，我们还没有做一个大体的统计。

赵普：好的，谢谢何莉，也请你转达我们的问候，请你自己也多保重，谢谢。

 视频采访实务

赵普坐定在直播室,包括何莉在内的所有记者站定在各个救灾现场,虽然采受双方不在同一个物理空间,却组成了在同一个时间段中的跨空间定式碎访。

远程定式出镜碎访的第三种情况是,直播室主持人远程采访前线记者,然后和受众一起观看前线记者即时采访现场人员,只要前线采受双方都处于稳定状态,便是连环定式出镜碎访:前方受访人无法应对远程采访,直播室主持人委托前线记者,代为采访。

最早的视频连线要靠微波中继完成,信号质量难以保证。后来使用卫星连线,但费用很高,办理租用卫星线路的手续也很烦琐。而在数码媒介时代,通过无线互联网做视频连线,以完成各种形式的远程定式出镜碎访,已经越来越便利了。

数码媒介时代,定式出镜碎访还有一种可能就是,叠加碎访以完成主题。

20世纪40年代,美国《芝加哥每日新闻报》记者约翰·根室(John Gunther),致信采访了48位州长。他对每位州长都提出了三个问题——您那里与其他州有什么不同?您所在的州对国家做过什么贡献?您从政的初心是什么,以及有哪些主要成就?最后,根室获得了47位州长的答复,他通过对这些答复的研究,撰写了畅销书《美国内幕》。

这是一个启示。我们完全可以发放相同的采访问题给众多受访人,由他们自己用视频的形式做出答复,并回传受访素材。这样的话,我们足不出户就可以完成定式采访的叠加,呈现出对某些社会问题的多种看法。

定式出镜专访可经后期剪辑,制成访谈节目。就采访场地来说,这种专访可以分为三种类型:一是演播室专访,二是实景专访,三是远程专访。前两种情况的区别不只是场地不同,更重要的是,演播室专访是受访人的客场,而实景专访是受访人的主场。在第三种情况中,采受双方分处在各自熟悉的环境中则是主场对主场。

第七章　视频采访的诸种方式

在演播室定式出镜专访中，受访人是从日常环境中抽离出来，进入陌生环境。他们坐在异常明亮的舞台灯光下，可能完全不知道周遭的机器是做什么的，甚至不知道该冲着哪里说话。所以，演播室采访人首先要做的是，使没有经验的受访人放松，用通俗的语言告诉他们，自己的同事都在忙些什么，而且要明确告诉他们，只要看着采访人，对着采访人说话，他们完全没必要去找摄像机——总有一台摄像机能拍到其正脸。

在现实环境不允许的情况下，演播室采访人要帮助受访人描述细节、讲好故事、道出真相，其实难度很大。要解决这些难题，就需要精心谋划，做出相应预案。

其实，方法和经验很多，这里先介绍一种。

例如，2005年，李静和戴军在《超级访问》栏目中专访了秦海璐。节目展示了事先对孟京辉导演的外采，让秦海璐听孟京辉讲述自己在拍戏中的小脾气，随后又播放了秦海璐和男主角对砸家什的一场对手戏。看完后，秦海璐补充说，当时她把桌上自己的笔记本电脑推到地上摔坏了，由于情绪过于激动，随即晕倒，被急救车送到医院去抢救。这里，节目组对孟京辉的外采既丰富了节目元素，又引出了秦海璐的新故事。

这种操作方法的经验是，在演播室播放提前编好的外采影像，推动专访纵深发展，获取受访人在观看过程中和观看之后的反应。后期编辑需要在屏幕上辟出一块区域置放外采影像，让受众看到窗口外采，同时又看到演播室中人员的反应。

实景定式出镜专访一般安排在受访人经常出现的地方，由受访人指定具体地点。一类是在室内，可以避开外界的干扰因素，专心于访谈。室内实景定式出镜专访并非演播室定式出镜专访的翻版，两者最主要的区别是，前者是受访人的主场。如果室内实景的照度严重不足，应该进行人工补光。另一类是在室外，不能有严重噪音，也不能有风雨，时段应该安排在早晨和黄昏，要避开日照强烈的中午前后。由于自然光线处于变化之

视频采访实务

中,因此室外实景定式出镜专访的时间不能太长,应该尽量控制在一个半小时之内。

要提醒注意的是,无论是演播室定式出镜专访还是实景定式出镜专访,专访采访人都应该同时兼任辅助性片段中的出镜采访人,并亲自完成所有旁白配音。

在《大家》栏目专访物理学家钱伟长的那期节目里,在上海大学室内专访钱伟长的是一位男主持人,而其中出镜做辅助性动态采访的却是一位女记者。

如果是大型特别节目,总主持人在主场地进行采访,外采出镜记者可以是别人,而且可以不止一名,这是一种中心开花式的结构。但对于一般的专访,主持人在一个地方采访,另一个外采出镜记者在其他地方采访,这在逻辑上是说不通的。它无法解释一个简单的主次配合为什么要用两个人来完成,受众甚至会猜测,是不是专访主持人名气很大,不愿意吃苦,所以才由另一个名不见经传的出镜记者做补充性采访?所以,内外采访人拼合的做法传达给受众的感受并不好,只有主次采访环境中的采访人一致,节目才会具有融合的一体感。

远程定式出镜专访是节省时间、经济实惠且较为便捷的操作方式。

对于来不及与之相会在同一地点进行交流的专访对象,对于那些超重量级的专访对象,可以隔空完成异地采访。专访视频可以采取双开窗版式,把屏幕一分为二,采访人占据左半屏,受访人占据右半屏。

数码媒介时代,远程定式出镜专访也越来越便利。无论是定式出镜专访还是下面要谈的定式出镜群访,都可以使用数码技术隔空作业。

过去,定式出镜群访节目是在同一个物理空间中,主持人同时采访多人,是受访人之间的纽带,控制着采访话题的分配。群访主持人有可能在采访现场走动,某位受访人也可能做出某种位移,但总体而言,采受双方是在固定位置坐定或站定。

第七章 视频采访的诸种方式

那时,某些群访节目的操作方式已经发生了明显变化,如采受双方只能固定在各自的位置上。从2000年开始,出现了多路信号、即时分屏、共议话题的定式远程群访的探索实践。2005年,凤凰卫视资讯台《直播大中华》栏目开播,其中的《激情互动》单元率先利用了视讯宽带互动平台,革命性地开创了当时最先进的视频会议系统,实现了多地记者同屏受访。

在这些节目中,主持人和各位嘉宾均固定坐在各自的镜头前,位移是不可能的。他们不在同一个物理空间,却可以共时、同屏地讨论问题。

现在,视频会商系统的使用更加便捷,已经在多向高速通信技术基础上实现了视频、音频、数据的传输合一。受众可以在屏幕下方看到12个并排小窗口,主持人在第一个窗口,分散在世界各地却在探讨同一话题的嘉宾占据其余11个窗口,12个窗口中谁发声,谁便跳显在屏幕中央。如果受众很喜欢其中某位嘉宾,无论其是否在说话,尽可以把这位嘉宾固定设置在屏幕中央;如果受众很讨厌其中某位嘉宾,尽可将其屏蔽在屏幕中央之外,哪怕其正在说话。另外,受众可以随时参与访谈,如提问或发表自己的看法。

这便是数字媒介时代的定式出镜群访,所有参与者分处各自熟悉的环境,只要在同一时间打开自己面前的摄像头,一场定式群访便开始了。

三、须慎重使用的隐性视频采访

隐性视频采访指的是,采访人为了获得难以取得的视听素材,不公开身份,在不知会采访对象和不申明采访目的的情况下,进行视频信息的隐蔽采集。其核心是,不让采访对象察觉到采访正在进行,消除采访现场因采访人和拍摄器存在而产生偏离自然流程的可能性,因此具有真切感和可信度。

在《焦点访谈》的《触目惊心假发票》中,记者乔装成要购买假发票

的顾客，用引蛇出洞的办法，从犯罪分子嘴里直接套出了有价值的视听素材，在被摄对象毫无察觉的情况下，顺利完成了暗拍工作。

很多时候，隐性视频采访是为了展现劣行，为了避免被对方拒绝，同时避免采访人遭遇危险，在迫不得已的情况下采取的工作方式。隐性视频采访的常规做法是，关闭摄录机的开机指示灯，暗中开机，利用座机话筒拾音。在有条件的情况下，可以让身藏无线话筒的记者接近被摄对象，使用长焦镜头进行远距离拍摄。隐性视频采访的专业做法是，记者自带隐蔽式微型摄录机进行暗拍，这种摄录机有硬背包式和墨镜式，后者更为隐蔽。另外还可以进行电话式暗拍采访，即记者隐蔽身份，打开免提，采访电话另一边的受访人，并用摄录机记录下电话问答。

隐性视频采访分为伴随交流式暗采和介入参与式暗采两种。前者通常是采访人进行旁观实录和画外音暗访，一般是在获知事件结果之后问询被摄对象的行为动机。后者是采访人出镜暗访，其角色是重叠的，既是采访人，又是事件参与者，因此会影响事件进程，是在事件的变化发展过程中记录自己和当事人的互动。

2011年8月15日，央视《经济与法》栏目播出了《百度：阳光背后的阴影》，揭露了百度凤巢搜索推广系统的内幕。为了弄清百度的信息推广是如何操作的，记者炮制出了虚假减肥产品的网站，以商人身份，拿着伪造的营业执照副本和药监部门的批文，来到百度河北营销中心进行暗访。营销中心"指导"记者说，可用借款资质通过审核，再修改营业执照和批准证书，申报监管宽松的行业，最后把虚假减肥网站做成百度推广链接上的账户。记者利用暗拍技术拍下了整个互动过程。18日，百度公司销售副总裁王湛出现在央视《经济信息联播》栏目中，为百度违规推广链接网站道歉。

暗拍是为了不引起被摄对象的警觉，拍摄之所以很容易引起对方的警觉，是因为摄录机在日常生活中并不常见。在数码媒介时代，人手一部手

第七章 视频采访的诸种方式

机，见怪不怪，因此用手机暗拍不易被察觉，一般不会遇到麻烦。不过，对于伴随交流式暗采或介入参与式暗采，手机拍摄也可能被当即察觉，因此必须使用新兴的各种隐蔽摄录设备。要特别注意的是，在传播用手机和微型设备拍摄的暗访视频时，一定要像传统媒介时代那样，在画面右上角注明"暗拍"字样。

四、辅助性视频采访

辅助性视频采访，即在电视栏目化时代，那些无法被长时间持续观看的采访。它们不能独立存在于栏目之中，只能作为一个节目的辅助部分而存在。不过要首先申明的是，在数码媒介时代的传播模式中，栏目化已不再是必需，所以这些过去的辅助性采访的视频完全可以独立成篇，吸引一定的受众。

辅助性视频采访主要有以下数种形式。

（一）呈现在画面中的电话采访

采访人使用有线电话、无线电话和在地球任何角落都可以发出或接收信号的海事卫星电话，进行远程采访，并用视频记录下采访过程。如果采受双方未使用可视电话，就只有受访人的画外音。

电话采访有三种表现方式。

一是出镜采访人拨通受访人电话，以免提方式与之交谈，摄录师记录其问答过程。二是演播室主持人通过电话连线，采访现场记者、事件当事人或相关人、专家。在这个过程中，屏幕开窗，内置静态图片，展现受访人的肖像、现场图片、各种示意图、与事件相关的资料文本。三是平铺电话采访的音频，同时全屏播放与之相关的影像。

总的来说，电话采访欠缺视觉优势，证据性有些可疑，它只是迫不得

已的补救措施。不过，它的优点是简单便捷，成本低，而且受访人感觉不到镜头的压力，更容易表现出本来状态。

电话采访的适用范围如下：

（1）由于客观条件所限，采访人无法及时赶到现场，也来不及与受访人会面，而且无法回传受访人的画面，因此只能利用电话采访，获取受访人的音频信息，实现快速报道。

1991年10月6日，埃及总统萨达特遇刺身亡。半小时后，美国广播公司要抢先播报新闻。由于无法即时传回埃及的现场画面，演播室主持人只能用电话采访公司驻开罗记者阿特，同时在屏幕上贴加带有萨达特头像的开罗图片。七分钟后，美国全国广播公司也对此事进行了报道，也使用了电话采访形式，受访人是美国前总统福特，话题是埃及局势，演播室画面贴加的是福特的头像。又过了十多分钟，美国全国广播公司主持人通过电话连线，又与公司驻开罗记者和美国前国务卿基辛格讨论了埃及问题。

对于萨达特遇刺一事，电话采访做的是后续报道，内容主要是进行局势分析，对时效性要求不是很高。而对于利比亚事变，电话采访做的是过程报道，内容主要是事态发展，所以要抢时效。

2011年8月21日夜间，利比亚反对派武装攻入首都的黎波里，卡扎菲长子穆罕默德投降，被软禁在其住处。阿拉伯半岛电视台记者无法接近他，只能做电话采访，穆罕默德在电话里诉说了他的处境和立场。尽管看不见受访人和事变现场的画面，但从电话里不断传出的枪声中，受众可以想见现场的紧张状况。

总之，在事件突发初期，一切都是未知数，受众对信息的需求最为旺盛。虽然视频强调画声并茂，但为了时效性，完全可以先通过电话采访为受众提供有价值的音频信息。

（2）与其他媒介比起来，视频制作是一个高投入、高消耗的行当。

第七章 视频采访的诸种方式

由于物力、人力的限制,并不是对所有事件采访者都要千方百计地赶赴现场。

2021年7月30日上午,汪顺以1分55秒的成绩,打破男子200米个人混合泳的亚洲纪录,摘夺得了东京奥运会金牌。赛前,因为无法断定汪顺会破纪录夺冠,记者不可能提前准备去宁波采访汪顺的父亲。赛后,记者也不可能马上就把他的父亲请来现场接受采访。而且无论怎样,几句话的采访都不宜兴师动众。于是,红星新闻记者只是用电话采访了汪顺的父亲汪严守。

在新闻调查节目中,对于一些只起印证作用的采访,能前往受访人所在地做面对面的采访,固然能体现工作的细致入微,但十几秒钟的采访不一定值得兴师动众。因此,远程电话采访完全可以实现其在节目中所起的作用。

(3) 在曝光性的批评报道中,有时采访人只有隐瞒身份和意图,才能获取更为真实的效果信息。利用免提电话进行采访,同时用摄录机悄无声息地将采访问答记录下来,可以让受访人全不知道电话这一边的情况。

例如《同是114》的制作。央视记者以普通人身份,在镜头前一一拨打各大城市的114服务台,查询电话号码,以呈现哪个城市的114服务质量最好,哪个城市的114服务质量最不好。正是因为受访人猜不到来电的是央视记者,看不见摄录师,所以他们表现出的是自己本来的状态,好就是好,差就是差。这个片子最后获得1996年中国电视新闻奖一等奖。

隐性电话采访便于曝光不良状态,可以对违法行为进行直接取证。

2013年,央视"3·15"晚会曝光了"高老太降糖贴"是假药。《焦点访谈》记者获悉,假药仍在销售。于是,记者以消费者身份打电话问询假药销售公司,轻而易举地证实,假药没有受到"3·15"晚会的影响,确实仍在销售之中。最后,《焦点访谈》这次报道给了"高老太降糖贴"致命一击。

（4）有些受访人愿意提供信息，但不愿在屏幕上露面，甚至不愿见采访人。对他们进行电话采访，是对他们的保护，比给他们脸部打马赛克更保险。

电话采访应该注意以下四点：

第一点，电话采访时间通常不长，要事先确定提问思路，高效完成采访。2003年3月21日夜晚，美国出动250架战机对伊拉克首都巴格达进行了前所未有的轰炸。土耳其国家电视台选择对家住巴格达的本代尔奥卢进行电话采访。这位土库曼老人做过土耳其媒体的通讯员，懂得配合，虽说采访中只闻其声，但他的回答极富现场感。

记者：您在家里的什么地方？是在地下防空洞里吗？

本代尔奥卢：没有，我就坐在客厅里，和我的12个孙子孙女在一起。

记者：在防空洞里不是更安全吗？

本代尔奥卢：安全？在巴格达哪里都一样！

电话里始终是此起彼伏的爆炸声。

记者：现在伊拉克的电视台播放什么节目？也在播放轰炸的情景吗？

本代尔奥卢：没有，现在是巴格达时间晚上九点，电视一台正在播放新闻，刚刚播的是萨达姆的儿子库赛和国防部部长等人开会的消息，萨达姆另一个儿子乌代办的电视台播的是儿童唱民歌的节目。

记者：现在巴格达正遭到轰炸，还在播放音乐节目，真不可思议。那现在巴格达的生活如何？水、电供应正常吗？

本代尔奥卢：我们这里水和电都没有断，在昨天的轰炸中，有的变电站被炸坏，部分居民区停了电，但我们住的居民区没有受到影响，我们有的邻居已经挖了水井，准备万一断水时用。

第七章 视频采访的诸种方式

记者：那你们的粮食够吃吗？有没有储备？

本代尔奥卢：我们8月的供给粮都领到手了，吃饭没有问题。

电话采访只提出了三个问题——你现在在哪里？电视台正在播什么节目？居民生活怎么样？结果可能都有点儿出乎我们的预料，但真相就是如此。

第二点，要想方设法采访到当事人或亲历者。

1999年5月8日，北约发射三颗导弹，击中了中国驻南斯拉夫（贝尔格莱德）大使馆。由于绝大多数视频媒介无法及时赶到现场，所以选择最合适的人物进行电话采访成了唯一办法。事件的亲历者是最有价值的电话受访人。北京电视台《晚间新闻报道》栏目用长途电话，独家采访到了住在大使馆里的记者中唯一的幸存者——《人民日报》记者吕岩松，这位记者用音频详细描述了遭受轰炸当晚的情况。

如果不能采访到当事人或亲历者，则应该试探性地多采访几位受访人，来增加获得有效信息的可能性。

第三点，给对方留下较好的第一印象。

无论对方是正面人物还是负面人物，电话采访人都必须首先确定最合适的采访时机。要知道，我们的判断未必准确，我们并不知道对方正在做什么。所以，接通电话以后的第一句话，最好是试探性的，比如："非常感谢您能接听我的电话，我可以耽误您几分钟时间吗？"如果对方正在开会，执意要采访只会令对方厌恶，不妨暂且退避，问问是否可以稍晚再打电话给他。不过，如果我们急于取得非常重要的独家信息，而对方意外地接了电话，却又明显在回避，再打通电话的可能性极小，那就不必在意太多，要直截了当地切入重点，哪怕会被对方挂断电话。

如果不是隐性采访，就一定要开门见山地简单介绍自己，不要让对方知道在对谁说话，但不要长篇大论地炫耀自己。

如果采访时间估计不会太短,必须要提前说明。

第四点,不要长时间沉默且不加解释。

在通话过程中,如果采访人长时间沉默,就意味着对方在喋喋不休,这样的电话采访并不可取。长时间不作声也会让对方觉得采访人没在听,半途失去兴致。所以说,电话采访的应有状态是你来我往,而不是一方静听另一方却长篇大论。

(二)座谈式采访

座谈式采访是指,采访人组织座谈会,或借由别人组织的座谈会,同时向多位受访人了解情况。

在采访人自己组织的座谈会中,采访人处于支配地位,所有与会者都是为了向其提供信息而来。但是,因为座谈会是以采访人发出的多向问答为主,所以与会者之间的横向交流不充分,所获信息的专业程度会有所降低。

在别人组织的座谈会中,采访人是列席旁听,没资格介入座谈内容。采访人可以悉心做一个纯粹的观察者,始终处于旁观记录状态,全力以赴地捕捉那些条理清晰、信息饱满、表达通俗的发言,在座谈会结束后再做一些补充性的采访。这样的采访素材更像是与会者发言的视听记录,采访人没有直接提问,却获得了预设问题所需要的回答。由于采访人对座谈会的干预程度降到了最低点,因此这种方式可以比较完整地呈现现场的原生态。

《虎照疑云》中有一段 5 分 32 秒的内容,呈现了对陕西农民周正龙的华南虎照片的真伪鉴定会。其中,专家们先后发言,缜密论证了虎照纯属伪造。此外,还有后期编辑穿插编入的其他相关信息和几段定式画外采访。对这个鉴定会的采访主要是通过摄录记者拍摄完成,但是尽管没有采访记者提问,与会专家们也都知道,他们的话既是说给在座同行的,又是

第七章　视频采访的诸种方式

说给电视媒介的。既然允许摄影记者做记录，他们的所有发言就都可以作为对记者的回答。

在座谈式采访中，与会专家基本全是坐在原位，没有动态位移，摄像记者也不一定能在局促的会议室里频繁挪动机位。但发言专家在不断变换，所以摄录机必须在原地改变拍摄方向，同时调整焦距，捕捉正在发言的专家特写。另外，采访团队无法给所有专家都戴上话筒，碍于会议效果，又无法使用挑杆话筒随时接近发言专家，所以只能依靠摄录机上的自带话筒进行同期声记录。因此，座谈式采访的声音质量注定不高，这是无法克服的困难。

（三）集群式采访

各路采访人在新闻发布会或记者招待会上的采访就是典型的集群式采访。

其特点是，众多采访人集结在一起，采访共同的受访人，但采访人之间并无协同关系，而是各自为战，各为其主，他们与受访人全部是单线对应关系。

在2022年北京冬奥会中，谷爱凌在自由式滑雪大跳台比赛项目中夺冠。记者们在赛后的新闻发布会上分别对她进行了提问，这是典型的集群式采访。

在集群式采访之前，各位采访人不可能共同商议采访框架，分配采访问题，安排提问顺序，因此这种采访从整体上看是杂乱无章的。其最关键的要素不是整体性，而是每一个独立提问的质量。

在集群式采访中，受访人始终处于强势地位，绝大多数采访人都没有机会与之建立融洽的关系，所以有时不信任、紧张、敌对的气氛会贯穿其中。

这里要注意五个问题。

第一，采访人不一定都有提问机会，即使获得机会，一般也只能提问

一次。因为只有一次提问机会，有些采访人会一下子提出两三个问题，但是要知道，受访人听完第三个问题，一般就会忘记第一个问题，经提醒回答完第一个问题，又会想不起第二个问题。这很容易让其觉得采访人不懂规矩，因而变得不耐烦，回答起来敷衍、空洞。所以说，与其提好几个问题而不得正果，不如认真斟酌一番，只提一个最有价值的问题。

第二，已经准备好的问题可能会被前面的采访人抢先提出，所以要多准备几个问题，以防好不容易有机会提问，却没有新鲜问题可问。

第三，在集群式采访中，优秀视频采访的重要元素——追问——不大可能实现，因此必须在提问中清晰表达自己的意思，让受访人能在没有追问的情况下，一并讲出采访人想要的信息。

第四，如果一直没得到提问机会，不要只是焦急等待，要倾听发言人对其他采访人的回答，借助别的采访人与发言人的问答充实自己的报道。不过，必须杜绝移花接木的做法，即录下发言人对某个采访人的回答，散会后冲着发言人刚才所在的方向补录自己的提问，而自己的提问基本上就是刚才那位记者的问题。这是严重违反职业道德的弄虚作假。可以接受的做法是，抹去提问者的痕迹，只使用发言人的回答。

第五，参与集群式采访时，不要老老实实地等到散会才发稿。在中美建交的新闻发布会上，许多外国记者刚听完消息，就马上离席去抢发新闻了。有的时候，抢发一条惊天短讯比后发一篇完整报道更重要。

最后要介绍一种新型的线上集群式采访。新浪微博基于其平台的便利性，推出了"微访谈"，其中所有问题均来自天南地北的网友，他们同时向嘉宾发起提问，由嘉宾挑选回答，嘉宾与网友群体的互动交流则通过微博进行实时传播。与传统的集群式采访不同的是，数码媒介时代，集群式采访极大拓展了采访人的范围，散落天涯海角的所有网友只要共时聚集线上，便可以提出采访问题。

第七章 视频采访的诸种方式

五、视频采访的四种内容样态

以上谈到的视频采访方式，均是以采访的工作样态为标准做出的分类。如果从访谈的内容性质来看，视频采访可分为以下四种。

第一种，听取受访人单方面讲述的视频采访。

这是最为常见的视频采访类型。受访人给出的信息可能是真实的，也可能是虚假的，其自我认知可能是正确的，也可能是错误的。因此，这类视频采访可能由其他采访内容进行策应和印证，也可能被其他采访内容所否定。

第二种，讨论式视频采访。

这类采访主要是针对愿与采访人进行充分沟通的受访人，它是一种双向交流互动。采访人礼貌温和地不断提出疑问，并简要而谨慎地阐述自己的看法；受访人则心平气和地做出种种回应，积极破解采访人的种种疑团。

第三种，交锋式视频采访。

这是最犀利、最吸引人、最具传播力的视频访谈类型。它主要适用于对采访人心存不满、对求实提问拒不配合、对自身错误进行狡辩的受访人，因此在负面报道和新闻调查节目中较为常见。

另外，对高高在上的受访人，采访人也可以运用交锋式采访，与其形成对阵。例如，华莱士在新闻调查节目中经常用陈述句提出对抗性很强的问题。如采访罗斯福总统夫人时，他说：有很多人都讨厌你丈夫，甚至讨厌你；采访巴勒斯坦领袖阿拉法特时，他说：主席先生，巴勒斯坦人可能也想干掉你。正因为主动出击，敢于论辩，华莱士才被许多受访人敬畏。

要注意的是，交锋式视频采访具有杀伤力，运用这种方式进行采访时一定要审慎考虑。

1994年，《东方时空》尚无太大的名气。水均益初出茅庐，他要采访的基辛格却久经"沙场"，是与记者打交道的行家里手。"对于这样的采访

239

视频采访实务

对象，你用柔弱的方式来切入问题、进行访谈是不利的。你用怯生生的方式也不利，说得不好听一点，他可能会看不起你。"① 所以，水均益专门设计了几个交锋式问题，让基辛格另眼相待。1996年，《东方时空》已经如日中天，水均益已成为著名记者，他要采访的加利又是一贯的和蔼可亲，对记者没有任何戒心，对中国十分友好。所以，针对这样的采访对象，就不应该使用交锋式采访，相反应该采用听取其单方面讲述的采访方式。

第四种，聊天式视频采访。

在本章中，无论哪一种视频采访方式，其共同特点都是问答，只不过它们是把生活状态中的问答进行了职业化。早在电视广播时代，有少许节目已经返璞归真，有意去除了职业化，向生活状态的问答回归，比如凤凰卫视的《锵锵三人行》栏目。而在数码媒介时代，还原生活状态会成为视频采访的潮流，所以聊天式访谈会大量涌现。

本章最后要说的话

对视频采访方式进行分类讲解主要基于三方面的考虑。

第一，不同的视频采访方式，会造就不同样式和不同风格的成片，那么希望制作哪种成片，就可以对应选择哪种采访方式。第二，介绍各种采访方式的工作模板，可供视频采访人选择使用，以提高采访设计和实采操作的工作效率。第三，在联系受访人时，便于向他们说明采访方式。

总之一句话，了解视频采访方式的各种类型就是为了工作方便。

---

① 叶子主编：《中国电视名记者谈采访》，长城出版社1999年版，第44页。

第七章 视频采访的诸种方式

本章思考与练习

思考题

1. 夜间在街市上进行步行式视频采访应该注意什么?

2. 假如要视频采访一位正在工作的环卫工人,你会采用哪种采访方式?

操作题

1. 请就生三孩的话题,为一次街访设计三个问题。

2. 打开腾讯会议应用软件,你作为主持人发起一个群访,邀请多位同学参与,就一个话题进行 10 分钟群访并录屏,然后回看录屏素材进行总结。

第八章　带机实采事项

本章提要

像第六章一样,这一章同样是本书的重中之重,前者是实采当天视频采访人用提问实施采访控制的要领,后者是实采当天视频采访工作的整个流程。首先是拍摄空间的安排,注意尽力消除干扰实采的各种元素,让采受双方完成最初的接触。其次是采访人要注意的事项,包括谨记本次实采的基本任务、保持应有的实采态度、合理使用采访提纲和恰当运用实采速记,十分重要的是,要牢记六个采访禁忌。最后是编导在视频实采中的作用、实采中可能出现的随机结构、实采结束后需要做的事情。对这些实采流程的把握,可以让采访人及其采访团队做到心中有数,避免挂一漏万。

人类的紧张情绪常常来源于未知,而采访工作中恰恰充满着陌生感和未知因素,有着难以预料的风险压力和失败的可能性。而在视频采访工作的所有环节中,最容易让人产生极度紧张感的便是带机实采。如果采访人经验不足,或来自受访人的压力巨大,紧张感就会更加强烈。不过,一旦我们具备了应对未知的方法,对未知的忧虑就会减少一大半。这一章要集中解决的问题是，在带机实采的全过程中，采访人从始至终要做哪些事情，以应对危机，避免失误。

在采访实践中，只要想想本章所讲内容，就可以知道自己有哪些疏漏，以便调整。

一、拍摄空间的安排

拍摄空间的预备，是带机实采流程中第一个要解决的问题，它是记录视频采访活动的前提。因为现场采访的拍摄更具挑战性，所以我们先来探讨实景采访中的种种问题，然后再去研究演播室采访。

实景采访必须具备的条件是拍摄工作的展开空间、最基本的照度、良好的收音环境。对于突发事件的视频采访，采访人只能在毫无准备的第一时间赶往现场，对拍摄空间做出应急安排。这是一种挑战，但也不必把它想象得过于复杂和困难，只要能够避免逆光拍摄、保证受访人的背景无歧义，并尽力保障声音质量，大体就可以完成任务。对于可以预知的采访活动，拍摄者应事前亲赴现场，实地勘察，大致确定机位，谋划合理的运动路线，充分做好各种技术准备。

实景采访的拍摄现场分为室外实景和室内实景。

室外实景的空间大，选择余地多，回旋余地充分，其拍摄空间的安排无须多言。要注意的是，室外可变元素较多，这可能带给我们意外收获，也可能让我们遭遇意外干扰。比如说，忽然起风下雨，路过的车辆频频鸣笛，突然有人闯入镜头。如果我们有备而来，这些意外信息可以变成表现真实环境的元素，也可以加以排除。给话筒戴上防风罩，给拍摄器穿上机身雨衣，风雨就不是问题。采受双方都佩戴上胸麦，胸麦一尺以外的噪音就会变得十分微弱。安排工作人员左右拦截路人，就能避免有人在拍摄器和受访人中间穿行。

视频采访实务

相比之下,室内实景免去了室外实景中的不稳定因素。但它的问题是,空间相对局促,背景信息复杂,光线紊乱,因此很容易遇到困难或出现错误。

请看笔者的视频采写课上两个本科学生的实践汇报:

> 在剪辑的过程中,才发现两个镜头由于当时拍摄的时候放的位置不一样,所以采光不一样,镜头转换衔接看起来,显得十分跳跃,所以我又将画面的亮度统一调整了一下。

> 为便于后期剪辑和保证拍摄效果,我们固定了两个机位,另外用一台相机拍摄特写、环境、主人公日常生活场景等空镜。机位布置不甚合理,主机位和副机位的位置协调不当,副机位过于偏向侧面,导致在剪辑过程中,主副机位的切换略显生硬。

这个采访小组选择的拍摄空间在硕士生宿舍,为了分置三个拍摄器,他们把受访人安排在逼仄压抑的夹角里,因此主机的构图显得十分怪异,而副机几乎是被安排在受访人的正侧方,受访人在画面中是大侧脸,在两机画面交叉衔接时,显得非常生硬。实际上,在数码媒介时代做画外采访,遇到空间狭小的情况时,只用一个拍摄器足矣。要想消减观者的视觉疲劳,可使这个拍摄器在拍摄过程中缓缓地做一些小幅度运动。这样做,麻烦就全都迎刃而解了。

再看另一个采访小组的经验总结:

> 我们对"8772乐队"的排练场景进行了补拍,作为空镜和补充素材。与我们的预期不同的是,"8772乐队"排练的地点比较逼仄,难以架设三脚架,于是我们采用了手持拍摄的方式。相对狭小的环境对镜头的丰富度造成了障碍,但我们努力通过特写、全景、窗外拍摄等方式尝试使镜头富有新意。

由于环境逼仄,这个小组无法拍摄全景,他们用手机拍摄了许多中近景，经过后期组接编辑，同样完成了空间关系交代。所以说，在不易腾挪的空间，应该大胆使用单机拍摄，后期再以空镜衔接各个片段。

与实景环境截然相反，演播室的空间超级稳定，全无意外刺激，而且总是保有现成的摄制预备，只要做些调整便可以进入实拍状态。

演播室专访模式属于传统经典模式，至今变化不大，相关研究和论述颇为丰富。笔者这里只探讨两个问题：一是采受双方的空间距离多大比较合理？二是用什么视觉因素具化合理距离最为简洁、恰当？

笔者的经验是，私人距离的最远限度是 1.2 米，熟人在这个限度之外，便会丧失亲近感。如果安排受访人在采访人的 1.2 米以外，那他们就会在心理上彼此疏远。那些把访谈安排在超大演播室，又十分夸张地拉开采受距离的做法，是极端错误的，它使问答双方同时失去了彼此的亲近感。而社会距离的最近限度同样是 1.2 米，生人在这个限度之内，便会增强不安感。这就是当陌生人处在狭小的电梯间时，都盼着赶紧抵达自己楼层的原因，因为彼此距离太近，人们被迫采取"有礼貌的不关注"模式：眼睛不看旁边的人，只好尴尬地盯着电梯门或数码屏。所以，在演播室采受双方一定要拉开一定距离，以便在安全自如的环境中展开交流。

1.2 米正好是人与人交流的最佳距离，既不输亲近，又不失安全。也就是说，采受双方在演播室的空间距离以 1.2 米为宜。

另外，演播室舞台上孤零零地置放两把斜对向的椅子，四周空落落的，看上去太过单调。如果在 1.2 米的连线前摆放一个茶几，效果就会大为不同：一来可以暗示采受双方，你们可以视对方为友，但必须保持距离，不排除彼此较量；二来可以对受众的视觉起到平衡和区隔作用，让他们知道茶几两侧的人正在周旋，而不是在做双簧表演。

无论是在实景还是在演播室中，只要是协作拍摄，采访人都必须明确知道其他合作者的位置。视频实采中，采访人作为工作核心，经常要起带动作用，如果不清楚其他人在什么地方，可能会造成一定的混乱。

视频采访实务

　　如果是出镜采访，采访人还必须与摄录师默契配合，使其能抓取最好的画面。如果采访人不顾摄录师的工作特点，在行动前没有预兆和暗示，移动过于迅速，或者干脆走到摄录师拍摄不到的地方，视频采访就注定要失败。与文字记者不同，出镜采访人不但要考虑提什么问题，而且还要考虑怎样在镜头前提问。所以一定要记住，摄录师的镜头代表受众，采访人不仅是在面对采访对象，而且还是在面对镜头背后的受众，因而不能只顾着与受访人交流而忘记受众会通过镜头收看，要避免让后者长时间只看到自己的后脑勺。当然，采访人也不能总是对着镜头张望和说话，而忽视了与受访人交流，那会使受访人感到莫名其妙。

二、尽力消除干扰实采的各种元素

　　受访人初见陌生而复杂的摄录设备时，一定会加重心理压力，有些人会躲避镜头，造成事件中断。即使是预约采访，如果摄制组一到现场便忙着定机位、找电源、布灯光、调白平衡、试话筒，这种纷杂而忙碌的采前准备也会骤然改变现实生活中的正常秩序和常态氛围。

　　在实采过程中，视听采集工作的干扰性极强，很有可能会使镜前人物从原有状态中抽离出来。20世纪30年代，以澳大利亚心理疗法的创始人乔治·梅奥（George Mayo）为首的研究小组提出了"霍桑效应"（Hawthorne Effect），即那些意识到自己正在被人观察的个体，具有改变自己行为的倾向。在镜头前，受访人会过多地考虑自己的形象和出镜后的评价效果，因而进行预先判断，然后选择性地叙述自己的经历，小心翼翼地表达观点。他们可能变得极不自然，也可能变得极度亢奋，因而无法展现原态。

　　针对这些情况，仅靠采访人在采前一遍遍安慰受访人不要紧张，基本上是无济于事的。另外，从理论上讲，受访人只要把注意力集中到采访人

第八章　带机实采事项

身上，就可以忽略采访设备带来的紧张感，但实际上这很难实现。所以，真正有效的办法唯有尽可能减少来自复杂设备的干扰，而这也就意味着要减少在场人员。

数码媒介时代，我们可以尽量使用手机和微型平稳器进行视频摄录，前者是人们习以为常的工具，后者只比口红大一点点，都不容易引起过分注意。尽量不要用人工布光，因为当红头灯打开的时候，许多受访人会突然感到紧张不安，头脑一片空白。如果要使用挑杆话筒，录音师最好站在受访人的侧后方，从其背后伸出话筒，固定在受访人目光不及的地方。这样做都是出于同一个目的，即尽量避免录制工作干扰受访人的注意力。

要格外注意的是，采访团队成员状态不佳也会对受访人产生不良影响。

如果采访需要欢快热闹的气氛，采访团队每一个成员在采前就应该表现出喜悦。如果采访需要肃穆和感动的状态，采访团队每一个成员从始至终都应该保持安静。在采受双方正式交流的过程中，不是所有采访团队成员都必须在现场，在场的成员也应该尽量减少自己存在的痕迹。有些成员喜欢在现场旁观守候，但一定不要站在采访人一侧，让受访人觉得面前有一大群不知姓名的审查者，加重心理负担，也可能造成其眼神分散分神。如果喜欢在现场观察采访，请站在受访人侧后方。

另外，电视广播时代的一些小技巧可以分散受访人的心理压力。

敬一丹曾经直播采访一位厂长。这位厂长平素管理着数千员工，讲话镇定自若，但在镜头前，他却紧张得手足无措。直播前，他双手一会儿交叉在胸前，一会儿放在背后，一会儿插在裤兜里，他的注意力完全不在敬一丹身上。眼看直播就要开始，敬一丹急中生智，拿出一支笔放在他手里。这位厂长终于安静下来，把精力从怎样安排自己的双手转移到了应对敬一丹的提问上来。

这个经验告诉我们，在视频采访前，可以挑选一件物品交给受访人。

例如，采访知识分子，可以让他拿上一支笔；采访农民，可以让他扶着锄头。受访人在心理上有所依托，录像环境对他们的干扰就会弱化。

减少录制干扰，让受访人忘掉自己是在接受采访，可以还原其生活状态。进入数码媒介时代后，还原人际交流的日常状态变得更为重要。视频节目如《奇葩说》《十三邀》《圆桌派》等之所以能让人耳目一新，一个重要的原因就是谈话场的本真、自然。

三、实采人与受访人的最初接触

陌生人见面后的前五分钟，在很大程度上决定着接下来会发生什么。绝大多数人会找出一些小话题来谈论，给对方以安全感，建立彼此的信任关系。在这个过程中，双方都会在心里评价对方，判断对方是否可信、可交。

由于在带机实采之前，一直是策划人代替实采人与受访人进行联络和见面，所以受访人在实采中开机前是第一次见到实采人。此时，实采人应该利用见面后的前五分钟，主动打破陌生人之间的隔膜。

第一，无论采访什么人，既要尊重对方，又要持有平等视角。

初次见面时，采访人必须格外注意礼节，使用恰当的称谓，不能缺少必要的寒暄，还要对受访人接受自己的采访表示真挚的感谢。

在见面礼节上，不要引起对方反感。比如说握手，采访长辈和社会高层人士时，应该伸出双手与对方相握；男女之间，应该女士先伸手，男士立即回应；握手时间不要超过三秒钟，否则会让对方感到不适。比如说采访传统的朝鲜族之家，进屋前一定要脱鞋，以示对主人的尊重。

如果是去基层采访普通百姓，要称呼他们"大爷""大妈""大婶""大叔"，不要文绉绉地称呼他们"先生""女士"。不过，尊重他人不等于贬低自己，对于视频采访人来说，与尊重他人对等的是自己的尊严。

第八章　带机实采事项

《东方之子》栏目组规定，记者不要称呼受访人"老师"，以避免"我是你的学生"的心理暗示。

在寒暄中，不要用对方不愿接受的敬语去称颂对方，以免引起尴尬。一位电视记者曾在采访科技部部长朱丽兰之前，称誉她是女强人。朱丽兰说：我首先纠正你的说法，我不是什么女强人。为什么没有男强人的说法呢？为什么女同志有点儿成绩就称之为女强人呢？这是男女不平等思想在作怪。话说到这份儿上，随后的受访只是为了给记者一个面子。所以说，尊重要得法，否则会适得其反。

另外，对受访人的尊重还反映在愿意使用含有敬意的人称代词上。有些采访人不愿使用"您"来称呼对方，显得极不礼貌。这些人应该想一想：我们为什么不愿意使用一个让对方喜欢自己的词，而偏偏要使用一个让对方讨厌我们的词呢？

第二，为了使受访人保持较为兴奋的谈话状态，视频采访人自己首先要情绪饱满，表现出极大的兴致。

美国人际关系教育的奠基人戴尔·卡内基（Dale Carnegie）曾说，要赢得友谊，关怀对方比引起对方的注意更重要。要知道，大多数受访人是不会主动找我们聊天的，他们多少会对采访抱有疑虑，所以正严阵以待，观察着我们的一举一动。所以，我们必须主动一点，再主动一点，表现出极大的热情。如果我们真的对受访人很感兴趣，甚至有些仰慕，完全可以直接表达出来，并简要陈述理由，让对方觉得我们关注他、试图理解他。开拍前，即便我们说得不准确也没有关系，我们的目的只是激发对方与自己交流的欲望。

第三，最为重要的是，寻找与受访人的情感纽带和沟通感情的触发点，快速拉近与受访人的心理距离。

在生活中，我们常会发现有一种人，他们见到陌生人时，很快就能和对方攀谈起来，有效建立起融洽的人际关系。其实，对于他们的很多小技

巧，我们在采前沟通中都可以借鉴。比如，看看对方是不是自己的同龄人，双方有没有彼此都认识的朋友，对方是不是和自己出生在同一个地方，或在同一个地方上过学、工作过，是不是可以使用彼此熟悉的方言交谈。这些都是**强化共同信息**的手段。

新闻前辈的许多经验更是为我们学习采前沟通提供了范本。

1980年，法拉奇采访邓小平，她一坐下来就提到邓小平的生日，暗示邓小平自己对他并非一无所知，这为后面的正式采访打下了良好的基础。法拉奇不仅充分掌握了邓小平的基本信息，而且将其与自己的父亲在年龄坐标上取齐，认为他们不老。这是极为有效的**运用专有信息**赢得受访人信任的办法。

采访人也可以由受访人的偏好入手，任其享受，而且表示自己也有此好，以此增进相互之间的关系。在华莱士专访邓小平时，邓小平要抽烟，已经戒烟的华莱士请求也要一根。他看了一下邓小平递过来的香烟说，过滤嘴比烟长。邓小平笑了，说：这是专门对付我的，我抽烟的坏习惯改不了啦。值得一提的是，电视采访时代，好几位世界级名记者都曾说过，开机前陪受访人抽一支烟，会取得很好的采访效果。这个说法无法由学理证实，却是一线经验，笔者也对此深有体会。

所有人都会对自己的偏好兴趣盎然，比如政治、投资、竞技、读书、钓鱼、旅游等，触及这些话题，就会激发对方的表达欲望。

如果采访人能让受访人知道彼此**拥有共同偏好**，更有助于快速建立亲近关系。

美国新闻学家詹姆斯·阿伦森（James Aronson）曾经建议，如果一进屋就觉察到采访对象有点儿紧张或害羞，我们可以把他们的注意力暂时引回到他们自己的家居环境。比如，夸赞茶几上十分雅致的花瓶，赞美墙上挂着的精美油画，表明自己也读过书架上的某一本书。面对自己最熟悉的事物，大多数人都会愿意充当老师的角色，尤其是当有一个善于聆听的好学生坐在他们面前时。

让受访人成为自己的老师，采受双方在兴致上产生交流电，引发共振，可以很快解除受访人的心理戒备。

在采访实践中，我们的媒介同行也给我们提供了很多经验。

一位记者在采访卢勤之前说：我上小学时就非常喜欢您在《中国少年报》上主持的《知心姐姐》栏目，几乎是每篇必读。现在我作为一个四岁孩子的爸爸，看您的书，听您的报告，对我教育孩子有很大的启发。作为一名年轻的记者，今天能有机会与您这位"韬奋新闻奖"获得者交流学习，内心十分高兴。

这样的赞誉自然会令对方愉悦，让受访人充满欣喜之情。

第四，让受访人了解自己，是交流中很容易被忽视的环节，却非常必要。

约翰·布雷迪（John Brady）不仅是《作家文摘》的编辑，而且是卓有成就的采访人。他曾说，采访是一种取得信任并获得消息的质朴而自觉的科学，所以采访人接触到受访人之后马上就应该求得对方的信任。对方在确认采访人高度重视即将开始的采访，且满怀兴致时，便会在镜头前积极配合。

请看华莱士是如何争取邓小平的信任的。华莱士至少表达了四个意思：（1）表明他对这次专访高度重视；（2）想让邓小平意识到，这次采访对邓小平来说是开创性的电视专访；（3）表明他做足了功课，对邓小平满怀浓厚的兴趣；（4）引起邓小平对他本人的重视，因为他曾向难以对付的法拉奇提出过她也难以回答的问题，说明他本人不是等闲之辈。

第五，采前交流如果涉及开机后的实采内容，不要进行追问，不要扩展话题深度，更不要触动受访人的情感，防止暴露访谈内容。

我们在第五章中学习过"一次摄录"原理，其中蕴含视频采访工作的一种经验，即"一次最佳"规律。采访对象的第一反应，最为鲜活生动，也最为真实。如果他们把鲜活生动和真实表现在采前沟通阶段，这就意味

着,在开机后他们要重复刚刚说过的话,其朴素的谈话热情就会严重削减。而视频访谈很怕丧失即兴成分,所以采访人不应该一见面就触碰采访问题,一旦涉及实采内容,应该立即停止。要提醒的是,解决这些问题最简单的办法是,尽早开机,全程记录正式采访前的交流,这样就无须担忧提前暴露正式问题所要获得的答案了。

第六,在不知不觉中开始访谈。

最好的视频实采并无明确的开始节点。采访人做采前交流的同时,摄录器已经在拍摄采访环境了,这是视频采访的一部分。采访人的采前闲谈已经是在搜集鲜活的细节,有些内容可以被编入整片。所以说,在正式采访之前,非正式采访已经开始,而且非正式采访和正式采访之间没有一个时间点或一条界线,那里是一个模糊的过渡带,一般处在采前沟通的后缘。

上海电视台的纪录片制作人王小平说:"在采访现场我同摄影师之间是默契的,我从来不喊'开始',一般情况下,我同被采访人随便说,摄影师在那儿布光,架机器,我看到拍摄准备差不多了,就将话题转入正式采访,摄影也就开始了。"① 这样做是为了让受访人不知道从什么时候开始要端起受访"架势",使其延续采前交流的自然状态。

实采人要有全局意识,做到心中有数,知道采访团队协同走到了哪一步时就可以提出第一个正式问题。要注意的是,在所有导致采访失败的错误中,不能明确陈述采访目的排在首位。所以,最好找个机会,重申一下采访目的。而后,时机一旦成熟,立即转入采访主题。这需要摄录机始终处于开机状态,把采前交流以及向正式采访的过渡一并记录下来。

总体而言,在采前这段时间,成熟的采访人会积极与受访人交流,让对方放松,并感受到自己的兴趣和真诚。事实上,所有受访人都会很快感

---

① 王小平:《纪录片与采访》,《电视研究》1997年第1期,第30—33页。

受到采访人对自己以及对相关话题是否抱有真正的兴趣。如果采访人面无表情，缺少目光交流，姿态懒散，不愿说话，受访人就会感到扫兴。一旦觉得采访人兴趣不大，他们就会草草了事，避免在心不在焉的人面前过于认真。

这里同时要注意，如果采访人表现出极大热忱，受访人会把采访人视为盟友，当采访人在实采中进行质疑时，他们也许会感到震惊，觉得这是朋友的背叛，因而生发恼怒的情绪。为了避免这种反差刺激，采访人必须在采前交流阶段保持一定的克制，因此把握兴致和克制之间的平衡变得极为重要。

四、谨记带机实采的基本任务

媒介传播的目的，说到底，是向公众传递信息。在电视广播时代，采访记者实际上是观众的向导，西方电视界称之为"受众代理人"。所以在提问时，一定要有明确的受众意识，时刻想着观众要什么，更好地为他们提供他们想知道的信息。互联网时代，视频采访人可以只满足自己的好奇心，不必在意是否有网友旁观。然而，事实上，一个人的兴趣也不可能全然没有受众。不过，如果想拥有兴趣点与自己重合的更多"粉丝"、更大的影响力，视频采访人还是得像电视记者那样，知道受众需要什么。基于此，带机实采应该完成两大基本任务。

（一）已知信息，明知故问，使受众了解基本事实

文字记者的工作方式是，用已知信息武装自己的头脑，以便在采访中更好地探究未知信息，之后并用两种信息，写成文稿。使用这种以最终结果展现事实的方式，采访人无须在采访过程中问询已知信息。但以问答过程展现事实的视频采访却与此不同，采访人自己清楚的事实，观众不一定

知道，不能只顾自己的兴趣，不再问已经知道的信息。视频采访的最终目的不只是采访人自己了解事实，更为重要的是，要排除受众在理解上的障碍，让他们读懂事实。也就是说，对已知事实，仍要通过提问，让受访人面对镜头亲口说出来，使受众了解基本信息。

2015年11月1日，《面对面》播出了《张宏宇：骗捐风波》。安徽利辛的张宏宇骗称，其女友路遇两只狼狗追咬一个小女孩，当即果断下车施救，却被狼狗咬成重伤，并因此获得了许多善款。但实际的情况却是，张宏宇自己的狗咬伤了女友。王宁作为采访记者，采前就已知晓这些基本事实，但她仍要通过张宏宇自己把事件原委一点点交代出来，让受众了解事情的基本过程。

明知故问的视频采访要注意以下三点：

第一点，采前已知信息可能是不详细，不准确，甚至错误的，采访人必须通过实采确认其中正确的部分，矫正其中存在的偏差。

第二点，不要让受访人感觉到采访人已经知道答案，否则他们会失去回答问题的兴趣。绝大多数受访人并不了解视频采访中明知故问的必要性，所以对自己说过的话，通常提不起兴趣再说一遍。

第三点，不要让受众感觉到采访人已经知道了答案，观众非常反感的是，采访人提前知道了答案却假装不知道。在观看视频报道的过程中，受众习惯于和采访人同步获知答案，如果记者在提问中表露出自己已经知道了回答，甚至是代替受访人作答，那必然会引起受众的反感。

（二）探向未知，获取新鲜信息，满足受众的好奇心

采访的目标是，从已知信息切入，探向更为重要的未知事实。

在采访实践中，即使我们前期搜集到的资料足够多，已知信息也很准确，但仍只是完整事实的一部分，而视频实采最重要的工作便是，补齐缺失的未知部分。比如，一座大楼着火了，我们去做视频采访，已知信息是

第八章　带机实采事项

楼在燃烧或楼已烧毁，但更重要的是其中的未知信息——有没有人不幸伤亡、大楼为什么着火、责任在谁、后续问题怎么解决等。梵·高曾在写给弟弟的信中说，每个人心里都有一团火，但路过的人却只看见了烟。在我们的采访视频中，已知信息的烟，远没有未知信息的那团火重要。烟只是火的一个信息，火却是烟的全部真相，而未知真相总是比已知信息复杂得多，也深刻得多。

请看王宁在《张宏宇：骗捐风波》中是如何探求未知信息的：

张宏宇：后来就是清创完了医生说就是可以做植皮手术了，我问了多少钱，他说了要，他说植皮手术要三次以上，我问他多少钱，他说还要 50 万左右。

王宁：当时这个数字对于你来说……？

张宏宇：天文数字。

王宁：有可能再去借吗？

张宏宇：借不了了，我已经借了，借不到了。当时，后来我又问一些朋友打电话。我说，能不能在哪里，就是说，再弄点儿钱使，就是还拿点儿钱用，就是别管涨利吧，不管怎么弄吧，我说看看把这关给渡过去。后来借，借钱借得连朋，连朋友也没有了，后来打电话都没接了，没接我电话了。

王宁：当时如果借不来钱，是不是你们就只能回家了？

张宏宇：只能回家。

王宁：那回了家对于李娟来说，意味着什么呀？

张宏宇：就会死掉。

王宁的采访揭示了张宏宇的苦衷，将事件不为人知的一面告诉了受众。情到深处，张宏宇几度落泪。如果没有对这些未知信息的探求，采访的社会意义将会大幅削弱。所以请记住，采访人应该始终把探索未知信息作为采访的最高目标。

五、视频实采中的态度

受访人在采访中的态度，常常是对采访人的态度的回应，所以采访人的态度具有某种决定性。我们已经说过，采访人首先要具有足够的兴致，现在必须谈谈采访人必须同时具有的理智和冷静。当我们面对极其喜欢的人或极其厌恶的人时，能否理智和冷静是对我们自身素养的考验。

对于视频采访新人，当那些我们曾经认为遥不可及的名人，从天而降，忽然出现在面前，而且还要接受我们的采访时，我们可能会感到不可思议，一种抑制不住的狂喜会溢于言表。虽然这比局促不安看上去好多了，但其实仍是一种缺陷。把对方奉若神明，带有很大的盲目性，采访人应该克制追星心态和崇拜心理。实际上，很多偶像只是精心包裹的假象，他们的真实情况与其公众形象可能相去甚远。所以正确的做法应该是，专注于采访内容，理智地观察受访人，避免先入之见干扰自己的理解和判断。

视频采访必须在情绪控制的基础上进行，如果主观情绪占了上风，理智必然退却。视频采访人固然需要兼具感性和理性，但理性应该放在首位，它是感性的基础和前提。从入行第一天起，我们就应该努力把平和理性变成一种自觉，一旦进入采访环境，要立即从情绪化的普通人转变成客观公正的采访人，使感性判断让位于理性观察。

对于视频采访新人，即使坐在我们面前的人特别讨厌，我们也不能把厌恶情绪表露出来。这并非虚伪，而是工作的必需。我们的工作是视频采访，而对面的人正在配合我们完成工作。决定我们态度的，不应该是对方讨厌不讨厌，而应该是我们是否能从对方身上得到需要的信息。

有些采访人总是对受访人充满敌意，特别是面对官员和知名人士的时候，他们觉得就应该采取敌对态度。他们的提问总是带有个人情绪，受访人会觉得，他们不是来了解事实的，而是来做宣判的，于是他们的所有提问都会遭到抵抗。而当受访人发现，我们不是来做提审员和法官时，他们会表现出令人惊讶的坦诚。所以说,我们一定要在受访人心中树立起理性公正的形象,让他们感觉到,采访人随时可能因为他们言之有理而改变先前的预判,这样他们才会积极陈词。

采访态度的外化是采访姿态。视频采访人一定要对一些常见的身体语言有所了解,这不仅有助于理解受访人的潜意识和内心世界,而且能够帮助我们有的放矢地管理自己的动作和姿态。

在视频采访中,最合适的坐姿是,臀部坐在椅面的外三分之二位置,身体略向前倾;双脚自然平放,不要前伸,也不要后缩。前伸给人的感觉是太放松,没太把对方当回事;后缩显得不自信,似乎有所畏惧。

在中国的传统文化中,与人谈话时跷二郎腿很不礼貌。但在视频采访中是否可以跷腿,没有铁板一块的定论,主要看采访对象是谁。如果对方是长者或者社会地位很高者,我们跷二郎腿就显然是不懂礼节。如果对方是少儿,我们跷二郎腿就显得倚老卖老,对孩子不够尊重。如果对方是年龄和地位与自己相仿的人,是否跷腿则可以自主选择。

还要注意,如果我们打哈欠,或者是强忍着不让自己打哈欠,受访人可能会戛然而止,无法继续说下去;如果我们抖腿,受访人或者会觉得我们对自己的提问洋洋得意,或者会认为我们已经听得不耐烦了。总之,视频采访中凡是与采访主题无关的肢体语言,都会使受访人感到厌恶。

六、采访提纲的使用和实采信息的速记

见到受访人之前,采访人应该把采访提纲的内容在脑海中最后过一遍,一旦见到受访人,就开始采前沟通,然后自然进入实采,此间再没机会整体浏览采访提纲了。注意不必把提纲上的问题全背下来,这太笨拙了。首先应该问自己,是否清楚地记得采访提纲的逻辑框架,比如这场采访有几个分区,每个分区要解决什么问题。其次要问自己,记不记得每个

视频采访实务

分区的第一个问题,只要有了第一个问题,其他问题都可以从受访人的回答中自然产生。对于最重要的分区,除了要记住第一个问题,还应该记住其他几个关键问题。但所有这些问题,都不要一字一句地背诵,只需记住其中的关键词及其指向。比如,这个问题的关键词是"传染",说的是流行病扩散;那个问题的关键词是"救治",事关传染病防治表现;下一个问题的关键词是"信心",表现传染病防治的成就;最后一个问题的关键词可能是"回家",它是病愈的结局。回顾完提纲的结构和问题关键词后,再推敲一下表达难点,然后就可以去见受访人了。

带机实采过程中,有些采访人习惯于拿着提纲,时而低头看看。

这样做好不好,要分情况讨论。如果是初学者,他们肯定希望拿着提纲,甚至想拿着提纲读出上面的问题,生怕说错话或漏掉某个问题,这是不自信的表现。在积累了一些经验之后,他们就会知道,采访人的信心不能只靠现场拿着提纲来维系,它来源于前期的充分准备和现场的悉心倾听。大多数成熟的采访人为了在镜头前表现得胸有成竹,很忌讳看提纲,他们遵循的是日常谈话的自然法则。但也有一些采访人愿意拿着提纲进行实采。事实上,适当看看提纲可以给受访人和受众一种严谨的感觉。如此看来,新手不必为手拿提纲而感到不好意思,这样做也是一种认真谨慎的态度的表现。

不过,低头看提纲时要注意限度。

如果低头频率过高,受访人会感到扫兴。他或者觉得我们太没经验,或者认为我们没做好受访准备,总之都是不信任感。当他认定我们水平不高时,其态度会发生急剧转变,想要草草了事。如果频频低头去看提纲,我们便无法集中精力,专心倾听受访人的回答,也顾不上观察对方的表情和动作,以至于虽然我们问出了下面的问题,但可能错过了刚刚闪现的线索。

优秀的采访人不会照本宣科,不会只看提纲而忽视交流。

第八章　带机实采事项

采访提纲上的问题设计得再完美，也只是策划阶段的预设。而实采是动态的现在进行时，是充满活力的短兵相接，采受双方的较量显现出的鲜活状态远远超过设计采访提纲时的想象。所以很多时候，事先写好的采访提纲反而是对自己的束缚。

实采提问有两种，一种是采访提纲上事先精心准备好的提问，另一种是根据受访人的现场回答做出的即兴追问。在设计好的提问引发第一轮回答后，采访人以这轮回答为基点，即兴提出新问题，引发第二轮回答，以此类推，延续访谈，直至问不出新信息，再转向下一个提纲上写好的提问。采访人事先准备得越充分，现场听得越认真，就越容易即兴提出纵深发展的新问题。所以说，与其低头频频看提纲，不如看着对方，理解其每一句话的含义。如果不听对方讲话，只顾提出采访提纲上的问题，采访就会始终停留在浅层。

采访就像在清理某个房间，提纲中预设的问题指向这个房间的各个角落。我们在清理第一个角落时，不一定知道它的深浅，清理干净它也不是一个动作可以解决的，必须试探着前行，因势利导，且看且打扫。我们清理完一个角落，就要果断转向另一个角落，当所有角落全都被清理干净时，我们的采访也就结束了。

在视频实采中，我们不能拘泥于采访提纲，也不能跳离得太远，毕竟我们清理的是这个房间，而不是其他房间。思路不局限于表层，也不等于漫无边际。

此处要介绍一个万能的救急提问，它不仅可以避免忽然提不出问题的尴尬，而且可能有意外收获。在实采过程中，新手会因为紧张而忽然断了思路，脑中一片空白。当遇到这种情况时，不要紧张，只需追问："为什么？"在我们想不起下一个问题时，它就是最好的问题。实际上，尽管采访的具体问题千差万别，但所有问题归根结底都是"为什么"，它是一切问题的共性。而且，"为什么"不是一个可以用"是"或"否"来回答的

问题，受访人必须提供更多的新信息，所以"为什么"也是纵深挖掘的利器。

请记住，"为什么"这个万能问题是救急工具，也是深度"挖掘机"。

有的采访人习惯手拿记事本，在采访过程中记下一些要点。

从经验上讲，采访人手里什么都不拿，仅同受访人进行话语交谈，对方会相对更坦然。采访人摊开记事本，受访人便会变得相对小心。所以视频采访人应该努力锻炼心记能力，要记得快、记得准。不过，在心记能力不行的时候，许多信息——受访人提及的人名、职务、数字、重要观点——可能会在几秒钟之后烟消云散，而快速记下这些信息就可以在听完对方的回答之后适时追问，进行确认。从采访人的工作仪态上来看，时刻准备做笔记，也是对受访人的尊重。

要注意的是，和频频低头看提纲是一个道理，采访人频频低头写写画画同样会干扰受访人的叙述思路，而且会影响自己的倾听。所以，如果我们有记笔记的习惯，一定要牢记"择要点，从速记"，只做选择性的记录，减少低头次数。如果发现做笔记会影响受访人的谈话，就必须放弃速记，努力进行心记。

七、六个采访禁忌

带机实采中，采访人最基本的一个任务是认真倾听受访人的叙事，留意叙事的开头、过程、结尾是否完整，细节是否清晰，数字是否准确，一旦发现模糊或漏洞，应该立即追问并澄清。否则，后期编辑将无能为力，只能要求补采。从某种意义上讲，采访人的实采是在为后期编辑提供服务。

视频实采中的第一个禁忌是，只顾眼前采访，没有后期编辑意识。

比如说，有些视频作品是旁白解说词和受访人同期声交织展开，旁白

第八章 带机实采事项

解说词发挥着客观陈述某些过程信息的作用，而受访人同期声表达的是感受、想法、态度、评价，这些个性化的主观语言会直接展现在视频中。如果采访人不大明白哪段采访是为了获取事件的过程信息，日后会将其转化为旁白，哪段采访是为了展现受访人的个性表达，最终会以同期声的方式直接呈现在屏幕上，他的采访便会均匀用力，造成对过程信息投入的精力过多，对受访人的主观感受投入的精力不足。而对于后期编辑来说，过程信息的表述根本不需要面面俱到，主观感受的表达却不能匆匆而过。

如果实采人没有后期编辑意识，后期编辑便难为无米之炊。

比如说，在读书节目中，受访人提及了书中的某幅图片，采访人一定要记下来，等采访结束后，补拍这幅图片的特写，以便后期编辑能在受访人提到这幅图片时做插画面处理，让受众清楚地看到这幅图片的满屏特写。

后期编辑有一个很重要的任务是，满足受众观看视频时的各种需要。视频实采人不能漠视这个任务，不能无视那些需求。

视频实采中的第二个禁忌是，第一个提问温暾无聊。

俄勒冈大学新闻学教授凯恩·梅茨勒（Ken Metzler）曾归纳，电视专访第一个提问应该具备三个特征：(1) 比较好回答；(2) 能够增强受访人的自尊心；(3) 可以显示记者做了充分准备。

电视专访时长充分，回旋余地很大，所以第一个提问可以迂回委婉。但在数码媒介时代，视频采访的时间很短，视频属性一般是事件采访或观点采访，所以第一个提问就要直奔主题，单刀直入。另外，因为短视频的普及，受访人也已适应了新状况。一般来说，他们习惯了采访人从一开始就带有进攻性，相反已经不大习惯第一个提问兜圈子，是一个缓兵之计。特别是对于那些媒介经验丰富的受访人，第一个提问一定要有分量。正像门彻教授说的，政治家、明星、企业家大多希望记者就有关事宜直接提问，他们没空闲聊。

视频采访实务

受访人基本是通过第一个提问来判断采访人是不是值得接招的对手,并且会依据这个判断来决定自己的投入程度。如果采访人问了一个很容易回答的问题,受访人会觉得无聊、无趣。

视频实采中的第三个禁忌是,采访人的思想水平低于一般受众。

对于采受双方的你问我答,观众不仅是信息接收者,而且是评判者,他们不但会根据提问水平来判断采访视频的质量优劣,而且会评判采访人的水平高低。请看"非典"时期央视记者对王岐山的专访,其中有这样一段对话:

记者:你上任的时候,我看了这个数字,当时是300到400。

王岐山:对!

记者:昨天的数字是2705。

王岐山:对!

记者:那跟你的严厉措施这是成反比的,说明什么问题?

王岐山:传染病有潜伏期呀,传染源是在我的措施中逐渐被切断的,隔离是在一步一步进行的。社区的整个组织、有效预防的组织是刚刚建立起来,所以在这个问题上应该非常清醒地认识到,现在的措施,要对今后的10天起作用,不能对当天。如果说现在我们有一种措施,能够今天布置下去,当天就解决了,我们面临的就不是一场严峻的斗争。

记者:那我能不能这样预期,10天之后一定降下去?

王岐山:我相信10天之后,起码我们可以讨论这个问题。

记者基于感染人数询问王岐山,这貌似一个尖锐的问题,其实是一个缺乏基本经验的问题,结果被王岐山以"传染病有潜伏期"一句话堵回。王岐山是在疫情呈明显上升趋势时临危受命,才当了几天代市长,措施再严厉,也不可能立即见效,染病者数量也不可能立即下降,它只能对日后的发展态势起作用。从措施到结果,需要一个过程,这是一个基本常识,

第八章 带机实采事项

所以记者的这个问题应该被删除。如果这是少部分人的非理性意识，记者应该言明是在为他们求取一个答案，而不要让受众觉得这是记者自己的问题。

再看记者对"打假第一人"王海的专访。那时，王海已从消费者个人打假演变成职业打假，他成立了商业调查公司，承接为企业查假、为商场打假、为其他消费者维权的业务。记者对其目的有所怀疑：

记者：危险更大，你愿意做，是不是面对更大的利益，危险可以忽略？

王海：现在我想主要的问题，不在于一个利益，而是我们做这样一个事情，实际上是把它作为一个理想来追求。

记者：你的理想是什么？

王海：我的理想就是从根源上解决假冒伪劣损害消费者权益的问题。

记者：王海不会做没有利益的事情，你的利益是什么？

王海：我想我们大家对利益还是不要用狭隘的眼光来理解，我的利益包括物质利益，也包括精神利益。

记者：你不担心你对商业利益的考虑影响大家对你的信任？

王海：不担心，我们只是提供一方面的意见，其他的人可能会有其他的立场，我想对我们的怀疑、对我们的质疑没有必要。

记者：如果说这件事情做到最后，没有出现你所期望的商机，没有你个人的利益，你会停止吗？

王海：不会停止。

作为造假贩假者的对手，王海无论怀有什么目的，都是有益无害的。想知道他是否具有营利目的未尝不可，这也是受众想要了解的事情。但对其抱有敌对态度穷追猛打的意义何在？明显没有道理。特别是"王海不会做没有利益的事情"，这是一个没有事实依据的主观判断，属于强加于人。

视频采访实务

这些判断如果不是借第三方的名义说出,记者会显得像是个利欲熏心的人。

同样,在记者对易中天教授的专访中,许多问题也应该使用借代提问的方法。

记者:有学者质疑,你把业变成了余,把余变成了业,你本质上是一位教师。

易中天:我们学校规定,每一个教师都有额定工作量,只要你完成了额定工作量,那你至少就是一个合格的教师。

记者:你告诉我说没有影响科研,也没有影响教学,但是你的名下现在没有研究生。

易中天:那是因为我已经到点儿了嘛,我马上面临退休,然后就应该去过一个退休老人的安逸生活,到居委会去报道,在社区的会所里面打打麻将。那么我不去打麻将,我上上电视,不可以吗?犯了哪家的王法?

记者:我很想知道一个真实的易老师,你是一个合格的教师吗?

易中天:我随便举个例子吧,我上课的时候从来是最大的教室,而且人满为患,要提前抢座位。

这些问题中体现出的思想方法、对高校教学环境的认知、对受访人基本情况的了解程度,都是有缺陷的,一旦受访人四两拨千斤地予以回应,提问者顿时就会显得狼狈。

最后,再看看记者对北京某著名房产商的采访。那时候,房价飙升,很多人终其一生也买不起房子。房产商却说,房价还不算高,房产市场算不上疯狂。

房产商的观点很清楚,即最有成就的人住在房价最高的地方,言外之意是,许多房价低的地方可以发展。其实,记者一来可以进而探讨房价低的地方有没有创业机会，二来可以提出，许多有能力、有创造性，也有一定财力的人照样买不起房，那房价是不是太高了。但记者却误判为房产商鄙视穷人。这种思维水平和逻辑能力均有待提高。

在视频实采中，第四个禁忌是情感的不当流露。

采访人并非草木，孰能无情。当受访人讲到真实的富有成就感的经历，或说起特别开心的事情时，采访人面无表情，毫无疑问是奇怪的，应该有所回应。而面对极端惨烈的大灾大难，采访人克制不住的悲伤，更能让观众感同身受。乐其所乐，忧其所忧，本来就应该是传媒工作者的本性。当我们感到由衷的喜悦或不尽的悲伤时，完全可以与受访人同喜同悲——只要我们显现出来的情感是真实的，而且是适当的。

在央视的"走基层"报道中，记者在采访自立自强的农民，听到他们改善家乡生活的故事，都会由衷地为他们高兴，观众丝毫不会感到奇怪，相反会觉得这很自然。如果记者只是冷眼旁观，受访人和受众方会觉得莫名其妙。

采访人的喜悲应该与受访人的喜悲一致，但要注意的是，对于大喜和大悲，采访人必须是在努力控制却控制不住的情况下自然释放。也就是说，对十分明显的喜悲，首先应该想到控制，克制狂喜或眼泪，然后才能是难以克制的自然流露。

在视频实采中，第五个禁忌是，在听到陌生术语和原理时不求破译。

视频采访工作是同步拍摄，采访人不能像文字记者那样，对专门术语进行事后询问。对于受访人提到的陌生的术语、专业信息、行业秘密，我们应该当即要求其破译，使之通俗化，以降低受众理解和吸纳这些信息的难度。不必担心受访人轻看我们。我们不懂，受访人可能会更有优越感，更愿意做我们的老师。

在2014年12月25日上线的《老友记鲁豫有约》中，崔永元气愤地提到，体育解说员常常说"帽子戏法""梅开二度""德比之战"，这不仅增

加了受众理解的难度,而且从根本上歪曲了这些说法的本意。说"帽子戏法",不如直接说"进三个球";说"梅开二度",不如直接说"进两个球";说"德比之战",不如直接说"同城之战"。

要时刻提醒自己,我们参与传播的主要任务不是显示自己特别专业,让人觉得自己故意说得不好懂,而是肩负普及的义务,让受众听了便能理解这些事物。

2017年7月26日,《和陌生人说话》第一季播出了第三期节目《我为死囚写遗书》。欢镜听因为盗取公司财产被判刑,但由于学历高,被监狱安排为死囚犯写遗书。当他说到"他们要给自己的亲人,要留下什么遗言,就给他们记下来"时,陈晓楠问:"他们为什么不能自己写?"欢镜听解释说,笔在他们手上,他们就可能做出很多意想不到的事,所以他们吃饭的时候不能用筷子,肉里面的骨头和鱼的刺都要剔干净,以防止出现任何意外。

对于一些陌生的术语和原理,即使我们自己明白,也必须假装不懂,请求受访人给予解释。如果没有陈晓楠这一问,受众同样的疑问就无法破解,他们对监狱和死囚管理方式的了解也无法增加。

美国有线新闻网数字新闻总监凯文·沃伊特(Kevin Voigt)总结出30条采访艺术,其中一条是,如果不能理解对方的答案,我们应该不厌其烦地询问,让他们举例说明。这是因为,我们不懂或佯装不懂的地方,也常常是受众理解上的障碍。

在视频实采中,第六个禁忌是,出错就要重来。

当场发现错误并非坏事,不过是否需要重拍,要视情形而定。

首先要看错误有多大,对后期编辑的影响有多大。如果是小错,不影响大局,不要轻易重拍。人际沟通的规律是,一次性展开,不做重演,视频采访要记录的正是这种真实状态,而不是台词式的反复表演。在视频采访中,受访人在第一次听到一个问题和再次听到这个问题时,其反应是明显不同的：第一次真实而质朴，第二次就可能虚假而做作。如果停机重来，小错虽被革除，却无法复原第一次提问时的自然状态。事实上，无关大局的瑕疵反而会体现采访的真实性，无伤大雅。

如果采访人出了大错，首先要自判，后期编辑时能否消除错误。如果后期无法弥补，再判断一下，能否在采访结束后进行补录。总之，要尽量不打断采访问答的自然进程，不让受访人意识到自己处在工作状态，使视频采访素材保持连贯性。如果受访人出了大错，要求重来，一般情况下应予接受，这可以消除受访人的心理压力，让其意识到，出错后始终存在补救机会。如果受访人发现自己的说辞于己不利，要求重录，采访人也可以答应，但在后期编辑时要权衡一下，受访人重录的素材和原始的素材，哪个是客观真实的，究竟采用哪段素材的最终选择权，仍在采访团队手中。

八、编导在视频实采中的作用

及至如今，视频采访的团队式行动仍是一种常见工作模式，它是电视采访传统的延续。在电视采访时代的工作群体中，不管幕后人员付出多少劳动和心血，最终只能通过实采记者的表现来呈现节目效果，所以实采人是压力最大也最为"显赫"的。但实际上，采访制作的核心却是编导，其主要职责有七个：

（1）搜集所有与受访人相关的资料；

（2）预采受访人，进行情感联络，获知一部分效果细节；

（3）与带机实采记者切磋预案；

（4）安排摄录设备；

（5）全程督看实采；

（6）确定素材取舍，完成后期编辑；

（7）成品送审，修改，备播。

视频采访实务

代替实采记者进行预采,是为了保持受访人日后与实采记者见面时的新奇感,避免其在实采时认为一些故事已在预采中讲过而进行省略概述,或者在回答中经常夹杂"就像我前天跟你说的一样"之类的赘语,这会给后期剪辑带来很大麻烦。

在督看实采的过程中,编导有五项任务:(1)因地制宜,临时确定应变方针;(2)观察实采记者的素材采集工作,做场记,同步考虑节目的整体构成是否与预案一致,如果不能则重新考虑如何结构;(3)重视视频记录之外的信息,收集能使旁白表达更为充分的有效细节;(4)在采访结束之后,对受访人说得不够清晰的地方进行核实,并核对受访人提到的专有信息,包括姓名、地名、职务等;(5)指挥拍摄受访人提供的相关材料和后期编辑中可能需要的各种过渡性镜头。

回到驻地,编导要及时登记素材时码,这项工作极为重要。

以《新闻联播》1993年制作的临时单元《风雨兼程话京九》为例。这个版块每天播出的时长只有两分钟,但要持续播出一个月。这是一个巡礼式系列报道,也称宏观综合报道。京九报道组要在炎热的夏季,从正在施工的北京西客站南下,每天一个采访点,逐一介绍施工情况和建设者风貌,行程共计2500千米。因为采访素材非常分散,所以各个编导必须及时做好场记,每天晚饭后,依据当天的场记,察看素材,记录时码。如果不这样做,而是把所有工作积攒到最后,那将是一个严重耗时费工的巨大灾难。

用数码拍摄器进行采访拍摄时,编导在实采结束后不会再如此辛苦,但在实采现场的工作任务依然如故。

九、实采中的随机结构

受访人的信息并不全是未知的,采访人在采前多少会得到一些信息,而且可以根据已知信息预测受访人可能提供哪些未知信息,这便是采访中

第八章　带机实采事项

的先入之见。事实上，先入之见并不可怕，可怕的是对它百分之百的信以为真以及执意滥用。在视频实采中，我们可能明确知道受访人会给出什么样的答案，但我们不能因此使用诱导式提问，更不能自己说出预判答案，而必须让他们客观陈述，给出自己的解释。有时候我们会发现，我们预想的答案是错的，必须及时改变提问方向；有时候我们甚至会发现，整个预案都是错的，必须当机立断做出调整。

1991年8月26日，电视记者获悉，已完成在湖南常德市抗洪救灾任务的广州军区某高炮旅将于当日19时撤离临澧县，于是计划去军队临时驻地拍摄送别场面。但当记者在18时45分赶到现场时，情况发生了意想不到的变化，军队已经提前半小时撤离了。

此时只能单方面采访群众，预定新闻似乎就做不成了。但其实更有价值的采访报道才刚刚开始。记者果断改变构思，转而制作了《撤离，提前了半个小时》。他们紧急追赶部队，一路上喇叭长鸣，不断超越军车。镜头中有气氛，也有悬念。

旁白：告别这些主动为部队送行的群众，我们掉转车头，以每小时100多公里的速度追赶部队。这组镜头是我们在临澧县修梅镇拍摄的，这时已是19点30分了。记者截住前面的指挥车，采访了广州军区某高炮旅旅长、临澧县救灾部队副指挥江明坤中校。

江明坤：我们到这里参加临澧县抗洪救灾已经一个月了，在这一个月中，我们和当地党政机关和灾区人民结下了深厚的友谊。今天我们走，本来指挥部安排我们七点出发，但我们考虑当地党政机关工作很忙，来的人会很多，所以六点半就出发了。我们是党领导下的人民子弟兵，一方有难，八方支援，我们人民子弟兵参加抗洪抢险也是理所当然的……为了不打扰政府和人民群众的正常工作和生活，决定提前撤离。

视频采访实务

采访主题临时从"军民送别鱼水情"调整为"子弟兵为民着想",超越了原先预想的故事效果。这条新闻获得了1991年中国新闻奖一等奖。

在实采中,不必一门心思按照预案进行拍摄,很多事件的实际信息会引发预设主题的意外偏转和临时拓展,甚至是全盘改变。

例如一名电视记者接受任务,要奔赴京郊,报道林业系统100对新人以植树活动作为结婚仪式的新闻。这是一份"关系稿",预定主题是结婚新风尚。但这位记者发现,现场另有一些自发前来种植各种纪念树的人,有的是为孩子周岁种树,有的是为朋友生日种树,在问询管理员后记者得知,自发植树的市民数量逐年递增。于是,记者采取以点带面的方式,采访了种植纪念树的一对新人、几个朋友、一家三口,他们分别表达的主题是爱情、友情、亲情。最后记者又采访了林业部部长,部长说,全民植树要从单位组织向个人自发转变,而种植纪念树是催生转变的有效方式。

如果记者直奔预定主题,无心去做扩展观察,这条新闻的价值就不会这么高。

有时候,记者与受访人之间的关系变化,会激发一系列矛盾,完全打乱预定采访方案。当记者无法获得预想素材时,可以依照现实流变,改变主题,抓拍正在发生的事情。

央视《生活空间》记者在河北报纸上看到了一则图片新闻《农家女成了模特》,说河北轻工业学院办了一个模特班,学员大多来自农村,其中的农村姑娘吕娜是图片新闻的主角。于是,记者决定以吕娜为采访主线,报道这个模特班。

但记者在开拍后发现气氛不对,吕娜被孤立,很多女孩不配合,背对着摄录机。特别是班级团支书,她是吕娜的同乡,但情绪最大。她们要求记者别拍了,说没找对报道点,要拍就拍老师。记者判断,那则图片报道只突出了吕娜,这可能是女孩们感到不快的原因。面对此情此景,记者有三种选择:一是说服女孩们,也动员老师帮助疏导,按原主题强行拍摄;

第八章 带机实采事项

二是不拍了，回家；三是展现矛盾，果断记录女孩们的真实心态，反映一个新主题。

记者做的是第三种选择。记者问吕娜：同学们不让拍了，你有什么想法？吕娜说：同学们说的也有道理，还是拍老师吧。记者问：你心里不难过吗？吕娜说：有点儿。然后她落泪了。她又说，现在社会上的人，都是为自己着想。团支书听了，立即质问吕娜，并开始激烈地说理。老师竭力规劝，吕娜和团支书觉得委屈，都哭了。就这样，这期节目展现了女孩们的强烈个性，转向了新主题，即离开家乡的农家女，应该如何调整心态，适应新的生存环境。

许多时候，事实还可能与采前预判截然相反，必须在视频实采时避免一意孤行，以展现真相，阻断普遍存在的成见。

例如，《东方时空》2011年"走基层"系列中的《采棉专列百名采棉工调查》《棉花种植户薛海振的烦恼》《招工难 种植户明年改种农作物》这三个节目，呈现的不是记者们原先的预想，而是他们的三个"没想到"。

第一个没想到，发生在河南商丘开往乌鲁木齐的列车上，那是第一趟运送采棉工的专列。记者采访了第11号车厢里的100名采棉工，意外地发现，采棉工中的老年人之所以离家千里去打工，不是因为家庭条件差。相反，他们中的绝大多数都有田种，有生活保障，有子女赡养，无身家负担。他们到新疆去采棉，主要是因为耐不住清闲，想出去转转，捎带手赚点儿钱。唐文柱老两口还说，其他人都想挣5000块钱，他们只想两人合起来有5000块，不想把自己累着。

第二个没想到，出现在采棉工抵达乌鲁木齐之后。记者原以为这么多采棉工来到新疆，可能会找不到工作，没想到实际情况是，种棉户招工难。比如，种棉户薛海振去年给出的工钱是每公斤棉花1.2元，今年已经涨到了1.8元，但还是找不到采棉工。

第三个没想到，展现在对招工难现象的调查报道中。记者采访新疆维

吾尔自治区统计局后得知，棉田面积比去年增加了 270 万亩，如果完全靠人工采摘，需要增加 18 万采棉工人。但是，新增棉田需要大量人手的信息只是在亲朋之间互相转告，没能广而告之。在这种局面下，有的种棉户无奈地表示，明年可能不再种棉花了，想改种能用机械化方式收获的农作物。

总之，实采中的随机结构可以保障采访人获取客观而真实的信息，避免仅依照采前预想传播主观臆断的不实消息。

十、视频实采的结束

视频采访素材并非多多益善，信息过剩会给后期编辑带来巨大的麻烦，徒增其工作强度。一般来说，两个小时的视频实采是最高限量，已经完全可以编出一期长达 40 分钟的传统电视专访节目。而在数码媒介时代，视频采访作品一般时长不超过 10 分钟，实采素材有 40 分钟足矣。

时间上和精力上的浪费多是因为我们脑海里的信息过量，并因此做了许多无用功。比如说，采访一位舞蹈家做一个五分钟的视频采访作品。我们头脑中储存了很多信息，既包括她喜欢晨起练功，对画画很感兴趣，每星期都要去做义工，又包括她大学读的是英语专业，正在为一个舞蹈选秀做裁判，对现代舞颇有非议等。实采前，我们必须进行自我过滤，裁撤过剩信息，以保证素材的精简性。或许我们可以只关注她正在深度参与的那档选秀，而忽略其他事情。

如果我们已经获得了足够多的具有针对性的信息，且已到约定的结束时间，我们就应该暗示对方，采访可以结束了。如果对方意犹未尽，还想继续说下去，我们可以继续倾听，这或许可以增强我们对背景信息的理解。在正式采访结束后，不要立即关机，经验告诉我们，当受访人松弛下来时，很有可能会说出一些更为有趣的逸事或观点。

第八章　带机实采事项

有时候，优秀的采访人也难免有一些疏漏。

我们应该快速翻看采访提纲，查查有没有遗忘重要的问题，也可以问问周围的同事，是不是要补录什么信息。然后可以询问受访人，是不是有什么信息想要补充。最好能用显示屏迅速回看素材，发现问题，可当即补救。不过，需要补录的内容越少越好，过多则意味着采访是失败的。

此外，务必核对一下访谈中的某些模糊信息，确认受访人的头衔，核实谈话涉及的人名、地名、书名、机构名称。有些信息在外人看来是小事儿，但在受访人那里却相当重要，比如29岁就是29岁，不能说成是30岁。对这类疏漏和失真，要力争一个不留。

最后要做的是，与受访人礼貌地作别，即使是套话也要发自内心，由衷地表达。比如，"谢谢您为我们提供了这么多素材""您真好，如果日后我们觉得某些问题不清楚，还可以给您打电话吗""太棒了，非常感谢您，再见"。要特别注意的是，即便是做批评报道，也一定要在采访结束时表示感谢。

另外，要注意四件事：一是受访人提及的相关材料，不要借走，以防损伤或遗失，而要当场拍下来。二是不要轻易承诺"我们一定帮你"，切忌承诺太多事情。视频采访的任务是客观展现问题，而不包括动手解决问题，我们的采访报道也许可以帮助受访人，也许不能，所以应该谨慎做出必要的承诺，因为一旦承诺，就必须保证日后能够兑现。三是在采访结束后不要接受对方热情的宴请。在酒桌上，受访人很有可能会提出要求，希望按照他们的意图编辑素材，这会给后期编辑带来麻烦。四是不要在采访一结束即切断与受访人的情感联系，消失得无影无踪，至少应该在视频采访发布时提醒受访人收看，并把采访作品作为礼物送给他们留存。

2006年，刚刚从纸媒转入门户网站的刘新征，带着一位摄录师和一位插画师制作了唐山大地震30周年的纪念专题。他在事后记下了这样一个细节：

视频采访实务

一个受访者跟我说的：记者们都是用人脸朝前、不用人脸朝后的人。求采访时，一口一个大妈，一口一个阿姨。只要采访完，顿时神情就不一样了，再不联系。想看看采访的稿子，打电话都没有人搭理了，甚至有记者拿了我们家的照片说扫描一下，然后就再要不回来了。

我们不仅是视频采访人，而且是人，人之常情不可忽略。

即使是从功利角度考虑，我们也应该知道，每个已采受访人都是一笔财富，日后也可以从他们那里获取有价值的信息，必要时还可以再次采访他们。

2007年，央视《经济半小时》栏目记者付豫听说"股神"巴菲特来到了中国，想直接找他采访，结果碰了壁。后来通过巴菲特在大连的投资公司总部董事长艾坦的引荐，她争取到了专访机会，制作了特别节目《倾听巴菲特》。节目播出后，付豫刻制了一张英语版光盘，寄给了巴菲特。巴菲特非常高兴，回信赞扬了节目。

这样做并非仅仅出于功利的考虑，而是人际温情在职业道德中的体现，当然它也确实会使日后的采访邀约更容易。2008年，巴菲特在召开股东大会时主动邀请付豫参加，并允诺在年会开始之前，给她一段短暂的采访时间。礼貌和周到会带给我们更多的宝贵机会。

本章最后要说的话

我们已经详尽了解了带机实采过程中必须注意的所有事项，如果在采访实践中还是不能顺利和如愿，那应该不是对带机实采当天的要务把握不够，而是因为实采前夕的准备不足。我们可以结束这章的阅读，去翻看下一章了。

第八章 带机实采事项

本章思考与练习

思考题

1. 现在的短视频采访,时间都不长,那还需要制作采访提纲吗?

2. 既然"为什么"是万能问题,那是应该用在任何情况下都合适,可实际上有没有非常不合适的情况呢?

操作题

1. 如果在视频采访一位游泳运动员的时候,她特别紧张,你会提供一件什么道具,消除她的紧张感?

2. 设想一下,如果你有机会专访人民艺术剧院院长冯远征,你将如何预设采前交流?

第九章　视频实采前的准备工作

本章提要

> 通过此前三章的学习，我们应该推知在带机实采前需要做哪些准备了。在这一章中，我们要梳理一下各种注意事项。其中，必不可少的是对视频实采的思想准备，以及尽快确定实采环境。首先，我们要研究的两个问题是：实采人要不要在带机实采前与受访人深度会谈？受访人要求看采访提纲时怎么办？其次，我们要着手做三件事：一是为视频实采做形象设计；二是为视频实采准备相关道具和准备送给受访人的小礼物；三是在实采前认认真真地一一检查设备。最后，要理解实采等候的含义。这些内容是顺利完成带机实采的保障，绝不可掉以轻心。

纸媒记者做采访，可以先取得现场信息，回家进行理解和消化，然后撰写文稿。电子媒介记者则完全不同，对于其采集的现场素材，尽管可以回家裁剪，可以颠倒次序，但在受众眼里，那些经过编辑的视频依然像是与其收看时间同步展开的原始材料，受众看到的是过程，不会认为那是后期剪辑的结果。而我们在实采前所做的全部准备，就是为了顺利获取想要获取的视听素材，为了最后确认在供受众收看的过程中不会出现纰漏。

第九章　视频实采前的准备工作

采访人无法完全掌控视频实采的过程，所以必须对可能遇到的种种麻烦做好准备。布雷迪曾说，经验丰富的记者一致认为，实采中的每一分钟至少需要 10 分钟的准备，那么半个小时采访的准备时间应该是五小时。采访人不要因此而感到麻烦和厌倦，想省一些力气。布雷迪说："采访前宁可准备过头，而不要准备不足。"[①] 只有全面准备，才能获得安全感，这是自信心的来源。

一、视频实采的思想准备

在采访斯大林前夕，美国联合通讯社左翼记者尤金·莱昂斯（Eugene Lyons）得到通知：斯大林只有两分钟时间。莱昂斯觉得，两分钟实在太短，说不了几句话，于是没做太多准备。然而实采时，两分钟过去了，斯大林完全没有结束受访的意思，可莱昂斯却没有准备更多的问题。最终的结果是，莱昂斯在斯大林办公室坐了将近两个小时，却没能提出任何一个意义重大的问题。

这是一个惨痛的教训。它看似业务准备不充分，实质上却是思想准备松懈了。记者应该时刻为两分钟的采访准备至少两个小时的采访提问。

请记住视频实采前夕要在哪些方面做好思想准备。

首先，要对受访人的配合度做出预判，想出适当的对策。

视频受访人的类型按常见度从高到低排序，大致有以下七种。（1）情绪紧张、有所顾虑的人；（2）爱说大话、空话、假话的人；（3）惯打官腔的人；（4）不善言谈的人；（5）情绪兴奋、热衷于自我表现、夸夸其谈的人；（6）朴实诚恳的人；（7）谦虚谨慎的人。

将上述这些人合并后可分为两大类。

[①]〔美〕约翰·布雷迪：《采访技巧》，范东生、王志兴译，新华出版社 1986 年版，第 50 页。

一类是**配合型**受访人。他们有的爱说大话、空话、假话，有的惯打官腔，有的情绪兴奋、热衷于自我表现、夸夸其谈，有的朴实诚恳。这些受访人除了朴实诚恳者之外，甚至比采访人更喜欢做采前准备，而且愿意根据采访人的需要随时调整答案。许多媒介机构的记者最喜欢这样的受访人，他们通常是带着准备好的建议前来接受采访。有些记者甚至会问他们："我该问你一些什么问题呢？"

受访人乐于配合采访的心理因素如下：

（1）抓住宣传机会，扩大声誉，希望获得更多人的认可；

（2）希望成为某个问题的施教者，把个人表达变为视频媒介，阐明对那个问题的见解，影响和感染他人；

（3）推销自己的作品，发布自己的消息，介绍自己的经历；

（4）消除误解；

（5）习惯性地顺从和尊重提出采访的人。

在公共生活中，许多人的思想和行为都会受到各种高尚信条的影响，所以他们乐于配合采访人的工作。比如说，媒介希望通过采访提醒大众警惕某种流行病，卫生健康部门的官员一定会大力支持。当然，许多人也盼望着媒介能协助自己的工作，让公众认可自己的成绩，只要时间允许，他们就会接受采访。这也是明星企业家多为积极配合型受访人的原因。而各种各样的发布会和典礼，与其说是组织自己的活动，不如说都是为接受采访准备的。

不过，不要认为配合型受访人就很容易采访。当采访者与愿意为他们提供信息的受访人联系上之后，他们可能会失望地发现，对方其实不愿与他们合作到他们所期望的程度。有的时候，他们比非配合型受访人还要难办。比如，那些喋喋的受访人常常陷入微不足道的杂事，对具有针对性的提问却总是回答不到点儿上。实际上，除了朴实诚恳者，其他配合型受访人大多都是难以对付的。我们必须在思想上有所准备，不能因为他们是配合型受访人便高枕无忧。

另一类自然是**非配合型受访人**。那些情绪紧张而有所顾虑的人、不善言谈的人、谦虚谨慎的人，皆属此类。与配合型受访人比起来，受访人不愿配合的心理机制更为多样：

（1）永远没有时间；

（2）对采访话题不感兴趣，也缺乏相关知识；

（3）对采访人的动机有所怀疑，对其处理复杂信息的能力缺乏信任；

（4）反感采访人及其背后的媒介机构，因为他们可能使用过卑劣的编辑手法；

（5）势利眼，觉得采访人或其所属的媒介机构没有名气；

（6）有难言之隐，不知道接受采访是福是祸，怕惹麻烦；

（7）有行为劣迹，或负面新闻缠身，怕被曝光；

（8）过分谨慎低调，不愿被公众关注，不愿出名，极力避免被曝光；

（9）性格内向，对拍摄器天生充满恐惧，有镜头恐惧症。

对于这些人，采访人要尽最大努力实现各种可能性，不要轻言放弃。

众所周知，钱锺书夫妇拒绝上电视。他俩大概属于前述对采访人的动机有所怀疑，或者对采访人处理复杂信息的能力缺乏信任的非配合型受访人。但在笔者担任总撰稿人的《清华名人录》的《钱锺书》一期中，有好几段杨绛回忆亡夫的采访，还有一段她在书桌前翻书的影像。

起初，杨绛只允许我们去她家里拍摄空镜，明确拒绝我们拍摄和采访她。可当看到我们要安排那么多设备进行工作，尤其是看到我们很爱护她的家什和地板时，她便主动提出："我就对你们说几句吧。"这说明，我们的敬重之心可能会感化和改变我们的对象。

对于最终仍不愿配合的人，应予尊重，不必抱怨。他们对媒介和舆论有着坚定的看法，不相信解释的作用，认为接受采访进行解释只会使情况变得更糟糕。周一围和朱丹的婚姻曾被许多人误解，姜思达在《仅三天可

见》中,希望周一围积极应对网民的质疑,但周一围坚定地认为解释无意义。

周一围:前人在经历这样的事情上早就给出了他们一个答案,而我认为那几乎,几乎可以说是一个正确答案。

姜思达:答案是什么呀?就是沉默?

周一围:对呀,你为什么要去解释呢?解释有意义吗?

姜思达:有啊。

周一围:有吗?

姜思达:解释当然有意义呀。

周一围:它改变了你吗?你被赞扬了你也还是你,甚至你被无视了你就不是你了吗?你是谁,你要干什么,想明白。

姜思达:讲的是很有,哲理,但这个事儿吧也不完全是这样。这里面就是,咱谁都别给谁添堵嘛,你肯定是,啥事儿你被,你被别人,误会成某一个信号,然后他心里也贼堵,所以他非得在网上说几句,然后你看到之后呢,你也挺堵的。那,那这个问题,就好好说呀。

周一围:那么好,下一个问题就是你说回去能不能解决问题,能解决一时的问题。

姜思达:能解决一些吧。

周一围:那,因为说完了之后你很容易就会产生下一个问题,如果下一个问题是爆炸式地产生呢?

姜思达:嗯。

周一围:如果一帮人原本没有在意这件事情,又站到另外那一面去,对于我来说我的选择是,让它慢慢地,消失就好了,人家对你的兴趣无非来自那一刻。

姜思达:你是有点儿以不变应万变的意思啊?

第九章 视频实采前的准备工作

周一围：我的选择是没有办法的办法，有办法我当然愿意像你说的我把它说明白，但是说得明白吗，思达？

姜思达：你如果真想说，我觉得能说明白。

周一围：我不认为。一句顶一万句，有吗？一句抵不过一万句的。你要用各种各样的手段方法，去让你的一句顶一万句，我没有那个时间没有那个精力也没有那个能力。

姜思达：那这是否意味着这段采访，还会继续让误解成为误解？

周一围：误解永远都会存在，只不过会变成另外一种新的误解，没有真相的。你怎么能够指望着通过摄像机，在别的时空里观察的人能够产生和我们一样在植物园儿里这样的聊天儿的效果呢？我从来不做这种预设。

姜思达：你就没有指望过这些？

周一围：我压根儿不指望。我上这个节目也不是为了去，回击，哦解决，我一点儿都不指望这个，一点儿都不。我不相信。

姜思达：这代表着你对大众失望吗？

周一围：哦不不不不，这就是现实，这是认清现实，它就是这么回事儿。我们去影响我们能影响的世界和人，对于有一些声音，或者大家不认可这件事情，不较劲。

可以看得出来，姜思达如同我们绝大多数媒体人一样，相信媒介和解释的力量。可是事实上，周一围对媒介和舆论的认识更接近真理。这个真理是我们媒体人不愿意接受的，所以我们总是动员舆论漩涡中的当事人站出来说话。但如果确知对方对媒介持有这样的态度，我们可以放弃努力，不要对他们的执拗感到愤愤不平。

许多社会名流会对采访人的动机有所怀疑，不仅怀疑采访人的能力，而且怀疑采访人的品格。他们有众多拥趸，为了保持良好形象，他们习惯

了隐藏自我,因此接近他们,特别是探入他们的内心世界会相当困难。

求得这些人的配合,一定要对他们所有的成就了如指掌,这是唤起他们信任的大前提。另外非常重要的一点是,采访态度要不俗,既不对他们抱有无原则的崇拜,又能把他们视为独一无二的存在。

美联社记者希勒·依塔利(Hiller Itali)在采访电影明星简·方达(Jane Fonda)之前,把她所有的影片看了一遍。他对方达的态度是,她和其他人没有什么两样,但她又和其他任何人都不同。前半句话,摆脱了仰视和崇拜,不把明星视为超越凡人的圣偶,而认为她同样会有普通人的弱点和痛苦。后半句话说的是,方达是独特的,这是她的价值所在。因为这样的思想准备,依塔利获得了方达的配合,让她打开了自己的心扉。因为有这样的思想意识,依塔利的采访便与众不同,探入了方达的内心世界。

对于那些情绪上抵触自己的受访人,采访人不要带着固有的偏见与之交流,否则表情会很难看。这些人很有可能是过去与媒介打交道时有过不愉快的经历,他们会连带抵触媒介机构中的任何一员。采访人应该懂得,这种抵触其实并非针对自己,自己的任务是消解他们的成见。

对那些反感我们所属媒介机构的人,我们可以帮助他们,把种种不满情绪发泄出来,并尽量附和他们的批判。这样一来,我们对他们的采访也就顺利多了。

但要知道,许多视频采访注定要在双方存有敌意的情况下进行。

如果采访问题可能损伤受访人的利益,采访就会遇到阻力,受访人及其周围的人,比如经纪人或受访人的助理或许会随时要求中断采访。为了获得真相,我们不得不与他们进行心理较量,斗智斗勇。不过,对于视频采访来说,配合不一定是顺从,不顺从不一定就是不配合。假如采访对象拒绝回答问题的画面,或者其周围的人阻挠采访的场面被我们拍了下来,编进了节目,呈现在受众眼前,这将是难得的收获。

第九章 视频实采前的准备工作

总的来说,我们应对非配合型采访对象的办法只能改变一小部分人,而不得不放弃大部分人。比如,对于永远没时间的人,强采一般会吃闭门羹,而且我们连另约采访时间的可能性都没有,"没有时间"通常是拒绝采访的托词。比如,对于对采访话题不感兴趣或不具备与话题相关的知识的人,我们即使把话筒伸到他们面前,他们也会无言以对。比如,对于那些不愿露面和有镜头恐惧症的人,违背他们的意志、无视他们的心理症状,是对他们的冒犯和不尊重。比如,对于那些因为内向而沉默寡言的人,即便我们的所有问题都是恰当的,我们能得到的,也是只言片语或沉默。在他们面前,我们的胜算极小,如果试一下没有结果,就不必继续花费时间。

总之,在视频实采之前,我们必须在思想上做准备,知道配合型采访人可能说空话、大话、假话,明白一部分非配合型采访人有可能转变态度。

其次,检验自己对业务性内容做的准备。

第一,要对采访必然涉及的领域具有基本认知。

采访人不可能精研所有领域,所以在拿到采访选题之初,就应该搜集和梳理相关材料。当然,想从头到尾研究一门学科,既吃力,又肯定来不及,但至少要对相关的基础性知识有所了解。这是最起码的职业要求。

比如,采访官员,要知晓其所在部门的工作程序,了解其职责范围和历史业绩;采访证券专家,要明白股市的基本原理,听得懂"IPO""放量""市盈率"等术语;采访航天专家,要对天体和航天器有些常识,知道轨道舱、昼夜周期、宇宙射线是什么;采访西洋画家,要懂得最基本的美术常识,分清什么是水粉、什么是丙烯,懂得透视和光线的原理;等等。

不了解采访所涉领域的基本常识,就不可能很好地展开话题。如果在视频采访前发现自己有严重不足,应该当即恶补。

第二,要为访谈方向和拓展谈话空间做好规划和准备。

陈艳青在2004年雅典奥运会的举重项目上夺金当天,央视请来了她的

父亲做直播专访。我们来看一看主持人在这次颇受诟病的专访中留下的教训。

顺便说一下,直播采访是所有采访形式中难度和"危险性"最大的一种,它与受众观看同步进行,因此出错就会直接呈现,无法撤回。另外,直播采访的时间控制很重要,这不仅依赖采访人的控场能力,而且需要受访人的配合。采访人必须十分清楚地告诉受访人,直播总时长是多少、预设的关键问题有哪几个、需要受访人如何展开话题等。如果没有这样的沟通,直播采访就会故障频出,屡屡失控。

这次直播采访一开始,导播把镜头从赛场切换到了演播室。主持人正在看报,经工作人员提醒,他看着镜头愣了一下,手忙脚乱地把报纸丢在藤椅上。受众看到这个细节,立即会形成主持人不认真的印象。

再看这场直播采访中主客之间的几段问答。

主持人:以前最远去过哪个地方?

父亲:苏州,去打工。

主持人:那你以前来过北京吗?

陈家在苏州西山镇,陈父答最远只进过苏州城,但主持人却问他来没来过北京。一位知名主持人断不可能逻辑思维如此混乱。之所以出现这样的笑话,关键是因为没有提前谋定谈话方向,不知道为什么要问某个问题,更不知道获得答案之后要朝哪个方向走,于是在直播的"尬聊"中,胡乱糊弄了一个后续问题。

陈父说,陈艳青小时候走丢过一次,20多个人好不容易才把她找回来。提起这件事,父亲流露出明显的后怕情绪,然而主持人的回应是,"哈哈不错,哈哈,这是个很有趣的故事"。如果对别人的遭遇不能感同身受,回应就可能这样游离。这件往事延展出了一个话题空间,即在一个穷困的家庭中,世界冠军是如何成长的。于是下面一组对话出现了。

第九章 视频实采前的准备工作

　　主持人：陈艳青平时吃什么？

　　父亲：青菜。

　　主持人：不爱吃肉吗？

　　父亲：家里穷，吃不起。

　　主持人：她爱吃什么？

　　父亲：红烧肉。

　　主持人：为什么？

　　在这个话题空间，主持人显然没有想好如何调配这些真实却令人尴尬的信息。父亲老老实实地说出了生活的窘困，主持人措手不及，不知如何回应，在根本不应该使用万能问题的时候愚蠢地追问了"为什么"。

　　有人可能会说，陈艳青刚刚夺冠，直播前可能很难找到她的相关资料，因此没有提前做好预案。这个想法是错误的。近二十年来，在奥运会夺冠的许多运动员都出自不富裕的家庭，采访人在对他们及其家庭成员进行专访之前，完全可以就其童年的生活状态进行话题预设。而且，正因为我们多少会回避这些一时难以解决的问题，主流媒介更应该认真谨慎地应对这类信息。

　　主持人：你怎么想到让女儿去练举重的？

　　父亲：我们家世代务农，让女儿练举重是为了让她多条生路。

　　像这样的问题，我们完全可以预料到答案。在直播专访中，如果没想好如何应对回答，不如不问。答案是真实的，也是令人心酸的，但奥运专访的目的并非暴露社会问题，家庭贫困只是冠军的成才之路的一个背景。如果没有做好这个思想准备，采访就会屡次踏上另外一条路线，走也不是，停也不是，陷入尴尬的境地。

　　第三，要为可能出现的复杂、深奥话题做好稀释准备。

　　对自己不熟悉的深奥学问，采访人要先行研习，弄不懂就向行家请

教,然后在充分理解的基础上,形成破译它的采访预案,或协助受访人解析,或自行解析。

观看采访视频的受众中有"圈内"人,也有"圈外"人,但就数量而言,前者是极其微量的小众,后者是规模庞大的人群。前者无须我们教育,他们其实是我们的评判者,在他们面前,我们不能出错;后者"嗷嗷待哺",正是我们的服务对象,我们必须要让他们听得懂、看得明白。采访的主要目的并非科研,而是大众传播。不能把视频采访搞成高端研讨。要找到专业信息和大规模传播的契合点,在专业性正确无误的前提下,深入浅出,完成对复杂、深奥话题的通俗易懂的解释。

这个问题的处理原则是,不让内行看笑话,觉得我们是外行,又让外行看得懂,觉得我们很内行。

如果觉得相关准备尚有欠缺,要立即研究并确定解决方案。

第四,要为提升自己的采访质量做好某些设计。

采访准备不仅要针对已知故事反向确定采访提问,而且要为回答提前设计好处置方式,以综合提升访谈质量。特别是在群访节目中,主持人不能听完受访人对前一个问题的回答就直接问下一个问题,而是必须回应受访人的回答,比如实现幽默效果。但是,在猝不及防的情况下,主持人不容易立即想出合适的处置办法,最好提前预想,制订方案。

2007年9月16日,在北京电视台播出的《名人堂》栏目中,主持人彬彬在当期主嘉宾罗红上场之前,将其描述为"全能大拿",而后,她与评论嘉宾石述思有这样一段对话:

彬彬:你相信有这样的人吗,以你一向质疑一切的人格特点来说?

石述思:你说这人让我想起北岛的一句诗,"告诉你吧,世界,我—不—相—信!纵使你脚下有一千名挑战者,那就把我算作第一千零一名",我怀疑这种人的存在。

第九章 视频实采前的准备工作

彬彬：那我也给您对一下吧，这个北岛不相信，舒婷相信呀，舒婷说过，"在每个人的头上和愿望里，都有一颗属于自己的星，因而我深信你将来临，因而我确信你已来临"。

这段比较精彩的对话可能是自然问答，也可能是提前求得评论嘉宾想要表达的意思，然后做出了应对处置预案。

在视频采访中，采访人不能寄希望于自己能出色应对所有临时出现的信息，有所准备总比毫无准备效果要好。这种设计对塑造自己的形象大有益处。

再次，在探问对方的价值观和价值判断时，对方很有可能突然反问。如果设计了这样的问题，我们应该事先准备好自己的回答。

在视频采访过程中，如果我们满心以提问者自居，完全没有设想过受访人会突然反问，我们可能因为猝不及防而哑口无言，那将是一个笑话。

我们来解析一下受访人突然反问这种情况。

在采访过程中，采访人切忌把主动权让出去，否则采访人对他人的采访就会变成他人对采访人的突然"袭击"。但是，只要做好预备，受访人突然反问不一定就是坏事，采访人依旧可以控制访谈的前进方向。采访人甚至可以蓄意诱发受访人反问，牵引对方的好奇心，使其一步步进入"伏击圈"。

法拉奇在采访葡萄牙共产党总书记库尼亚尔时，接连用自己掌握的信息刺激库尼亚尔，库尼亚尔对法拉奇提到的信息感到很惊讶，于是不断反问。

库尼亚尔：对我，您还知道些什么？

法拉奇：一些无关紧要的事，您同赫鲁晓夫的一位亲戚结了婚。

库尼亚尔：啊，有趣，我一无所知。

法拉奇：您曾经是苏亚雷斯的老师，他的哲学教师，这您应

 视频采访实务

该知道的。

库尼亚尔：我从来没有取得过哲学博士学位……您还知道些什么？

法拉奇：我知道再过不久，您作为葡共书记的职务将被解除，人们将授予您一个名誉主席的职务，但它是徒有虚名的。

库尼亚尔：什么？怎么？什么事！谁告诉您的？啊，这样严重的事，谁将解除我的领导权？谁将授予我主席的职务？为什么？因为我过于年迈吗？

法拉奇：不，不，因为您太专横，太"斯大林主义"，因为您派人查封了社会党人的报纸，给其他国家的共产党人招来了无数的麻烦，因为您最终会打碎苏联篮子中的鸡蛋、损害基辛格和勃列日涅夫之间签订的有关葡萄牙的协议。

库尼亚尔：您在跟我开玩笑……

法拉奇：不，我是严肃地谈这件事的，人人都在说，您作为共产党领导人的日子已屈指可数。

库尼亚尔：那么是苏联人不再需要我了，但这是谁告诉您的？

法拉奇：基辛格亲自说的，后来，勃列日涅夫向我证实了这点。

库尼亚尔：哟！

法拉奇：您感到十分害怕，对吗？

在这段对话中，库尼亚尔不断索问求证，法拉奇似乎被切换成了受访角色，但实际上，法拉奇一直掌握着控制权。库尼亚尔没做过记者，他的提问很宽泛，比如"您还知道些什么"，法拉奇回答什么都可以，而法拉奇的任何回答都在促使库尼亚尔表态。库尼亚尔的提问从"谁告诉您的"开始，出现了具体化的闭合式提问，但他紧接着无间隙地用了四个连问，

第九章 视频实采前的准备工作

法拉奇只选择了回答"为什么"。她历数了库尼亚尔的所作所为。库尼亚尔忍不住主动提到了苏联人,法拉奇做出肯定回答之后问对方是否感到害怕。

这个案例告诉我们,不必惧怕受访人反问,只要我们做好设计,主动权仍在自己手上。但是话说回来,如果我们没做设计,又完全没有想到受访人会突然反客为主,那种张口结舌的场面肯定是尴尬的——哪怕对方毫无恶意,只是希望与我们切磋某些看法。

易中天和于丹因《百家讲坛》栏目家喻户晓之后,央视记者采访了这两位教授。易中天习惯性地反客为主,向记者连连发问。他问道:你现在放弃你主持人的身份,作为一个普通观众,你看过于丹的节目吗?记者不知道后面会发生什么,惴惴地答道:我看过。易中天又问:你自己真实的感觉如何?此时,于丹就坐在记者身旁。记者说感觉不错,或许会有逢迎之嫌;说感觉不好,肯定会得罪于丹。所以记者愣了片刻,情急之下回答说:于丹在上这个节目之前,已经是我所在的《新闻调查》节目的专家,我听她说话,听了至少三年。于是,暂且渡过了险关。但易中天追问:听她讲过《论语》吗?记者回答:当然。易中天问:于丹说的孔子,是真实的孔子吗?记者猝不及防,仓促做出了一个受众很难听懂的含混回答:真实是无底洞的那个底,但有意义的就是通往它的那个过程。最后,易中天终于明确地问:你《百家讲坛》是中央电视台的一档具有学术性的栏目,面对全国亿万观众,如果你不能保证你讲的孔子是真实的孔子,那么你于丹的讲座,靠得住吗?记者显然没为这些反问做过准备,但在她犹疑之际,善解人意的于丹抢话救场,说"这问题是问我的吧",然后开始滔滔不绝地代为作答。

试想,如果于丹"见死不救",情况会是如何?所以说,一旦出现这种情况,场面会极其尴尬,因此一定要对反问做出设想,准备好自己的回答。但实际上,再细心的采访人也不可能针对所有提问都做好迎接反问的

 视频采访实务

准备,所以这里要介绍三种在毫无准备的情况下突遇反问的应对办法。

有时候,受访人反问是为了确信采访人赞同自己,其反问并无敌意,只是在不容置疑地强调自己的正确性。针对这种反问,笔者建议的第一个应对办法是不必回应,以示默认。请看王志与刘姝威①的这段对话:

王志:你担心发生什么事吗?

刘姝威:我担心可能会有生命危险。因为以前出现过这样的事情。我现在就是说,经过了蓝田这件事,我才知道有的朋友为什么会死,为什么会自杀。因为当时,不论他怎么做,都必死无疑。

王志:你只是一个学者,而你所做的只是把你的研究结论,在一个不公开的属于机密的内参上发表了你的研究结果,为什么会让你的生活陷入另外一个世界?

刘姝威:这是非常不正常的,按我的一位律师的话说,你这个案子将成为中国法律史上的一个大笑话。用一个不好听的名字的话,这是一个丑闻。

王志:你这样认为?

刘姝威:你不这样认为吗?

刘姝威最后的反问,作为段落结尾,可以强化她执着和坚定果断的性格,给受众留下深刻印象。王志如果回答了这个问题,不仅是画蛇添足,而且会削弱刘姝威的鲜明形象。不回答这类反问,等于默认了受访人前面的言辞,这是采访人的一种表态方式。

有时候,受访人反问是因为,不愿意由自己直接给出结论,希望用反问强调"我刚才说的话你应该听得懂",截断采访人的逼问。针对这种情

---

① 刘姝威,北京大学经济学硕士,2001年10月26日,她在《金融内参》上刊登了600字短文《应立即停止对蓝田股份发放贷款》。不久,银行停止了对"蓝田"发放新贷款,"蓝田"资金链立即断裂。

第九章 视频实采前的准备工作

况，笔者要介绍的第二种应对办法是，硬碰硬，坚持把反问抛回去，迫使受访人不得不自己做出结论。

刘姝威：银行没有及时采取行动的原因，不是因为技术上的原因。

王志：不是由于技术上的原因？

刘姝威：从技术上，现在银行有那么多博士和硕士，他们都受过很好的训练，他们怎么能够看不出来呢？绝对不是由于技术上的原因，而是由于技术以外的原因。

王志：你指的这个因素是什么？

刘姝威：就是什么呢，作为一个上市公司的话，QZY 哪有那么大的本事上天入地？他为什么能那么迅速地拿到《金融内参》呢？如果这个因素你不消除的话，保证我们的信贷安全是很难的。

王志：你指的这个因素是在商业游戏规则之内呢还是之外？

刘姝威：我想这不是市场经济允许的，要是在一个健康的市场经济当中，这些因素是不可能存在的。这些因素呢，会威胁到我们国家社会主义市场经济的健康发展。而我以前的研究，就像QZY 对我的评价一样——你太学术了——我对这些因素原来关注得太少了。

王志：你指的这个因素是权力吗？

刘姝威：你说呢？

王志：我问你。

刘姝威：我问你。你听了我讲述的话，你认为这个因素是什么？

王志：你是当事人。

刘姝威：这个问题我想应该让公众来分析吧。现在的问题是如果是权力的话，这就有一个，他为什么会用他掌握的权力干出

视频采访实务

这种事？怎么才能够制止他运用受众的权力干这种事？这是我们应该思考的问题。那么对于决策部门来讲，是不了了之呢，还是要一查到底呢？如果这个问题你不一查到底的话，以后他还这么干。如果这个因素你再纵容它存在下去的话，银行没法办，行长无法当，这是很危险的。

王志两次堵回了反问。一般来讲，在采访人第二次硬性抛回问题时，受访人不会再坚持反问。刘姝威就是如此，她最后接回问题，用一长段话正面做出了综述。

有时候，受访人反问表现的是一种"硬"性态度，旨在截断采访人的追问，把危机转嫁在采访对象身上，打击其气焰，使其变"软"。针对这种情况，笔者要介绍的第三种应对办法是，避开反问，问对方，"我提出这样的问题你会不高兴吗"。受访人一般不愿明确表现出不悦，因而会放弃反问，给出自己的回答。请看2020年易立竞在《定义》栏目中对万茜的采访：

　　易立竞：我看到你最著名的知乎上的一个回答。
　　万茜：噢，就是红那事儿是吧？
　　易立竞：你在说自己不红然后可以得来自由和相应的东西，红可能会受到禁锢，这种状态的话当时你是一个调侃还是真诚的（状态）还是，里面有不甘心的？
　　万茜：呦我可真诚了，我是真心地在分享。
　　易立竞：你对红这件事儿怎么看？
　　万茜：你怎么看？什么叫红？
　　易立竞：我这样说你会抵触吗？
　　万茜：演员不被人家认识没关系。

万茜不能显得太小气，为了表现并无抵触，她接着解释了自己为什么

第九章 视频实采前的准备工作

要在知乎上写那篇文章。可以说，反问一出，采访人"软"，受访人就会占上风，采访人"硬"，受访人一般就只能接招儿。

最后，再次提醒，要强化不自卑和坚韧不拔的思想意识。

在为视频实采做心理准备时，采访人要有两方面的信念。一方面是不自卑。请注意，不自卑并非自信，它是自卑和自信的中间段落。在视频采访中，自卑和自信都不好看，不自卑则是最佳状态。另一方面是要坚韧不拔，在各种挫折面前不要轻言放弃。成功往往只需要再做最后一次努力，止步便会功亏一篑。

二、确定实采环境

视频采访空间分为实景现场和演播室两大类。实景现场是生动场，有助于受众对身处不同环境中的受访人产生区别性认知。演播室是恒定场，所有受访人处在相同的环境中。选择受访人生活或工作的环境做实景采访，可以呈现他们趋近于真实的状态。比如说，官员的工作场所是办公室和会议室，在那里采访他们，他们会不经意间代入常态，显得志得意满，游刃有余。如果把他们请进演播室，绝大多数人会表现得彬彬有礼，循规蹈矩。一般来说，视频采访如果能选择在实景现场进行，就一定不要选择演播室。

美联社记者修·马利根（Hugh Mulligan）说，应该在会议室采访法官，在后台采访演员，在室外竞选讲台旁采访政治家，在车站采访侦探，在栏圈里采访野牛骑士。华莱士专访邓小平时，《60分钟》栏目组为之约定的采访地点是在邓小平通常会见外宾的人民大会堂，但华莱士提议改在中南海。因为，中南海古建筑更能体现中国特色，通过外景展现还可以让全世界看到中国领袖的办公场所。

采访快结束时，华莱士特意请邓小平同他一起走出大门，在紫光阁的

雕梁画栋前聊上几分钟。华莱士的这些努力，都是为了使受访人处于自己的环境中，让环境对受访人和采访内容进行有益的呼应。让受访人置身于自己的环境中，便于受众识别其独特属性，加深对他们的记忆。

《华尔街日报》视频记者塔尼亚·里韦罗（Tanya Rivero）在钢琴旁采访了郎朗。在钢琴旁采访钢琴家，显然比在其他任何地方都更合适。

让受访人在自己的环境中有所行动，会增加采访视频的厚度。比如说，我们要采访一个老太太，让她谈谈某张照片的故事，最好的方式是，在她的家居环境中拍下她翻找照片的过程，而不是让她预备好照片，等着我们去拍摄采访。也就是说，切勿在视频开篇即为局促环境中的坐访，可以在更大的环境空间，由动态采访方式起步，奠定较为活跃的采访基调。加强了环境因素及其中的行动因素，片子的厚重程度自然也就加强了。

由于实景现场元素的多样化，采访人随时可以针对情况的变化，及时利用其中某个元素，克服临时出现的困难点，有效改善访谈气氛。

2001年，央视记者在采访全国老龄工作委员会主任王照华时，第一个问题，是请王老说说自己的革命经历。这是个不当提问。王照华说：你问这个啊，我不用谈了，让秘书给你们找点材料吧。记者措手不及，但抬头看见墙上挂着王老的友人题赠给他的字幅——"青年时为青年事业呕心沥血，老年时为老年事业再展宏图"，随即以字幅后半句做由头，调整了提问方向，才刺激了王照华的兴奋点。那时候，王老已经80岁，原定采访时间是半小时，但实采时间近100分钟，在秘书多次催促下，老人才结束了讲述。

实际上，受访人同样可以利用环境元素引发故事，缓解尴尬气氛，改换话题。

另外，实景现场常常蕴含丰沛的情感因素，这是演播室无法企及的。

北京电视台曾经播出纪录片《中国母亲》系列。其中《一个农村母亲和她的三个孩子》一期，讲述一位山区母亲含辛茹苦，把三个孩子送进大

第九章　视频实采前的准备工作

学的故事。片中有一个段落是，小女儿从学校回家，买了点饭菜，然后与母亲和记者一块儿吃晚饭。在记者正和母女俩聊天时，突然停电了，但摄录师没有停机，继续记录着黑暗中记者和母女俩的交谈。过了一会儿，母亲划亮一根火柴，点亮了油灯，三个人从黑暗中显现出来。这个情境记录是意外所获，它自然真实，为片子平添了山区生活的一点独特色彩。

对于受访人来说，实景现场没有陌生感，是一个可以畅所欲言的地方。如果是曾经的事发现场，受访人还可以睹物思情，更好地回忆事发时的情境。

2005 年，《面对面》制作《张前东：一个矿工的生死实录》，要讲述三年前的一个故事。2002 年 6 月 13 日，重庆鱼田堡煤矿发生透水事故，正在井下作业的矿工面临死亡威胁，具有 10 多年工作经验的张前东立即直奔井下电话联络点，向地面报警。此时，他离井口只有两公里，跑出去最多 10 分钟，但他却奔向矿井深处，去指挥工友，寻找逃生路线。他先后下到 216 米处和 350 米处，救出 13 名矿工，随即又只身跑到 42 区，发现那里的工友已全部撤离，便赶往 100 米处，救出 51 名受困矿工。对于这样一件旧事，其主角已经淡出人们的视野，如果把他请进演播室，采访效果一定大打折扣。于是，节目组把采访拍摄空间确定在了鱼田堡煤矿。

实采那天，王志换上矿工服，戴着矿灯，下到矿井里，真切感受到了耳鸣。随后，他陪着张前东追忆了当年的情景。因为在实景中，受众不止是在听故事，也是在看故事，所以受到更大的震撼。

这里我们要探讨一个新问题：近年来，越来越多的节目把访谈安排在了餐桌旁，这是不是一种好方式？

传统电视台以定式采访为最尊，尽管早有参与式采访出现，但数量极少，而在参与式采访中，主持人或记者与受访人一起吃饭、一起聊天的情况更少。这大概是因为，采受双方一同做别的事情，嘴巴可专用来说话，但一起吃饭可能就耽误了嘴巴的说话功能。尽管如此，还是有电视采访节

视频采访实务

目为追求生活常态，把受访嘉宾请到了餐桌旁。2008 年，央视推出了专访栏目《咏乐汇》。主持人李咏邀请社会名流共同进餐，畅谈经营人生的智慧。台下有百名现场观众，在众目睽睽之下吃饭，会时刻不忘这是给人看的，所以明显带有"表演"的成分。2012 年，北京电视台推出了群访栏目《春妮的周末时光》，主持人徐春妮邀请具有共同话题的明星边吃边聊，讲述他们共同的经历。为了避免表演暗示，演播室搭建成家的样子，而且没有现场观众，主宾们坐在客厅沙发上聊会儿，可能再一同下厨，在厨边桌喝些饮料，回到餐桌旁聊天。不过，这仍然不是真正的就餐场景，就餐的录制时间也不一定是就餐时间，餐桌上通常摆放着作为植入广告的饮品和用具。

真正在实景现场录制实际的就餐采访，始于 2016 年的《鲁豫有约大咖一日行》。第一期节目专访王健林。节目一起首，陈鲁豫与王健林在"万达"食堂吃了一顿自助工作午餐，同座的还有好几位万达副总，时间长达 11 分钟。王健林在就餐间说：我们的目标就是让上海迪士尼 20 年内赢不了利。可谓语出惊人。

2017 年腾讯新闻推出了《十三邀》第二季。其中第九期是许知远对李诞的专访，里面有两个采访场景，一个是两人在一家餐厅边喝酒边交流，访谈的主要内容产生于此；另一个是第二天在许知远的单向空间办公室边吃烤肠边谈心，这里的访谈用作信息补充。这期视频就是两大段对真正的吃喝间聊天的记录。

过去，电视工作者认为，品餐和采访这两件事相去甚远，把它们叠合在一起不伦不类。有充分的理由在餐桌旁完成采访的只有三种情况。

第一种情况是，受访人恰好身在餐厅或快餐摊，采访人没办法也没必要转移采访场地。比如拍摄一条新闻视频，事件当事人刚好在餐桌旁吃饭，要其离开餐桌到另外一个地点接受采访显得太刻意，对方可能会失去真实状态。

第九章 视频实采前的准备工作

第二种情况是，客观上不具备挑剔时间和场地的条件，只能依从受访人的要求，在就餐时间段进行采访。比如陈鲁豫专访王健林，受访人的时间很宝贵，约见时间从午餐开始，那最好就立即开拍。这类餐桌视频采访的好处在于：身罩各种光环的名流在就餐时，相对来说比较放松、实在；受众可以通过桌上的饭菜，窥见他们对物质生活的态度；采访人可以拓展对受访人饮食管理的了解。比如，陈鲁豫从王健林那里得知：万达有自己的农场，所以食品很安全；每天三餐免费；员工和老板的菜品标准完全一样。

第三种情况是，受访人从事餐饮业的工作，许多采访情节不可避免地会发生在餐桌旁。2016 年，冯唐为腾讯制作了《搜神记》系列。其中第二期要表现张雪崴及其师傅日本油炸美食大师早乙女哲哉的高超烹饪技能，冯唐要跟随张雪崴采购食材，下厨了解烹炸奥秘，请美食家品尝师徒的手艺，其间不可避免地会亲自尝上几口。2019 年，凤凰网大风号《冰汝看美国》栏目上线了五分钟短视频《在有防弹窗户的总统屋吃北京烤鸭到底是一种什么体验》。凤凰卫视驻白宫记者王冰汝在华盛顿探访了老布什总统光顾过 120 次的北京饭店，饭店老板乔治介绍了各种有趣的情况。其间，老板专门安排了老布什最爱吃的五道菜——干煸牛肉丝、烤鸭、椒盐大虾、干煸四季豆、自己农场栽培的蒜苗。此情此景，王冰汝如果不品尝一下，采访便显得不够生动。同是 2019 年，凤凰网制作了《美食大咖餐桌之董克平边吃边说》，节目标题已圈定采访是在餐桌旁。这些节目均为互联网视频，但即便是电视节目，恐怕也得这样制作，如果脱离了餐桌和厨房，它们就会抽象得无所依托。

局限在于，电视工作者认为，除了上述三种情况，不宜在餐桌旁做采访，因为这两种事情的调性很不相符，谈话会淹没在没完没了的推杯换盏之中。但实际上，在坐定式采访中，受访人很容易因为过分重视而呈现出严重的非自然状态。而在所有参与式采访中，采受双方一起吃饭比一起做

其他任何事都更容易获得效果。做其他事情时，受访人多少要专心于事，甚至要费些体力，回答问题时有效信息量少。而吃饭既不费心，也不费力，而且受访人不大可能面对一桌子饭菜拉开架势说一番套话、空话。如果咀嚼时间稍长，后期编辑时可以剪短。另外，利用就餐时间采拍，可以避免把采访推迟到餐后，不必在采访中途因为到了就餐时间便停止采访，从而大大提高工作效率。

《十三邀》第五季第一期是许知远专访罗翔。为了这期访谈，许知远先去上海预采，实拍了自己在罗翔的司法考试培训课上旁听的镜头，记录了他向学员们进行外围调查过程。晚上，摄制组请罗翔在一家土菜馆喝酒，酒桌上涌现出大量有意思、有价值的谈话。

  许知远：前几天那个微博事情对你还是挺有，挺烦的？

  罗翔：当时会。当时确实那天很郁闷，那天我的情绪之下就暂退了嘛，后来别人就说你这有点那个，还是太玻璃心了，想想也对。因为后来第二天非常神奇，我第二天坐火车的时候呢，碰到了一个朋友，这个朋友是我最好的朋友，居然在坐火车的时候碰到了。他说了一段话，他说你看别人对你那么多赞誉，你觉得，这合适吗？我说那肯定这个愧不敢当了。他说那别人对你的批评，那你为什么就深信呢？

  许知远：嗯。

  罗翔：别人对你的表扬名不副实，你就很开心，对你的批评名不副实……你这不就典型的双标吗？我说有道理，都是误解。

罗翔因微博被网民"围剿"而停更，是许知远专访他的新闻由头，他对这件事的态度难免在预采期间提前表露。与其在酒桌上听到而后请他在正式采访时再说一遍，不如直接录下来他的自然流露状态。

2021年国家"双减"政策实施后，"新东方"集团受到剧烈冲击，于是，《十三邀》第五季第十期专访了俞敏洪。他很忙，预采没有可能性，

第九章　视频实采前的准备工作

见面就是正式采访，而相约去他家会面时恰是晚餐当口，那就从餐桌边开始实拍吧。事实上，俞敏洪在餐桌上的谈吐，丝毫不逊色于坐定式答访。

许知远：我觉得你妈好好真的好厉害呀！

俞敏洪：嗯。老太太就在就在，现在就在这儿呢，在楼下呢。老年痴呆了连我都不认识了。在85岁以前，老太太依然超级精明，85岁的时候还能把家里的所有的事情记得清清楚楚。后来到86岁的时候脑子就开始衰退了，就一年时间，脑子就乱了，天天骂人，一年以后突然就安静了，变成了一个无知无觉的，老年人，像现在已经已经四年过去了。我母亲的老年痴呆也给我带来了一个警示。85岁开始老年痴呆，那这是有遗传性的这个毛病，那我想我也到85岁开始老年痴呆，假如说，那，我也就是20多年的时光。20多年就是一瞬间，那我这个20年我应该怎么过，对我来说就是变成了一个思考的重点：哪些该放弃，该果断地放弃，哪些不能放弃。无聊的社交我现在就放弃了很多了，已经不合算了那种，虚荣心的事情，这种东西肯定对我来说也不是我思考的范围了。

许知远：那什么东西是确认一定要做的？

诸如此类的有效信息，在席间一个接着一个出现，吃饭完全没有耽误俞敏洪的表达。有些视频只把餐间采访当作花絮，其实如果在工作中增强对这种交流方式的重视，它便会和坐定式采访一样，获得同样好的效果。假如坐定式采访时间很长，中间必须就餐，那就要毫不犹豫地把采访延续到餐桌上，别浪费相处的时间，也别浪费餐桌上可能即兴产生的有效问答。

在《十三邀》第五季中，第十一期是对傅高义的专访，第十三期是对钱理群的专访，两个采访都是在半途到了吃饭时间，于是专访就延续到了餐桌上。事实上，这样的实拍处理和后期编辑处理显得非常生活化。所以

说，在实际工作中，我们一定要抛弃对餐桌前采拍的偏见。

最后，我们再看看演播室采访，它是电视采访时代经常采用的方式。

演播室是可控场，其天幕、景片、舞台和灯光以及各种摄录器材都可以在一段时间内被设置为恒定，不必次次都临时做大调整。其中，夏有空调，冬有暖风，所以不惧酷暑严寒。它不会受到外界干扰，绝不会刮风下雨，也不会出现噪音和突如其来的闯入者。采受双方可以集中精力，专注地完成问答交流。

比起实景现场，演播室是更为正式的场合。绝大多数受访人会像采访人一样注意形象，穿得比较庄重，坐得很直，给人一种仪式感。

因为演播室太陌生，采访人有必要先让受访人熟悉环境，如了解几种关键设备的基本用途，耐心教给他们一些行动方法。其中最关键的是要告诉他们：如果你想对观众说话，那就要在眼前的黑暗中找到亮着红灯的摄像机，说给它听，其他的时候，你只要对着我说话，所有设备都会为你运转，你根本不用管它们。这样，他们更可能放下对陌生机器的疑虑，转而去想如何交流的问题。

在演播室里，受访人会更加注意自己的言行，以比平时更为谨慎的态度，彬彬有礼地回答问题。其实，这并不一定是他们真实的自己，而是"表演"中的自己。

总之，开拍在即，要尽快确定在哪里采访，以便提早去那里看看，提前做好拍摄空间的安排。

三、采受双方要不要在采前深度会晤？

这个问题不能一概而论。实采人该不该在带机实采前与受访人深度会晤，关键要看这位实采人制作的是什么类型的节目。

如果是话语类节目，比如专访节目、群访节目、辩论节目、聊天节

第九章 视频实采前的准备工作

目,实采记者或主持人最好不要与受访人和参与嘉宾进行采前接触。如果是非话语类节目,比如新闻片、纪录片、专题片,实采人则必须在开拍前就和受访人有所接触。

下面我们分组讨论这个问题。

(一) 话语类节目的实采人尽量不要在实采前与受访人深度会晤

如果采受双方都不大懂得视频采访的规律,他们大多会认为,采前见上一面甚至见几次,好好聊聊采访内容,充分联络感情,会对带机实采大有好处。

采访人这样想的理由是,直接见到受访人,能更为真切地知道对方究竟如何,避免实采时产生全然陌生的感觉。受访人采前约见采访人的目的,一是渴望摸清采访人的意图,了解采访提纲,然后好好准备一番,获得安全感,增强自信心;二是联络感情,觉得情分在先,可以提出一些个人要求,更好地利用采访,提升收益率。

那么,采受双方真的见了面会发生什么情况?采访人把设计好的问题全问了一遍,了解了受访人是怎样一个人,受访人也终于知道了采访人想问哪些问题。但这意味着,采访人已经和受访人预演了一遍,实采时将不再会有新鲜感,这是采访节目的大忌。如果采访人避开实采时真正想问的问题,顾左右而言他,对受访人是一种误导,会让其错误地理解采访人的兴趣点,回家做出一番错误的准备,而在实采时忽然面对真正的问题,半天回不过神来。

事实上,采受双方初次见面时的交流一定是最兴奋的。如果采前见面聊过,兴奋就给了当次会面,这势必会严重削弱实采时的新鲜感,降低双方谈话的兴致。访谈节目最大的魅力在于问答双方真实的碰撞和交锋,这种真实感最吸引受众。而采受双方经过商议后的问答表演,既不可能像反复研磨出来的影视剧台词那样精彩,又会失去自然交流状态的真实质朴,

视频采访实务

因此不会令人喜欢。

访谈视频素材必须集中在短暂的时间里一次性录制完成，因此采访需要真实的碰撞集中迸发，并尽力避免这种真实的碰撞提前外泄。于是，采访团队与受访人的接触分成了两个部分，先是策划人或编导预采受访人，形成内部方案，后是出镜记者或主持人带机实采受访人。电视广播时代，凡是品牌访谈节目全是用这种工作方法，不这样操作，访谈节目不易成为品牌。互联网时代，像《十三邀》那样的长视频专访系列，时间较长，需要框架布局，它应该沿用电视广播时代的工作传统；而其他那些短视频访谈，可由采访人直接带机实采。

实际上，采受双方对实采的焦虑都是没必要的。对于实采人想知道的，有大量的资料可供阅读，有同事用预采摸过底儿，还有集体谋定的实采预案做保障，实采人还担心什么呢？受访人要讲的，全都是其熟悉的事情，说什么不说什么、怎么说、说多说少，全由自己掌控。愿意说，采访人求之不得；不愿意说，任何人都没办法。

总之，访谈视频的工作经验是，在带机实采之前，实采人与受访人应尽可能不见面。但是，如果受访人提出，不提前见面就绝不接受采访，那实采人也必须去见面。

1995年，王志为《东方之子》专访李嘉诚。实采前，李嘉诚提出，要做一个简短沟通。采访组提前半小时抵达北京港澳中心14层套房，李嘉诚指着桌上的三明治说：这是我的午餐，能不能边吃边聊？于是大家一起进餐。李嘉诚问：你们想了解哪方面的事情？王志没有把采访问题和盘托出，只是告知了三两个问题，便于李嘉诚稍做准备。

其间王志注意到一个细节：李嘉诚的手表是电子表，而不是昂贵的名表。在实采中，王志问起这块表，李嘉诚说：电子表走得准，而且很便宜。王志问多少钱买的，李嘉诚回答，不到800港币，但对普通人也不少了。这个通过采前会晤发现的细节，不仅映射出李嘉诚的简朴，而且从中

第九章 视频实采前的准备工作

看得出,他懂得民生不易。

在进餐中,李嘉诚说出了一些涉及采访的内容,王志很担心实采时他会略过这些信息。但事实并非如此。这说明,许多经历过大场面的人并不在意重复那些说过很多次的话。

这个案例说明,实采前采受双方会面未尝不可,甚至有些益处。

但请注意,王志与李嘉诚的采前交流其实是很有限的,并非深度会晤,他并没有全盘透露关键问题。另外,李嘉诚已经是应对电子媒介的老手,换作另外一个人,采前会晤带来的效果可能并不好。但更要注意的是,如果采取带机会晤的方式,比如带机拍摄王志与李嘉诚的餐间会晤,以上所有问题都可以迎刃而解,不必多虑,因为实采在餐桌上就开始了,不必把问题和发现的细节留在后面的采访之中。

此外要记住:如果会晤涉及旅费、餐费、住宿费,采访人必须自己埋单;如果受访人把会晤地点定在高档娱乐场所,采访人应及时提议更换地点;如果受访人准备了礼物、礼金,采访人一定要拒绝。要知道,所有物质馈赠中必然隐藏着利益诉求,而且常常会有违秩序。如果担心绝情会伤及双方尚未建立的人际关系,那就要解释清楚,说明职业准则规定不允许这样做,并请对方理解。

(二) 非话语类节目的实采人最好能在实采前与受访人建立熟人关系

人民出版社的《人物》杂志素以人物采访见长,其经验是,撰稿记者与受访人要反复见面。其实,从第一次见面起,实采就开始了,但真正的采访是第三次会面。正是因为反复见面,无论是普通人还是公众人物,都会在记者面前暴露真实的自己。实际上,电子媒介中的纪录片模式也是这样工作的。制作者从与被摄对象初次见面起,就开始做记录工作。在此后相处的日子里,拍摄团队会获得大量素材。后期编辑时去除最初见面时被摄对象的种种"伪装",最终成片就呈现出了真实的结果。这种工作方式

一直被非话语类节目的制作普遍使用。

比如说新闻短片。由于时长很短,又不是全程展现问答状态,因此采访人没必要在实采前隐藏自己的问题。而且,新闻片多为动态记录和动态采访,如果实采人是陌生人,受访人很有可能会把自己的行动变成表演,隐匿自己的真实状态。

2013年11月12日,山东电视台播出了《廉价蒲草"编"出亿元淘宝村》。记者牟宗平和李伟从30多个淘宝店主中选出了两个重点人物:一个是湖北工业大学的本科毕业生安宝康,一个是年近六旬的农村木匠张洪文。前者毕业后,先是在县城一家化工企业工作,而后不顾母亲极力反对,辞职回家开了网店,收益良好,最终得到了母亲的理解和支持。后者连拼音打字都不会,也不明白买家说的"亲"是什么意思,为了开网店,他把汉语拼音字母表贴在墙上,开始学习"a""o""e"用"一指禅"打字,一笔笔订单就这样做成了。

看这个新闻片时,受众会觉得其中人物的言谈举止都非常自然,他们都能无视摄录机的存在。但其实在最初的采访拍摄中,情况并非如此。由于受访人都没有面对摄录机的经验,表现非常不自然,记者几乎无法发掘有价值的信息。于是两位记者决定,和拍摄对象生活在一起,一同聊天、拿货、吃饭,以消除他们对自己的陌生感。等到开机实采的时候,受访人已经可以像跟老朋友说话一样自然了。这便是我们最终看到的结果。

人们常常只向亲朋倾吐心声,见到初来乍到的陌生人,受访人难免会有防范心。如果采访人要制作的视频包含更多的行动,那就应该先与受访人处成朋友,让他们在自己最熟悉的环境中带着自己一起忙活,一起唠家常,采访人不动声色地观察他们对哪些话题最有感触。过不了多久,受访人就会淡忘拍摄器,敞开心扉,随时吐露真实而有价值的信息。这个时候,实采就可以开始了。

2017年"新春走基层"系列中的《高铁上的"掏粪男孩"》讲述的是

第九章 视频实采前的准备工作

几位"90后"地勤机械师的故事。他们的工作听上去似乎很风光,其实是与列车上的集便箱打交道。记者在刚开始采访他们的时候,只要一举话筒,几位要么不好意思说话,要么尽说空话。无奈之下,记者干脆和他们一起连上了四个夜班,跟他们学习清理厕所,并独立掏完了一个集便箱,然后表达了感受。"掏粪男孩"在把记者当成朋友之后,便打开了话匣子,表现得相当自然。我们从中很难想象他们刚开始接受采访时的样子。

以上两例节目时长都不到10分钟,很像今天的互联网视频。也就是说,带有新闻纪录片特征的短视频采访,都可以采用这种先相处、后实拍的工作方法。

四、受访人要求看采访提纲,怎么办?

当我们计划采访一个地位显赫者时,最先接触到的往往是其经纪人或公关助手,只有获得这些人的同意,我们才有机会接触采访对象。有时候,他们会要求先行审阅采访提纲。从本质上讲,采受双方是自愿合作的关系,采访人应该尊重对方的要求,如果他们要求先审阅采访提纲,可以满足其心愿,但务必要注意,一定要对提纲做些处理再交出。

首先要知道,受访人为什么要看提纲:因为他们跟采访人一样,也想稳操胜券,不希望措手不及。1998年,金庸接受了杨澜的专访。两人刚一坐下,金庸便伸手抢走了采访提纲。但杨澜的字迹潦草,金庸并没看懂。杨澜后来开玩笑说,真是不公平,哪有两个人过招,先把对方的招数预览一遍的。可是,采受双方过招,出招者已经提前遍览招架者的所有信息,而招架者对出招者的招数毫不知情,也不能说公平。所以,受访人要求看采访提纲,做好功课,想表现得更加自如这种心理需求完全可以理解,也应该得到满足。

另外更重要的一点是,受访人要据此决定,是否接受采访。他们不想

触及负面信息，希望剔除所有敏感问题。所以，我们给出去的提纲和自己手里的一定要有所区别。也就是说，我们通常要为一次实采制作两份提纲：一份是完整版，藏在自己手中，供实采中使用，对外严格保密；一份是缩减版，可供受访人提前查看，给他们吃颗"定心丸"。

这里要注意，我们不能为了骗取受访人的信任，给出一份彻头彻尾的假提纲。比如说，我们想知道对方离婚的缘由，而给出去的采访提纲风马牛不相及，内容是探求其专业领域的建树。要记住，诚信是采访人的基本素养，让对方接受采访并且获得上好的采访效果，并不是我们为欺骗进行辩解的理由。

采访人交给受访人的至少应该是一份缩减版提纲，其中必须包含实采中肯定要提出的问题。只是，这些问题绝大多数是平和的问题，可以让受访人进行相应准备，以便在实采中更清晰地表达，这对视频实采有百利而无一害。另外，我们至少应该拿出来一两个尖锐的问题，这是一种暗示：我们不会完全避开敏感话题，但究竟会不会还有其他敏感话题，是一个悬念。这样，我们交出去的提纲便不是百分之百的假提纲，而只是做了一些必要的隐瞒。

至于应该让对方知晓哪些敏感问题，一定要慎重考虑。如果这些问题恰好是对方一直回避的，他们很可能要求删除，否则将拒绝采访。这样的话，就前功尽弃了。或许他们会精心准备一套虚假的说辞，这又显然不利于实采效果。所以为保险起见，我们只能告诉对方一两个不太刺激的敏感问题。这样，我们就能在采前安抚对方，并在实采中看到他们初次面对尖锐问题时的真实反应，得到真实度较高的回答。

不要轻易放弃被受访人否定的采访提纲。受访人的心情和想法是变化的，在不同的时间、不同的场合、不同的氛围中，他们的决定会有所不同。

李国庆在最初看到李奕希的采访提纲时，曾经发了脾气。他那时已经在做新项目，似乎很不愿意再提及"当当网"和俞渝。但出乎李奕希意料的是，在实采那天，李国庆一见面就主动允诺，要把独家新闻给腾讯，聊聊自己是怎么被俞渝赶出"当当网"的。结果，原本预计一个小时的专访，进行了两个多小时，而且大部分时间都是李国庆在讲述"当当网"的事情。

在更多的情况下，受访人的助手会更严厉，他们不看提纲便会直接发出警告，规定不能触及哪些问题。为了获得采访机会，我们必须妥协，但要确信的是，只要受访人出现，我们便有可能突破禁区，如实采时抛开警告，如果受访人愿意说，其助手也无法阻拦。

2003年，在新闻集团董事长鲁伯特·默多克（Rupert Murdoch）接受《面对面》采访之前，其助理明确警告王志，不能提及关于他们的负面报道，不能问及夫妻情感问题。王志只好应允。不过，助理不让提夫妻感情问题，但没有不让提代际情感问题。在实采中，当王志将话题引向默多克的子女时，默多克从口袋里骄傲地拿出孩子们的照片给王志看，于是转而提出夫妻感情问题的机会来了。

默多克：你看看我的两个孩子漂亮吗？

王志：谢谢，我看一下，的确太可爱了，介意谈一下他们的妈妈吗？

默多克：为什么不呢？

王志注意到，默多克的助理在向他打手势，想阻止他的问话，但默多克并无拒绝的神情，他没有丝毫迟疑地说起了妻子邓文迪。而且直到节目播出之前，节目组也没有接到默多克助手要求其删除夫妻话题的电话。

那么，王志违背了采访之初的允诺吗？没有。在语言逻辑上，他首先触及的是父亲和孩子的情感问题，而后问的是孩子们的妈妈，尽管孩子们的妈妈就是默多克的妻子。这是触及夫妻隐私问题的一个常用技巧，想问及受访人的情感状况，先谈论他们的孩子，下一步再转回夫妻问题层面。

这种事情很常见。受访人的公关团队总是过分谨慎，他们的原则是多一事不如少一事，希望把敏感问题全部删掉。而所谓敏感问题，其实只是公关团队认为敏感，他们为敏感问题划定的范围远远大于受访人。另外，他们不懂得危机公关原理，通常认为敏感问题未必会产生负面影响，而他们的老板总是比公关团队更勇敢，乐意做一些正面回应，知道这是一次消除负面影响的好机会。

这里要注意两个问题：受访人之所以避讳某些话题，常常是因为此前媒介有过失误，他们担心事实再次被歪曲。所以在实采过程中，要让受访人做出我们值得信赖的判断，这样他们才会主动解禁某些话题。对于涉及公共利益的尖锐问题，无论对方是否高兴，采访人都一定要排除万难，找准时机果断发问。即便对方拒绝答复，甚至拂袖而去，这种举动便是一种回答。

五、为视频实采做好形象设计

视频采访人的物质性外观分为两部分：一是不可控部分，比如容貌、身高、体重，美国那些大型电视机构在挑选主持人时，并不特别在意这部分指标，不一定要求长相漂亮，但对其口才、知识修养、工作经验、自信程度要求很高；二是可控部分，比如化妆、饰品、服装，这种外观通常是内心世界的外化，可以有意识地加以调整。

首先要知道，视频化妆不是为了让采访人变得更好看，而是让其在屏幕上不至于比真人难看；它的基本功能是矫正变形失真，进行形象复原；它的最大特点是，化妆了却看不出化了妆，如果能看出来，那就说明妆太重了。

视频采访人是否需要化妆，要视情形而定。如果我们是做演播室采

第九章 视频实采前的准备工作

访，不化妆，会与精致华丽的环境形成反差，显得灰头土脸。如果是做实景现场采访，如行走在胡同街巷、田间地头、灾区，化了妆，会与素颜的百姓形成反差，无法融入环境。一般来说，采访人如果是女性，着淡妆是最基本的要求；采访人如果是男性，能不化妆就不必浪费时间，不如把精力全部用在采访工作上。

关于饰物和着装有三个禁忌：一是不要穿有碎格或有细纹的服饰，这些服饰很有可能在画面中发生闪屏，后期无法处理；二是不要穿戴色彩过于复杂绚烂的服饰，这样的打扮会喧宾夺主，而且显得不沉稳；三是如果没有服饰推广任务，不要穿戴名牌，而且品牌标志还会给后期剪辑造成麻烦，剪辑者必须一帧一帧地抹掉标记。

关于视频采访人如何着装，没有统一答案，其原理只有六个字——和时宜，相匹配，即契合环境气氛，并与他人协调。

如果我们穿着旧T恤和破洞的牛仔裤去人民大会堂采访"两会"代表，会显得没涵养、没头脑。如果我们打扮入时，穿着高跟鞋，在田间地头采访农民，那会与农村生活格格不入，似乎不是想好好工作。

2016年9月20日，福建沿海遭遇了百年一遇的超强台风袭击。厦门电视台记者站在街头采访一名救灾志愿者。受访人曝露在烈日下，记者却左手打着黑色黄边的遮阳伞，戴着墨镜。这种外部形象反映出，记者过于爱护自己，相反她对志愿者没有体恤和尊敬。另外，她身穿短衣裙裤，举着话筒的右手臂弯挎着手包，身体后倾，也不像是职业记者的工作状态。

这个画面被网友拍下，发在了微博上，立即触动了舆论。最后，厦门广电集团通报称，这名记者的不当行为违反了新闻记者的职业规范，损害了新闻工作者的形象，对她进行了停职处理。

视频采访人的外部形象构成了受访人和受众对他们的第一印象。他们的可控外观，不仅应该与环境协调，而且必须与人相恰。

王志在专访李嘉诚之前，曾问询其助手，李先生受访时穿西装还是穿

便装,以便与其匹配。但对方对此不确定,于是王志做了三手准备:他决定先穿上西装,因为这种场合,李嘉诚着西服的可能性最大;如果李嘉诚以便装出现,自己可以摘下领带;如果他只穿衬衫,自己可以脱掉西装。结果,李嘉诚身穿深色西装,打枣红色领带,王志也就不必改变装束了。

如果受访人着装严肃,采访人穿着随意,受众会觉得后者不在意这次采访。如果受访人穿得很随意,采访人却衣冠楚楚,受众会觉得后者显得有些憨傻。

这里要注意,与他人匹配,并非一定要与受访人穿样式相同的衣服。我们去乡村采访,没必要打扮成农民的样子,那样做可能会适得其反,让受访人怀疑我们的用心,以为我们是来嘲弄他们的,受众可能会认为我们是来搞笑的。

但是,如果想用着装暗示受访人能够读得懂的善意,我们便可以把独属于对方的元素体现在自己的着装上。2005年,国民党主席连战访问大陆的最后一项活动是接受央视《海峡两岸》的专访。主持人李峰穿的是蓝色正装,因为连战及其国民党是"泛蓝"阵营。采访人着装不当会引起受访人的反感,阻碍双方的心灵感应和思想交流,反之会留下好印象。

很多采访人在视频上线后才追悔莫及,不明白当时自己为什么会以不妥的形象进行采访。所以带机实采前夕,一定要花点时间,想想自己应该以怎样的形象出现。而且可以问问身边的人,自己的打扮是否合理。

六、为视频实采准备小礼物和道具

理论上讲,采访人无须向受访人送礼物,但正是因为采访人通常不送礼物,送礼物的采访人才会显得温暖,极富人情味。

2006年2月26日,《名人面对面》播出了对美国艾伦·戴蒙德艾滋病

第九章 视频实采前的准备工作

研究中心主任何大一院士的专访。因为实采拍摄是在情人节晚上,许戈辉特意在节目开始时送给何院士一盒巧克力,感谢他接受专访。

这种暖场举动,一般只在幕后进行,但把它编进片子,置放在开篇第一个提问之前,会让受访人心生喜悦,也会让受众感觉到温情。

家是最私密的空间,受访人愿意让采访人上门采访,是极大的信任。作为回报,送件礼物以示谢意,对方会很开心。

百年来的采访经验告诉我们,最棒的问题常常是借助道具提出的。

诺拉·维拉格兰(Nora Villagran)是美国《圣何塞信使新闻》的娱乐记者,在她采访民谣歌手贝兹之前,主编警告她:如果弄不到民谣巨星迪伦的信息,就别回来了。20世纪60年代,贝兹和迪伦谈过恋爱,但贝兹的经纪人警告维拉格兰,不许询问关于迪伦的任何事情,贝兹讨厌这类问题。两难中,维拉格兰想起,哥哥有一张贝兹和迪伦的照片,她觉得这张照片或许能触动贝兹。于是,维拉格兰把照片带在身上,在采访接近尾声的时候,她把照片递给贝兹说:和我一起长大的哥哥有一张你和鲍勃的照片!贝兹说:我已经很多年没见到这张照片了,我一直很喜欢这张照片,我还记得拍照的那天,我们吵了一架。由此,贝兹谈起了迪伦。维拉格兰和她的主编如愿以偿。

电视专访节目的制作经验也告诉我们,纯以有声语言提问,受访人有时就会跑题,而运用道具提问,可以有效控制受访人应答的方向和范围。

在《艺术人生》专访电影导演陈凯歌那期,策划人为朱军设计了一系列电影胶片盒,这些胶片盒中分别放着"蓝天"牌牙膏、陈凯歌父亲的录像带、《格林童话》和《唐诗三百首》,以及来自陕西的一抔黄土,它们一一对应着陈凯歌的几个人生故事。朱军打开一个胶片盒,陈凯歌就开始追忆一个故事,精准进入节目组预期的话题世界。

这是一个十分经典的设计,电影胶片盒与电影导演极为贴合,而下一个胶片盒里装着什么,对陈凯歌、对受众,都是一个悬念。

视频采访实务

七、实采前夕要认真检查设备

视频采访的全套装备，哪怕只有一点疏漏，都可能造成极大的麻烦。最好是建立设备手册和标准化自检流程，在实采前夕，逐一对照检查。

采前设备检查的重中之重是试验摄录器材，这是采访拍摄的基本保障。

首先要确定拍摄器的数量。不要认为只是一次采访，只有一个受访人，所以一个拍摄器就肯定够。如果有两个拍摄器，可供后期编辑选择的素材就会更加丰富。

如果是用数码摄录机拍摄，应该先做镜头检查。（1）将镜头调到手动模式，转动焦距环，观其是否灵敏，焦距变化是否合拍。（2）先把光圈调到自动状态，对着明暗不同的物体摇动镜头，再调到手动状态，转动光圈环，同时在寻像器中观察景物的明暗变化是否灵敏，检查寻像器有无问题。（3）找到一个白色物体，试验白平衡调节，观察数码摄录机的条摆功能是否正常。

再做数码摄录机的录音功能检验。先连接线路，这个检查一定要早做，不能等到实采前才做。然后把座机话筒和外部话筒分别连接在 CH-1 和 CH-2 两个声道，打开话筒开关，将话筒对准声源，检查摄录机上的音量指示是否有反应，话筒拾音是否清晰。再将声道音量调节功能设置在手动状态，转动音量旋钮，观察是否可以有效控制音量。另外注意，如果采访时可能有风，一定要准备合适的话筒防风罩，否则音频素材可能完全失效。

检查一下三脚架的每条腿，看看其伸缩功能是否正常。看看三脚架云台和连机托板的连接是否稳定，摄录机与连机托板是否匹配，云台的各档阻尼是否有效。

如果采访现场的光线太暗，需要照明设备，要检查灯光是否正常，注意备足诸如灯泡之类的易损件和合适的色温纸。

针对拍摄时可能出现的特殊状况，比如室外采访可能遇雨，要为摄录

第九章 视频实采前的准备工作

机备好机身雨衣。还要分别为出镜采访人和受访人带上透明伞，让天光能够透过伞面，避免降低采受双方的面部照度。

另外还要格外认真地检查许多琐碎但至关重要的事情。比如电池问题。每个学年各采访小组做视频采访课期末作业时，笔者都会反复提醒，必须准备好足够的电池，知悉每块电池的使用时间，拍摄前夕一定要仔细检查每块电池的充电情况。但是每一次实践中，总有采访小组没给电池充好电，实采时不得不乞求受访人耐心等待，在现场临时充电。

有的小组仿佛没听到过笔者的提示，不注意内存卡容量，再加上素材信号设置过高，存储空间很快就满了，于是不得不打断受访人的谈话兴致，换上临时借来的卡。有的小组没有转移记忆卡中先前拍摄的有用素材，采访时被迫轮流使用各自的手机拍摄，因为画质不一致，在后期编辑时困难重重。

有的小组没带齐设备配件，到了预定采访时间才发现，不得不返回住处取。有的小组没能提前熟悉设备的安装和常用功能，在采访现场临时摸索，被迫推迟开拍时间。

这里要再次提示，使用手机拍摄或使用微型平稳器拍摄会省去很多麻烦。但如果使用传统器材拍摄，那就必须按照上述嘱咐，在采前认真检查设备，提前进行调试。视频采访的器材预备看似都是小事，其实无比重要，是视听呈现的基本保障。

八、实采等候

"实采等候"有广义和狭义两种。广义的等候时间要比狭义的等候时间长。《生活》杂志记者理查德·梅里曼（Richard Meryman）在谈到重要的采前准备时说，应该连续几天不喝酒，只吃淀粉和糖类食品，采前一天保证充足催眠，采访当天早上吃高蛋白早餐。这一切都是为了保持身体健

康，头脑清醒，能在实采时集中精力，认真倾听，灵敏地进行各种追问。这就是在广义的实采等候期间采访人应该保持的状态。而狭义的实采等候一般指在实采开始前的几个小时，最多是一整天。

狭义的采前等候有两类情况：一是未到预定实采时间，或因受访人的上一项工作拖延未完、交通工具晚点、试验出了障碍等而推迟采访，已到现场的采访人原地等候；二是采访人预测即将发生新闻事件，随时准备赶往或提前赶往可能的事发现场等待，准备采访。

第一种情形比较简单，采访人只要未失去耐心，一走了之，就不会错失采访机会。另外，不要因为等候时间过长而坏了心情，要保持最佳心态。可以在等候时找一找更加合适的拍摄位置，或抓住一切机会，对忽然出现、很快又会消失的相关信息进行拍摄记录。

第二种情形大致分为三种：（1）没有确切消息，但采访人敏锐察觉到某种迹象，预测很可能发生新闻事件，所以待命等候，随时准备出发去采访；（2）预测新闻事件将在某处发生，提前赶到那里，等候采访时机；（3）预测的事发地点不对，原地做好的一切准备失效，必须立即转移阵地，紧急做出新的安排。

总之，视频采访人必须磨炼出非凡的耐性，做好在烈日下、寒风中不舍昼夜地等候的思想准备。因为，等候是工作即将开始的时刻，是实采的预备动作。

第九章 视频实采前的准备工作

本章最后要说的话

实采前夕一定问问自己：第一，是否通过前期准备，对受访人的基本情况有所了解？第二，是否已经对采访目的和对话主题胸有成竹，并确定好了介入角度和各种突破口？第三，是否已经站在受访人的角度，思考过每一个采访提问的合理性？第四，是否已经设想过对方可能给出的答案，并做好了应对方案？第五，是否对可能出现的采访障碍做好了心理准备——当那些状况出现时，能够不慌乱，及时找出克服障碍的办法？

如果回答不全是肯定的，请重读本章，在下一章中也可以找到解决办法。

本章思考与练习

思考题

1. 如果你获得了一个难得的机会，即单独去一位明星的家里做画外采访，但你在途中意外摔倒了，皮肤擦伤，裤子也磕破了，你会怎么办？

2. 假如后天就要采访一位地质学家，你该从哪几方面进行自检？

操作题

1. 请为视频实采中必将涉及的"声呐"一词做出通俗的解释方案。

2. 如果你被派去专访罗马教皇，请设计一个凭借道具提出的问题。

第十章　视频实采问题的预设

> **本章提要**
>
> 本章和第十一章讲的是视频采访的谋划工作。本章是谋划工作中的核心内容，即实采问题的预设。我们首先要掌握实采问题预设的五大要领，知悉视频采访问题的禁忌，了解优秀实采问题的共同特征。而后，我们要探讨在数码媒介时代，应该如何设计带机实采的第一个正式提问，这是一个要害问题，直接关涉采访是否顺利、能否成功。另外，我们必须认真探讨，是否可以大胆设计一些非常强势的问题，私情问题和杀伤性问题应该安排在哪里。最后要学习的是怎么做采访提纲，它是带机实采的最终方案。

视频实采的顺利完成是许多综合作用的结果。其中，问题预设环节是一个至关重要的因素。前面章节已经论证过，理论上精致而有效的问题不一定能够百分之百确保视频采访的成功，却一定可以增加其胜算。所以，不能因为问题预设无法确保成功而忽视它的作用。

另外，视频采访的状态以即兴为最佳，但这并不是说，无须设计和准

第十章 视频实采问题的预设

备。正相反,看上去越是即兴的采访,越需要对关键问题提前做好谋划。

我们将在这一章里认真研习视频实采问题的预设原理。

一、实采问题预设的五大要领

我们先来看看采访人最容易提出哪些不当的问题,以避免犯同类错误。先看看这几个问题:

(1) 您觉得这次活动怎么样?

(2) 请问这次活动的意义是什么?

(3) 市长,这些年,你们都是怎么做的?

在逻辑上,这些问题的特征是内涵极小,外延极大。因为没有具体指向,受访人可以随心所欲地回答,结果往往是流于空泛,言不由衷。

再看看这几个问题:

(1) 您当时是怎么想的,能不能谈谈当时的感受?

(2) 你看现在都……了,你是不是特别……?

(3) 来到我们这儿,您感觉如何?和您想象的有什么不同吗?

(4) 拿到金牌,你最想对全国人民说点儿什么?

这些问题有一定所指,有了"当时的""现在""我们这儿""拿到金牌""对全国人民"等限定,但索答范围依然很大,仍会引发空泛回答。

最后再看看以下几个问题:

(1) 您现在最想说的一句话是什么?

(2) 看到这种局面,您心疼吗?

(3) 回首往事,你后悔不后悔?

(4) 如果再给您一次选择的机会,你还会这样做吗?

317

（5）你能到现在这种状态，谁对你的作用最大，你最想感谢谁？

这些问题有专指，但它们只能出现在一段具体而明晰的生动故事之后，利用上下语境，获得存在意义。如果违背这个规律，将这些问题唐突前置，那么答案将注定味同嚼蜡。

在做问题预设时，必须避免出现上述问题，避免问题置放错误。

接下来，我们看看视频实采问题预设有哪些要领。

首先，采访人的问题应该最大限度地满足受众的知情心理，最好的情况是，受众想知道的信息也正是采访人想知道的，对那些受众关心而采访人完全没有兴趣的信息，采访人要以满足受众的需求为标准，对受众没兴趣而采访人极为好奇的信息，采访人可以忽略，避免"浪费时间"。

电视广播时代，记者代表的不是个人，而是新闻机构。新闻机构必须服务于大众，所以记者不能仅仅为了满足自己的好奇心而去探听趣事。公众关心的、渴望知晓的，记者便应该为他们提供答案。

1996年，水均益在专访加利前夕，判断大多数中国人对联合国知之甚少，所以对加利的专访必须由浅入深，让受众易于理解，而且要用老百姓的问题来提问。在录前街访中，水均益及其两位同事发现，许多人确实对联合国和加利都不了解，根本提不出像样的问题，但他们留下了几个提问："联合国没什么作用吧？""加利是谁？""他是干什么的？"后来，水均益在外交学院门前遇到一队小学生，他问其中一个女孩：假如你见到联合国秘书长，你想不想问他什么问题？女孩想了想说：我想问他，联合国有多大，你的官儿有多大？另一个男孩儿说：我想问他，现在好多国家都在打仗，能不能让他们别打了？于是，这两个来自稚童的问题，成为水均益在实采加利时的前两个问题，满足了受众的好奇心。

2003年，在专访王岐山的前一天，王志问过许多在京的朋友：如果你有一个机会跟北京市代市长在一起，你会问什么问题？大家的关注点各有

第十章 视频实采问题的预设

不同：家有"非典"患者的人关心政府会怎样救治自己的亲人、医药费怎么办；做生意的人想知道，政府是否会对他们在"非典"期间蒙受的损失予以补助；刘姝威关心的是，她所在的中央财经大学中被隔离的两栋楼，什么时候能解禁。这些具体问题其实有一个共性，即北京怎样才能恢复安全。这便是整个专访的核心。

数码媒介时代，采访人不用再像水均益和王志那样辛苦了，只要明确了采访主题，访前便可以利用社交媒介，充分征集受众的问题。

2018年，在中央广播电视总台台长慎海雄专访普京之前，央视新闻官方账号在互联网平台发起了多场"我有问题问普京"的征集活动，总参与人次超过2400万，集纳的网友提问超过4万条。

如果没有这些征集互动，我们不大可能知道，受众最关注的热点居然是俄罗斯举办世界杯。有了采前调查，实采时便可以重点满足受众的重点需求。

要特别提一句的是，在数码媒介时代，如果不追求传播规模、不考虑营利链条，采访人完全可以只代表自己，可以"浪费时间"，只问自己感兴趣而大多数受众不太关注的问题。一个采访人总会有与其兴趣相同的"粉丝"，只满足这些人的需求就够了。

其次，问题预设，不必是对所有问题的设计，应该是对要害问题的设计。

所谓要害问题有以下三类。

第一类要害问题是探寻一个事件的起始问题。它不需要特别的文辞修饰，不需要太多的文化内涵，也不需要过多的技巧，而只是用以提示采访人要适时开启一组新的问题。第二类要害问题可能是纵深挖掘真相的问题，也可能是转折性的问题，还可能是采访人自我形塑的问题。第三类要害问题是采访人非问不可的问题。它是观众最关心、最想了解的问题，也可能是受访人最不愿意听到的问题，因此要放置在采访最合适的中间节点

上,或放置在采访的尾部。如果受访人被惹怒了,翻脸,拂袖而走,节目已经录制了大半,不至于前功尽弃。

2018年,王志安在《局面》中专访了山东公安厅物证鉴定中心视听室高级工程师林宇辉。当年,李昌钰博士向美国联邦调查局推荐林宇辉,让他根据放大后高度模糊的三帧监控截图,为杀害章莹颖的犯罪嫌疑人画像。其画像与美国警方已经锁定的嫌疑人克里斯滕森具有一定的相似度。

这个专访视频时长为9分24秒,王志安用了8分钟时间与林警官谈论他是怎么做的模拟画像。8分4秒时,王志安才提出了要害问题:这两个画儿,在他们破案的过程中发挥了比较大的作用吗?这是整个采访最关键的问题。尽管对林宇辉来说,这个问题不会让他不悦,但为了绝对安全,王志安还是把它放置到了采访的最后。

上述三类要害问题是必设问题,其他问题不必非设计不可。在大多数情况下,只要认真倾听,自然会生成关于要害问题的后续提问。而预设太多问题反而会束缚采访人。

再次,问题的措辞要准确,防止受访人对问题迷惑不解,要使受众一听即懂。

在设计关键性问题时,一般要将其设计为精准的言辞,以便受访人和受众清晰地领会它的含义。所以要注意:一要尽量使用短句,降低吸纳信息和理解其意的难度;二要质朴通俗,不绕弯子,用词不拽,使用生活化的语言;三要标出须用逻辑重音强化的关键词,以便实采时予以强调,从而使受访人和受众集中注意力;四要杜绝使用可能产生歧义的谐音字。如果提问后,发现受访人迷惑不解,要立即调整原定表述方式,表明问题的含义。

但要知道,一听就懂的问题不一定是听了就能回答的问题,它也可以是很容易听懂的难题。在《仅三天可见》中,谢娜反采姜思达的两个问题很好懂,但回答起来非常之困难:

第十章 视频实采问题的预设

（1）你觉得我美吗？

（2）你觉得你聪明还是我聪明？

对第一个问题，姜思达思考了七秒钟。受众已经知道，他的回答是否定的，但听到的却是"美"。谢娜笑着说，"你想完了"，对着地说了一句："我非常不满意"。

对第二个问题，姜思达同样思考了七秒钟，回答说："我觉得我聪明。"这种易懂却考验回答者情商的问题很吊受众胃口。

然后，视频采访提问应该是对具体事实的叩问，其结果应该主要由有效故事和精彩细节构成，其引发的感想和议论只不过是事实陈述的自然延展。

2006年2月9日，凤凰卫视播出了对斯琴高娃的专访。主持人问：在您看，怎样的女人才算是聪明的女人？女人怎样才能永远保持美丽？首先，这是两个不同的问题，不应该叠加在一起问。其次，这两个问题同是开放式问题，均无明确所指。于是，斯琴高娃笼统而混杂地回答说：我觉得心态很重要，一个女人活得明白，我觉得她就会更加美丽，更加有劲，有一种动力，尽管比如说你身体上出现了什么问题，但是你心理上是健康的，你也不缺憾，你也是美丽的。这样的表述空洞无物，意思平庸无奇。

预设问题时，要防止出现这样的情况。后期剪辑时，应删除这样的问答。

问题要有具体所指。通常的做法是，通过前期信息搜集，选定好听又有价值的故事，由其反推，设定采访问题。蔡康永和吴淡如在《幸福星期六》中采访餐饮服务生胡静雯时，在发问中直接提到，她曾当场拒绝了一份恋爱见面礼——一张十几万的支票，而后两位主持人展开了一系列细节求索，呈现了这个故事。

显然，能提出这个问题一定是因为提前知道了答案。视频实采中的问题经常是由这种已知故事反推而成，随后在受访人陈述故事的过程中，采

访人不断助推,澄清其中尚不清晰的细节问题和受访人的心态。

最后,预设问题时,规定性的问题必须足量,以免访谈尚未结束却已无话可问;但又不能超量,以便为意外获取有效信息留有足够空间,并使采访能在约定时间内结束。

在《新闻调查》的《战争诉讼》一期中,记者对王选为什么就日本在侵华战争时期使用细菌武器进行索赔,前后重复性地问了三次。这便是准备问题数量不足所致。这个问题其实一遍都不用问。王选这样做,是道义和社会责任心使然,不问自明。但是,为了填充访谈时间,又因为一时想不出新问题,情急之下,记者只好重复提问。

对极富表达天赋的受访人,规定问题一定要少一些,实采时可灵活运用即兴问题与之互动。对表达能力欠缺的受访人,对其所处新闻事件延展空间不够大的受访人,对临时要求延长受访时间的受访人,规定问题量一定要适当增加,避免访谈无法充分展开或临场想不出该问什么问题。

在数码媒介时代,这个问题似乎已经很好地解决了。和电视采访不同,视频采访可长可短。但是,视频过长不好看,传播效果差;视频过短,基本信息缺乏,没法看懂。所以,要把握好好问题数量。

要提示的是,许多视频实采根本来不及谋划,所以夸大策划在所有采访中的作用只是一种理论空想。事实上,很多突发事件的采访思路诞生在采访人赶往现场的路上,采访人对事件背景一无所知,不知道事件的主角是谁,不知道事件的最新进展。这时候,经验和此前学过的原理替代了一切文案,一切全凭临场应对。这种情况下,要鼓励自己,不要畏难。可以十分肯定的是,无论怎样,我们离采访现场最近,我们对事件的了解至少要比受众多。

另外,要介绍一个万能提问模式,以供应急时使用。

1971年,美国内华达大学新闻学教授拉吕·吉尔兰德(LaRue Gilleland)推出了一个提出采访问题的辅助公式"GOSS"。制造某个事件的个人或组

第十章 视频实采问题的预设

织，总是出于某种目的（goal），并且总会面临或即将面临达成其目标的障碍（obstacle），他们或者已经找到或者正在寻找突破障碍的解决办法（solution）。受众一般会想知道，他们是什么时候开始设立（start）这个目标的。针对这些要素，当即可以形成问题。一旦提出这些问题，访谈便启动了。

"G"，目标提问："你们是想做什么？"

"O"，障碍提问："你们遇到了什么麻烦？"

"S"，应对提问："怎么解决这些难题呢？"

"S"，起始提问："什么时候开始实施这个设想的？"

后人为这个公式添加了"评估"（evaluation）和"为什么"（why）两个要素，于是"GOSS"变成了"GOSSEY"。如果来不及准备采访提纲，或在实采现场一时卡壳，可以立即套用这个万能公式进行提问。它可能无法使我们的采访视频达到优秀的程度，但至少会保证我们及格。

二、视频采访问题的禁忌

实采问题预设完成之后，应予自检，并进行完善。第一种自检方式是，比照以下标准，看看它们有没有触犯禁忌的地方。视频实采问题的禁忌如下。

（一）问题之间没有纵向逻辑关系

问题与问题之间，如果不是纵向逻辑关系，便是水平逻辑关系。在一场采访当中，如果问题之间大多是水平逻辑关系，采访就不会具有深度。

在收音机广播中，采访问题之间缺乏纵向逻辑关系的情况尤为多见。比如说采访陶喆，采访人先问他喜欢什么颜色，再问他最爱吃什么牌子的冰激凌，又问他最近写了什么歌，接着问他这次来北京感觉有什么变化，

最后问他最近有没有去北欧的计划。这些问题之间毫无逻辑关联。要想形成纵向逻辑关系，就必须对某个问题向下深挖。也就是说，问陶喆喜欢什么颜色，在得到答案之后，就要探问他为什么喜欢这个颜色。

对于音频采访，受众无须停下手里的事情，可以将其作为从事其他活动过程中的伴随物，因此仍可忍受其中没有纵向逻辑关系的问题。但是对于视频采访，受众不仅要动用听觉，而且要耗费视觉，过于随意的水平问题族群对不住他们的全身心投入，会让他们因为失望而半途离开。

（二）问题带有十分明显的诱导性

2016 年，朝鲜宣布氢弹试验成功，国际社会对此深感不安。美国广播公司的吉米·坎摩尔（Jimmy Kimmel）在他主持的《吉米鸡毛秀》中提供了一组街访。他说，朝鲜可能拥有氢弹，这应该会吓死住在西海岸的美国人，但这个街访足以证明，只要记者以足够欢快的语气采访路人，询问他们"你愿意祝贺朝鲜吗？"或者"你认为这是一个有梦想就能实现的很好的例子吗？"，美国人就会不假思索地对朝鲜表示祝贺。

这就是诱导式提问的功效，它常常使受访人放弃思考和客观表达，顺应采访人的主观情绪。所以，禁用诱导性提问，在传媒业发达的地区已是一条严格的戒律，它曾经是电视记者的职业道德。

笔者曾担任画外采访记者，为香港传讯电视采集北京新闻素材。有时候，遇到一直绕弯子而始终偏离主题的受访人，为了节省时间，提高效率，笔者会果断使用诱导性提问，让受访人直接回答要害信息。笔者确信，对方的回答是事实，只要不怕浪费时间，即使笔者不用诱导性提问最终也能获得相同的答案；而且笔者并非出镜记者，所拍内容无非为新闻报道提供采访素材而已，成品中把提问音频剪掉，直接使用受访人的回答即可。但香港传讯电视的原则是：只要你使用了诱导性提问，即使你的提问被剪掉，所获答案也不能用。

第十章 视频实采问题的预设

数码媒介时代,视频采访大幅还原了生活问答的状态。实际上,在日常生活中,我们常常使用诱导性问题,并且不觉得这是一种缺陷。所以在视频采访中,采访人可以使用用意不算明显的诱导性提问,但应该杜绝具有十分明确诱导性的问题。尽管视频采访是生活化的,但毕竟属于大众传播。

(三)在提问中泄露了预求信息

其实,这正是因为,问题中含有明确的诱导信息。问题预设者先有一个欲求某种答案的主观念头,并且迫不及待地把欲求答案直接放在了提问之中,迫使对方认可,所以这种问题也常常是封闭式问题。

有一位女记者,去监狱采访一名杀死母亲的少年犯。她的问题是:在监狱里,我看到你们失去了自由,处处有人监督管制,连吃饭、上厕所、睡觉都有狱警看管,不能跟外界接触,你觉得这样的生活舒服吗?这个诱导性提问已将其欲求的答案一一道破,那受访人还回答什么呢?

(四)问题冗长

请看凤凰卫视《世纪大讲堂》中主持人的这个发问:

谢谢王道成先生带给我们的演讲。的确像您所说的那样,慈禧作为一个历史人物有着她的多面性和复杂性,但是您刚刚在一开始演讲的时候也说到了,在很多的文艺作品当中,在历史教科书当中,慈禧呢是一直被塑造成为一个祸国殃民、心狠手辣而且是昏庸无能的政治人物,那我想请问您这种形象的塑造是从什么时候开始的,是不是从民国时期就开始了?这种塑造或者说忽略了她的另外一面,是不是和后来不同时代的一些政治需求,有着某种的联系?

195个字,36秒钟,这对视频受众来说是难以忍受的。这个冗长的问题把一部分没必要的事实陈述混进了问题叙述,同时把两个原本应该独立

提出的大问题合并成了一个超大问题,这是视频采访的大忌。

在设计问题时应该形成一种牢固的意识,即背景信息必须简洁,对于大家刚刚听过的信息没必要重复,本该单独提出的问题不能被叠加在一起。理论上有所认知,在实践中才不会犯禁。

(五)问题暴露出让未成年人自证其罪的意识

采访未成年人,视频时长一般很短,除了同样适用于未成年人的那些源自采访成年人的伦理原则,必须注意采访未成年人的特殊职业素养。

比如说,采访人应俯下身,尽量与未成年人的视线取平,不能居高临下地俯视提问;禁止不怀好意地取笑未成年人的言谈举止,让他们无所适从;不要提出未成年人无法理解的复杂问题,刻意难为他们,使他们难堪;当他们感到厌烦,不愿意继续回答问题时,适可而止,不能强人所难。

有的时候,在以少儿信息为主题的视频采访中,实际交流的时间会长一些。关于这类采访问题的预设,要特别补充一条伦理禁忌,即不要在公众面前反复质疑他们所作所为的真实性,迫使其承认错误。

我们来看一个案例。

2003 年,九岁儿童边金阳连续写出了《时光魔琴》和《秦人菠萝》两部长篇小说,被誉为"中国的哈利·波特"。其中,《时光魔琴》的海外版权费达 15 万美元,这个价格创造了低龄作家海外版权费的最高纪录。为此,央视记者采访了边金阳,对其小小年纪能否有此成就的真实性进行求证。

记者:是你自己写的吗?

边金阳:是啊。

记者:但是现在有好多人认为,一个九岁的孩子,不可能写出这种书来,边金阳不可能写出来。

第十章　视频实采问题的预设

边金阳：为什么？

记者：因为你才九岁。

边金阳：之所以我才九岁，所以才能写出这种书，如果大人就写不出这种书来。

记者对孩子直接进行质疑，这显然不是随口一问，而是基于舆情和常理的猜测。九岁的孩子太小了，不可能有，并且还能表达出来书中那些思想。记者没有认可边金阳的回答，而是从可能性入手，继续质疑：

记者：<u>你怎么写的？</u>

边金阳：拿电脑。

记者：你哪有什么时间写呢？

边金阳：就一般在星期六星期天的时候写作。

记者：但你写的不是一篇日记，不是一篇作文，是两本书，一本24万字，两本加起来是40多万字，<u>你怎么安排自己的时间的？</u>

边金阳：我写作速度挺快的，每天基本上，一天8000至10 000字都可以。

记者：那你就不要干别的，你要上课。

边金阳：星期六星期天抽出一天时间就可以。

记者：那你还要玩呢？

边金阳：不写作的时候就可以玩。

记者大概相信了九岁孩子熟练使用电脑写作的可能性，但仍不能相信他的时间安排：孩子需要上课和写作业，还要玩耍，怎么可能写出两个长篇？于是有了上面一连串细问。但记者没被说服，接下来，他又援引了一个来自舆情的常理推断：

记者：那我还是不相信，有人说因为<u>你爸爸是做编辑的，你</u>

妈妈也会写诗,是不是他们帮你写的?

边金阳:他们绝对写不出我这样的,因为人越大,就没有想象力,他们要能写出这东西,我就把这台摄像机给吃了。

记者:那他们有没有帮你呢?

边金阳:没有。

记者:一点都没有帮吗?

边金阳:可能有一些错字,"的""地""得"这些。

如果是一个敏感、自尊心强、不会克制的孩子,他就能意识到这个成年人是在怀疑自己,已经伤心甚至生气了。此时,记者又抛出了最后一个疑问,关于小孩子掌握字词的能力:

记者:那这本书上,所有的字你都认识?

边金阳:所有字都认识。

这里有两种可能。第一种,边金阳是"莫扎特"式的文学神童。假如真是这样,采访应有大致的验证结果,不能留下诸多可疑之处就撒手不管了,这对孩子不公平。第二种,两部小说基本是由边金阳的父母代笔,这是一种造假行为,应负责任的是成年人。采访人应该主要质疑其父母,孩子在采访中露出的破绽只能作为佐证,而且节目组应该为其面部做虚化处理。对心理尚不成熟的未成年人来说,在公众面前受伤害,伤势会比成年人严重得多。少儿时代只是人生的初级阶段,出错在所难免,应该虚化他们的具体形象,不要让他们的负面媒介印迹延续到他们成年之后。

(六)问题诱使受访人指责其亲友

在上面那个案例中,即使真的是父母帮孩子造假,大众媒介也不能诱使孩子来揭露父母,而只能通过对父母的采访,暴露可能存在的问题。

诱使受访人指责、指控其亲友,是一种职业禁忌。

凤凰卫视专访2008年北京奥运会开幕式总导演张继刚时,开场先放了

第十章 视频实采问题的预设

一段另一位总导演张艺谋过去执导的会演片段，然后问现场观众有什么感想。大家纷纷说比较土气，主持人转而请张继刚评价这个会演的水平。张继刚先是反问"你怎么看"，然后明确拒绝了评论自己的搭档。于是，这个开场设计失败了。

在采访实践中，诱使受访人指责、指控其亲友，结果或者会被拒绝，或者得到了回应却给受访人与其亲友的关系带来阴影和裂痕。所以，必须杜绝这种做法。

三、优秀实采问题的共同特征

优秀的视频采访问题没有统一模式，也没有速成公式，却有共同特征。对于预设的实采问题，第二种自检方式是，看看它们是否符合以下标准。如不符合，就再做调整。

（一）是"有意思的"问题，而非"有深度的"问题

这是最让中国知识分子困惑的一个价值标准。我们常常忘记或从一开始就无视大众传媒的特点，拒绝遵从大众传播的基本规律。

视频媒介必须对其受众构成有着清晰的认知。大多数视频受众只有高中以下的文化水平，在这种情况下，视频采访究竟应该是专业问答还是趣味谈话，结论不言自明。需要解释的是，"有意思的"问题不排除同时是"有深度的"问题，这样的问题完全可以出现在视频采访中，但如果"有深度的"问题不是"有意思的"，那就必须忍痛割爱。

好的视频采访问题总是便于受访人回答，同时又便于受众理解，而受访人很难说清楚或受众很难理解的问题是没有意义的。

（二）问题精准对应受访人

不能撇开问答对应关系，孤立地判断一个提问是否优秀。如果提问与

提问对象乱搭，失去了对应关系，再好的问题也无济于事。

2003年，央视记者在京西宾馆会议室堵住天津市市长戴相龙，提出了两个问题：您刚刚完成由人民银行行长向天津市市长的角色转换，请问您的感受是什么？您如何看待今年我国经济增长率为7%？第一个问题属于愚蠢的问题，第二个问题需要越权回答，应该问总理而不是问市长，也可以被视为滞后问题，指向是人民银行行长，而不是天津市市长。所以，戴相龙一再说"咱们再约个时间聊"。

总之，要针对具体对象设计问题，使之匹配。

（三）不是"老掉牙"的问题

只有问题具有新颖度，问答才更有价值。

那些接受过无数采访的名流，已经对不同的采访人无数次地讲述过自己的奋斗史、发家史、跌倒爬起的经历，如果我们总是针对众所周知的故事提出问题，受访人会感到乏味、不耐烦。

（四）与本地受众具有相关性

2006年4月30日，《高端访问》播出了水均益对美国哥伦比亚大学校长勃林格的专访。水均益问：许多想申请美国大学的学生，非常关注的一件事就是费用，钱的问题，许多名校的费用是相当高的，不管是学费还是其他费用。有什么政策，能让学费降低一点儿？这是许多中国家庭十分关心的问题。

勃林格笑着说：我觉得您像是在代表您的公民在跟我谈判。紧接着，他用简洁明晰的语言，解释了美国名校为什么贵、这么贵的学费值不值、支付不起昂贵的学费时怎么办、美国名校正在为降低费用做什么等问题。可谓数语叫醒梦中人。

好的问题总是会对受众具有现实意义，满足他们的需求。

四、带机实采中的第一个正式问题

电视广播时代，影像信息只能在广播时间的一维线上逐一展开，受众只能从头进入，逐序收看，无法跳看。为了吸引受众看下去，电视采访必须从高峰入手，开篇便具有吸引力，并暗示受众后面更精彩，因此第一组或第一个采访提问至关重要。另外，第一个或第一组提问直接决定整个视频采访的情绪基调和风格，决定受访人对记者的初步印象，以及他们是否会被迅速激发兴趣，也决定着采受配合度和采访的顺利程度。视频采访的第一组或第一个问题，是敲门砖和试金石。

有人可能会说，数码媒介时代，采访视频的篇幅被极度缩短，第一个或第一组提问可能是唯一的问题，应该直击焦点事件。为何绕开实质问题，去费力设计第一组提问？也有人会说，这个时代的采访已经不必通篇皆由视频呈现，头尾和中间都可以用文图表述，实采的第一组问答很可能会被转化成文字。何必依旧按照电视采访经验去设计第一个或第一组提问呢？

短视频采访确实给我们提出了一个新问题。它不再像电视采访那样，用第一个或第一组提问做缓兵之计，讨取受访人欢心，迂回进入对实质问题的探索。它必须直击目标，因此全篇只剩下一组围绕实质内容展开的提问，使采访的冲突性和刺激性大大增强。但是，这组提问毕竟要有第一个起始问题，这个问题的设计依然会承袭电视采访的绝大多数经验。另外，对于采访成品，我们完全可以只抽取视频采访素材中几个关键段落，各段落之间用图文记述。但在实采中，我们不可能让受访人在没有上下语境衔接的情况下按独立段落回答问题。这就需要受访人对采访人产生信任，采访人完整听取受访人的故事，产生交流感，否则他们会觉得没受到尊重，直达目的的段落式回答就不会自然，也不会精彩。总之一句话，尽管我们最后的采访成品不全是视频形式，但带机实采必须要全程录像，最终将不

需要用视频呈现的部分转化为文字描述。

这样看,在视频采访的先期谋划中,第一组或第一个提问的设计仍然是一项必须高度重视的工作。

第一组或第一个正式提问应该具备以下四个特征。

(一)充分显示出采访人做好了充足准备

采访对象抽出宝贵时间接受采访,如果意识到采访人对自己没有基本的了解,其不悦心理会溢于言表,呈现在镜头中。所以,采访人要做好功课,带着充分的准备和好奇心前往采访现场,一起首便提出一个具有发现性的问题,显示出对受访人所知甚详。这样做还可以暗示对方:请您以同样的认真态度回答问题。

1995 年,水均益在《焦点访谈》中专访卡斯特罗,他的第一个提问是:

> 我们注意到您一身漂亮的军装,多少年来,您也一直保持着军人的装束,但是最近一段时间,我们发现您在重大的国际越来越多地换上了西服,这种服装上的变化有没有具体的含义?

对于卡斯特罗这种极具关注度的领袖,让他感觉到我们对他也有长期关注并不能得到多少加分。不过,如果对他缺乏关注,毫无疑问就会骤然减分,因为这很反常。如果选择一个简单却特别的方式显示出对他的关注,或许能让他感到一丝惊奇。以卡斯特罗着装上的变化做切入点,的确唤起了他的兴趣。当然,这个细节点太小了,绝大多数记者不会从这儿做文章。而且,记者这个问题的目的不是显示自己知道什么,而是用想知道什么体现出自己做好了准备。

有的时候,记者可以在寒暄阶段就暗示对方自己做好了一切准备,而且一切以尊重对方为前提,然后再用第一个正式提问的设计感让受访人意识到,记者动了脑筋,可能对整个访谈程序都做了妥善安排。

第十章　视频实采问题的预设

在"神舟五号"首飞梯队即将被完全隔离之前,王志来到北京航天医学工程研究所对杨利伟进行了独家专访。王志是这样开场的:

王志:来,请坐,手就不握了啊。

杨利伟:那个,我非常希望跟你握握手,哈哈哈哈哈。

王志:哈哈哈哈哈哈,等你回来以后我们可以握手。

杨利伟:假如有这机会,肯定是没问题,哈哈哈。

王志:拥抱都可以。

杨利伟:没问题!

寒暄阶段,王志主动说不握手,暗示杨利伟,记者已经做好了不干扰航天行动的纪律准备。事实上,为了确保航天员在出发之前的健康状况万无一失,栏目组成员都已经进行了细致的身体检查,做了消毒防护。不握手、不接触,是为了确保杨利伟的健康安全。

接着,王志用一段陈述句,引发了第一组正式提问:

杨利伟:一听说你要来,挺激动的。

王志:那我先做一个自我介绍吧,我1965年5月生,身高1米76,体重就不说了。

杨利伟:那那咱俩你比我大了一个月,啊哈身高还,比我高了很多,呵呵。

王志:你身高是多少呢?

杨利伟:我66,1米66。

王志:体重呢?

杨利伟:体重现在可能有6,63公斤左右吧。

王志:啊,那你们的要求是什么?

杨利伟:我们现在要求啊,身高一般不超过1米72这样的,一般在1米65到1米72,体重一般在70公斤以下吧。

王志:需要什么条件呢,当航天员?

王志没有直接询问杨利伟的身体信息,而是率先透露自己的信息,诱发对方跟进,说出其年龄和身高、体重,而后纵深探寻做航天员的条件。其实,在受访人轻松跟进的同时,已经能猜到,记者安排好了访谈程序,如果信任他那就配合他走下去。

(二)能够激发受访人的兴致

美国赛马冠军阿卡罗是竞技记者公认的"闷葫芦",他的嘴巴很难被"撬"开。但《纽约客》撰稿人阿博特·利布林(Abbott Liebling)却成功打开了他的话匣子。

在采访阿卡罗之前一个星期,利布林发现,由于赛马是逆时针奔跑,因此为了平衡身体,赛马师左脚踏在左马镫上的时间,总是长于右脚踏在右马镫上的时间。于是,利布林的第一个提问是:您踏在左马镫上的时间比踏在右马镫上的时间长多少?阿卡罗意外地听到如此内行的提问,兴致油然而生,在长达一个小时的采访中,他不厌其烦地回答了利布林的一系列问题。

如果第一个提问既符合采访人向受访人阐述过的采访目的,又在专业性上令受访人惊喜,它便能激发受访人的兴致,使其滔滔不绝。

(三)具体而有所确指

2003年4月30日上午,在专访王岐山之前一小时,王志正在赶往约定采访地点——北京市政府大院——的路上。此时,王岐山正在北京防治"非典"领导小组第二次新闻发布会的直播现场。发布会直播和王志专访是同一个信源,对于记者在发布会上提过的问题,王志不能与之重复,必须临时组织新问题。王志一边与身处直播现场的编导保持联络,随时沟通王岐山已经回答了哪些问题,一边逐个放弃这些问题,重新构思第一个提问。

第十章 视频实采问题的预设

及至发布会尾声时，王志仍没确定如何开场，但他忽然听到王岐山说：实际上我真害怕的问题，你们还真没问到，但是我一定自己讲出来，告诉你们，或者让我的部下随时告诉你们。于是，当王岐山进入专访现场时，第一个提问顺势而出：刚才的发布会，您在结束时的最后一句话是，今天我真害怕的问题你们还真没问到，您真害怕被问到的问题是什么，能不能告诉我？

问题指向非常明确，具体到王岐山一句话中的"怕"点。这个"怕"点究竟是什么，很有吸引力，也非常重要。王岐山透露，最担忧的是如何切断感染源，因为对病毒的认知很有限，如果不能彻底切断感染源，就无法最终战胜疫情。

如果问题宽泛而无明确所指，受访人的回答就往往会漫无边际，空洞无物。

笔者的一名本科学生在汇报视频采访的心得时，专门写到了他们小组如何为专访交流生红领设计了第一个提问。

> 针对受访人红领蒙古族交流生的身份，我们的第一个问题是："蒙古族的生活环境跟我们有很大的不同，假设你在向一位汉族同学介绍你的家乡，你会怎么介绍从小生活的环境？"对于这个问题，红领的回答是她的家乡非常自然，她从小生活在大自然的怀抱中。这个回答正好也间接地反映出内蒙古与北京的不同，一个是大自然，一个是大城市。我们在设计第一个问题时尽量避免过于宽泛，所以将家乡和从小的生活环境联系在一起，也方便受访人回答。

这个学生对他们的设计比较满意。但实际上，这个问题仅有指向，却过于宽泛，所以红领的回答是抽象的，缺乏有效信息。

视频提问切忌大而空泛，一定要从某个细节入手，小而具体。

2006 年 8 月 11 日，央视《新闻会客厅》栏目播出了《决策者说》单

元。记者就即将实施的新《义务教育法》专访了全国人大常委会副委员长许嘉璐教授。她的第一个提问是：您这次应该说是全程参与了新《义务教育法》的出台过程，所以我们特别想知道，在这个新的法案通过的那一时刻，您在想些什么？

生活常识告诉我们，"那一时刻"是短促到了不可能有什么内容含量的时间，要挖掘"那一时刻"的思想活动信息，基本上都要靠编织大话假话。

许嘉璐只说了一句"五味杂陈"，便转而谈起了旧《义务教育法》的弊端，避免了假话大话。这说明，记者的第一个提问是无效的，受访人自行提出并自行回答的是旧《义务教育法》，不合时宜。

到这期节目后半部分，记者提道，在这次专访之前，她听一位老师说，现在最可怜的是两类人，一类是农民，一类是孩子，于是她的一位编导说：那农民的孩子岂不是天下最可怜的人？许嘉璐听到这段话，谈起了在贵州山区考察的经历。他曾经见到一个每天要在山路上往返五个小时上学、放学的孩子，这让他非常难过。记者插话引导转折：农村的孩子是那样一种苦法，在城里的孩子可能又是另外一种苦法。许嘉璐于是讲起了自己的小孙子，说他曾经问自己，"爷爷，谁是政府？"小孙子误以为"政府"是一个人，他想请爷爷跟"政府"这个人说说，让小孩子晚点儿去上课，他每天7点40分就要到校，6点多必须起床。许嘉璐明确说，很多国家的孩子一般是9点到10点才开始上课。

上述两个故事，形象生动，其实完全可以将其前置，变成第一组提问的答案。

（四）易于受访人回答

视频受访人的普遍心理是，千万别在镜头中出丑，所以我们设计的第一组提问越好回答，就越容易快速与之建立起深入采访所需要的默契合作

第十章 视频实采问题的预设

关系。受访人顺利回答了第一个问题，就有信心回答第二个、第三个问题。我们可以在其渐入佳境之后，再提出难以回答的问题。

崔永元为《实话实说》做过一期节目《家》，采访了来自天津的残障人士黄月。他的第一组提问不是直击受访人的家庭矛盾，而是："我不知道你是不是土生土长的天津人？""你对你的腿的残疾你自己有印象吗？是什么时候开始的？""有没有想过会影响自己？"这几个问题的时间指向统统是受访人的儿时，于是黄月讲起：小时候唱样板戏，别人扮演杨子荣和其他英雄人物，自己只能扮演小炉匠①，在戏中扇自己嘴巴。但她又表示，自己并不在意只能扮演别人不愿意扮演的角色。在谈论黄月的家庭问题之前，崔永元让她先讲述最容易描述的信息，也让受众先了解她的经历、处境和她不怕歧视的心智。

先易后难，应该是采访人在绝大多数场合中遵循的发问规律，即便短视频采访的时长有限，也不见得就要用第一个提问把对方问卡壳了。这样做很容易导致接下来几个问题都得不到回答，而一个只有严厉之问、缺乏有效回答的采访并不好看。所以，采访人还是应该选择一个相对来说易于受访人回答的问题开篇，让对方先进入谈话状态，再进行质疑。

采访实践中经常会出现只能提一个问题的情况。此时，唯一的提问和第一个提问在内涵和外延上是完全重合的，是同一个意思。

有时候，采访对象因为种种原因——无暇、不信任、健康情况不佳——不愿意接受采访，又不好一口回绝，便提出只回答一个问题，意欲阻退采访人。因为他们认为，一组问答根本无法构成一期节目。

但是我们要知道：（1）如果能找准一个令受访人惊奇的细节，激起其兴致，常常会使其放弃苛刻的受访条件；（2）在数码媒介时代，一组精彩问答足以构成独立的微视频，只不过时间很短罢了。

---

① 现代京剧《智取威虎山》中的反派角色，是"奶头山"匪首许大马棒的联络副官，外号"小炉匠"，后被杨子荣枪毙。

视频采访实务

　　1996，在白岩松为《东方之子》栏目采访历史学家周谷城之前，98岁的老先生正在上海的医院养病，他说，只能用一句话回答采访。注意，这表示记者只能提一个问题，而且回答只是一句话。采访团队没有畏难，一口应下了这个条件，最终设计出唯一的提问——听说您在五四运动的游行行列里跑掉了一只皮鞋？这个细节此前从未被记者注意过，老人家很惊讶，产生了兴趣，而回答这个问题显然不可能只说一句话。事实上，这次采访持续了一个下午，周谷城始终兴致勃勃。采访结束，记者们要告辞了，周谷城不舍地问：你们走了，不跟我聊了？

　　有的时候，采访时间有限，真的只有一个提问机会。

　　比如，在新闻发布会上，采访人只能提一个问题，还不一定有机会。如果我们不是第一个提问者，准备的问题很有可能被别人先问了，所以我们必须多准备几个问题。

　　比如，在焦点当事人出现的刹那，会围上来众多采访人，每个采访人顶多只能提一个问题，还不一定能得到回应。如果我们的提问不能当即激发对方的兴致，回答难度又很大，对方是不会理睬我们的。我们必须提前斟酌，择取受众最需要、焦点当事人最愿意回应、其他采访人最不容易想到的信息，进行提问。

五、大胆设计强势问题

　　视频记者能否在实采中彻头彻尾地表现强势？提问毫无遮掩而咄咄逼人，屡屡打断受访人企图蒙混过关的解释，断然表明自己的判断，用绝不退却的质疑去激怒对方，在我们的教科书中，这样做是不对的，哪怕记者采访的人声名狼藉。受众如果看到这样的采访，也会群情激昂地抨击记者粗暴无礼、狂妄自大、没有职业素养。但奇怪的是，同样是这些人，当他们看到国际上那些伟大记者的强势采访时，却是赞不绝口。

第十章　视频实采问题的预设

按照我们的评判标准，华莱士不是伟大的记者，甚至根本就不合格。请看他直播采访总统候选人里根的片段：

华莱士：你的竞选班子里有多少黑人职员？

里根：我不能老实告诉你……

华莱士：这句话本身就说明问题。

华莱士想了解的是，里根是否具有种族主义倾向，这是一个敏感话题。如果直接问：你有种族主义倾向吗？里根一定回答"没有"。于是，华莱士问得很具体，他不仅问里根的竞选班子里有无黑人，而且是问竞选班子里的黑人职员数量，把主观题变成了客观题，而客观题的答案是唯一的。

如果中国记者这样设计问题，当然也会受到赞扬，但我们通常不会允许记者在受访人刚要说话时就打断他，更不会允许记者在没听完受访人充分作答的情况下就匆忙做出"这句话本身就说明问题"这样的主观结论。

里根：因为我不能告诉你有多少职员，我们有……

华莱士：你应该说清楚是黑人还是白人！

感觉到里根想回避问题——由于直播采访时间有限，如果受访人绕开关键问题，记者可能完不成采访预设——于是，华莱士再次打断里根，逼他直接回答黑人的问题：

里根：喔，对，我的意思是我们有，我们有志愿者和正式职员……

华莱士：我指的是竞选班子里的高级黑人职员。

华莱士第三次打断里根的话，提醒他直接说黑人的问题，由此控制了话语权，让里根知道，如果他想转移话题，自己还会继续打断他。同时，华莱士已经占据了话术优势，他可以在不断逼问中向受众展示，里根对这个问题是心虚的。

里根：我们这么来谈这件事……

华莱士：我们不要绕圈子了。

在如此短促的时间里，华莱士已经第四次打断了里根的讲述，里根尚未有过一段完整的表达。

里根：那好吧……

华莱士：很明显，你的竞选班子里没有黑人。

华莱士第五次打断了里根的讲述，干脆直接下了结论。如果竞选班子里有黑人，里根会抗议，但他没有。看到这儿，我们就会明白，里根的工作环境中没有黑人。但这个客观事实不是里根给出的，而是穷追不舍的强势采访间接呈现出来的。

对那些拐弯抹角、含糊其词的受访人，我们在做视频采访时会束手无策，而华莱士给出了一个示范。

笔者曾给本科学生完整播放了王志对 N 的一次专访，然后让他们提交一篇评论作业。以下是从三篇作业中摘录的三段评论：

王志不止一次地打断了正在回答自己前面提出的问题的 N，颇有"强词夺理"之嫌和"店大欺人"的味道，让人觉得很不舒服。

更多的时候，主持人应是听众，应给予受访人足够的表达空间。其实大多数时候，问题的答案谁都清楚，为什么一定要让受访人把让人难堪的答案亲口说出来呢？还有的时候，看似穷追不舍、一环扣一环的提问实际上打乱了受访人的思路。观众想听的不是主持人咄咄逼人的发问，而是受访人的心声。在节目中总是试图单方面控制节目话题和谈话走向，这种"专制"倾向往往会妨碍对一些更有价值的信息的捕捉。

片中的现象只能让人联想到三个原因：一个是主持人的个人素质有待提高，另一个是主持人的业务水平有待提高，或者二者兼而有之。

王志的专访只是比一般记者冷峻一些，他面对的是以大公无私的名义在私下里将公利转化为私产的挂职副县长。非常遗憾的是，在许多学生看来：N 连连美化自己的时候，王志不可以冷峻戳破；在 N 顾左右而言他的时候，王志不可以截断他；在 N 回避实质问题的时候，王志不可以穷追不舍。如果是这样，记者就失去了应有的作用。

这是在评论视频采访人时一个相当严重的问题：采访技术和采访态度被摆在至高无上的地位，最基本的是非判断却被放弃了。

六、私密情感问题的后置与杀伤性问题的节点设计

私密情感本应该是隐藏在内心深处的记忆，或是密友之间私下里相互分享的故事，但恰恰又是受众乐此不疲的兴趣点。在大多数情况下，我们与受访人并不熟识，而且我们的采访是要公之于众的，因此涉及私密情感的提问难度变得很大。这类提问如果设置在开场，受访人就会当即高度警觉和厌恶，从一开始就怀疑采访人心术不正，所以必须后置。

《往事》栏目中的《聂卫平的狂与悔》，全长 23 分钟，主持人刘凝引发聂卫平表述婚姻遗憾的提问出现在第 16 分钟。刘凝的问题是：我会下象棋，最讨厌的就是悔棋，人生也不可以悔。如果可以悔的话，你想悔哪步棋？她并没有直接问及聂卫平的婚姻问题，而只是设定了一种可能。

由于此前的访谈氛围不错，因此聂卫平直言不讳，主动明确地说，最不该与女子围棋全国冠军孔祥明离婚，也最不该和歌星王静结婚，并详细讲述了他和孔祥明的儿子在日本生活的情况。

 视频采访实务

总之,涉及私密情感的问题怎么问显得不八卦——答案是学术化。

这里要注意两种情况。

一种情况是:试探一下,如果发现受访人肯定不愿继续谈论,应当停止追问,并在后期编辑时删除已出现的问答,不要留下没有结果的试探。

请看王志在《面对面》中对日本乒乓球明星福原爱的专访片段。

王志:有没有男孩子表示喜欢你?

福原爱(问翻译):男孩子表示?

翻译:跟你说喜欢你的男孩子。

福原爱:要说吗?这个不能说名字的。

王志:有没有?

福原爱:有的时候有,有的时候没有。

王志:那你碰到这种事情你怎么处理呢?

福原爱:说不喜欢你呗。

王志:多不多?

福原爱:多不多?开玩笑那样来说的是吗?

王志:那你怎么能分别出人家是开玩笑还是当真呢?

福原爱:一直喜欢是真的呗,说一次,完了,是假的。

王志笑。

福原爱:说得不对吗?

王志:说得对。

福原爱笑:换一个行吗?我这样子有点不好意思,会脸红。

王志笑。

福原爱明显是在敷衍,不愿真正回答,最后干脆直接提出来换话题,于是王志没再强求。细品这段问答,它实际上没有多少效果,问答双方显得格格不入,都很尴尬。可惜后期剪辑时没进行整段删除。

另一种情况是:为了赢得受访人的配合,事先承诺不打探隐私问题,

第十章　视频实采问题的预设

那就不能在实采过程中强问。这是一种严肃的契约,不违背承诺是一种职业道德。

有经验的采访人会融洽对话气氛,赢得受访人的信任,让受访人自愿说出原本不想说的内容。而且后期编辑时要格外注意,避免伤害受访人。

但是,如果受访人无论如何不愿吐露,采访人就不要再做努力。

至于杀伤性问题,它们向来是对视频采访人的考验。问,可能触怒对方;不问,采访会缺失最有吸引力的内容。如果采访起首就提出杀伤性敏感问题,肯定会造成隔阂,受访人一下子就关闭了心扉。所以,许多人认为,为了完成采访任务,一定要确保主体安全,应该首先营造融洽的访谈氛围,让对方乐于倾诉,把杀伤性问题置于视频采访的尾声。也就是说,在基本获得所需信息之后再提出杀伤性问题。受访人如果回应,是锦上添花;如果不愿回应,甚至拂袖而走,采访任务也已大体完成,不至于前功尽弃。可以说,一般情况下确实如此,但也不必拘泥。有时候,杀伤性问题的最佳安排是在可能形成高潮的节点,它也可能偏后出现,但不一定置放在尾部,甚至可能出现在前半部分。

有时候,采访起首就得提出来杀伤性问题。比如说,采访人有一个杀伤性问题不得不问,但只有一个提问机会,或者只有几分钟时间采访,那就不必多想,当即直接问出来,哪怕引发对方盛怒,这也是一个精彩的答案。

如果采访时间充裕,却要提早抛出杀伤性问题,那一定是经过了认真分析,确信受访人十有八九愿意应战。这种可能性是有的。有的人总是争强好胜,不愿处于下风,又极具辩论天赋;有的人为了洗白自己,会始终喋喋不休;有的人不清醒,不认为自己有什么问题,也意识不到提问的尖锐。这种情况下,采访人完全可以省略迂回,直接进行"粉碎式"提问。

2020年,《新京报》的"我们"视频上线了记者许研敏对马保国的专访《出圈》,总时长20分钟。正式采访中的第一组介入式提问始于2分23

秒,而在 4 分 28 秒的时候,许研敏便轻触了杀伤性问题,但马保国根本不认为这对自己有什么不好:

许研敏:作为一个晚辈,我必须要跟您说实话,事实上是有非常多的,网友,在网上可能把您作为一个恶搞的对象,一个嘲讽的对象,来,来玩乐吧。

马保国:是的。

许研敏:您知道这件事情吗?

马保国:这个事情很好办,我只要在电影上把真正的传统功夫打出来,他们看了以后他们傻眼。我在网上曾经打过一个五连鞭,这个是传统功夫的打法。现在,找一些明眼的人,看看有几个,能模仿能打出我的五连鞭。我打个动作五连鞭啊,(起身)简单看一下啊,我先打慢动作啊。

许研敏:好。

马保国:这是,第一鞭,是个外皮鞭啊。然后,第二鞭,是个内皮鞭,是啊。然后,这接住受以后,这是个窝里鞭。这是个滚皮鞭。这是个回意鞭。我打一下这个动作你看一下。

许研敏:马老师刚刚您,给我们演示的这个五连鞭,其实它,就是也是,正好就是,很多,年轻人拿来恶搞的一个,素材。

马保国:对。

许研敏:您应该看到过。

马保国:我看到了。他们刚开始,用这个五连鞭恶搞,久而久之,他要想一个问题:为什么马保国能打这个五连鞭,打得松活弹抖,面不改色气不发喘,为什么那么多所谓的技击高手他打不出来?要打好这个五连鞭,两点必须做到:一、要有内功。内功!(又站起,大喘气)意念!动作呼吸!三个得有机配合。(五次大喘气,扭动身子)。

第十章 视频实采问题的预设

许研敏低头，左手揉眼睛，强忍着没笑出声。

马保国（眼望远方，面露凶相，突然像对众人演讲一样大声喊）：练好内功以后，你才能打出，闪电松活弹抖劲儿。没有内功，你打，闪电松活弹抖劲儿，你的关节，你的肌肉，就会拉伤。因此，中国功夫的核心，和技术，就是内功。你内功练得越好，基础打得越牢，楼才能盖得越高。（恢复正常，低头望向记者，坐回沙发）

许研敏：您知道这个情况，网上的这个情况吗，非常非常多的网友，其实说直白一点，他们会把您看成一个笑话来，谈论。

马保国：哦对，当他们弄清为什么，我能打出这个五连鞭他们打不出来的时候，他们就认识到，中国功夫的博大精深和中国功夫的魅力。

许研敏已经把话挑明了，马保国却依然沉浸在自己营造的精神世界中，既不觉得被业余拳手打晕是一件难堪的事，也不知道自己的所谓五连鞭是多么滑稽可笑，所以也就不可能意识到，许研敏的问题是杀伤性的。

经验告诉我们，与私密情感问题不一样，对于杀伤性问题一定要问，可不必急于求成，也不一定非要从长计议，一切应该依情形而定。

七、最终形成采访提纲

采访提纲是带机实采的指南。有人说，采访提纲是什么样子，采访现场和最后成品差不多就是什么样子。当然，临场发挥是一种可能，但不能贸然轻信它，不要因为寄希望于临场发挥而忽视采访提纲的准备。

对于采访提纲没有一定之规，有的采访人只写一个采访框架，有的采访人会把设计好的问题全写在上面。

 视频采访实务

请看笔者的一个本科学生采访小组专访"失败青年展"的两位创始人的采访提纲:

一、电台被下架

简要介绍"失败青年展"(主播、平台、内容),以及某某期被下架。

1. 被下架的节目是什么内容?

2. 推测其中的什么问题导致了节目的下架?(可省略)

3. 什么时候发现节目下架了?有什么样的心情?

4. 之前有预想过节目可能被下架吗?如果有,为什么还是想聊这个内容?如果没有,那之后会不会下意识地缩小尺度?

二、节目的产生

1. 在什么情境下产生了做电台的念头?是线下还是线上?受到了哪些启发?为什么选择做电台而不是视频?

2. 为什么电台的名字叫"失败青年展"?

3. 每期的选题是如何产生的?录制节目之前会怎么准备呢?

4. 是从什么时候决定每期都用绘画做封面?作者是谁?每期绘画背后有什么小故事或者画里有隐藏的"梗"吗?

5. 在邀请朋友做客节目的过程中,有哪些有趣的事?

6. 订阅粉丝过 100 大概是在什么时候?当时是怎样的心情?过 400 大概是在什么时候?当时是怎样的心情?

7. 有没有哪一个节点觉得,不想继续做这个节目了?如果有,为什么?

8. 做节目的过程中有分歧吗?具体是什么分歧呢?

9. 听众有没有对电台提出一些意见或者给出一些评价,给你们新的启发?或提一些你们不认同的建议?如果有,为什么不认同?

10. 未来是否打算一直做这个电台?如果打算做下去,有什

第十章 视频实采问题的预设

么设想或期待吗?

11. 是希望节目有更多人听甚至"火"起来,还是有一小批听众就好?

三、节目延伸

1. 节目搭档需要默契,两人是如何认识的?认识多久了?如何成为无话不谈的好朋友的?

2. 私下里会聊什么有趣的话题,并且以后可能发展成为一期节目,可以举一两个例子吗?

3. 你们觉得自己是关心时事的人吗?节目是否也常受时事启发?

4. 面对观众的增加,做节目时会有新的考虑或者顾忌吗?

5. 你们觉得什么人会听你们的节目?如果父母知道你们做这个节目并且要听,你会不会阻止?

6. 关于"失败青年"的定位,有哪些事情让你感到了自己的"失败"?如何看待这种"失败"?

这是一份板块框架加分类问题的采访提纲,先是观众最可能感兴趣的下架事件,然后是节目的整体概况,最后是两位主持人对节目的看法。对于采访新手来说,这种提纲是比较容易制作,实采时也很好执行的。其问题在于主题太宽泛。对于这样一个名气不大的电台节目,没有必要按照做热点的方法进行全面采访,只要集中探访节目因何频频下架即可。

采访提纲不要过于庞杂,应务求简洁。如前所述,可只列入要害问题,在实采中自然生成其他问题。它应该具有现实性,能与实采时间的限制、受访人各种状况的制约、后期编辑工作量相匹配,不能好大喜功,无限度地设置任务。举一个例子说明这个问题。2006年,英国物理学家霍金来华,央视《中国周刊》记者张萌前去采访了他。因为霍金失去了发声能力和书写能力,张萌只在采访提纲上精心挑选了三个问题:

视频采访实务

（1）在整个探索宇宙的过程当中，您最高兴或是最享受的一件事情是什么？

（2）您还有梦想吗？

（3）请用三个词描述您自己。

霍金依靠眼睛的眨动，在特制电脑上打字，艰难而认真地回答了这些问题。霍金的三个回答很耗时，信息量不足以制成独立节目，所以编导别出心裁，以旁白介绍加张萌对采访设计的同期声解释，展示了霍金接受采访的情景，满足了受众的好奇心。如果对霍金的采访提纲中设置了太多的问题，实际上根本无法完成采访。

我们再来看看水均益对基辛格的采访提纲。

因为约定采访时间只有五分钟，所以问题不能由易到难，必须直接提出实质性问题。于是，中美关系的走向问题被置于最前部。

（1）在冷战结束前后的这些年，国际关系显然发生了很多变化，您认为冷战结束后中美两国是一种什么关系？我们是朋友呢还是敌人？

（2）既然您认为我们两国在冷战前后都是政治上的朋友，那么，您认为我们两个大国应该怎样协调关系呢？

从荧屏上看，基辛格似乎没有料到水均益会提这样一个棘手却又必须明确回答的问题。正因为是难题，基辛格肯定高度重视，不会简单回答"是朋友"或"是敌人"，一定会主动给出解释。如果他仅仅回答"是朋友"或"是敌人"，没做解释，第二个问题会迫使他给出更多信息。

（3）23年前您第一次来中国访问，您还记得那次访问吗？

（4）您这次来中国，看到中国发生了很大变化，请您做个对比。

第三个问题可以把访谈带入和缓的气氛。基辛格是中美关系恢复的有功之臣，说说自己最引以为豪的事会让他放松下来。

第十章 视频实采问题的预设

然而，在他放松警惕之后，一组杀伤性问题就来了：

（5）我们注意到美国国会经常对中国国内的一些事情通过议案，您能否告诉我们这是美国国会的一种习惯吗？

（6）您作为一个著名的国际关系方面的专家，您赞成这种做法吗？

（7）基辛格博士，既然您认为冷战前后中美两国都是政治上的朋友，为什么这么多年来，我们两国一直存在一些分歧和争论，特别是像在最惠国待遇问题上？

（8）在当今世界上许多人觉得美国在国际事务上一直在充当"世界警察"的角色，您认为美国是否应该扮演这个角色呢？

这四个问题把访谈拉回到严肃的气氛之中，让基辛格品评他的国家。为了缓和气氛，接下来四个问题只涉及基辛格的个人生活：

（9）乒乓球在中美关系上起了媒介作用，您会打乒乓球吗？

（10）有没有吃过烤鸭？

（11）请您谈谈家庭情况？

（12）美国议员是否经常旅行？您能经常与家人团聚吗？

访谈最终在轻松愉快的氛围中结束了。

这份采访提纲没有写明框架，只分组列出了问题。当然，我们可以把这四组问题视为一套架构中的四个版块。但这个版块框架不是对基辛格人生的机械式分解，而是较为老练高级的结构，是"挑战+安抚+挑战+安抚"的模式。这种模式使得基辛格对所有提问都很配合，实际的采访时间远远超出了原定的五分钟。

视频采访实务

本章最后要说的话

制订采访预案，预设实采问题，完成采访提纲，最初做这些工作时会感到很费力，需要慢慢琢磨，涂涂改改，还不一定能达到理想状态。

经过反复摸索和总结，困难的事情会变得简单，简单的事情会变成习惯，习惯会形成下意识。初学开车者只能按照规定程序做出每一个动作，而当其驾驶技术熟练之后，许多动作无须思考，似乎是自动发出。这种通过长期训练而巩固下来的技术动作就是熟练技能。技能的自动化程度越高，效率也就越高，工作成果也就越完善。

熟练的视频采访技能一旦被内化，采访人的反应速度就会大幅提升，从一个问题纵深到下一个问题的灵敏度和准确度会从意识调配升华为自动调配。

本章思考与练习

思考题

1. 想一想，吉尔兰德教授的应急采访公式"GOSS"能不能把最后一个"S"提到最前，变成"SGOS"？

2. 如果采访蒙古国总统，向他提出哪些问题会与中国受众具有相关性？

操作题

1. 用短视频方式专访你的校长，请确定第一个提问，并解释为什么。

2. 假如在第二次世界大战尾声采访英国首相丘吉尔，只有一个向他提问的机会，你会选择什么问题？

第十一章　从信息线索到实采预案

> **本章提要**
>
> 上一章只讲了视频采访谋划中的问题预设。这一章讲的是问题预设以外的其他谋划工作。一是了解信息线索的特点，以掌握确定采访题材的方法。二是选择有效的采访对象。三是初步收集采访对象的信息，进行采访预约。四是完成预采准备的四项工作，并在三种预采方式中选定合适的一种。五是对所有选材进行归类，确定采访结构，同时对选题进行开掘，预设采访主题。六是完成带机实采的预案。上一章的问题预设必须以这一章的策划方案为前提，也就是说，策划方案是问题设计的基础。

视频采访策划是一个规划过程，即从最初获得信息线索，到最终完成带机实采预案的过程。

视频采访策划的任务一是确定报道方向和采访的目标、范围、关键内容，以保证采访效率；二是寻找更为合理而巧妙的方式，以使采访更好看，获得更多的受众关注；三是为可能出现的采访障碍找到对策，以保证采访的顺利进行。

视频采访实务

过去,电视记者和主持人一般都要先通过先期策划获得内心定力,再通过采前恶补,临时汲取相关信息,力争在实采时显得游刃有余。但他们常常"明知故问",装作刚刚获知的样子,所以他们的采访工作带有很大程度上的表演成分。

数码媒介时代,视频采访人可以放弃谋划,以真实的无知状态进入实采,获取真正的新知。毫无疑问,这种采访是真实的,但采访质量往往堪忧。道理很简单,如果在日常生活中,我们去会晤一个陌生人,是提前做些准备,还是一无所知更利于交流?答案不言而喻。

所以,我们还是需要一步步了解如何做视频采访的先期策划,这至少没有坏处。

一、分析信息线索,确定采访题材

分析信息线索,确定采访题材,是视频采访策划的第一环节。

无论哪种媒介做采访策划,第一件事都是力争确定较好的采访题材,因为题材的质量非常重要,好的题材是成功的基础,那种题材平庸、仅靠出色的采访技巧取胜的视频罕见。而确定好的采访题材的前提是,找到采访线索,确定其可靠性,并初步判断它是否有深度开掘的可能性。

视频采访线索通常有五个来源。

(一)执政党、政府各部门及其分支、各类组织和机构的会议和通报等文件直接提及或含蓄暗指的信息

在传统媒介中,记者各有分工,垂直对应各自负责报道的领域,他们会分别与时政、经济、军事、体育、文艺、交通、健康等领域的主管部门保持密切联系,从官方渠道获取采访线索。许多专题栏目也会与相关机构合作,以高效获得有价值的线索。比如央视的《等着我》栏目,其内容是

第十一章 从信息线索到实采预案

为每期嘉宾寻找失散多年的亲友，并进行采访。最初，这个栏目是单打独斗，可以想见工作会有多么困难；后来，栏目与公安部、民政部合作，大幅度提高了获取种种线索的效率。

需要提醒一句的是，某些时候，为我们提供线索的部门会因为机构的利益，希望节目按照他们的意图去采访报道某个事件。此时，策划人一定要审慎对待，应该用采访所得事实去说服机构，按照事实进行报道。

（二）从线人和受众的举报中获取可靠线索

2013年，江苏电视台为广泛获取新闻线索，推出了手机新闻客户端——"荔枝新闻"，它可以从近百名荔枝特约通讯员、1600名荔枝校园记者、3000名荔枝热心网友那里，平均每月收到超过3000条新闻线索，其中可发布的新闻超过1200条。

不过，理论上讲，媒介线人的数量再多，也远远少于可能投诉的普通受众，因此来自受众的信息是更为丰富的线索来源。像《焦点访谈》中那些获得过中国新闻奖的著名节目，如《巨额粮款化为水》《"罚"要依法》《粮食"满仓"的真相》《吉烟现象》《铲苗种烟 违法伤农》《河道里建起商品房》《违法收缴违民心》等的信息线索均来自受众提供的信息。

例如《焦点访谈》2003年1月12日播出的《追踪矿难瞒报真相》，其线索源自一位观众给节目组打来的电话。那段时间，众所周知，山西临汾某煤矿发生了瓦斯爆炸，但媒体并不知道矿主瞒报了死亡人数。那位观众简单告之实情便挂断了电话。记者采访了当地相关部门，对方矢口否认，但记者没有放弃，又采访了途中遇到的矿难知情人，偶然发现了遇难矿工的电话本，继而远赴安徽和河南，直至挖出了矿主瞒报真相的确凿事实。

节目组在临汾煤矿安排线人的可能性极小，但不知名的受众却提供了最初的线索。所以，与线人保持联络很重要，更要重视受众的作用。

(三)兄弟媒介的报道信息及其主体报道中透露的细枝末节

纸媒和电台的报道没有视觉呈现,可以将其整体拿来,或另选新角度做成可视化采访作品。另外,兄弟媒介各有报道角度和报道侧重,其中会包含一些没有展开的零碎信息,可以发掘这些线索,开拓出新的采访空间。

王志专访刘姝威的线索来自《财经》杂志记者康伟平对"蓝田"事件的报道。报道说,刘姝威查看了上市公司每天刊登在证券报上的报表,经过数据分析,她确定"蓝田"——农业概念第一股——的报表是假的,这个公司已经没有现金流,仅靠银行贷款支撑。消息一出,"蓝田"岌岌可危。康伟平的报道平台是纸媒,而且没有触碰"蓝田"公司正在使用各种恐吓手段威胁刘姝威的内容,自然也没有体现刘姝威不做任何妥协的斗志。

这个题材正是《新闻调查》所需要的。美中不足的是,刘姝威的知名度还不够大,不过因为该新闻事件正处在进行时,许多情况尚不明朗,所以舆论关注度足够。另外,它的故事性很饱满,涉及学术良心、金融腐败、公平正义,而且人物性格鲜明,具有足够的拓展空间。就这样,刘姝威专访成了《新闻调查》中的经典节目。

(四)事件当事人主动要求现身说法

有时候,事件当事人或亲历者会主动找到媒介,讲述某个事件。

要注意的是,讲述人越是积极,视频采访人就越应该谨慎,切勿贸然将其讲述的情况当作真相。在对真相进行全面调查之前,只能把他们提供的信息视为有待查证的线索。

(五)视频采访人偶然亲历

采访人亲身经历或亲眼所见的信源是最可靠的,但这种偶遇的情况却是概率最小的,亲耳听到的可能性比较大。事实上,不少采访线索是采访

第十一章 从信息线索到实采预案

人在聚会上、朋友圈里、外出旅行中偶然获得的。此外，采访人的亲友可能会忽然成为某个事件的当事人，其结交的一些专家可能知晓某个事件中的一些信息，这些人都可能成为采访线索的提供者。

无论从哪里得到线索，我们一定要知道，线索不等于事实，它仅仅是完整故事中的一部分，甚至仅仅是一个十分微弱的细节，其特点如下。

（1）信息形态零碎而简单。它可能是一个数字、一句话、一个行为、一个片段、一个场景。总之，它是一种信号和征兆，没有来龙去脉，构成完整故事的其他信息有待开掘。

（2）模糊，若隐若现，很容易被忽略。它一般隐匿在错综复杂的事物之中，偶尔显现，但变动性极大，稍纵即逝，绝大多数人会无视它的存在，只有敏锐者才可能捕捉到它。

（3）不一定可靠。有些线索可以引出完整事实，有些线索只是子虚乌有。例如，《焦点访谈》中10%左右的选题总是一经实采调查，就发现原先基于新闻线索做出的预想与事实不符。因此，获得线索后，要初步查验和筛选，去除不可靠的伪线索，避免浪费时间和精力。

对于采访题材的规划，有两个需要注意的地方。

（1）采访选题的制作完成不应该仅是采访结果的记录，而且应该是沿着线索寻找结果的过程记录。

（2）数码媒介平台上的账号应该如同传统媒介时代的电视栏目，其题材范围需要加以限制，以形成视频内容的统一特色。因为，账号的内容定位会直接影响单个题材的取舍。也就是说，对于一些有价值而不符合账号特色的线索，应该忍痛割爱，不能将其作为采访题材。

二、选择有效的采访对象

曾祥敏说："电视采访是人性探求的形象艺术……所有采访与讲故事

的技巧都不过是为了更真实地展现事件,为了更真实地展现事件背后的人。"① 视频采访也一样,它报道的可能是一个事件、一种现象、一些机构或组织,但归根结底要落实到具体的人,也就是具体的采访对象。

视频采访对象的选择分为定向选择和随机选择两种。定向选择,可充分研究、精准谋定受访人,为之做出详细的采访预案。随机选择,并非仅仅是临场随意抓取,全凭采访人的经验即兴判断,而应该是整体预案中的一个临时部分,即随机选择的采访对象应与报道方向具有一致性。

也就是说,无论哪种选择都需要找到合适的人,也就是最有发言权的人。央视视听新媒体中心副主任杨继红提出过一个同心圆理论。②

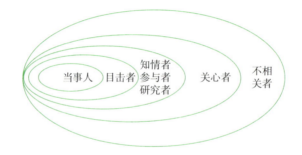

从对事件知情度的层面上判断,在同心圆结构中,受访人的重要性由内向外递减。举足轻重的是事件当事人,其中包括制造事件的当事人和被事件影响至深的当事人。笔者认为,在第一圈层和第二圈层之间,应该加上一个圈层,把目前处于第三圈层的事件参与者放至新增的第二圈层,因为他们介入了事件。在当事人和参与者的外圈是事件目击者,他们是事件的见证人,可以为视频采访增加生动性。目击者的外圈应该只留下知情者,他们听来的信息中隐藏着某些有价值的线索。而研究者,外加相关职

---

① 曾祥敏:《电视采访:融合报道中的人、故事与视角(第三版)》,中国传媒大学出版社2018年版,第275页。

② 包军昊、张晓明编著:《相聚〈新闻会客厅〉》,文化艺术出版社2006年版,第151页。

第十一章 从信息线索到实采预案

能部门的负责人,应该与关心者在同一圈层,他们长期关注同类事件,因此对事件模式有深刻的理解,但他们处在事件的外部,是权宜之计的次选。最外圈的不相关者没有采访价值。

视频采访对象的首选应该是第一圈层,只有采访事件当事人,才可能做出最有价值的独家报道。在媒介实践中,极少数采访人可以借由他们特殊的社会地位、人脉资源和顽强的预约突破能力,采访到核心当事人。每当有大事发生,当绝大多数采访人只能在外圈层打转转时,他们已经坐在掌握核心信息的受访人面前,听他们讲述事件的原委。

如果采访不到当事人,可以退而求其次,采访处于第二圈层的参与者。他们远比外圈层的其他人知道得多,但其对事物全面性的了解已经减弱了。

在笔者的学生在视频专访汇报中有这样一段描述:

> 联系采访对象时出现了一定的障碍,我们原本想采访的对象是一位"瓷娃娃",她骨骼比较脆弱,由于最近受伤正在休养而无法接受采访,我们便选择了第二个采访对象。但是,她称自己正在准备期末考试没有时间接受采访。本小组成员由于不常接触这样的特殊人群,所以在沟通上比较无措,便没有再坚持,而选择了现在的采访对象。相比于前两位,小 M 并非"8772"乐队的创始成员,所以典型性有所欠缺,基于她的视角的一些阐述可能并不能完全代表整个乐队的初衷与想法。

通过视频采访去报道"8772"乐队,只对一位不是十分重要的成员进行专访,把重心放在她一个人身上,显然是不充分的。在这种情况下,应该多采几位,让他们合力完善对整体信息的描述。

如果找不到当事人和参与者,那就选择目击者。

曾经有一个醉酒路人横卧马路,造成了交通堵塞。北京电视台《第7日》栏目没能拍到现场情景,于是他们邀请拍到了现场图片的《京华时

报》记者来讲述事件经过，并用他拍到的新闻图片填充了画面。

假如没有目击者，那就采访知情者。

有的事件知情者其实是后续事件的当事人，甚至更具权威性。

在大连"五七空难"后，《面对面》想专访离事实最近的人，但机长、副驾驶员都罹难了，乘客也全部遇难。栏目组最后选定了闪淳昌。他是事故处理小组组长，是所有信息的集结点，所有调查信息都在他那儿汇总，由他发布权威结论。因此，他是最合适的专访对象。

舆情采访可以有利益相关人，但他们不是全部。

要注意的是，在舆情采访中，越接近事件的人有时候越不可信。

观点专访一定要找到对口专家，切勿盲目选择。

2021年，一位名流专访一位经济学教授，特意向他请教芯片技术问题，结果贻笑大方，很快删除了视频。

总之，对于视频采访来说，选取具有典型性的受访人和专业对口的受访人是重中之重，它决定了采访的成败和质量。

三、初步收集采访对象的信息，进行采访预约

选定采访对象之后，不要迫不及待地仓促与之联络，最好先做些功课。如果对采访对象一无所知，初次接触便可能非常不顺利。要知道，对采访对象的基本了解不应该迟至与之初次接触甚至是见面之后。

布雷迪说，对于那些十分忙碌的采访对象来说，没有什么比接受毫无准备的记者的采访更令人恼怒的。且看以下两个经常被引用的采访案例。

案例一：

> 记者：将军，您的军旅生涯有多久了？
>
> 将军：你对我一无所知，有什么资格来采访我？

第十一章 从信息线索到实采预案

这样的基础信息没必要通过采访向将军本人求证,这纯属浪费时间。谢晋导演曾批评一些记者:他们一采访我,就要从头问起——你是哪儿的人、是哪个学校毕业的、多大岁数了,你们记者的时间很金贵,我的时间也很金贵。对于这些信息,采访人轻而易举就可以查到。如果采访时问这些问题,只会引起受访人的反感。

案例二:

> 记者:您在《飘》中扮演什么角色?
>
> 费雯丽:我无意与你这种无知的人交谈。

采访人专门就《飘》进行采访,却连面前的当红明星在影片中扮演女一号都不知道,接下来的问题质量可想而知。

采访人对采访对象一无所知,显得幼稚而愚蠢,一定会引发其愤怒。所以,记者麦克道格说,科学家、作家、音乐家、政治家以及其他有名望的人,都会鄙视那些表现出对他们的活动和名声不甚了解的记者。实际上,对采访对象的背景信息的了解不只应该在实采之前完成,而且必须在采访预约之前就做到心中有数。

了解采访对象的目的是,估量其接受采访的可能性及可能的合作程度,且根据其专业背景和工作特点进行相关的知识预备,找到一定的共同语言,以便在接触时迅速拉近彼此之间的距离,让对方觉得我们是"第一次见面的老朋友"。

首先,可以通过互联网检索,获知采访对象的热点信息和基本信息,建立起对采访对象的初始印象。这会确保在与他们联络时有话可说,而且不说错话。

比如,要采访一位企业家,必须检索一下他的企业是一家什么公司,有哪些辉煌业绩和负面新闻;也要大致知道他的成长历程,在哪里读过书,学的什么专业;还可以了解一下他的家庭状况,配偶是谁,子女多大

了。在联络时不一定会触及这些事情,但采访人一定要了解,因为一些对话将以它们为基础。

应该谨记,对互联网上的信息,不能全部信以为真,它们对错与否,需要向受访人核实。

其次,完成信息收集之后,要根据具体情况,先为即将制作的采访视频择定最有效力的发布日期,然后反推最合适的带机实采时间。

2002年母亲节,凤凰卫视主播刘海若在英国度年假,她搭乘的列车在波特斯巴车站发生了严重的脱轨事故。刘海若受到重创,陷入深度昏迷,后经北京宣武医院精心医治,渐渐苏醒,并在母亲的悉心照料下,逐步恢复了行动能力。

《面对面》在掌握了基本情况之后,决定专访刘海若的母亲黄庆中,并在2003年母亲节播出,讲述这位母亲在两个母亲节之间为女儿的付出。

在王志预约黄庆中时,刘海若已度过了危险期,恢复得较有起色,母亲黄庆中完全可以抽身应对媒介,以较为放松的心态面对镜头;同时,这离车祸发生的时间还不算太远,黄庆中对女儿出事前后的记忆应该较为清晰。

所以,此时预约采访最为恰当。

最后,完成了初步准备,要尽早联系采访对象,让对方安排采访时间。 如果只提前一两天联系采访对象,对方很可能已经安排了其他活动。

采访预约一般采取打电话的方式,便捷而高效。

要注意的是,打电话的时间选择应该以不过分打扰对方为准则。

有些时刻,采访对象是不愿意接电话的,比如在睡觉、开会、进餐、开车的时候。其实,他们和我们自己不愿意接电话的时间基本相同,将心比心,就会知道应该什么时候和他们联系。上午九点半以后,采访对象一般已经处置好了较为重要的事务,可以在办公室喘口气了,这时候接听电话,他们不会感到烦躁。十一点半以后可能是他们的用餐时间,可以在下

第十一章 从信息线索到实采预案

午一点半以后再联系他们。而下午五点半前后他们可能在开车回家或赶赴晚宴，不要打扰他们。如果有必要在晚上联系他们，可以在七点半以后再打电话，那个时候，他们已经用完晚餐或在晚宴的尾声，有空闲接听电话。夜晚十点半以后，不要再打扰他们，那时他们可能正在洗漱，准备上床睡觉。

不过，如果采访任务非常紧急又至关重要，那就只能立即打电话，不必在意对方是不是在睡觉、在吃饭、在会客。这种情况下就没必要抱令守律、规行矩步。

接通电话后，如果我们最开始的几句话让对方反感，可能马上就会听到"嘟嘟嘟"的忙音。所以，通话之前，应该先拟个草稿，以便简洁、清晰、明确地表达自己的意思，避免不得要领，结结巴巴，半天说不出所以然。

准备就绪后，采访人可以先给对方发一条短信，自报家门，说明联络意图，明确告知通话时间预计多长，最后务必要询问，"现在给您打电话方便吗"，以让对方觉得我们处处为其着想。

如果环境嘈杂，最好先戴上耳机，避免让对方重复我们没有听清的话。

在通话最初，受访人可能会问：你是怎么知道我的电话的？如果提供电话号码的人是受访人的朋友，可以告诉对方：是从您的朋友某某某那里要来的电话号码。要强调是我们"要来的"，而不是其朋友贸然给我们的，避免受访人对友人的埋怨。采访对象听到我们与其朋友相识，可以提升对我们的信任度。我们最好再补上一句：请您放心，您的信息，我们不会泄露给别人。这会传达出这样一个意思：我们一贯重视保护受访人的隐私，消除受访人的担忧。

在对方说话时，我们最好间断性地发出"嗯"或"对对"这样的声音，让对方感觉到我们一直在听，切忌出现长时间静默。

有时候，采访对象的朋友不能把电话号码告诉我们，那就只好请这位

361

朋友代劳，转告我们的采访意愿。通常严控自己电话信息的采访对象，不会轻易接受采访，与他们接触之后，还需要想方设法对他们进行动员。但这样的人一旦接受采访，多半会热情而积极地配合。

王志在决定专访刘姝威时，知道康伟平有她的电话，但康伟平告诉王志，刘姝威压力太大，早已闭门谢客，不接受任何采访，且她与刘姝威有约在先，不能把她的电话号码告诉其他媒体。除了康伟平，王志不认识其他有刘姝威的电话的人，他只好委托康伟平转告刘姝威，自己希望与她联络。

刘姝威答应了，但当王志与她通电话时，她的第一句话是：我看过你的节目，我们可以聊一聊，但我不同意拍摄。王志只好先答应：行，不拍，聊聊。后来，两人又通了几次电话，见过两面。王志表达了两个意思：（1）"蓝田"事件留下了许多疑问，我们很好奇，但我们不是为了猎奇，而是认为它有价值；（2）自己正在着手创办《面对面》，想用这次专访做样片，所以没有播出压力，只想做一次真实记录。最后，刘姝威心动了，专访地点定在了刘家。

刘姝威热情而认真，她打开电脑，让王志看了她写成的题为《虚假会计报表识别技术》的十几万字原稿和正在撰写的关于银行业务的小说。当看完"蓝田"恐吓她的邮件之后，王志感到，刘姝威太需要理解和支持。

最终，他的这次专访赢得了舆论对刘姝威的赞誉。

对于预约难度比较大的采访对象，预约工作需要面谈来解决。

在《新闻调查》要专访周长青的时候，编导和监狱管教与他预约，他死活不答应。大家认为"名人好使"，便动员王志亲自去做说服工作。王志起初认为，对一个已经被判处死刑的人，自己的名气起不了太大作用，但事实上，周长青一见面就说：王志兄弟，我看过你的节目。僵局随即被打破。

要指出的是，采访预约的成功在很大程度上依赖媒体和采访人的声

第十一章 从信息线索到实采预案

誉。哪怕《纽约时报》的记者的才华名不副实，他的采访预约也会比其他媒介记者的采访预约更容易成功。如果我们尚不具备知名度，可以试着把过去较为成功的采访作品拿给对方看，或许可以博取对方信任。

在预约工作中，声誉便于拉近距离，但要让采访对象真正愿意接受采访，还是需要耐心劝慰和启发。

周长青：我都这样了还能说什么，说什么都不管用了。赌博把命都要赌掉了，还让我说什么。别再让我丢人现眼了。

王志：我不这么看。俗话说，小赌怡情，大赌伤身。我不相信你是个天生的赌徒。

周长青：太对了，我以前是个连扑克牌都认不全的人。

王志：那为什么会走到今天？

周长青：一言难尽啊！

王志：那今天我就做个忠实的听众，你就当做个善事呗。

周长青最终接受了专访，而且留下了肺腑之言。

许多时候，采访人花在动员采访对象上的时间和精力，比花在实采上的时间和精力还要多。一两次面谈解决不了问题，采访人必须与采访对象"泡"在一起，才能让对方渐渐改变态度，接受采访。

为了专访钟南山，王志做了很多工作，但钟南山还是不愿意受访。因为广州是抗击"非典"的主战场，他要天天出诊，无暇旁顾。而王志的想法是，如果钟南山当即停下工作，配合采访，那他就不是我们希望采访的钟南山。

有一次，钟南山问王志：你们想采访什么啊，你懂不懂啊？王志表示：你去哪儿，我就去哪儿，我跟着你工作，去弄懂一切。钟南山问：我去重症监护病房，你也敢去吗？王志毫不犹豫地说：当然敢，你天天去，我有什么不敢？钟南山可能没见过这么执拗的记者，他瞥眼看着王志，说：行，你和我去吧，我们现在有经验了，万一感染了，我给你最好的照顾。

或许因为敬业和无畏,王志最终打动了钟南山,他最后在进京开会的空当接受了专访。那期专访提升了《面对面》的美誉度,也使钟南山名声大振。

要特别提醒的是,对于那些约访难度最大的采访对象,书面预约是最好的方式。在数码媒介时代,书面预约不是用纸质书信,而是用微信长文或电子邮件。书面邀请的好处是,可以给对方留下思索的空间,而贸然打电话可能会被他们不假思考地一口回绝。

有时候,对于预约采访政府高层,所有联系方式全都无济于事,必须提前布置好一种局面,让他们依照可以接受的行政秩序来完成采访。

对于谈论北京抗击"非典"的专访节目,北京市委书记刘淇是采访对象的第一人选,但他没有接受采访。此时,恰好刚刚履新海南省委书记五个月的王岐山临危受命,接替孟学农,代行北京市市长职权。王岐山在清理广东金融残局事件中,获得了"救火队长"的美誉,他总是能动用铁腕,化险为夷。因此,转而专访王岐山将更有新闻价值。但是,单独专访王岐山的可能性不大。所以,央视设计了特别节目,对所有"非典"重灾区的省长和直辖市市长进行了连线采访,于是北京市代市长也位列其中。

不过,王岐山只同意接受20分钟采访,只回答两个问题。按照以往的工作经验,完全可以先接受这些条件,见面再说,最后靠实采功力打破约定。事实上,对王岐山的专访时间远不止20分钟,他也回答了远不止两个问题。

要知道,高层之所以不愿意接受采访,一是因为公务忙碌,二是因为担心媒介报道掺杂偏见。也正是因为后者,他们只要接受采访,便可以提供一些很有价值的校正信息。

总之要提醒的是,在预约实践中,不要自设禁区,自己吓唬自己。笔者在一次视频采访教学中,要求本科学生小组必须专访一位知名人士。他

第十一章 从信息线索到实采预案

们在完成任务之后才发现，原来知名人士离自己并不遥远，也不难接近。实际上，大多数知名人士都期待媒介曝光，我们可以大胆地向他们发出预约。

对于难以约见的采访对象，要把未能成功预约视为预料之中的事情，这样就可以避免悲观情绪。法拉奇曾说，采访工作常常是一场消耗精力的"战斗"，我想采访他们的请求几乎总是受到冷遇，或者干脆被拒绝。想想看，世界级名记者尚且如此，我们的失败又何足为奇？

此外还要知道，当我们发出第一次预约遭到拒绝时，不要认为这是最后的结局。历史上，太多的受访人起初都明确表示不接受采访，但最终还是被坚持不懈的记者打动了。所以，既不要犹犹豫豫，也不要轻易绝望，很多采访计划落空，不是因为受访人拒人于千里之外，而是采访人胆子太小，太容易提前认输。

四、传统的预采方式和预采任务

电视广播时代，采访工作一般分为两个阶段，即不带机预采在先，完成带机实采在后。那么，采访预约之后，就要为预采做三项准备工作：（1）取得所有能够取得的与采访对象有关的信息；（2）形成有关实采的大致思路；（3）初步设想实采工作中的细节。与之对应，预采总任务便有三个：（1）由带机实采人的助手向受访人求证尚未凿实的已知信息，尽可能地获得更多的未知信息；（2）根据新得信息，紧急调整实采思路，当面确认采访对象是否可接受镜前采访；（3）对实采工作的细节加以完善，比如，以哪个特定画面做背景，从哪个位置进行采访拍摄，画外采访还是出镜采访，实采人以什么方式入画，又以什么方式把采访对象引入画面，最终哪些采访段落要用视频呈现，哪些可以转化成文字。预采结束后，要告诉采访对象，实采前需要考虑哪些问题，并敲定实采时间和地点。

预采的目的是缩短主观意图和客观事实之间的距离,在预采之前,采访对象是以概念形式存在于我们的脑海之中,而在预采过程中,要对其形成具象。

预采方式大致有如下三种。

(一)电话预采

电话预采时,双方不用见面,既省时间,又省经费。

在电话预采前,首先要预估一下时间。如果超过 10 分钟,一定要在最开始的时候征得对方的同意,比如:"大概会占用您 20 分钟,您看可以吗?"如果对方不同意,那就必须压缩时间。

我们如果要速记,请跟受访人说明白,自己是在边听边记,有时候要请对方说慢一点儿。笔者的建议是,最好征得受访人同意,使用电话或手机录音,这样我们可以全神贯注,不会因为没听清某句话而请求对方重说一遍,即使真没听清,或者事后记忆模糊,我们可以重听,而且一旦日后出现纠纷还可以将其作为音频证据。在有音频记录的情况下,只需记一些关键词,心理压力会小一点。

(二)线上预采

线上预采不要以电子邮件的方式进行,因为不是所有采访对象都具备较强的书面表达能力。当我们觉得对方用词不准、指代不明、逻辑混乱的时候,无法立即追问,而再写一封邮件去一一求证可能又要等上几天甚至几个星期才能得到答复,而且其中可能依然存在书写表达歧义等问题。

线上预采最好使用"微信""QQ""腾讯会议""Webex 会议""Zoom"这样的即时通信工具。这样,在书写交流、语音交流、视频交流中,预采人可以随时追问,受访人可以当即回答,还可以自动形成交流记录。其中,视频交流时还可以了解采访对象的语言状态和容貌特征。

第十一章　从信息线索到实采预案

（三）面对面预采

如果条件允许，最好的预采方式当然是与采访对象面谈。这种传统的会面方式可以在更为开阔的环境中，观察采访对象的言谈举止，了解对方的习惯、爱好，以及对环境中某些要素的态度。

预采人可以获得关于采访对象更为真切的认识。

预采要完成的具体任务有：

首先，广泛了解受访人的生平、爱好、信仰、社会影响力、家庭状况，实采人的助手要在预采中消除所有不确定性，避免实采人在实采过程中碰壁。

请看记者对一位女科学家的实采案例：

记者：解放40多年，我国高等学府培养了许多人才，请问，你毕业于哪所大学？

女科学家：对不起，我没有上过大学，我搞科研全靠自学，我认为自学也能成才。

记者：听说您又成功地完成了一个科研项目，请问，你的新课题是什么？

女科学家：看来你并不了解我的工作，我一直致力于这个项目的科学研究，目前只是又有了新的突破，但远远没有成功，所以谈不上有什么新课题。

记者：您的孩子在哪儿学习？

女科学家：我早已决定把毕生的精力贡献给自己的事业，因此我一直独身至今。

可以想象，如果是直播采访，记者该多么尴尬。对于女科学家没上过大学和独身至今这些信息，采访人应该在预采之前就了如指掌。其科研项目是否已经完成，很有可能是信息模糊点，应该在预采中澄清并确认。如

视频采访实务

果这类信息都不了解,实采过程中必将屡屡遭遇尴尬。

其次,大致了解相关事件的经过、关键特征、结果和可能的影响,用预采求证带机实采时必然触及的重要信息。

无论是在带机实采还是在预采中,都不要提出这样的问题,"请您介绍一下基本情况好吗?""事情的大概经过是怎样的?"——对这种基础性问题,采访人在预采前就应该自行掌握。要特别注意的是,我们耳熟能详的"5W"模式是视频报道的必备要素,但并非视频实采的必需要素。

When:事件在什么时间发生?

Where:事件在什么地点发生?

Who:事件中有哪些当事人?

What:发生了什么?

Why:事件为什么会发生?

"When"和"where"是预采前通过信息搜索就应该掌握的信息。"Who"和"what"同样是预采前就应该掌握的信息,但可能在预采中得到补充信息。"Why"也是预采前应该大致掌握的信息,只是可能在预采中纠正某些错误信息。这些信息在最终的报道中必不可少,但完全没必要通过带机实采来获得,应该在预采中确认,最后通过视频写作的方式直接呈现。

如果我们在预采中按照上述"5W"模式向受访人提问,对方会觉得我们根本没用心,似乎对其一无所知。因此,我们必须把发问求知式变成请求确认式,让对方知道我们做了准备,只是不能肯定这些信息是否完全准确。

When:事件是在某时间发生的吗?

Where:事件是在某地点发生的吗?

Who:据我们了解,事件中有这些当事人……是不是有遗漏?

What：我们可以把这个事件理解为……吗？

Why：我们觉得发生这个件事的原因是……我们的判断对吗？

其实，"1H"比"5W"重要得多，"5W"不是深挖"1H"的前提条件，但深挖"1H"才是预采和实采的根本任务。

How：事件是怎样发生和发展的？怎样导致了最终的结果？

为了在带机实采时展开对"1H"的提问，实采人的助手必须在预采中求得"5W"确认式问题的递进信息，让实采人心中有数。

When：事件是在某时间发生的吗？

为什么会在这个时间发生？

Where：事件是在某地点发生的吗？

为什么会在这个地点发生？

Who：据我们了解，事件中有这些当事人……是不是有遗漏？

这些当事人的动机可能是什么？

What：我们可以把这个事件理解为……吗？

您认为它究竟是什么性质？

Why：我们觉得发生这个件事的原因是……我们的判断对吗？

在您看来，导火索、直接原因、根本原因分别是什么？

预采中获得的这些信息，不一定是为了运用在实采和成品中，它的重要作用是武装头脑，提高采访人对采访信息的认知能力。

再次，熟悉采访中可能涉及的专业领域，了解受访人所在行业的特点及其获得的业绩，谋求与受访人对话的资格。对有所欠缺的地方，实采人的助手要在预采中求教，使实采人能够顺利完成任务。

采访准备最终"是为了卓有成效地使他谈透所触及的问题。这对于准

视频采访实务

备采访某位专家的新手来说尤为重要,因为专家是不屑于同新手交谈的"①。大凡学有所长的人都会觉得,跟一个对自己的专业领域一无所知的人交谈是一件索然无味的事情。从根本上讲,实采人应该博览百科,点滴积累。从方法上讲,通过预采中的求教和实采前的恶补,实采人可以突击掌握相关知识。

最后,要了解相关地区的历史沿革、地理特征、风土人情、经济结构、名盛特产、方言等文化,并把预采中受访人纠正的信息记下来,避免在实采中再出现信息偏差。

需要特别提醒的是,从预采开始,就不要完全相信受访人自己的说辞,必须展开对其外围关系的调查,从其同事、上下级、亲友那里打探信息材料,这一点极其重要。

如果当初我们相信中国福利彩票发行管理中心主任王素英的一面之词,就会把节目做成《福彩演播室》对她采访的那个样子,呈现她的"端庄大方""阳光""富于爱心"的假面状态。

如果预先在她的外围展开过调查,我们至少可能听到一些关于她违法乱纪的声音,我们的采访视频就有可能展现出她在民政部全体党员干部警示教育大会上忏悔痛哭的样子。

所有视频专访都需要在预采前后接触多位相关人士进行相互印证,都需要受访人的外围关系来做信度支撑。对刘姝威的专访也一样。在调研阶段,采访人应该争取预采"蓝田"的董事长、金融证券专家、她的同事、她所在学校的领导等。但要注意,无论是接触受访人的亲人,还是接触受访人的仇人,都要十分小心。前者忠实于我们的受访人而不是我们,他们说的可能全是好话。后者对我们的受访人恨之入骨,他们说的可能全是假话。不过,前者多少会提供一些有价值的信息,让我们知道受访人的成长

---

① 〔美〕约翰·布雷迪:《采访技巧》,范东生、王志兴译,新华出版社1986年版,第52页。

经历、兴趣爱好、喜欢的话题和讨厌的话题,后者至少会在揭露或诋毁我们的受访人时提供矛盾点,供我们在预采中进一步观察,在实采中激发受访人的解释欲。

另外,我们可以咨询相关权威人士,请他们评价我们对受访人的判断,避免我们从庸见出发,设计出颇为自信却是错误的采访提问。

五、带机预采的全程记录

电视采访时代,制作人似乎从未想过把更为真实的预采过程拍摄下来,编入正片,作为实采问答的有益补充。

当年的思路是,预采是与受访人的第一次接触,其中不确定因素太多,如果进行拍摄记录,过程会十分冗长,有价值的信息相对来说比较少,所以不值得浪费团队的工作时间和成本。所以,不如只派一名助手去预采,其他人把充沛的精力放在一气呵成的带机实采中,这样工作效率更高。

进入数码媒介时代,后台前置的制作实践出奇制胜,吸引了更多受众。许多制作人终于想通了,与其把视频采访分为预采和实采,何不让实采人把预采和实采都实拍下来?预采制作确实辛苦而复杂,却可以从中看见更为真实的人和场景。

在《仅三天可见》第一季中,姜思达先分别与八位明星相处三天,进行预采实拍,再分别对他们做一次坐定式采访,即相当于过去的正式专访。在第八期中,姜思达早早来到了张艺兴演出现场的休息室,见到了演出前对人爱答不理的张艺兴:

姜思达:这体育场多少人啊?

张艺兴匆匆吃饭,头也不抬,像是没听见问话,姜思达不解地望着他。

视频采访实务

姜思达：你怎么吃那么急呀？

张艺兴抬头看了一眼姜思达，一言不发，接着低头吃饭，空气似乎凝滞了。

见张艺兴根本无视自己的存在，低头看着手机，姜思达便走到门外，小声问张艺兴身边的工作人员：这是他一个正常的状态吗？得到的回答是：对，他起床来到现场，一直在工作，所以他闲下来的时候就玩手机。

在化妆师给张艺兴化妆时，他依然沉默看着手机，完全不在意姜思达在他身后枯坐。姜思达感到压抑，起身离开。后来，张艺兴听工作人员说，自己一直沉默不语，担心采访效果不佳，所以他把姜思达请回了休息室单独沟通，希望知道《仅三天可见》需要他如何做，如果需要他有一些表演，他完全可以配合。姜思达仍然表示：你想怎样就怎样。于是，情况受众就知道了，当张艺兴想怎样就怎样的时候，他就是刚才的样子。

带机预采更像是在拍纪录片，内容包括采访人与受访人时断时续的直接交流，也包括采访人对受访人所处环境及其行为的旁观，还包括采访人对受访人外围的采访调查，甚至包括采访人接受其同事的画外采访。

所以，预采实拍比实采的难度大，应引起足够的重视。

还要特别注意的是，预采拍摄以面对面预采为最佳形式，它包含更丰富的视听信息。相比之下，电话预采和线上预采显得十分单调，这两种方式最好不做主要形式。所以，要与受访人充分沟通，争取让对方同意我们带机实拍最初的接触。

这种预采拍摄一般是为大型观点专访做准备，因此传统预采需要完成的任务目标无须全部执行，只择取与观点专访有关的内容进行交流即可。既然预采可以实拍下来，那就不必特别在意正式采访提问的保密性，如果预采中获得了相应的答案，后期编辑可以将其直接编入正片。但最好的做法是，预采和正式采访有所区分，预采多为与主题相关的随意交谈，正式采访集中探讨较为重要和关键的问题，两者可以按照某种逻辑穿插进行。

要知道，预采拍摄和正式采访拍摄在时间上是完全分割开的，预采拍摄结束后，不必立即续接正式采访拍摄：可以先将选材归类，以确定结构，同时进行选题开掘，预设主题，充分做好准备之后，隔几天再完成正式采访。所以，预采格调和正式采访格调会有很大的差别。

预采拍摄通常是长视频专访的组成部分；事件专访一般不再被制作成长视频，而是被分割为采访人对各位当事人的单独小专访，每个小专访都是就事论事，陈述自己所了解的侧面。这种短视频制作常常是采访人自任编导，甚至是自己摄录，它无须预采，以避免二次采访时像是刚刚经过排练的表演。制作事件专访时，采访人只要将采拍的开始点适当提前，并把结束点适当延后，就会获得更多有益信息。

六、确定结构，预设主题

我们在写论文时，首先要做文献综述。开掘实采选题也一样，要做一项类似的工作，即将已知事实及其来源进行汇总综述。其作用是：（1）帮助我们确认有价值的信息资源；（2）了解其他采访人的相关报道，力争独辟蹊径，确保选题开掘的独特性；（3）汲取其他采访人的有益观点，让自己的立意更高。

首先，要谨慎选材，解决"说什么"的问题。

从各种信源那里汇总材料，完成信息集合工作，然后进行筛选，锁定那些有用、有看点的信息，再对这些有价值的信息进行梳理，分门别类，捋出一条主题线，把相关信息串联起来。

选材水平是评判采访人敏感度和判断力的标尺。选择一个事实，选择一些细节，意味着舍弃另外一些事实或细节。在采访实践中，要勇于选择、勇于舍弃，只有善于取舍，才能做到有声有色。

王志在专访刘姝威之前，将选材归类为三大部分：（1）讲述事件起

因，了解刘姝威为什么会关注"蓝田"的报表，为什么要写那篇约600字的内参短文；（2）总结短文发表后各方的反应，这些反应给她的生活带来了哪些影响，要凸显"蓝田"对刘姝威的恫吓；（3）了解刘姝威目前的状态，有什么考虑，准备怎么办，对未来有怎样的准备。专访要展现的是一种对比，即金融领域中一位学者与一家巨大的上市公司的博弈。

选材的首要标准是，看它是不是已知信息的关键点，其次是，看它能不能带来有价值的未知信息。我们仍以王志专访刘姝威为例。

已知选材：约600字的内参短文。

未知信息：刘姝威为什么会写出这篇短文？为什么会关注"蓝田"的报表？又怎样发现了问题？为什么一定要揭露"蓝田"？想没想过这篇短文会导致它破产？

已知选材：内参短文引发了轩然大波。

未知信息：刘姝威想没想过会受到"蓝田"的威胁？这给她的生活带来了哪些影响？有没有支援她的力量？

已知选材：刘姝威受到"蓝田"的种种威胁。

未知信息：她有没有后悔和妥协？对事件的结局有怎样的判断？未来有什么打算？

如此选材旨在确定实采的出发点，向未知方向纵深采访。

其次要做的是确定叙事框架，解决"怎么说"的问题。

在梳理和归纳好相关资料之后，拟订一个叙事框架，呈版块结构，每个版块表现一个侧面，数个版块合起来共同完成主题表达。

我们从梅茨勒说过的一段话出发，看看版块结构的意义：

> 挖掘事实真相的采访工作就像是走进一个黑暗的洞穴，手持未被点燃的蜡烛。每支蜡烛代表着一个问题，需要由答案来点燃它。点燃的蜡烛照亮的只是整个洞穴的一小部分。一个问题引出

第十一章　从信息线索到实采预案

另一个问题，最后整个洞穴都被照亮了。有组织的一系列问题，尤其是受到被访者启发而即兴提出的那些问题，引导我们一步步地接近事实的真相。但通常情况下，采访者在点燃蜡烛时太过随意，结果是，只有部分的现实被照亮。大多时候，部分的现实就像是盲人摸象的故事中盲人对大象的描述。你仍然处在黑暗之中。在数不清的报道中，你会找到大象耳朵的故事，或者是象鼻的故事，而不是整只大象的故事，不成系统的片面采访是造成这种状态的最主要原因。[1]

完整地解构一个事实，通常要把事实分成若干部分，一一加以描述，这便是一个个版块，而所有版块拼合起来，完整事实便浮现了出来。

无论是对于电视时代的完整节目，还是对于互联网时代的长视频，视听采访预案框架都需分解成至少三个版块。

沃尔特斯做的是电视专访。她曾把美国电视喜剧明星卡洛尔·伯纳特（Carol Burnet）的所有资料整理归纳为四大类，即童年与家庭、职业生涯、婚姻、习惯，并以此作为专访框架的四大版块内容。她只需为这些版块分别设计一套问题，获取相应的信息，对伯纳特的专访便大功告成了。其实，做短视频专访也一样，尽管短视频只描述局部，或许只呈现大象的一条腿，但一条腿仍可以分成小腿、大腿、膝盖三部分，所以短视频专访的框架虽小，但仍由一个个小版块构成。笔者的本科学生在构思关于他们的师姐金莹莹的专访框架时，按照在时间线上循序渐进的思路，设计了金莹莹考研、成为"网络红人"、获评北京大学学生"演讲十佳"、处理亲子关系四个小版块，形成了师姐不断奋进的主题。

不过笔者认为，无论是大名鼎鼎的沃尔特斯，还是未出茅庐的本科学

---

[1] 〔美〕肯·梅茨勒：《创造性的采访》，李丽颖译，中国人民大学出版社2010年版，第65页。

视频采访实务

生,这种沿笔直的时间线索切割数个版块的框架设计都显得平庸。最好的框架构造其实应以平行的数个特点、数个事件、数个话题作为版块。

再次要做的是选题开掘,解决"怎么说更好"的问题。

现在已经不仅是讲故事的时代,而且是讲好故事的时代。在媒介竞争日益激烈的大环境下,采访人所能获得的独家资源和独家信息已经越来越少,在大多数情况下,大家得到的都是相同的信息。如果没有独特的选题开掘,仅仅简单地进行信息发布,视频采访就将缺乏不可替代性,从而缺乏竞争力。

我们以中央人民广播电台《午间一小时》栏目的录音报道《从头再来——下岗女工刘丽华的成功之路》为例,来了解一下选题开掘的做法和作用。

以下是主持人原杰与受访人刘丽华的对话片段:

原杰:要强了一辈子,突然有一天发现自己掉下来万丈深渊,下岗了。

刘丽华:有时候我就觉得老天怎么这么不公平,所有的不幸都落到我一个人身上。我在学校就特别要强,我的大学梦到现在都没有圆上,我儿子替我圆了。

接下来刘丽华要讲老天的种种不公,在其他场合她对其他媒体都讲过,但她从未以儿子为出发点讲述自己的故事。而原杰一定是在选题谋划阶段就知道了,儿子在刘丽华的磨难和奋斗中是怎样一个要素,于是把儿子作为起撬点,引入她的叙述,故事效果大不相同。原杰显然做好了准备,知道刘丽华的儿子叫刘叔言,也知道他的小名"难难"蕴含着怎样的故事。现在机会来了,刘丽华提到了儿子,原杰立即顺势打开了一个新视角:

原杰:儿子叫难难,干吗叫难难?

第十一章 从信息线索到实采预案

刘丽华：这说起来就是 20 年前的事情了，这段经历回忆起来，在我生命里应该说是挺沉重的。我结婚以后婚姻不太好，我们夫妻在一起生活，法院统计大概是七个月零 18 天，特别短暂。这七个多月时间是从我结婚到生孩子，生完孩子我儿子几乎没见过他父亲，一天我就抱回来了，没满月。自己抱个 10 天的孩子，家里又特别困难，尤其我父亲当时风湿，残废一条腿，我母亲长年有病，弟弟妹妹一大帮，我老大。家里生活特别困难，加上我和孩子的归来，当时家里的生活不是能用语言形容的。孩子生完一直没有名，我就找他，孩子应该起名了，后来他说了也许是一句玩笑，也可能他说的是心里话，他说叫"余艰难"吧，他活得不容易，本来就没想让他来到人世间。我听了这话很难过，妈也觉得这个名字对他也是一种激励，所以"难难"就这么叫开了。

原杰：恐怕还真有这点预示，所以你的人生道路还真是有些坎坎坷坷的，直到下岗，是不是那时候就觉得已经摔到谷底了？

刘丽华：对，听说下岗了，我真是有叫天天不应叫地地不灵的感觉。

视频采访不必纠结于选题是否与别人的重复，关键要看自己是否选择了恰当而独特的视角去表现那些人所共知的信息。此处，刘丽华可能会抛开儿子，单独讲述下岗后的艰难。原杰再次引入了孩子的坐标，使刘丽华的故事继续围绕儿子展开。如果不是在选题开掘时就确认了儿子在母亲的叙述中如此重要，"儿子"这个附加点就可能会被忽视，故事的情感色彩也就会大幅削弱。

原杰：你下岗的时候他多大？

刘丽华：六岁，那时候单位工资就停发了，1996 年下岗。

原杰：下岗以后，马上就干起你现在的事情了吗？

刘丽华：没有。因为单位没有了，工资停发了，也没活儿干

了，怎么办？那时候我儿子得肺结核，那点儿积蓄全给孩子治病了（音乐起）。数九寒天的，也是没有活路了，抱着儿子我去跳大江，我们吉林市最美丽的松花江，但我又没死成。我到现在都忘不了，在松花江的桥头，雪都被我的膝盖焐化了，那时候我就感觉我儿子这么好，谁能把孩子给我抱走，把孩子给我养大，我死无所谓，这么漂亮的孩子我觉得跟着我太不值得了。一个老头儿发现了，我一生最遗憾的事情是这个老头儿我没问他姓什么叫什么。当时大伙儿这个10块，那个10块，200多块钱，我把儿子的病治好了。我跟自己说，我是一个母亲，我有一个儿子就应该尽一份责任，既然死不了，苍天有好生之德，自己往前走，我就争口气吧。老百姓说，人活一口气，佛受一炉香，我为了这口气一定要把儿子养大成人。面对我的儿子，我不止要撑起一片天，而且要顶天立地地站起来。

对于视频采访而言，关键环节和细节重于一切，没有对关键环节和传神细节的陈述的采访即为无效。没有故事的视频采访，不过是抽象空洞的敷衍，没有关键环节的故事只不过是流水账，而没有细节的关键环节仍然是虚弱表达。所以，在选题发掘时就要确定，必须强化哪些信息，以凸显关键环节和引入细节。

最后要做的是预设主题，解决"为什么说"的问题。

视频采访主题的最终形成一般是在实采进入后半段或即将收尾的时候，但在策划阶段就应该预设好，以便在实采过程中对其进行验证。先是形成主题雏形，然后逐渐深化，最后水落石出。

在《杨澜访谈录》对新华社摄影记者唐师曾的专访方案中，有一个借用高考题设计出来的问题，即有一个渡河者，行到河中遇到风浪，为避免翻船，必须减负，这个人的背囊里有美貌、金钱、机敏、才学、健康、诚信、荣誉，他先把"诚信"扔掉了，如果是您，遇到这种情况，先扔什么？

第十一章 从信息线索到实采预案

杨澜曾问过许多名人这个问题，他们的一致回答是，先扔掉"荣誉"，而她汇总唐师曾的各种信息之后，归纳出了他的两个特点：一是热爱冒险，二是荣誉感强。如果唐师曾最终选择留下"荣誉"，就会与其他人形成强烈反差，专访主题也就形成了。果然，唐师曾在实采中回答：最先扔掉"美貌"，实在不行"健康"也扔掉，最后唯独留下了"荣誉"。

主题总是蕴含一定的价值观，这就是我们制作某个采访视频的理由。

数码媒介时代，许多视频不能说没有意思，但总像是缺点儿什么。其实，它们缺的就是主题和主题所蕴含的价值观。尽管它们的各个部分都很有趣，但在总体上却没有统摄感。比如说 2017 年上线的短视频《大爷安林：胡同里的三轮扛把子》，每一部分都很不错，但没有主题，或者说主题不明确。

它的第一部分共 1 分 15 秒。70 岁的安林蹬着三轮车，拉客游北京胡同。他告诉采访人，他在 1991 年花 4000 块钱买了京城第一辆不锈钢三轮车，"我就 150，我不掉价，不坐不坐走人，坐车就 150，少一分都不成"。每小时收费 150 元，老人家很有性情，充满了老北京人特有的自信。

第二部分共 1 分钟，表现了安林的仗义和公平。他告诉采访人，他给徒弟们派活儿的原则是：今天谁没开张的我叫谁。说你拉六趟了，他这还没挣钱呐我叫那没挣钱的。你拉六趟你跟我再好，拜拜，一边儿去。平等的，都租房，都养家。我这人办事就这样儿，我不怕得罪你。老人倔强却不输于理。

第三部分是重头戏，共 3 分 22 秒，表现了安林对故居的眷恋。老人家不喜欢现在的新居住地，他带采访人来到了福祥胡同，看他住过 50 年的四合院。他出生时的胎盘埋在老树下，老树分枝扦插，已经繁衍出了孙辈。老人推车转身的慢镜头，配以背景音乐，对往昔的眷恋之情溢于言表。

第四部分是尾声，共 44 秒。安林打快板、说北京，画面是充斥着游人的南锣鼓巷。

 视频采访实务

这是一个人物短片,老人家形象鲜明,让人印象深刻,但它没有统摄四部分的主题,眷恋旧宅和自信仗义似乎并不相干。从制作者确定的标题上看,"胡同里的三轮扛把子"可能是勉强想到的主题。"扛把子"是江湖黑话,意思是团伙中的老大,但表现安林是老大的内容时长只有短短1分钟,其实文不对题。笔者认为,视频中缺少一个重大信息——安林是溥仪的堂侄,本应养尊处优的皇族成员,而今自食其力,且是走街串巷的"板爷"。如果以此为主题,重新组织视频各部,传播效果将会大为不同。

最后要注意,主题预设是基于众多材料的一种推断,如果在实采中发现推断有误,不要强行催化主题,而应该果断改弦更张,发展和呈现与事实相吻合的新主题。

七、正式采访的预案

正式采访预案就是带机实采的执行方案。

第一,敲定采访目的。要告诉所有参与者,我们为什么要做这次采访,这是实现预设主题的关键。如果不知道采访目的,实采会变得松散随意,没有方向。只有确立了采访目的,叙事框架中的版块内容才会具有共同的目标。

笔者的一位本科学生在总结她的视频采访作业时写道:

> 我们选择了他个人三段最重要的经历——第一次受欺负、他告老师后反而受到报复和群体被压抑到极限的一次反击。我们尝试通过这三个关键事件叩问被校园霸凌的同学究竟该如何自救。

第一句话是这个小组的采访框架中的三个版块,最后一句话是他们的采访目的。这个小组预案目的明确,但他们的实采并没有达到预设目的,仅仅讲述了受访学生遭受霸凌而老师们袒护霸凌者的故事。要注意,视频

第十一章　从信息线索到实采预案

采访的质量可以通过采访结果是否达到了采访目的，进行评价，没有达到目的的视频采访便是有所欠缺的。

第二，确定采访哪些人。

前面已经讲过选择受访人的原理，此处不再赘述。这里要特别强调的是，对现象的报道和评论不宜采用专访模式，应该采访诸方面的当事人和相关人，由多个侧面的展现来完成节目。

针对校园霸凌现象，如何遴选采访对象？上述采访小组中那位女生这样写道：

> 在多次的筛选后，我们确定了以藏族大三男孩 CL 为主体的专题片，并在多次的讨论和遇到问题后将形式更改为主题采访（以专题片形式呈现，做成完整的故事陈述）。

于是，他们的视频作业变成了她对中学师弟的专访，视频中并看不到别人的印证和态度。对此，小组中一位男生陈述了这样做的理由：

> 正式采访时 CL 花费了大量时间去完整叙述他个人被霸凌的经历，因此我们具备了十分丰富的资料，并且他的叙述也含有基本的逻辑线，使得我们可以将视频采写聚焦到个人，不用非得扩展到现象级。

对于由多个事件构成的复杂现象，仅以一名少年的独自叙述来呈现，无论如何都是不合适的。这个小组的采访素材中几乎全部是 CL 一个人在讲话，这是因为在确立预案时就出错了，没能坚持采访各方面的相关人。事实上，据这位男学生介绍，做预案之初他们曾经有过正确的思路：

> 这件事采到 EFG 那些同学才行，还有那个叫他对峙的德育处老师，再采一个当时盖处分章的校领导，这样才是一个合格的专题片吧……这样会多有趣多有意义啊，那些人的拒绝受访也留下了这样的遗憾。我想也许以后可以换个办法再接近他们试试拍

视频采访实务

摄。之前我们小组进行了第一轮主题讨论,最终得出的结论是,由单人的经历陈述构成第一部分,采访多个其他类似的被霸凌者构成第二部分,由此将内容从第一部分上升到类似于集体的现象感。第三部分则是邀请学术专家来对校园霸凌现象进行点评。但最终我们的预定逻辑线由于各种客观因素无法实现……我们联系的几位学术专家都不愿意出镜并讨论这一话题。

学生做习作,时间和精力有限,经费少得可怜,采访人又缺乏名气和可信度,无力实现正确的设想完全是情有可原的。但如果是专以视频采访为生的团队,那就必须勇于确立具有难度却正确的预案,并在执行中克服种种困难,直至完成采访。

在确定受访人时常会遇到一个问题,就是采访对象的特殊条件与视频采访的基本需要相矛盾。有时,这些矛盾可以妥善解决;有时,这些矛盾不可调和。

笔者的另外一个视频采访小组要专访"失败青年展"播客电台的创始人"Lili"和"Atchoo",两位音频主播同意受访,却不愿在视频中露脸。出于对音频主播隐性需求的尊重,采访小组给两位受访人提供了头套。一位组员后来总结道:

> 一个比较大的问题是头套使得受访人的面部活动被遮挡住了,观众无法阅读其神态,肢体语言是残缺的……我们也让受访人自己选择了头套的样式,希望头套不只是蒙面工具,也是展现他们个性的一个标志。但在冬天室内有暖气的情况下,头套戴久了有些闷热,这有点影响受访人的状态,并在后面使他们有些不耐烦。

在专访镜头前,两位受访人始终戴着两个巨大而滑稽的头套,藏匿了所有表情。两位主播又不算是引人关注的声优,受众不可能有欲望、有兴

第十一章 从信息线索到实采预案

趣去想象头套中的两张脸是什么样子。而且，通篇访谈中没有任何吸引人的地方。这只能说，采访人从一开始就选错了采访对象，应该断然中止预案。

第三，确定最合适的访谈模式。合适的模式可以事半功倍，不合适的模式只能事倍功半。制作校园霸凌作业的小组中女生成员这样写道：

> 对 CL 的采访最难是在这里，就是感同身受太强了，完全知道他描述的那些场景画面是什么样，因为一样的无助和无奈我都见证和亲历过。采访中我还是尽力保持冷静了，也分阶段推进了各种问题。后来我还考虑，我们俩可以互换采访人和受访人的身份，就一起聊各自的经历，这也许可以制作成一种新形式的内容，因为我可以分享女生遭受校园霸凌中不一样的情况，彼此作证、共鸣。

这个小组的视频采访作业实际采用的是画外专访模式，这位女生后来构想的是聊天模式，而聊天模式或许更适合这个选题。

第四，确定采访人的工作方式。访谈模式决定实采人的工作方式，而不同的工作方式会形成截然不同的采访素材，直接影响着成品的样式和风格。

（1）画外采访。避免喧宾夺主，只呈现受访人的表现，对采访人的素质要求最低，失误均可被删除。

（2）画外音采访。受访人仍是主要关注对象，采访人不必在意自己的形象和姿态，只需控制节奏，让访谈不要过缓，也不要过急。

（3）出镜采访。可以增加访谈画面的丰富性，采访人的现场表现和采访技巧可以成为有价值的看点。这种方式对采访人的要求最高，一旦失误，不易删剪。

选择实采人的工作方式时，要充分权衡利弊，选择最适合的方式。

第五，变不可能为可能。

虽然实采策划中预估了采访困难，并为克服困难确定了应对方法，但具体的采访困难千千万万，解决困难的方法也没有统一模式。这里仅介绍三种情况供大家了解，希望能达到举一反三的效果。

（1）正面采访不可能，那就做外围采访

在做负面信息报道时，可能遇到主要当事人拒绝采访的情况，一定要提前想好如何从其外围入手进行采访。

比如，一条自然形成的小食街，夜夜火爆，方便了许多食客的夜生活，却严重干扰着周边居民的生活，给市容卫生带来了麻烦，政府多次取缔，但屡禁不止。如果为报道此事做视频采访，必然会遇到困难，但预案仍要首先考虑采访当事人——摊主或食客，但他们多半会因为个人利益问题而拒绝采访。那么预案就要选定三位到五位身份不同的相关人进行外围采访，比如周边的居民、城管人员、清洁工、社会学家，让他们从各自角度分别谈谈对夜市食街的看法。

这样，一条乍看起来难以完成的采访报道就被成功盘活了。

（2）得不到有声回答，就用无声回答说明问题

在做批评性报道时，确定采访对象之后，可能遭到拒绝，对方或以种种理由推托不见，或挂断电话，或拒采访人于门外，或三缄其口。如果想尽办法也无法说服他们接受采访，那一定要记住，对方的拒绝就是一种回答。

王志在专访刘姝威之前，计划采访她的对手"蓝田"公司。但当拍摄记者赶到公司驻地时，已经人去楼空，只剩下一个保安和一扇被铁链锁住的门，于是就拍下了此情此景作为答案。此外，栏目组给相关管理部门打了电话，但没人愿意出面接受采访。这也是一种回答。

总之，在预案中就要做好设计，以对方可能做出的种种反应作为实采答案。

（3）如果无法在关键节点上完成采访，就要在关键点之前完成

第十一章 从信息线索到实采预案

2003年10月15日，杨利伟搭乘的"神舟五号"飞船，在甘肃酒泉卫星发射中心升空，在太空遨游近一天，16日返回了内蒙古主着陆场。这是中国宇航员第一次进入太空，杨利伟成为家喻户晓的"航天英雄"，中国航天技术为世界瞩目。因此，在10月14—17日这四天里，如果能让观众看到杨利伟专访，会获得最佳效果。

这原本是不可能的，但《面对面》却做到了。9月30日，王志独家采访了杨利伟，所以能把节目安排在杨利伟成为"航天英雄"的节点播出。这期节目，在同行和受众的惊讶中，完成了对重大科技新闻的及时解读。

这种在重大时刻之前先期完成的采访，总比在重大时刻之后跟风制作的采访更好看。那个时候，虽然杨利伟已经做出了非凡的努力，但依旧默默无闻，尚未戴上耀眼的光环。他是清晰、质朴的。这种节目的价值在于，它从人的角度出发，解读了陌生的技术和充满神秘感的伟大事业。它将是一个永远的纪念，让我们记住英雄。

这种"提前采访+节点播出"的操作方式有两个特点：（1）采访预备时间较长，可以随着事物发展的进程陆续增添或改变预设问题，等到其酝酿较为成熟时进行实采，而且日后仍有补采机会，所以实采不必过早开始，也不要过早结束；（2）可以设计两种预案，两种预案的主体信息可以是一样的，但它们的附加信息可以为故事结局的多种可能性做好预备，一种针对成功，一种针对失败。

总之，对于那些重大事件都可以如此操作，把事件发生当天不可能完成的采访提前完成。

 视频采访实务

本章最后要说的话

视频采访切忌看上去生涩、假,实践经验告诉我们,实采预案做得越细致,实采结果就越像是未经策划的日常交流。对于长视频专访而言,七分执行,要有三分策划,没有三分策划,七分执行的质量堪忧。实际上,实采预案就是关于行动构想的书面计划。行动构想之所以能被写进预案,是因为它具有可操作性,能指导我们更好地完成采访,而行动构想被写进预案就意味着,它从此有了规定性,是我们必须完成的任务。可是有些构想很好,但实施起来却发现进行不下去,所以在制订预案时,要把应急方法写进去,赋予预案灵活可变性。

本章思考与练习

思考题

如果你是腾讯视频的采访人,计划采访张艺谋,你觉得以哪种方式联系他最合适?具体怎么联络?

操作题

某街心小广场,每夜都有广场舞,乐声聒噪,周围住户投诉后,管理部门无计可施。如果请你做一个批评性报道,你将如何完成采访部分?

第十二章 视频采访的伦理

本章提要

　　这一章，我们从日常人际交流的现实出发，探讨日常提问的伦理底线，而后纵深研究视频采访人镜前表现的伦理要求。视频采访人应该具有一系列不同于普通人的自我认知，必须尽全力维护视频采访的客观性，合理取材，尽到应尽的社会责任。其中，必须高度重视视频受访人的五种权利，不能无视这些权利，做出出格的举动。此外，还要从伦理层面认真思考两个至关重要的问题：一是个人财富在什么情况下是隐私？二是如何对待社会知名人士的情感隐私。只有澄清、确认这些问题，我们才可能在实践中避免犯原则性的错误。

　　即使在数码媒介时代，人人都可以成为视频采访人，视频采访也仍然可以视为一种职业。其结果是传播，而不是像日记那样，用于私人珍藏，所以视频采访必然涉及传播伦理。它是一种公民广泛参与的兼职，参与者可以是学生、医生、律师、农民、驯兽师，但他们均应遵守采访报道的职业规范，否则就会冒犯受访人，扰乱社会秩序，触怒受众。

 视频采访实务

一、人际交流的底线

既然视频采访属于职业化交流,其伦理要求就注定要高于一般人际交流。那么我们首先看一下,一般人际交流的底线在哪里。

人际交流中要有眼力见儿,不能仅在自己方便的时候要求交流,更重要的是要看对方是否方便。我们不能在别人睡觉的时候、打电话的过程中、紧急赶场的路上、从事高危工作的当口上前去攀谈,否则就太不懂事了。那么,正式的视听采访中有没有严重不当的时机?

1987年,物理学家钱伟长在看过全国"铁人三项"运动比赛直播之后,写了一封批评信。他说:马拉松长跑一项,在参赛者奋力前行的途中,竟然有些记者,或在路上奔走,或坐在汽车里,伸着话筒,追着气喘吁吁的运动员采访,问他们:"有多少岁了?""在什么单位工作?""爱人对你参加比赛是什么态度?""有小孩儿吗?是男孩儿还是女孩儿?"在比赛中,这些问题无关紧要,是一种严重的干扰。等到运动员跑到终点,立刻有一群记者围上去,致使运动员不得不马上止步,上气不接下气地回答问题。而长跑42公里之后,不能马上停下来,必须接着步行数百米,慢慢恢复到静止状态,否则会损害健康。

如果是文字采访,记者可以把采访得来的信息直接写成文稿,不会交代信息是在什么条件下、怎样得来的。但视频采访是过程式的,一旦采访不当便会即时暴露无遗。如果记者的采访时机不当,给竞技秩序添了乱,一定会引发受众的愤怒。职业记者尚且会犯这样的错误,业余采访人是否更应该警惕呢?

请记住,在以下几类情况下都不可以进行视频采访。

(1)对方马上就要开始充满紧张感的活动,比如大赛前、演出前。

(2)对方正在全神贯注地从事某项十分要紧的工作,比如外科手术、技术测试。

第十二章 视频采访的伦理

（3）对方处于连续性很强的活动的间隙，比如考试间隙、演讲间隙。

（4）对方的情绪或精神状态出现严重异常，比如病痛难忍、伤心欲绝。

一般来说，生活中不宜打扰对方的时候就是不宜采访的时机。

人际交流中，如果我们的问题流露出反对的意思，哪怕这种反对语调并非自己的本意，也会让听者不快。 生活中有时候会遇到这种情况，即一个人说了某句话之后，有人就不高兴了；说者要经过反思和琢磨，才会发现是哪句话得罪了人，而这种话往往带有弦外之音。此时，说者不能一味责怪听者多心，一般来说，说者在潜意识里往往确有听者听出来的意思，只是并不清晰。

请看 2007 年 9 月 16 日央视播出的《马燕：我要上学》中的一个对话片段。

先要了解一下马燕。她是一个回族女孩，受访时 19 岁，家住宁夏吴忠市同心县预旺乡贫困的张家树村。上小学时，她成绩优异，却两度辍学。她从四年级时开始写日记，并读给不识字的妈妈，希望改变命运。马燕 14 岁时，法国《解放报》驻中国记者皮埃尔·阿斯基（Pierre Aski）来到了张家树村，读到马燕的日记，开始资助她。她成为村里第一名女初中生。阿斯基还把马燕的日记拿到巴黎出版，使她成了新闻人物。知道这些信息后，请认真阅读下面的对话。想想看假如这是生活中的对话，你是听者，你的感受如何？

记者：<u>为什么要上学？</u>

马燕：上学比在家里蹲着好，别的不说，听到他们吵架，就觉得非常烦恼。

记者：但是我还是有点儿不明白，<u>你已经读到五年级了，别的女孩子可能读到三年级就不读了，家里又这种经济状况，你为什么一定要读？</u>

马燕：从三年级到五年级，读的书更多了，学到的看到的也

视频采访实务

多了,总觉得再不要过以前的那种生活。

记者:<u>过以前的生活有什么不好呢?</u>

马燕:他们一天就知道瞎苦,去外面打工有时候还被人骗了。

记者:<u>你为什么一定要改变?</u>

马燕:从他们身上我明白了知识是有用的。

明知道马燕处境凄惨,上学是改变命运的唯一出路,却要问她为什么要上学、为什么不愿辍学,大概言外之意是,不必改变命运。马燕回答说,上学就听不到父母的争吵了,这显然是就着先前的话茬,随口说了个继续上学的理由,但并非上学的全部益处。记者后来说,他想深挖马燕非要上学的其他想法,这没有什么错,但他的问法却是:其他女孩子很早就辍学了,你为什么就不能跟她们一样?弦外之音依然是逆来顺受。第三问的意思干脆就是逆来顺受有什么不好,第四问的意思是你为什么不能逆来顺受。这位采访人是一位优秀新闻记者,他的本意一定不是我们现在推导出来的结果,他应该是在借用世俗的庸见,反向激发马燕反抗世俗的表述,但他这样的措辞,却很容易让人读解出他不赞成马燕继续上学的含义,听上去,仿佛他是庸见的代言人和支持者。

如果是在生活中,我们对马燕的处境心生同情,同时又想知道她何以执着于上学,这四问都应该使用陈述问句:

(1) 你一定要上学?

(2) 你已经读到五年级了,别的女孩子可能读到三年级就不读了,家里又是这种经济状况,但你一定要读书?

(3) 你不愿过以前的生活?

(4) 所以你一定要改变命运?

这样问可以表现出对马燕的赞许,是在鼓励她说出为什么。在生活中,这样的交流是不是更能让谈话对象和旁听者感到舒服?

第十二章 视频采访的伦理

在人际交流中，说话粗野，动辄发怒，是遭人鄙视的；用语委婉，能在愤怒中保有风度，一定会得到赞赏。 视频传播对负面态度和不当行为有放大效果，如果在视频采访中冒失莽撞，态度暴躁，看上去会比生活中严重得多。

比如说，视频采访一位美国官员，采访人有感于中美关系的紧张，拉下脸，突然大声质问：那你说，为什么中美关系如此恶劣？或许少数狂热的极端主义者愿意看到这种情景，但绝大多数受众会认为这是失态。事实上，这样的所谓采访，跟生活中的争吵一样，不会呈现有价值的信息和有益的成效。视频采访人很重要的目的是让受访人谈出自己的看法，说出为什么，而不是愤怒地指责他们的错误。所以，在采访那位美国官员时，问题完全可以改为：在您看来，目前中美关系怎么样？坦率地说，中美关系变成这样，您觉得可惜吗？

在视频采访中，提问可以冷峻和尖锐，但不能粗鄙和暴躁。

有人说，采访人之所以会在镜头前没有眼力见儿，或盛气凌人，屡屡提出令人不快的问题，或忘乎所以，动辄暴跳如雷，发出莽撞或恼羞成怒的质疑，是因为他们在日常生活中就是经常越过底线的人，只是在进行视频采访时暴露了自己。

二、视频采访人的自我认知

视频采访人的非职业化表现，常常是因为欠缺生活素养的状态延伸进了视频采访工作，而恰当的自我认知可以切断这种延伸。所以，职业上的自我认知非常重要。每一位视频采访人都应该对自己的定位和使命具有清醒的认知，这种认知最好是在萌生做视频采访人的想法时就开始建立。

首先，视频采访人要懂得，自己是信息发掘者，也是历史记录人，所有采访都要对当今和历史负责。

视频采访实务

视频采访报道,首先是舆论中的一种声音,最后可能变成历史的一部分。这要求我们忠于事实,不误导今人,不贻害后人。互联网的传播力和记忆力非同一般,所以在今天和未来的社会,视频采访人这种认知尤为重要。

其次,视频采访人不仅是自己,而且是某些群体的代表。

电视广播时代,记者虽然也是以个人身份进行采访,但代表的是电视媒介,而受访人代表的也不仅是个人,他们常常是某些群体的代表。记者应该关注的是受访人的社会映射,而不是那些纯属于个人而毫无社会含义的信息。记者与之接触,不是为了这个人,而是为了整个社会。所以,采访的最终结果必然会超出采访人的朋友圈,在社会上产生广泛影响。

记者有了这些认知,便应学习着淡化"私我",以"公我"的面貌出现,久而久之,"私我"变得极小,"公我"成为职业习惯,非职业化带来的瑕疵便消失了。

进入数码媒介时代,大批大批的采访人卸下了传统的负担,仅把视频采访视为个人兴趣,于是他们把自己的喜怒哀乐融入了采访。这没什么错,甚至可说是一场革命,由于受众被极度细分,大多数视频采访仅仅是做给少数分朋友看的。但是,如果我们自视为媒介,希望拥有大规模拥趸,我们心里就不能只有自己。我们当然可以是自己,但不能无视受众的存在,受众中总有一些共同的需求等待我们去满足,也总有一些共通的标准希望我们能达到。

笔者一直视美国有线新闻网主持人拉里·金(Larry King)为新旧媒介过渡过程中的杰出采访人。从他的采访实践中,我们可以获得一些经验。

与绝大多数电视记者不同,金坚称,只要拥有无拘无束的好奇心,就不必在采访前做过多准备,完全可以在访谈中随机组织问题。他认为,最好的采访人是对受访人知之最少的人,他讨厌问自己已经知道答案的问题,也从不惧怕因为不知道答案而问出很傻的问题。这个认知其实是超前

第十二章 视频采访的伦理

的，这是数码媒介时代率性采访的理念，而他并不在意电视同行和某些电视受众的非议。

但在个人与媒介的关系上，他的认知是传统的。在他看来，任何一位记者和主持人都不是可以为所欲为的个体，而是媒介的代言人。金的提问单刀直入，一针见血，从不拐弯抹角，但他的态度温文尔雅，没有挑衅性，也从不发脾气，偶尔还夹杂着一些小小的调侃。由于他十分看重受访人的感受，从不咄咄逼人，因此各界名流都愿意接受他的采访。

数码媒介时代，视频采访确实不难，不需要特别标准的发音，不需要高超的语言技巧，也不需要人情通达和智力超群，只要像在日常状态下与人攀谈一样轻松自然就行了。不过，我们还是应该有一个清醒的态度，知道自己的采访是为了某个群体的需要，而不仅是日常生活中的私人谈话。

再次，视频采访人的身份不具有统治性，无权要求受访人按照自己的意图做出回应和回答。

视频访谈的构成基础是相互自愿，采受双方都有拒绝采访和拒绝被访的权利。这个认知可以帮助我们把采访活动与行政问询、司法审讯区分开来。

采访很容易被做成行政问询和司法审讯，因为这三者在形式上都是提问，本质上都是去除不确定性。但截然不同的是，在行政问询和司法审讯中，行政上级与下级、审理者与受审者都不是平等关系，问询和审讯是行政上级和审理者的权力，不可置疑，而配合调查是行政下级和受审者的义务，无权拒绝。但在采访中，采访人和受访人却是平等关系，受访人可以接受也可以拒绝采访，而且可以对访谈内容提出主张，比如希望呈现哪些内容，要求删去哪些内容。

这个认知的真正考验在于采访人如何采访罪犯。尽管罪犯是司法框架中的阶下囚，但在媒介框架中，他们与采访人却是平等关系，只不过是身

份有些特殊。可以说，就媒介属性而言，罪犯和其他受访人没有什么不同。

所以，视频采访人和受访人之间不存在俯视和匍匐的关系，采访人不能居高临下。

最后，视频采访人的地位可能上下浮动。

采受双方地位平等意味着，采访大企业家时，采访人与大企业家是平等关系，采访失业者时，采访人与失业者是平等关系。但是，大企业家和失业者的社会地位是不平等的，采访人如果能与这两者同为平等关系，那就意味着，采访人的地位是浮动的。他采访谁，就与谁的地位平等。

视频采访人应该懂得，在行政系统中，镇长是县长的下级，经理是总经理的下级，采访人是媒介老板的下级；但在采访实践中，采访人如果是面对总统，他便与总统近乎平等，不必唯唯诺诺，采访清洁工时，他便与清洁工近乎平等，不可以高高在上。总之，视频采访人不能以大企业家的心态俯视失业者，也不能以失业者的心态仰视大企业家。

一般来讲，视频采访人在采访社会地位较低的受访人时较少出现问题，但在采访社会地位很高的受访人时却难以表现出平视，并提出有价值的问题。

在这方面做得比较好的记者当属王志。在《王岐山：军中无戏言》的一个访谈片段中，他抛出了关于"6000人收治上限"的提问，质疑北京市应对"非典"疫情的医疗能力。

王志：医疗条件本身有一个估计让我们非常的不乐观，他们觉得北京现有的医疗条件，能够接受感染病人的底线就是6000人。

王岐山：你说的是医疗资源吧？

王志：对。

王岐山：这个数字我们现在做了一些推算，唯物论者应该承

第十二章 视频采访的伦理

认有底线，我们也在做观察，密切的观察，我觉得现在还需要我再观察两天到三天。

此处可能会跑题，王志紧追不放，步步逼近。

王志：但是我们做最坏的打算，如果人数继续增加，真的达到 6000 人的时候，北京市有没有能力收治所有被感染的"非典"病人。

王岐山：我相信到那时候也会有，我们的紧急调度能力强极了，我们上千张床位的医院有 30 多个，这叫到什么时候就说什么话吧。这不是透明度的问题，这是对社会的责任感问题。

直到王岐山说出"上千张床位的医院有 30 多个"，1000 床×30 = 30 000 床，这个质疑才告一段落。事实上，有理有据的刨根问底其实不会激怒高级官员，这是在为他们向民众进行详尽解释提供机会，可以使他们更受欢迎。关于这个道理，希望更多的采访人和正在学习采访的学生能够听得明白，想得清楚。

总之，采访人自我定位明晰，在视频采访过程中才不会出现身份偏差。

三、尽全力维护视频采访的客观性

美国俄勒冈大学的新闻学教授迪恩·瑞雅（Dean Rea）把采访报道的事实原则归结表达为四个方面，简称"FACT"。其中，"F"是 fairness，即公正，"A"是 accuracy，即精确，"C"是 completeness，即全面，"T"是 temperance，即适度。实现"FACT"的前提是采访的客观性，"FACT"得以实现的结果是报道的客观性，所以采访的客观性至关重要。

采访失去客观性一般源于三种情况。

视频采访实务

(一)采访人溺于社会化的集体庸见

社会化的集体庸见有许多。比如说,运动使人长寿,封建社会始于秦始皇,正义一定能战胜邪恶,等等等等,不一而足。而在对人物、事件、现象的认知方面,最严重的社会化的集体庸见莫过于,一好则百好,一错则百错。

实际上,一个人做了好事,不等于他是完人。采访报道他做的好事没有问题,但如果采访一味拔高,不自觉地扩大其赞誉范围,用一件好事说明他一生完美,那就破坏了客观性,结果可能会非常尴尬。

(二)采访人没能校正自己对受访人的个人成见

如果说集体庸见源自社会化的错误观念,那么对受访人的个人成见便源自采访人偏颇的个人情绪,最常见的表现是,对受访人的社会身份和过往作为充满鄙夷。温弗瑞在一场群访节目中连线感化院的一名猥亵儿童犯,通话只进行了一小会儿,温弗瑞的轻蔑感呼之欲出。犯人抗议说:你根本就不让我说话。温弗瑞大声斥责道:你真是卑鄙无耻。现场观众给了她热烈的掌声。可是梅茨勒教授却认为,这是这位杰出的主持人相当拙劣的一次采访,她的个人情绪夺去了她的理智和客观性。

当视频采访人面对犯罪嫌疑人和罪犯时,不要抱有鄙夷的心理和蔑视的态度,对他们一边进行媒介审判(trial by media)[①],一边斥责鞭挞。否则,受众的态度可能会发生180度翻转,转而心疼那些犯有罪过的受访人,厌恶明显处于强势地位的采访人了。

采访人应该做的是,让受访人解释怎么样和为什么,把是非曲直交由受众判断。《新闻调查》团队在制作《一只猫的非常死亡》时就是这样做

[①] "媒介审判",传播学中的一个术语,指电视媒介记者超越本职,行使自己并不具有的司法权力,对报道对象做出先在性审判预设。

第十二章 视频采访的伦理

的。他们千方百计,挖掘出各个虐猫当事人,但柴静采访他们的目的不是责备,而是让他们说出虐猫的动机和心理。这期节目是批评性报道,却避免了主观任意。

视频采访人对受访人持有成见,除了可能暴露出温弗瑞式的愤怒情绪,还可能不自觉地使用诱导性提问。

这种问法会直接透露出主观倾向,它确实比客观提问高效,却很容易出错。比如,"你和经理关系不太好,是吧?"这个问题的主体是陈述句,意思很肯定,受访人会马上意识到采访人期待的是肯定回答,出于礼貌和顺应心理,他很有可能会满足采访人的预期。原因很简单,受访人与经理的关系可能有好的一面,也可能确实有不好的一面,但一经诱导,他便肯定了不好的一面,屏蔽了好的一面,于是受众得到了一个丧失了客观性的回答。

而"你和你的经理关系怎么样?"便是一个客观提问。受访人可能回答"好",也可能回答"不好",或者回答"好坏兼有",答案完全取决于他自己的客观情况。

(三)采访人没能与受访人保持适当的情感距离

面对陌生人,我们如果对他不由自主地产生了厌恶,就会和他疏远,我们如果对他天然具有好感,就可能和他走得很近。一般来说,采受双方的距离出现问题,常常不是因为离得太远,而是因为靠得太近。当采受双方在工作关系中培育出了个人关系,一些受访人便会期望采访人顺着他们的思路去采访,并且按照他们的心愿完成编辑。此时,要非常清楚地告诉自己,视频采访人的任务是采访,不是交友,不能违背职业规则去博取受访人的好感。

如果采受双方原本就是朋友关系,视频采访人要相当警惕,假使不能与对方拉开距离,这种采访就很难具有客观性。如果采受双方是血亲,

这样的视频采访将陷入尴尬的境地：拉不开距离，受众会认为采访人偏袒；拉开距离，受众会认为采访人无情。所以，应该尽量避免这两种视频采访。

普利策新闻奖"特稿写作奖"1993年被授予了《追踪克里斯汀》。这篇新闻调查报告的作者是《华盛顿邮报》记者乔治·拉德纳（George Lardner），其内容是一起命案的始末：克里斯汀被前男友施暴杀害，施暴者自杀，逃过了刑事审判。这篇报道最大的特点是，克里斯汀是拉德纳的女儿。试想，如果这篇新闻调查报告是一期新闻调查节目，拉德纳是出镜记者，他将如何把控自己？他可能从女儿的闺蜜那里获取不利于女儿的信息吗？可能从女儿前男友的亲友那里获取对其暴行的理解吗？这种可能性不大。但如果他没这么做，他就破坏了采访的客观性；如果他真这么做了，受众就会认为他太冷血。这就是"教师不教自己的孩子""医生不给亲人做手术""警察不侦缉亲属的刑事案件"的原因。在视频采访中，面对亲友，我们怎么处置自己的情感都是错的。

总之，采访是人际交往，情感交流不可避免，但视频采访人与受访人必须保持职业化的适当距离，如果这个距离过近，视频采访的客观性就会大幅减弱。

（四）如何确保视频采访的客观性？

1. 深入实地，走访记录

数码媒介时代，许多具有一定影响力的网民，通过搜索互联网论坛、微博、朋友圈的信息，频频做着报道和评论，于是许多人认为，信息传播中的采访环节可以被省略了。这是一种严重的错误想法。互联网言论的门槛很低，许多信息最初出现时就没有经过采访验证，多是在零碎信息基础上推演出来的臆断，随后又在反复转发过程中被信以为真。一旦问询过事件当事人，我们会惊讶地发现，事实与网传信息出入甚大。信息传播工作

第十二章 视频采访的伦理

的专业性表现在，采访人能够努力趋近现场，采访尽可能多的相关人，最大限度地展现客观事实。反过来想一想，基于道听途说的闲言碎语，人云亦云，是展现客观事实的可能性大，还是以讹传讹的可能性大？不言而喻，凡靠得住的客观报道，都必须由实采来支撑。

有人认为，实地采访效率太低，不值当。实际上，视频实采不仅可以获得真实信息，而且可以获得更为生动的真实信息，这比众口一词的陈词滥调要有趣得多。事件现场那些难以预料的生动细节，是坐而论道者无法知晓的，也是他们无法想象的。当采访人实地探访，深入受访人的世界时，会产生复杂、细腻、真切的感受，它会更加故事化，却又格外真实，这是设想和空想远不能及的。

2. 反复确认，多方核实

为了确保真实性，对于在采访中听到的一个关键点，至少要做两三次确认，以防止对方只是顺嘴一说或口误。为了确保客观性，不能听信任何人的一面之词，一定要在多位受访人之间交叉核实。

且看在评论节目《走访农民负担》中，出镜记者如何核实受访信息。

先看记者与二堡村村民的对话：

> 记者：你见过这个卡没有？
>
> 村民甲：没有，没有。
>
> 记者：从来没有发到你手里吗？
>
> 村民甲：没有见过，什么样儿的？
>
> 村民乙：农民负担卡？没有，这个没有。
>
> 记者：没有发吗？
>
> 村民乙：没有发。
>
> 记者：没有农民负担监督卡给你们，是吗？
>
> 村民丙：没有那个事，从来也没有。

视频采访实务

按照国家规定,各个村民委员会必须把农民负担监督卡发放到每一个农户家中,那么苏北二堡村村委会到底有没有给农民发放负担监督卡呢?当地有两种声音。

农民说没有。记者分别向两位农民确认了两次,同时交叉问询了两人同样的问题。在乡政府大院,记者又对二堡村党支部书记提出同样的问题,并在确认中进行了质疑:

记者:农民负担卡发到农民手里了吗?

戴志勇:发了。

记者:发了?那怎么跟全村人说的都不一样?他们都说没发,怎么解释?

戴志勇:我们发了,发了。

记者采访二堡村村民,再次做出确认:

记者:你们谁在年初见过这种卡?发到你们手里的。

村民:没有,没有。

记者:绝对没有,是吗?书记,这个事你们……

戴志勇:好,好,这个事我们工作做得不实,这原来分到小组长手里发下去,这是我们工作做得不实,我们应该承认这一点。

分别调查,反复确认,交叉检验,最终对质,村支书不得不在客观事实面前承认工作做得不实,村支书和受众都口服心服。

3. 呈现上下语境,传达语句本意

在视频采访的后期编辑过程中,不能无视上下语境,曲解受访人的本意;更不能片面取材,断章取义,故意歪曲受访人的表达。

例如,为了扩大"哈利"车的驾驶员队伍,美国《生活》杂志记者电话采访了电视连续剧《设计女人》的主演明星安妮·波茨(Annie Potts),希望用她的感召力吸引加盟者。

第十二章 视频采访的伦理

波茨：你难道不知道吗，我对车一直持否定态度。

记者：我们只是想娱乐一下，许多名人都喜欢在哈利车的车顶拍照，因为这很像时尚展览……能不能说点什么，表达一下你对汽车的看法？

波茨：我厌恶汽车，我对汽车持否定态度，一开始我就告诉你了。

记者：可以说说汽车为你的职业生涯所做的贡献。

波茨：它是我的职业的重要组成部分。

因为女记者始终不解人意，波茨最后一句说的是气话，意思是：好好好，我满足你的要求，行了吧！但这位女记者显然是有理解力问题，她误把波茨的气话当成了认真的回答。最后，她把波茨的照片刊登在杂志封面上，旁边配以"我为哈利车而生活"，彻底歪曲了波茨的基本态度。

此后，波茨的经纪人收到了许多职业摄影家发来的请求，希望波茨登上"哈利"车顶，让他们拍照。有几名杂志记者连续采访了波茨三天，其中有这样一个问答：

记者：如果你被判了死刑，想在最后的晚餐上吃点儿什么？

波茨：可能会是薯条和咸乳酪吧。你听说过北卡州被判死刑的老女人要蚂蛉幼虫吃的事吧？

波茨最后的问话，只是忽然想起令她不解的怪事的随口一问，但记者在随后的报道中说，许多人都把政治家、运动竞技者、音乐家当作崇拜的偶像，可波茨仰慕的却是因为谋杀男友而被判了死刑的女犯人。这种逻辑嫁接是故意歪曲，严重背离实情，满含恶意。

当文字记者听到波茨的回答时，因为没有视听呈现，可能只会形成一种印象，真实含义是模糊的，理解错误还情有可原，即便是故意歪曲，其他人也没有证据来证实记者的恶意。但视频采访是一种明晰的记录，只要

对素材看上一遍，真实情境便一目了然。所以在做采访做报道的时候，视频制作人不应该只截取和放大受访人答话中的某一句，渲染看似出位的描述和观点，而必须把前因后果和来龙去脉的关联语境完整地呈现给受众，尽全力避免受访人遭遇误解和指责。否则，采访人因为吸引了注意力而一时受益，但由此表现出来的卑鄙会毁了自己的公信力。

对于媒介和采访人而言，长期恪守客观原则形成的公信力极为重要，它不但能赢得受众的信任，而且能使许多难以触及的对象欣然接受专访。

四、社会责任

在采访现场，拍摄者可以把观察到的一切记录下来，但并不是说可以把这一切全都报道出去。为了理解这个原理，我们先看下面三个命题，想一想，哪些是错的，哪些是对的。

（1）凡是真实的事件信息和场景，都应该编进视频，报道出去。

（2）只要是真实的事件信息和场景，就可以编进视频，进行报道。

（3）编进视频的事件信息和场景，只要它们是真实的就没问题。

从媒介的社会责任角度讲，第一个命题错得最严重。关于事实信息是否可以公开，真实性并不是唯一标准，甚至不是首要标准。比如说，在视频采访禁毒行动时，采访人完全可能获知毒品的详细交易场所、接头方式，以及如何辨识纯度、怎样确定买卖价格等这些信息都是真实的，但一旦报道出去，将冲淡禁毒行动信息，喧宾夺主。

第二个命题也是错的。有些信息对大众是有害无益的，不可以因为真实就编进视频。比如说，在视频采访禁毒行动时，采访人因为好奇，详细

第十二章 视频采访的伦理

了解了吸毒方法，如果编进视频，就可能造成不良影响。

第三个命题是正确的，但其前提是，编进视频的内容已经过滤掉了与社会责任相悖的信息，而且全部是真实的。比如说，采访戒毒者的视频中不能包含挑选毒品和吸毒方法的信息，要展示戒毒者在戒毒之初经历的种种真实的痛苦。这是在警示那些可能吸毒的人：一旦吸毒上瘾，后果不堪设想；同时告诉吸毒者：尽管要经历难熬的苦痛，但戒毒是有希望的。

由于刑事案件一般具有极大的吸引力，因此我们要拿出一定篇幅，讨论在视频采访暴力案件时必须注意的社会责任问题。

在媒介暴力报道的伦理方面，一直存在两种截然相反的理论。

1955年，美国心理学家西摩·费什巴赫（Seymour Feshbach）提出了"宣泄"假说和"替代性满足"理论。他认为，媒介的暴力报道为受众宣泄内心的沮丧和愤怒情绪提供了一个想象空间。在这里，受众可以将自己代入采访人的视角、事件当事人的身份、受害者的角色，由于有人替他们问出他们想问的问题，他们还在想象中参与了暴力攻击活动，对于他们在生活中的苦难，也有人替他们表现了出来，因此他们淤积于心中的敌意和仇恨得以宣泄，这可以减少他们在现实生活中真正施暴的可能性，最终减少社会中的不稳定因素。也就是说，暴力犯罪的采访报道给受众提供了一个"象征性宣泄"不良情绪的渠道，具有安抚和疏导作用。

与之相反的是"犯罪模仿"学说，即暴力报道会产生副作用，给受众造成强烈的心理暗示，他们可能从采访报道中得到指引，发现自己也可以用相似的方式去施暴。许许多多实例佐证了这个理论。1982年，芝加哥发生了一起投毒案，投毒犯在感冒药泰诺中掺加剧毒氰化物，造成了七位服药者的死亡。媒介如实报道了这起案件。结果，随后接连发生了好几起用感冒药投毒害人的事件。总之，视频采访人如果不懂得克制报道，就会成为同类犯罪的"提醒者"和"催动者"，使受众忽然意识到，"原来我也可以这样做"。

其实，这两种理论都是正确的，它们分别针对两个人群。对于心智正常的人群，媒介的"象征性宣泄"功能可以发挥重要作用；而对于那些具有潜在暴力倾向的人群，"犯罪模仿"作用便可能应验。可以说，对暴力案件的采访报道同时兼有"宣泄"和"示范"两种作用。而对于媒介来说，不必太多考虑前者，重要的是防止出现后者。

视频媒介是视听呈像，其刺激性和诱导性远远大于其他媒介。为了有效疏导受众的不稳定情绪，避免引发"犯罪模仿"现象，视频采访人必须更加谨慎。

首先，要对暴力犯罪做出正确归因。在视频采访暴力犯罪事件时，采访人应该探究，什么让肇事者感到了绝望，最终走上犯罪道路。这是在为那些具有类似遭遇的人发声，让他们"象征性宣泄"，并且看到社会可能为之改变的曙光，不要"破罐子破摔"，铤而走险。

其次，不必过度求证暴力犯罪的合理性。许多关于暴力事件的报道会在采访犯罪背后故事的同时，过分强调施暴行为事出有因，迫不得已，因而情有可原。这很容易让受众心生同情，宽忍暴力行为，而这会干扰法治精神。

最后，切莫沉溺于对犯罪细节的详尽记述。这样做，的确可以满足受众的窥视欲，增加视频关注度，但它同时可能会刺激那些具有犯罪倾向的受众。如果他们碰巧在视频采访中看到了详尽的施暴信息，可能会造成不良后果。

五、视频受访人的权利

在《舆论制造者》这本书中，美国斯坦福大学新闻学教授威廉·里弗斯（William Rivers）讲述了这样一件事。一名记者在酒吧巧遇一位新当选的官员，于是上前攀谈，但他没有说明自己是记者，也没有表示现在的提

第十二章 视频采访的伦理

问就是采访。于是,这位官员毫无保留地谈了对当前一些问题的看法,也谈了对未来的展望,直到最后他才知道对面坐的是一位记者。文章见报后,记者承认,自己的职业道德可以被质疑,但官员与偶尔结识的人的谈话,完全可以作为新闻被报道出去。

讨论这个问题前,首先要清楚,从信息传播的角度看,人们在私生活中的交谈和行为,与他们在公共场合的交谈和行为,究竟有什么区别。

许多人认为,区别在于:前者是赤裸裸的,后者是伪装。但笔者认为,两者最大的区别是社会责任的自我把控程度:前者极为放松,后者高度重视。在不同场合呈现不同的言行:于私讲,是一种自爱,期待给公众留下好印象;于公讲,是一种善意,希望自己的言谈举止对社会是负责任的。那么,作为采访人,我们该不该维护他们的自爱和善意呢?答案应该是不言而喻的。尤其是,视频呈像会夸大被摄者在生活中的慵懒随意状态,使不假思索的言谈显得特别不负责任,被摄者一定不希望自己以这样的形象示人,也会认为这是对公众的不敬。所以,人们有权知道自己是否正在与视频采访人交谈,有权知道自己的镜前言行是否会被传播出去。这是视频受访人的第一权利。

2019年修订的《中国新闻工作者职业道德准则》第六条第二款规定,必须"维护采访报道对象的合法权益,尊重采访报道对象的正当要求"。

受访人有时间不被浪费的权利。

采访人没按预定时间抵达采访现场,至少有两个不好的后果:一是浪费了受访人的时间,二是给受访人留下了不良的第一印象。这都不利于即将开始的采访。

如果因为疏忽,起程晚了,采访人要做诚恳的自我批评,求得受访人谅解,并吸取教训,下不为例。如果因为途中出现了意想不到的事故,最好及时向受访人通报情况,让受访人相信自己没有撒谎。

视频采访人应该信守时间承诺。马克思在《资本论》中说,"一切节

视频采访实务

约归根到底都是时间的节约"①,浪费时间等于是在浪费对方的物质财富。

受访人有不受视频采访人审判的权利。

审和判是公检法人员的专属权力,采访人不具有这种资格。但在问询受害人、审问犯罪嫌疑人、最终判决这三项工作中,公检法人员的工作样态和采访人的工作样态在某种形式上确有相仿之处,其中最为相像的便是对受害人的问询工作。一些采访人因此在思想上产生了混淆,误以为自己是审判员。但实际的情况是,即便是司法问询工作仍与新闻采访有着质的差别。

要提醒注意的是,视频采访人不要抱有公检法司人员的判案态度,不能呈现出审判神情、摆出审判的姿态,对于采访和司法审判重合的那类提问,视频采访人不应使用审判的口吻和腔调。

受访人拥有避免无辜受责的权利。

2021年秋季开学之际,"小象视频"推出了湖南株洲一位记者对龙青湾小学一个高冷小女孩儿的简短采访。在视频中,小女孩儿没有一丝笑意,全然不知配合。

　　记者:害怕开学吗?

　　女孩:随便。

　　记者:对这个学校有什么期待吗?

　　女孩:没有。

　　记者:为什么呢?

　　女孩:不知道。

　　记者(似乎不知该怎么办了,略停顿):新学期有什么新的愿望吗?

　　女孩:哦?

---

① 《马克思恩格斯全集》第46卷(上),人民出版社1979年版,第120页。

第十二章　视频采访的伦理

记者：<u>新学期有什么新的愿望吗？</u>

女孩：没有。

记者：没有愿望？你一点心愿都没有吗？有没有小心愿啊？

女孩：没有。

记者：希望怎么样有没有？

女孩：没有希望。

毫无疑问，这是真实的采访记录，但真实并不是视频采访的唯一诉求。小女孩说的是实话，完全不知道掩饰，但是这些实话很可能会给她带来很大的麻烦。如果记者希望小朋友习惯性地说一些乐观的套话，在第一次的"新学期有什么新的愿望吗？"没有得到回答时就应该知道，这个小女孩不会配合，应该停止采访。如果意在用这个采访暗示社会对孩子的不快乐负有责任，就不应该暴露孩子的脸部，因为这可能伤及这个无辜的孩子。让无辜者受伤是我们的严重失职。

受访人拥有避免重复受伤的权利。

视频媒介具有作用于受众感官的综合传达力，会放大悲伤和愤怒的情绪。受访人在访谈中，可能会因为回忆和复述悲惨的故事二次受伤，而当他们观看自己的受访视频时，可能会三次受伤。

这里要做如下说明。近些年来，我们的媒介评论过分强调对受访人的二次伤害问题，因而视频采访人在采访伤心情节时碍手碍脚，顾虑重重；很多受众也因此一边"消费"受访人的悲惨故事，一边严厉指责视频采访人冷酷、变态。但实际上，并非所有人在分享悲伤的故事时都会再次受伤：许多人在追忆受伤的往事时表现出勇敢和达观，许多人在倾诉受伤的事实时渴望宣泄和理解，他们不但没有再次受伤，反而有所受益。所以说，关键是看受访人的态度，他们既有权拒绝，也有权回应。"那些让我们哭过的事，总有一天会笑着说出来。"许多人就是这样，但也有许多人不是这样，我们要探讨的是维护后者免受多次伤害的权利。

视频采访实务

当我们不知道受访人究竟属于哪种人时,不妨以谨慎的态度,把他们视为容易重复受伤的群体,避免他们复述伤心往事。

在央视某节目中,每期都有一个"神秘嘉宾"环节。专访杨澜那期的神秘嘉宾是一个名叫"刘玉兰"的女孩儿,她曾经患有肾病综合征,激素治疗导致全身多发性骨坏死。杨澜不知道刘玉兰和自己有什么关系,她走到观众区,想弄个明白。当她亲刘玉兰的双颊时,节目主持人站在一旁冷峻地问:你叫什么名字?他很可能是想按照预案,引发一场感动和令人流泪的追忆。此时,杨澜却接过话茬问:你多大了?她很好奇,一个不到20岁的孩子与自己会有什么关系。在得知刘玉兰确实没看过自己的节目后,杨澜问:那你今天为什么要过来?刘玉兰小声说:感谢你捐给我四万块钱。主持人问杨澜:还记得这事儿吗?

杨澜:不说了不说了。没事儿我知道了,我知道了。你现在能站起来啦?

刘玉兰:对。

杨澜:真的?呦真好!真好啊!

在观众的掌声中,杨澜随着刘玉兰走了几步,不禁为她鼓掌。她放弃了对自己捐助善款的炫耀,也阻止了刘玉兰回忆病痛的往事。这种处理,比起在大讲自己为什么捐出四万块钱后,再打探一番刘玉兰治愈之前的惨状,真是高明很多。

在截断刘玉兰对过去的追忆之后,杨澜为她的现在由衷地连声赞叹,"好棒""好棒""你走得好棒"。她捋着刘玉兰的头发说:真乖,你就是自己有本事,你知道吗?就是自己有本事。

主持人将话筒递给刘玉兰,问她最想说什么话。刘玉兰说:杨澜阿姨和吴征叔叔就像是我的再生父母。杨澜轻搂着她的肩膀说出了下面这段话:

第十二章　视频采访的伦理

不用不用，不用说这话，好孩子，不用说这话。不用说这话，知道吧？<u>就是因为你自己了不起</u>，然后你能够，能够忍那么多的病痛，然后能够配合医生自己能够治好你，知道吧，<u>是因为你自己很了不起</u>，大家都愿意帮助你的，真棒，谢谢。她真的肯定很了不起。

视频采访表达感动时，不一定非要催人泪下。最终不只是对受访人，一场对他人救助自己的哭诉，变成了原来自己很了不起的别样认知。在视频群访中，这是较为罕见的高级表达，也是传播理性的深刻体现。

对于那些正在或刚刚经历磨难，尚未经过充分沉淀的焦点人物，视频采访人要知道什么是"克制性采访"，抑制住自己具有杀伤力的好奇心。

2008年5月13日早晨，在四川北川县曲山幼儿园的废墟中，《绵阳晚报》图片部主任杨卫华发现了三岁男童郎铮。获救后的郎铮躺在木板上，抬起右臂，向解放军敬礼。杨卫华抓拍了这张图片，感动了全国观众。"敬礼娃娃"成了媒介追逐的热点，郎铮所在的医院也被各路记者围得水泄不通。

此时，郎铮的心理创伤未愈：他的幼儿园瞬间变成了废墟；被埋在瓦砾下面的时候，他的世界一片黑暗；当杨卫华发现他时，他只会哭泣，根本不会说话，他的头部挫伤，左臂骨折，左手小手指和无名指被部分截掉。对于这样一个内心恐惧尚未消除的三岁幼童，记者一遍遍追问"你当时怕吗？""为什么要敬礼？""你当时心里怎么想的？"实在是太残忍。不久，郎铮出现了心理障碍，害怕独处，片刻不能离开母亲，不爱说话，不愿接触陌生人。心理医生刘睿呼吁，希望媒介不要再去探望他，给他一段安静休养的时间。

对于这样的热点人物，媒介要克制出访，不要蜂拥而至，在采访提问上更要克制，避免延续受访人的心理伤痛。

视频采访实务

受访人拥有不受欺骗的权利。

1994年，共和党领袖金里奇在美国中期选举中获胜，当选众议院议长。十年没能在国会中占上风的共和党卷土重来，所以他立刻成为炙手可热的人物。

金里奇很希望能与民主党总统克林顿合作。于是，哥伦比亚广播公司主持人宗毓华采访了金里奇的母亲凯，想知道金里奇对"第一夫人"希拉里有什么看法。

老太太不愿说，宗毓华鼓动她：您可以悄悄告诉我，只有你知我知。

"只有你知我知"意思应该是这段问答不会播出去吧？老太太于是相信了，她俯身在宗毓华耳边说：我儿子说希拉里是一条"母狗"。采访结束后，老太太觉得这句话不妥，她叮嘱说：千万不要把那句粗话播出去。宗毓华答应了，但出于收视的考虑，她最终还是让编辑把这个问答编进了节目。

1995年1月4日，金里奇宣誓就职。当晚，哥伦比亚广播公司播放了宗毓华对金里奇母亲的问答。第二天，记者就包围了金里奇，请他回答"母狗"的含义。克林顿宽宏大量，为金里奇开脱，但他公开批评宗毓华违反了职业道德，受众也纷纷指责宗毓华使用了欺骗手段，没有诚信。哥伦比亚广播公司连遭谴责，不久后辞退了宗毓华。

诚实无欺，信守诺言，受访人才会觉得我们是可以信赖的，这对日后的采访工作肯定是有利的。而虚情假意，违背诺言，让受访人吃了亏，他们就不会再与我们合作，而且他们会让亲友也远离我们。

信源受访人拥有被媒介保护的权利。

在大多数情况下，视频采访人做出为信息来源保守秘密的承诺，为的是打消他们的顾虑，避免影响其人际关系或使其遭受打击报复。有时候，当批评性报道需要采访对象揭示负面信息时，他们会提出：可以接受采访，但要为他们保密。于是，后期编辑会隐去他们的姓名，虚化其形象，

第十二章 视频采访的伦理

甚至改变其声音,避免他们被识别出来。有时候,即便采访人没做任何承诺就开始了拍摄,受访人也没提出任何要求便接受了出镜采访,视频采访人也仍有责任保护信息来源不受干扰和侵犯的权利。总之,尽全力保护采访对象免受不良影响和打击报复的权利,是视频媒介需要格外注意的职业道德。

视频采访人容易背离职业道德常常是因为遇到了这样的情况:受访人提出,我可以说出我所知道的信息,便于你理解这个事件,但你不能录像。信源就在眼前,却不能记录证据,会让视频采访人焦躁难忍。

1999年,有人投诉称,南京煤气有限公司利用其垄断地位,在给消费者输送煤气的交易中,强行搭售煤气灶具。某法制节目的记者采访了涉事灶具公司经理,经理不愿透露个人信息,只愿意私下提供一些信息,不愿出镜。

这里要注意,视频采访人无权为了完成自己的报道,无视采访对象为保护自身利益而拒绝接受采访的意愿。还要注意,这位经理不是仗势强卖的煤气公司经理,他是很怕得罪煤气公司的灶具公司经理,他和他的公司并无违规行为,他只是知情人,并非批评对象,他的意愿应该受到尊重。采访人可以从他这里获取一些信息做旁白,再拿着这些信息去煤气公司那边做取证采访。

但是,这个法制节目制作团队不是这样想的。他们的摄录记者开机,试图暗拍灶具公司的经理。经理拿起镜头盖,盖住了镜头,意思是:我知道你们在偷拍,不要这样。但是摄录机并未停机,它不仅拍下了镜头被经理盖上的细节,而且在黑屏状态下录下了一大段音频对话。后期编辑为这位经理做了面部的马赛克处理,但没对其披露煤气公司垄断行为的同期声做任何处理。

贸然暴露信息来源,哪怕是不慎暴露,都是一种对信源受访人的出卖。

美国记者埃里克·莫藤森(Eric Mortenson)曾经自问自答:你知道是

视频采访实务

什么促使交谈顺利进行的吗？——是因为我们把受访人看成真正的人，而不是把他们看作从中获取信息的物体。我们可以这样思考：假如我们自己是受访人，希望被如何对待？我们应该用我们希望被对待的方式去对待我们的采访对象。

最后有一件事值得谈一谈：视频受访人没有什么权利？

美国传播学者唐·库什曼和杜·卡恩在《人际沟通论》中指出：一个人想要进入人际沟通，不需要首肯对方的每个想法，但必须把对方作为一个独特自我或一个重要的个人加以支持，积极的尊重对这种互动来说是最基本的。

这段话有两个意思：重点是尊重的重要性；另一层含义很容易被忽略，即视频采访人完全可以坚持自己的判断和立场，"不需要首肯对方的每个想法"。也就是说，采访人在尊重对方的同时，完全可以自主编辑。

在采访实践中，有时会遇到视频受访人希望提前看到成片的请求，他们很想知道自己在镜前的状态，并要求把不利于自己形象的言行删去。如果顺从他们的要求，采访视频的客观性会大打折扣，所以必须明确的是，视频受访人不完全具备审片的权力，他们并非所有内容的把关人。

首先要知道，受访人的部分审片权是什么。有时候，我们的采访涉及专业领域中的名词、概念、原理，可能需要受访人审看确认，避免曲解其意，但这种审核多是通过文字方式进行，而不是看片。除此之外，受访人无权干预视频制作，采访人不应承诺让其提前看成片。

能否发布一段对话，怎样编辑诸段对话，要看其信息是否客观真实，而不是看受访人是否同意。采访人首先应该对真实性负责，而不是对受访人负责，不能因为受访人而放弃了立场。当然，这样做的前提是视频采访的客观公正性。如果是蓄意设计采访陷阱，诱使和刺激受访人在镜前做出各种出格的情绪反应，又不接受受访人事后提出的删改要求，那就违背了职业道德，是采访的大忌。

第十二章 视频采访的伦理

六、合理取材

挖掘事实真相是一项艰难的工作，却又是视频采访的终极目标，而通往终极目标的许多小路都是"捷径"。比如，利用特殊电子器材，窃录知名人士电话，或者潜入他们的卧室，趴在床下偷听，或者雇用黑客，进入企业家的电脑文档，偷看他们的商业秘密，或者谎称是法医助手，进入拉起警戒线的犯罪现场。无须多言，这些"捷径"全都是违法或违规的，而且一般来说，大凡"捷径"，多数不合法、不合规。

按照2019年修订的《中国新闻工作者职业道德准则》第三条第一款规定，视频采访人必须"通过合法途径和方式获取新闻素材"。那么，有没有一条小路，既是捷径，又是合法的呢？其实，隐性视频采访就是这种为数不多又有些危险的"捷径"，既容易达到目的，又不违法，但一旦使用不当，便会违背职业道德。

与显性视频采访相对，隐性视频采访指的是，采访人出于合法目的，在特定情况下，不公开真实身份，不申明采访意图，在不知会被摄对象的情况下，隐蔽地进行视听信息搜集。其核心特点是，受访人无法察觉采拍，从而避免了其因为采访人和摄录机存在而产生偏离自然流程的可能性。因此，隐性视频采访所取素材具有极强的真实性和可信度，它可以直接展示被摄对象的行径，又可以作为反驳当事人抵赖的铁证。

在某些特殊情况下，视频采访人不可能正面获取信息，而这些信息又是至关重要的，因此不得不使用隐性采访手段。比如说报道贩毒事件。正面采访无法让毒贩说出秘密，而如果采访人隐藏身份，混入其中，使用暗拍手段，就可能获得素材证据。

我们可以从隐性采访被识破后采访团队遭遇的危险反推出，如果不采取隐性采访方式，根本不可能呈现违法违规的事实。2013年1月9日22点，央视记者赵喜和中华环保联合会的工作人员一行五人，在湖南岳阳平

视频采访实务

江县伍市镇的白杨造纸厂附近,对这家民营企业非法排污的情况进行了暗访拍摄。后由于身份暴露,他们被造纸厂的十多人围堵,有人威胁说,"你们要是敢走,连人带车给你们丢到汨罗江里喂鱼",有工人试图抢走摄录机,最终把摄录机打掉在地上。

试想,这种危害环境的违法企业可能坦然接受采访吗?

许多人把隐性视频采访说成"偷拍"。使用"偷"字比喻,表意是偷偷拍摄,不让对方察觉,但"偷"字的本义是,把不属于自己的物品据为己有,是一种违法行为。所以,要使用"隐性视频采访"概念,或采用通俗的说法即"暗访暗拍",不要把这种工作方式说成"偷拍"。

之所以要在本章讨论隐性视频采访问题是因为,那些欺骗性的违规视频采访的共同特点是,采访人隐匿身份,不透露采访意图,去获得视听信息。采访人是公众知情权的守卫者,但如果滥用这个身份,隐性视频采访不注意分寸,就会形同于欺骗。

因此,隐性视频采访中必须注意以下伦理问题。

(一)目的是保护国家、社区和自然环境、公民健康和生命

从本质上讲,媒介监督权来源于公众。当我们不得不使用特殊方式行使监督权时,只能将它运用在保护公众利益的方面。所以,隐性视频采访不能只是为了一己私利,或者是一个不重要的原因。也就是说,对于不具有公共性和要害性的事件进行隐性采访报道,常常是违反职业道德的。

在这里,我们要区分清楚什么是公众利益,什么是公众兴趣。为公众利益不得已而采用隐性视频采访,没有问题;但为公众兴趣进行暗访暗拍,则必须注意,视频结果必须是于人无害的,是使人快乐的。

在视频采访实践中,不少采访人认为,如果告知对方自己要拍摄记录,对方会当即拒绝,不如直接隐蔽采拍。首先,不能一遇到困难,甚至是假想的困难,马上就想到暗访暗拍,养成这种习惯是危险的。其次,前

面我们已经分享过许多克服采访困难的办法，如果那些方法全不奏效，再考虑是否使用隐性采访手段。

（二）伪装身份具有合法性

视频采访人的"隐身"行为，是一种对临时角色的扮演行动，而在隐性采访中如何隐身涉及是否合法的问题。

社会角色可分为两大类：一类是开放性角色，法律并不规范其权利和义务，比如农民、消费者、过路人；一类是法律赋权角色，他们拥有特殊的地位和相应的特权，承担规定性的义务，比如人大代表、警察、法官。

视频采访人的临时角色不能超越法度，只能是某种开放性角色，不可以是任何一种法律赋权角色。比如，我们可以扮演普通乘客，暗访公交人员，但不能装成政协委员、军人、检察官、工商税务人员，假借行使公务的名义去获取信息。

（三）暗拍设备不违法

数码媒介时代，新型暗拍器材很多，隐藏性很好，如摄像头可以藏在眼镜框上、领口或袖子上、包带上，这为隐性视频采访提供了极大便利。但一定要注意，禁止使用专用间谍器材。2014年颁布实施的《中华人民共和国反间谍法》第25条规定："任何个人和组织都不得非法持有、使用间谍活动特殊需要的专用间谍器材。"

（四）不触及国家机密、合法的商业秘密、受保护的个人隐私

在隐性视频采访的过程中，要有意识回避国家机密、合法的商业秘密、受保护的个人隐私，不慎拍到后，后期编辑时务必予以删除。要注意的是，私人空间的事情不全是隐私，如果私人空间出现了吸毒、强奸、家暴、凶杀等社会问题，不能因为肇事者不愿示人而称其为保护隐私，它们

不受保护，反而应予揭露，使其受到惩罚。而那些违反公德的人也没有权利要求维护自己的声誉，他们应该为不道德行为付出应有的代价。

（五）隐性拍摄段落须标明"暗拍"字样

这样做，是为了让受众知晓，被摄者不知道镜头存在，从而对他们的行为有一定的理解和宽忍。如果不对暗拍段落注明"暗拍"字样，受众会误认为被摄者明知镜头存在仍然明目张胆、嚣张跋扈，从而对他们的厌恶感大幅上升。但这并不是全部实际状况。

因为隐性视频采访介于合法范畴的模糊边界，所以总是直到采访人确实取得了采访对象的非法行为证据时，暗拍行为才能得到迟来的法律保护。因此，在实采暗拍阶段必须小心翼翼，避免授人以柄。

首先，不能主动介入和过度介入对方的行动。

依据采访人与事件的关系，隐性视频采访的工作方法可分为两种：一种是旁观问询式，另一种是介入互动式。

在前一种工作方式中，采访人只是事件旁观者，不是推动者。在1994年6月29日《焦点访谈》播出的《触目惊心假发票》中，暗访记者自始至终没有掏钱买假发票——购买假发票是违法的。相对而言，这种隐性采访方式不会引发太多法律问题，其主要功能是客观记录事实，而非改变事实并产生新情况，顶多有人会责问暗拍者为什么不报警、为什么不阻止事态发展。

在后一种工作方式中，采访人是双重身份，既是采访者，又是参与者，隐性采访中产生的巨大争议大多是由这种方式引起的。2001年，《经济半小时》记者李明刚假扮文物贩子，前往陕西咸阳鸭沟，潜入盗墓团伙，用微型摄录机暗拍下了他们踩点、炸土、挖掘的全过程。这部分没有问题，记者在与外界失联的情况下，只能全程暗拍，记录罪证。问题是，李明刚为了抢救文物，拿出1.4万元，买下了13件稀世珍宝。尽管他第二

第十二章 视频采访的伦理

天就去陕西省文物局报了案，而且将文物无偿捐出，但许多人仍认为他参与了非法买卖。

总之，在介入互动式暗访时，采访人在行动上应该尽最大努力不越位，否则就可能参与违法违规行动。比如在暗访盗窃集团时，采访人自己也跟着扒窃，成了恶行的推动者。一句话，隐性视频采访的介入互动应适度，采访人不能深陷其中。

其次，不能引诱暗拍对象犯错误。

视频暗访应该循着事态发展的客观进程跟进，不能为了扩大传播效果而设计圈套，诱使被摄者做出引发众怒的举动。这样做，暗访人的行为已近乎陷害，它和"钓鱼执法"一样是违反职业道德的。

我们可能看过这样的节目：记者假装路人，将钱包掉在地上，后面的行人捡起钱包，一直驻守在路边，等待失主来找；记者假扮成小偷，在公交车上行窃，暗拍见义勇为的乘客；记者假装落水呼救，暗拍路人勇敢施救。我们也可能看过这样的节目：记者假装路人，将钱包掉在地上，等到有行人捡起钱包放进自己的口袋时，另一名记者上前采访，让拾金者尴尬不已；记者假扮成小偷，在公交车上行窃，暗拍乘客的视而不见；记者假装落水呼救，暗拍路人观望不前。前者是为了感动受众，后者是为了激起受众的失望和愤怒，但无论如何，这都是一种设计，并非社会生活的原态。如果是民情测试类的视频，做做无妨；如果作为现象批评类视频，它的事件源头则不具备真实性。

我们必须反对的是，暗采人先充当引诱者，以获取对方的不利信息，再以批评者的姿态大加挞伐。这是违反职业道德的做法。

对隐性视频采访的合理性，一直存在争议，但因为它可以暴露社会生活中的某些问题，而且具有令人信服的真切性，所以在改变社会不良生态的进程中可谓功不可没。

1997年11月25日，《"罚"要依法》轰动全国。其中最经典的暗访片

视频采访实务

段是,暗拍记者搭乘的一辆运煤空车正常行驶,行到309国道山西长治市黎城县路段时,被顶着警帽的刘代江拦住,他粗暴蛮横,要无故罚款。

司机:多少钱?

刘代江:20!

司机:给10块算了,这是什么钱?

刘代江:来,来,你下来我告诉你。

司机:你给我写上吧。

刘代江:我给你写的有啊!

记者:照顾一下吧。

刘代江:再来20!

刘代江:拿来!

记者:你照顾一下吧,好吗?

刘代江:快点!

记者:空车,谢谢。

刘代江:40!你下来走一下,好不好!

司机:算了,再说就揍我了,我给他40块钱算了。

如果不是用了参与式隐性采访,就不可能把如此嚣张恶劣的现象暴露在受众面前,激发全社会的愤慨。1998年,朱镕基总理与《焦点访谈》工作人员座谈,就此,他曾说过这样一段话:

我们怎么来解决这个问题?首先就是改革公路制度!为什么从这里开始?不是也受到你们的启发吗?我印象最深的是公路收费报道,就是那个民警呀,20块!哎哟,老总呀,你这个罚这么多,40块!太精彩了!太精彩了!所以,我们的费要改成税,从哪儿改起?从公路收费改起。这一仗打胜了,其他的费都可以改成税,就正规了,减轻老百姓的负担了。①

---

① 徐迅:《暗访与偷拍——记者就在你身边》,中国广播电视出版社2003年版,第10页。

第十二章 视频采访的伦理

对于警察在公路上粗暴乱罚现象的消失，人们要感谢《"罚"要依法》产生的巨大影响力，感谢那些冒着人身风险进行隐性视频采访的记者。

有学者叹息说，在隐性视频采访中，诚实的报道内容和不诚实的采访手段是矛盾的。还有学者质疑，使用不诚实的采访手段，怎么可能为诚实而奋斗？这种言论太书生气了，比如在打仗的过程中，难道要把军事行动的机密诚实地告诉敌人吗？在对犯罪嫌疑人实施抓捕之前，难道要诚实地告诉对方"我们是警察"吗？对于不道德行为和不法行为，足智多谋都不一定能对付，坦诚相待不过是痴人说梦。

七、个人财富在什么情况下是隐私

隐私权指的是对不触犯法律的私事予以保密的权利，所以公民可以拒绝采访人触及自己正常的私生活，以保护个人生活的安宁。这项权利得到了现代社会的认同，许多国家和地区都有保护隐私权的法律制度。对应这些制度，视频采访工作者衍生出了自己的理论和职业道德。

在这一小节中，我们要探讨的是，个人财富在什么情况下应该被视为隐私？我们从下面这个案例入手探讨这个问题。

日本乒乓球运动员福原爱是日本人的"超级偶像"，其受欢迎的程度难以想象。2005年央视记者专访她的时候，她只有17岁，所以一向以冷峻著称的记者温柔了许多，但福原爱还是被问哭了。于是，日本媒介很好奇，不知道这位中国记者是喜欢还是讨厌福原爱，中国受众也是极为不满，认为记者面对未经世事的小女孩，竟然用成年人的沉重问题反复为难她，让她受了委屈。

我们来看看问题究竟出在哪儿：

记者：我看了日本的报纸，也看了一些媒体对你的评价，说你一天现在可以挣很多钱。

福原爱：瞎写的。

视频采访实务

  记者：能不能告诉我们呢？

  福原爱：钱的事儿我一点儿都没管，我还是学生，现在我的钱包里只有300日元，等于说中国的，30块钱。如果赚那么多的话肯定我的钱包也就有1000、2000，是吧？

  记者（对翻译）：因为我从日本报纸上看到，说她，她爸爸妈妈都，为她把工作都辞了。

  记者（对福原爱）：有媒体说，你现在要养活你一家人，这个对你有压力吗？是这样的吗？

  福原爱（眼望翻译）。

  翻译：自己想说什么就说什么。

  福原爱（哭）：别问我那么难的事儿。

  粗看视频会觉得，福原爱常常一听到问题就看旁边的翻译，应该是语言表达能力有限，一时间答不上来，所以急得哭了。但仔细揣摩福原爱的答话就会发现，她可能是因为无法吐露真情才哭的。说一天挣很多钱是媒体瞎写，意思是她并没有很多钱。但说钱不归她管，钱包里只有300日元，原因可能是，虽然没有像大家想象得有那么多钱，但全部在父母那里。一个17岁的女孩儿，不知道该不该向公众吐露这些信息，于是她忍不住哭了。如果福原爱认为记者是有意为难自己，她会很不高兴。但事实上，她在笑着抹眼泪，而笑，可能是因为不好意思，或为不知怎么回答这些问题而感到抱歉。记者也是怜香惜玉的，他给福原爱递去纸巾，接下来的话其实都属于抚慰，也含有歉意：

  记者：没关系没关系，你不愿意说我们就不问这个了。

  翻译：那个事儿不知道就不知道，没事儿。

  福原爱（擦眼泪），笑。

  记者：你平常很爱哭吗？

  福原爱：还行，一般。

第十二章 视频采访的伦理

记者笑：一般。训练的时候有没有被练哭过？

福原爱：没有。

记者：没有练哭过，这一问就把你问哭了。

福原爱看翻译，笑。

记者后来解释说：我为什么坚持要问福原爱收入的问题，因为这个问题是别人没有问过的，而且体现了福原爱跟公共利益的关联。其实问题恰恰出在这里：没人问过福原爱的收入，是因为不该问、不能问，无论她是否觉得被冒犯，这都是她的隐私，采访人不可以在公共媒体上暴露这些信息。

这才是这段视频采访的真正问题所在。

那么，个人财富在什么情况下不属于隐私？这个界限问题在媒介采访研究的学术领域一直是有争议的。笔者的许多本科学生关于该问题的相关讨论中说，采访人不该索问受访人的收入情况。

对于持有类似观点的学生，笔者曾问他们，在分析媒介采访可不可以问及个人收入状况时，你们是否注意到了官员和非官员的区别？如 N 固然是著名的相声演员，但在王志专访他的时候，他是 MC 的挂职副县长。问一位明星演员说相声挣了多少钱，当然违反采访伦理。但如果一位挂职副县长借助明星光环为辖区内的企业做商业广告，可能涉及不当得利，理应受到媒介的监督。

最终，学生对笔者的结论表示赞同，即在采访官员时，对其在商业行为中所获收益，不仅可以问，而且应该问；而在采访非官员时，即使是对那些获利颇丰的明星演员，其收益情况仍属于隐私，不可以问，也不应该问。

八、社会知名人士的情感隐私

大多数受众天然具有一个共同特点，即他们对"娱记"提供的明星八卦趋之若鹜，津津乐道，同时又鄙视他们毫无底线，侵犯了明星的隐私空

间。于是,"娱记"继续存在着,但并不体面。

那么,一位自尊且磊落的视频采访人可不可以关注社会名流的隐私呢?如果可以,应该怎样获取相关信息呢?

首先要理解的是,名人是获利者,拥有更多的资源,作为代价,他们理应相应缩小私人空间,于是原本属于私密范畴的一些信息可以很自然地被转化为公共话题。也就是说,社会名人的隐私范畴要比普通公民的隐私范畴小很多,因为他们比普通公民获得了更多的个人利益和公共资源。但是,这并不意味着,名人的所有私生活都应该公开,诸如与工作无关的身心疾病、家庭成员的某些信息、所有合法的个人财富等都属于不容侵犯的个人隐私。

另外还要知道,名人具有巨大的社会示范作用,与普通人相比较,他们必须更加注意在公共空间的言行,也应该在私人空间保持自律。媒介对他们应该始终是一种威慑,如果他们在私人空间做出不道德的事情,采访人有理由进行问询,戳穿他们塑造的完美假象。相反,媒介没有义务为他们隐匿私人生活中的斑斑劣迹,只有披露真相才能避免无辜者受伤。但是,媒介不能滥用这种权力,以猜测和臆想为依据,频频侵入名人的私人空间去寻找证据;更不能夸大其词,无中生有,编织虚假故事。

至于如何获得某些情感隐私信息,首先要耐心,而且是相当耐心地化解受访人的疑虑和担忧,不要急于得到回答。其次是尊重,给予受访人拒答的权利,或者对于说到什么程度,完全由其自便。采访人需要抛弃成见,以恭敬的态度认真聆听对方的解释。最后是客观,要让受访人明白,触及其隐私,不是为了满足采访人自己的好奇心和窥视欲,目的是让受访人为大众所理解。

情感隐私分为两大类,即正常隐私和负面隐私。社会名人的正常情感隐私一样具有极高的关注度,即使严肃的视频访谈,也不会无视情感隐私可能带来的收看效益,但正常隐私也必须得到百分之百的尊重,没有义务

第十二章 视频采访的伦理

完全公之于众。如果情感隐私出了问题，变成社会议题，对其进行采访便有了理由。但采访的目的是请当事人发声，进行解释，而不是批判他们，不能迫使或诱使他们吐露全部实情。即使他们一言不发，媒介也没有权利横加干涉。

本章最后要说的话

进入信息化社会后，视频采访伦理在采访人和受众之间明显失衡，许多采访人把视频采访看作私人之间的问答记录，而非公共事务，似乎视频采访伦理与己无关。同时，受众的伦理要求高涨，他们似乎虎视眈眈，等待着出现视频采访伦理的错误，一经发现，便群起而攻之。其实，无论是采访人还是受众，都应该研习一下视频采访伦理。采访人可以从中看一看自己遗忘了哪些规范，受众也可以从中看一看自己指责的究竟是不是伦理错误。

本章思考与练习

思考题

1. 采访人只有与采访对象保持适当的情感距离，才能很好地完成采访吗？试举例说明。

2. 假如对一起暴力袭击小学生事件做视频采访报道，应该注意哪些问题？

操作题

1. 请拟订一份对郎铮的视频专访预案。

2. 请你设计一份本月热点社会新闻的采访计划。你会把哪些人列入采访名单，为什么？

第十三章　视频采访的独特性

本章提要

通过对前面章节的学习，我们已经很容易理解视频采访的独特性，懂得视频采访样态应以适应设备技术性为前提。本章我们要着重探讨的是，在数码媒介时代，视频采访的独特性发生了怎样的变化。只有充分理解这些变化，才能明白可以抛弃哪些旧有的技术规范。视频采访最明显的特征是直观性，通过学习本章，我们要清楚为什么这个特征决定了视频采访必将经历彻底的革命。视频采访的第二个特征是信息易受性，通过学习本章，我们要清楚记者群体性为什么可以弱化。也就是说，在未来，视频采访将呈现出工作的个体性。

在报业历史中，采访是很晚的发明。最早，记者获取信息是靠文献和公共演讲，所以直到现在，采访人收集信息时仍有两个办法：首先是资料研究，然后才是现场观察。但是采访出现之后，记者的信息75%—80%来自采访。记者仍然可以借助收集来的资料写报道，但这些资料只起到辅助作用，不可能替代采访。①

---

① 〔美〕肯·梅茨勒：《创造性的采访》，李丽颖译，中国人民大学出版社2010年版，第9—10页。

第十三章 视频采访的独特性

在学理上,"采访"的定义并不玄奥。

从工作性质上讲,"采访"是采访人为做报道而从生活中采集原始素材的过程。从工作状态上讲,"采访"是采访人最为活跃的生命状态。从传媒格局上讲,"采访"是整个信息传播工作的基础环节,是媒介的第一产业。

对于采访和写作的关系,采访初学者往往会本末倒置,而有经验的采访人都知道,七分采,三分写,没有采访,就没有原料,没有原料,就无以加工。所以,美国国家广播公司新闻部经理鲁文·弗兰克(Reuven Frank)曾说:采访是我们这个行业的基本工具,没有它,我们就无法生存。

而视频采访是采访范畴中的一个特殊类型,在上述定义中的"采访"两字之前加上"视频"两字,便是"视频采访"的定义:"视频采访"是视频采访人为做报道而从生活中采集原始素材的过程,是视频采访人最为活跃的生命状态,是视频媒介的第一产业。"视频采访"的基本概念和含义就是这么简单,但在此基础上衍生出来的相关事务中却蕴含诸多奥秘。

一、视频采访样态以适应设备技术性为前提

电视采访的突出特征是其设备技术性极强,采访工作要想顺利展开,其前提条件是必须适应设备技术的基本要求。

在工作方式上,由于带机实采不得不兴师动众,如果想尽力减少所有人的时间消耗,降低工作的物力成本,那就必须在带机实采之前做好充分准备。我们知道,其他媒介的采访均是一次性完成,包括连天采访。因为采访内容过多,一天无法完成,但整体上仍属于一个环节。但电视采访却必须分为两个环节:预采先行,尽量摸清所有情况;其次才是正式的带机实采。前者与纸质媒介的采访无异,主要是围绕相关事件进行非呈像素材的采集。后者具有独特性,是电视记者用摄录设备记录原始视听素材的过程,其间所有操作都必须符合设备技术的要求,没有这个环节,电视采访

无以构成。另外，在实采前后，摄录师还需要拍摄一些非访谈信息，以供后期编辑使用。

在具体的实采操作中，直接参与采访的人员必须与摄录机镜头形成某些关系模式，以固化各种采访类型。前面已经多次讲过，带机采访分为三种类型：一是画外采访，二是画外音采访，三是出镜采访；而出镜采访又分为记者专访和主持人群访。这些模式和类型，都是由镜头与采访人的关系构成的。

在图 13-1、图 13-2 中，受访人身后是墙或书架，没有安排拍摄采访人的摄录机，所以实采所得素材中只有受访人，没有采访人。这类采访模式一般不是画外采访就是画外音采访，统称镜外采访。在电视广播时代，这种素材会被切成数个片段，插入非访谈类成片。这里要再次提醒，在画外采访中，受众从始至终都不知道采访人的存在，所以采访人在受访人回答问题的过程中要避免出声和插话，避免受众不知道声源出自哪里。

图 13-1　1998 年，笔者采访电视剧《武松》导演王浚洲　　图 13-2　2008 年，笔者采访中国人民大学方汉奇教授

图 13-3 呈现的是电视专访模式中使用的双机交叉拍摄法（cross-shooting），记者的问和受访人的答，分别由他们各自对面的摄录机记录。记者出镜采访所得素材可以制成完整的专访节目，出镜记者便是这类节目的形象标志。

第十三章 视频采访的独特性

图 13-3 央视主持人鲁健的出镜采访

无论是镜外采访还是出镜采访,记者都要尽量靠近身旁的镜头。这样做,受访人便可以近乎直视镜头,仿佛在对荧屏前的受众说话。在出镜采访中,记者由于距离摄像头太近,所以一定要注意,不能大幅度摇摆身体,不能用靠近摄像头一侧的手臂做手势,避免不慎遮挡受访人的画面。同样,受访人也可能因为动作幅度过大而遮挡采访人的画面。如果受访人没有电视受访经验,最好的办法是,让其身后的摄录机离他稍远一点儿。

由于配套设备极为复杂,调机技术性要求较高,所以电视群访节目一般要在演播室进行多机拍摄,在导播间做同期切换和录影。为了照顾现场观众,群访主持人和嘉宾不能在台上呈正面对视关系,否则现场观众就只能看到他们的侧脸,所以采受双方的视线关系应该是内向侧对,这样才能同时满足现场交流的需要和设备操作的技术需要。

因为技术极为复杂,各方面投入大,电视采访模式的某些工作经验会被继承,但未来,它在视听采访中的占比将大幅度降低。

视频采访实务

数码媒介时代,尽管视频采访样态同样要以适应设备技术性为前提,但其技术性的程度却大幅降低了。如前面一些章节已经讲到和随后一章将要讲到的,便携式视频拍摄器大幅度降低了操作难度,同时提高了内置话筒的拾音质量,强化了亮度的自动增益功能,一般情况下,无须录音师和灯光师协助工作。与此同时,便携式视频拍摄器极度缩小了体积,减轻了重量,显著增强了运动的灵活度和平稳度。因此,实景动态采访将大量出现,整个采拍理念也会发生颠覆性的变化。

总之,技术性仍是视频采访的特征,但采访操作将变得更简单。

二、为什么可以抛弃那些没有必要的技术规范?

电视采访时代留下的旧规范主要有两大类:一是职业道德规范,二是技术规范。其中,职业道德规范,不仅必须恪守,而且尚待加强。从数码媒介平台上的评论信息看,受众的道德意识被严重低估了。事实上,职业记者流露出的道德瑕疵总是首先被受众敏锐地发现,而不是被他们自己或他们的审片主任首先察觉。与此同时,许多旧有的技术规范已经与数码媒介时代格格不入了。所以,我们必须面向未来,抛弃那些已经完全没必要存在的技术规范。

在电视媒介传播信息时,即使是传达一条简单的信息,其视觉要素的组合也相当麻烦。因此可以说,旧有的视听应用规则一直严重干扰着内容表达。

图13-4是电视采访片段当中的一帧画面,这个画面看似简单,但摄录师为求得这种画面效果一定要花费不少时间。为了制造画面上的动感,取景必须破坏墙基线与画屏下框的平行关系,这需要在建筑物中找到一个合适的角落作为受访人的背景。摄录师还需要找到一面墙,且墙的颜色与受访人的座椅边缘的颜色一致,但又要与受访人的服饰颜色形成反差。摄录师还要建议受访人系上一条淡蓝色的围巾,以制造受访人上半身的亮

第十三章 视频采访的独特性

部。画面中，受访人的左后方必须有足够的侧逆自然光，以便勾勒出她的明暗轮廓。同时，由于背景墙是黄色基调，于是墙前的受访人的脸便成了暗色，所以必须在她的左前方置放面光灯。解决了这些问题之后，摄录师将景别调试为中景，录音师从身后伸出挑杆话筒，然后才能开始采访录像。这一系列准备工作至少需要 40 分钟，而内容采访时间可能只有 5 分钟，最终剪辑使用的部分或许总共不到 20 秒。

图 13-4

这是对各种真实细部进行汇总之后竭力制造出来的绝对精美的"假象"，远远超过了内容信息表达的需要。其实，受众对于构图、景别、光线、色调并不十分在意，但传统媒介工作者为此花费的时间实在太多。

形式应该是内容的自然延伸。但在电视采访时代，对形式的考量总是先于并大于内容采集。实际上，受访人在自然状态下发声，采访以受众听清受访人的声音为底线，已经足够了。试想，受访人通常对摄录团队摆弄采访背景和合适机位的意义不甚了解，不知道他们耽搁那么长时间是在做什么，最终他们被要求坐在各种陌生的设备中间，尽量不做大幅度摇摆以保持构图和明暗对比的最佳状态。在这种情况下，受访人还能保持自然状态吗？

数字媒介时代，技术指标至上的传统可以终止了。

这与接收终端的重大改变息息相关。过去，电视大屏往往是多人共

用,大家凑在一起看节目。因此,受众对大屏的期待值很高。再加上大屏面积是手机屏面积的数十倍,所以它的画面质量必须要高标准,不能敷衍受众。但是未来,受众将普遍使用便携小屏收看视频。这种随时随地随意观看视频的生活方式,已经不再把画面美感放在重要位置,其目的只是及时获取实质性信息。可以说,家人朋友坐在电视大屏前,聚精会神地共同欣赏视觉精品的时代过去了,在业已开启的新时代,视觉舒适原则将成为视频技术规范的底线,无关紧要的技术规范便可以不论了。

那么,为确保视觉舒适,要避免出现以下几种情况。

第一,视频采集失去视觉中心。

我们在用户生成内容的视频中,可能经常发现拍摄者跟不上被摄对象的情况。音频中正在发生激烈的打斗,但视频画面却只有一把椅子,过了很久,镜头才慢吞吞地框出了打斗者。

这类视频严重击穿了技术规范的底线。而对于合格的视频采集,被摄对象不仅必须处在取景框内,而且必须居于视觉中心的位置。

第二,画面严重抖动。

画面不稳定有两种可能:一是固定拍摄时,没有使用三脚架,却又抑制不住身体的颤抖;二是移动拍摄时,上下颠簸被镜头夸大了。

有的摄录师在没有三脚架的时候,会有意识、有节奏地轻微晃动镜头,破除采访画面的长期凝滞状态,其实效果不错。所以说,与其努力抑制颤抖却又控制不住,不如主动造成有规律的轻微晃动,使画面生动起来。

至于移动拍摄中的图像剧烈颠簸问题,现在的许多拍摄器都有防抖功能,如果觉得效果还是不太理想,可以使用便携稳定器。

第三,镜头运动缺乏稳定感,移动意图不明,运动轨迹杂乱无章。

在镜头移动时,如果没有特殊意图,必须在启动点停留一秒钟做起幅,然后匀速向一个方向推拉或移动,中途不得反方向摇摆,最后果断落在一个被摄对象身上,定住,停留一秒钟做落幅。即使在使用稳定器进行

第十三章 视频采访的独特性

连贯拍摄时,也要做到稳定起幅,匀速移动,不要临时转向,最后稳定落在某个被摄对象身上。

第四,画面带有严重歧义。

在视频采访拍摄中,必须避免被摄对象与其背景中的某些元素临时拼合,造成令人啼笑皆非的构图。

如图 13-5,摄录师如果意识到要避免视觉歧义,稍稍移动机位即可。遗憾的是,摄录师并没有意识到。这样的采访画面简直太滑稽了。

图 13-5

数码媒介时代,做采访拍摄只要在技术上避免了上述失误,尽可放弃其他规范。当然,这个结论并不排斥在避免上述失误的基础上争取力所能及的美感。但是总的来说,在头脑中放弃没有必要的传统技术规范,更能全身心地关注内容,把主要精力放在对职业道德和公德的恪守上,放在对实在信息的记录和传播上。

三、视频采访的直观性

用文字记录采访过程,受众只能通过记者的文字翻译来想象受访人的形象和言行。"我们无法在文字传播中听到真实生活中的声音,无法在文字中看到真实时空中的原始形象。因此,文字也就不能实现人际交流的人

视频采访实务

本体验和感知的效果。"① 而用视频记录采访过程的最显而易见的特征是,它具有直观的形象画面,它是采访现场的如实再现,是对人物言行的同步记录。所以,视频采访具有极强的现场感,这是它的最大优势。即使是对已知事件,受众也想通过实拍画面亲眼观之,希望体验现场感。

我们知道,由于技术的局限,信息在传播过程中必然遭受一定损耗。由于各种媒介还原原始信息的能力不同,因此它们造成信息损耗的程度也不同。

报刊采访对原始信息的损耗最严重。它只能借助文字间接传递信息,在加工这些信息的过程中,必须经过多次转化才能实现传播,而每一次转化都会造成一定的损耗。首先,受访人的形象和言行需要被转化为记者的记忆,由于受众不在现场,是局外人,因此他们无法印证记者的记忆对不对。其次,记者的单方面记忆需要被转化成文字形态。要知道,采访中双方使用的是口语,而要在报刊上发表,必须将原始口语信息精炼为一定程度上的书面用语,至于原意是否遭到歪曲,受众无从知道。受众也无法确定那些直接引语是不是受访人的原话。在报刊采访中,记者对受访人的原话进行不同程度的修改是常见的事,但他们是否歪曲或篡改信息完全取决于记者个人的自律。最后,记者的文稿还要过编辑这一道关才能刊发。在传播的终端环节,文稿被受众读解,转化成他们的想象。此时,受众想象中的信息,已经与记者最初目睹的原始信息有了很大不同。

与报刊媒介相比,收音机广播省却了写作、拣字排版、印刷、库存运输、发行等十多道中间工序。列宁说它是不要纸张、不要电线、没有距离的报纸②,无论是江河湖海和崇山峻岭,还是沙漠荒滩和原始森林,只要是电波能够抵达的地方,就可以传递声音信息。而且,收音机广播是唯一不需要注视的媒介,不会影响我们同时做别的事,我们完全可以一边听着

---

① 雷蔚真、朱羽君:《电视采访学(第三版)》,中国人民大学出版社2018年版,第3页。
② 〔俄〕列宁:《列宁全集》第35卷,人民出版社1990年版,第435、471页。

第十三章 视频采访的独特性

新闻或音乐，一边驾驶汽车。最重要的是，收音机广播可以直接传递声音方面的原始信息，降低了对原始信息的损耗。不过，因为只闻其声，不见其形，即便是一个技术一般的编辑，也可以把原始声音信息剪辑成别的样子，这完全不是难事。

相比之下，电视广播和视频传播可以同时具有两个感觉因素，不仅涉及听觉因素，而且涉及视觉因素，这两者合力诉诸受众的感知系统。要知道，"从眼、耳这两个讯道进入人脑的信息占人类从外部世界获取信息总量的90%。电视新闻主要依靠声音、画面等符号传播，因为，它打开了人们信息交往中最重要也是最常用的两个接收通道，使信息同时作用于人们的视听感官，在人们脑海中构筑起一个视听兼备的整体形象"①。由于普通受众普遍相信眼见为实，所以他们更愿意通过直观的视频采访来观察受访人的状态。也就是说，信息的可靠性是视频采访的最大优势，它常常被视为信度工具。尽管对一位编辑能手来说，把受访人说的"我不同意"改编为"我同意"是完全可能的，但因为视频采访的直观性，通过慢放和口型辨认，受众还是可以发现造假的迹象。到目前为止，电视广播和视频传播仍是还原原始信息能力最强的媒介。

摄录师采集直观画面，是视频采访中唯一一个绝对不可缺少的环节，缺少这个环节就无法成其为视频采访。

画外采访拍摄与文字媒介采访颇有相似之处。采访提问只是手段，可以忽略不计；最后整理出的受访内容才是它的结果。画外音采访拍摄则与音频采访有一半相近属性，受众同样需要想象采访人的样子。但它与报刊采访已相去甚远，尽管在直观画面上，受众只能看见受访人，可在音频上它却是采受双方问答的全过程，采访人的音频提问属于采访结果的一部分。而对于出镜采访拍摄，采访人的所有采访手段都将是采访结果不可分

---

① 巨浪编著：《电视（新闻）采访与写作》，浙江大学出版社2009年版，第9页。

割的组成部分。

摄录师采集的直观画面经过后期编辑,最终会呈现在受众眼前。

因为直观性,远离受众的信息得以情境化(contextualize),它不仅可以显示采访人身处的现场,而且可以让受众感觉自己似乎也在现场旁观。

因为直观性,受众对视觉元素的反应会很强烈,所有被镜头放大了的细节都会吸引他们的注意力。因此,出镜采访人要注意自己的服饰、态度、言谈方式、举止风度,并针对不同情况做出恰当的处置,当笑则笑,当悲则悲,对善,需要赞誉,对恶,必须揭露。与此同时,受访人的表现同样清晰在目,受众可以亲见他们回答问题时的神情,这些神情甚至胜过他们所做的语言表达。受众还可以看到他们回答棘手问题之前的犹豫停顿,他们不愿接受采访时拒绝上镜的样子。所有这些有价值的客观细节,在其他的媒介采访中必须通过主观描述来表达,而在视频采访中皆可客观呈现。

直观性是视频采访独有的优势。在采访实践中,我们首先应该想到的是把这个优势发挥到极致。

四、视频采访必将经历彻底的革命

采访是一个过程。纸媒采访只能呈现结果,受众看到的是记者发表的最终成稿,无法目睹采访过程;收音机广播可以记录采访过程,受众却看不见。这些媒介无从展现或无从全面展现采访信息的取得方式,因此它们不会在信息取得方式上发生改变。与它们不同的是,视听媒介具有直观性,其采访呈现的是过程,因此在数码媒介时代,视听媒介会在信息取得方式上面临一场极具视觉冲击力的革命,唯有它可以表现出革命的成果。

早在1996年,法国巴黎第八大学传播学教授阿尔芒·马特拉(Armand Mattelart),曾经写下这样一段话:

世纪末的传播研究,以一个概念为轴心,仅限于关注大众媒介领域……这种媒介中心论的视角,使我们忘记了,传播史具有

第十三章 视频采访的独特性

一个早在现代媒介出现之前就长久存在着的主干。仅向大众媒介的这种倾斜,产生了对传播史的一种简约化了的看法,更加糟糕的是,它引发了某种历史健忘症,妨碍我们去分辨,在当代传播方式的巨变中,真正重要的赌注究竟是什么。①

这段话可以这样解释,传统媒介时代,职业化采访源自原初状态的日常问答,但自从有了专业媒介之后,为了适应大众传播的各种特性,原初状态的日常问答渐渐被格式化,必须符合种种条件,遵守各种规范和标准。我们确实应该认真探讨,信息传播的原初样态在经历了媒介工作者一次次严格的改造之后,如何变成了传统媒介时代我们习以为常的那种样子,而在数码媒介时代,我们应该或不得不进行哪些还原?事实上,数码技术已经带来了自发而明显的还原迹象,但这仍然是一种赌注,我们不知道大幅度还原采访交谈的原初状态是否正确,不知道它是不是未来很长一段时间的发展方向。但一切尚未尘埃落定之前,这个赌注必须要下,因为它很有可能是正确的。

笔者用授课时使用的这幅示意图来阐述这个问题(图13-6)。

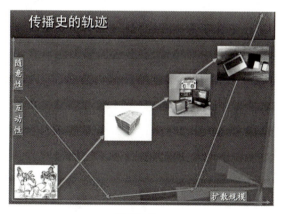

图 13-6

---

① Armand Mattelart, *The Invention of Communication*, Minneapolis: University of Minnesota Press, 1996, p. x.

示意图中有两条轴线：横轴是信息扩散规模的发展轴线，纵轴是信息呈现的随意性和授受互动性的变化轴线。在专业媒介产生之前，信息传播史上曾有过一个极其漫长的时期，始终存在着类似于后来被职业化了的采访问答。实际上，即使是在专业媒介出现之后，这种基于兴趣和好奇的日常交流依然绵延存在着。那个时候，信息扩散规模极其有限，只有参与者和从参与者那里听到传闻的人，才可能获知交流信息，但它的随意性和互动性却是高值。及至有了最早的专业媒介——报纸和杂志，信息的扩散规模才成倍地增大。与此同时，其随意性和互动性却降到了最低点。电子媒介出现后，信息扩散规模再次增大。由于从电子媒介获取信息无须识字的条件，因此规模最为广大的普通民众被纳入了受众范畴，而视听媒介可以直接呈现采访人与受访人的交流过程，其随意性和互动性有所增强。最终，数码媒介带来了革命性巨变，互联网动员了所有可以使用互联网功能的人，这不仅更加有力地扩大了信息扩散规模，而且令人难以置信地还原了信息交流的原初状态，信息表达的随意性和授受互动性令人震撼。

现在，我们已经可以明显看到，凡是享用过数码媒介带来的多向信息交流的受众，已经对单向传授信息的传统媒介产品充满鄙夷。由此应该想到，今天，视频采访究竟是应该承袭和恪守传统媒介时代的所有理论，还是应该顺应数码媒介时代的新趋势，果断抛弃过时的旧规范？这是一个严肃的学术问题，又是一个已经不言而喻的问题。

我们先来回忆一下，在没有电视媒介之前，人们之间日常的采访问答是什么样子。实际上，直至今天，采访的原初样态也从未改变。很简单，采访的原初样态只是，一个人基于对他人的兴趣，提出问题，获得回答。其基本特征如下：

（1）只满足自己的兴趣，不考虑旁观者和旁听者是否有兴趣；

（2）诸问题之间不一定具有逻辑关系，交谈的兴趣点在不断飘移；

第十三章 视频采访的独特性

（3）因为是私人交谈，基本不在意问答内容的伦理；

（4）经常发生问答逆转，即答者变成问者，问者瞬间转换为答者；

（5）不排除他人临时介入，也不排除问答双方中的某人半途离开；

（6）没人注意容颜、着装、举止。

这些日常化的兴趣问答的基本特征，经由电视媒介的职业化实践，被不断加以改造和限制，最后变得面目全非。

日常提问全部是兴趣使然，而职业采访完全是工作之问。在电视采访时代，记者要保证兴趣的双重性：一是记者满足自己对受访人的兴趣，二是记者满足受众对受访人的兴趣要求。只有在采访中尽最大努力保证这两种兴趣的重合，才能构建出既符合人际传播特点又符合大众传播规律的谈话场，也只有这样，才能在传播信息的时候获得最大的社会和市场效益。梅茨勒教授认为，采访代表背后的观众，双方以对话的形式来交换信息，以达到任何一方都无法独自达到的知晓程度。这个采访定义旨在突出采访的双向性和交互性，但前提是"代表背后的观众"。也就是说，为了吸引更多的人收看，日常问答者的个人兴趣必须具有公共兴趣的代表性。

日常问答总是无征兆地径直发生，没有预期目标，而职业采访必须设置主题，总是经过充分准备。为了让受众集中了解一个事实，日常兴趣问题中的发散性被消灭了，而采访必须紧紧围绕相关话题，呈聚焦状。于是，原本没有逻辑层次的随机问答变得线索清晰、段落分明，为的是让受众获得明晰清爽的答案。日常问答多是随意而啰唆的，而职业采访力求规范、简洁。日常问答无从加工，发生了也就过去了，而职业采访多半要经过后期编辑，高度提纯，实现主题表达。

为了不违反公序良俗，日常问答的开放性受到了采访职业道德的严格限制。

视频采访实务

为了全力探求受访人的信息，日常状态的双向交谈变成了稳定的单向问答，主宾关系明确。

在日常问答中，第三人可以随意介入，职业采访却严格限制参与者。为了精准采访一个目标受访人，交谈者临时参与或临时退出的随意性消失了，取而代之的是计划额定，凡半途出现的受访人均为事先安排好的神秘嘉宾，他们只能是核心受访人的陪衬和帮手。

为了愉悦受众，交谈者的平凡生活状态变成了镜前的工作架势。日常问答中一般无须形象设计，采访人却要精心化妆，穿戴讲究而适合的服饰，其言谈举止也必须符合镜前规范。

于是，电视采访和原初状态的日常兴趣问答区分开来，形成了天壤之别，人们甚至忘记了职业化采访的源头。采前进行充分准备，设置总目标，精心挑选服饰，以职业形象拉开采访架势，用一系列工作之问获得简洁明了的回答，其间拦住所有不速之客，最后对采访素材进行"乾坤大转移"式的后期编辑，使其服从策划方案的框架次序，这便是标准的电视采访节目，或曰一般化的电视采访节目。生活中的兴趣问答被节目化、精致化、艺术化了。

这里有一种耐人寻味的隐秘现象，即每一位著名的电视记者或主持人，每一档非标准化或非一般化的著名采访节目，其实都是在遵守规范的前提下，因为不同程度地勇敢展露出交流的原始状态，而形成了鲜明的独特风格。也就是说，电视记者或主持人之所以著名，采访栏目之所以成为品牌，是因为一定程度上的返璞归真起了关键作用。只要带着这个认知仔细观察那些著名记者或主持人，认真分析那些知名的采访栏目，就很容易发现这个事实。

数码媒介时代，视频采访已经向原初的日常人际沟通状态大步回归，试图从电视采访的"清规戒律"中解放出来。很有可能，这将是一次彻底的革命。一个视频采访人，一个视频系列，如果拒绝这种解放，那就不大

第十三章 视频采访的独特性

可能为人所知。

在未来的视频采访中,采访人可以淡化架势,把自己还原为普通的交谈者。

所谓架势,最突出的就是那些渴望做主持人的孩子在参加主持人大赛时所表现出来的样子。他们的意识中含有一整套主持节目时必须端起的气势和姿态,似乎没有这些便不能称为主持人。但实际上,即使是在传统媒介时代,那些知名主持人也总是因为放弃了架势而显得相对放松的,而坚持端着架势的主持人很难成名。在一个大幅还原原始交流状态的时代,采访中的工作架势将显得太过做作。

因为放弃了架势,在未来的视频采访中,过去正襟危坐的一问一答将还原成散漫随机的互动;过去记者的职业之问将变得更像是个人的兴趣之问。视频采访人无须像在传统媒介时代那样,一定要做好充足的采前预备,完全可以真实袒露一定的未知状态,就着临时激发的兴致,即兴采访一个自己感兴趣的对象。过去那种极力消除一切闪失的做法已经过时了,采访人在即兴采访过程中显露出无知,或出现一些症状,这都将是访谈真实状态的一部分。在数码媒介时代的新新人类看来,过去对电视采访的精心准备和事后雕琢,等同于造假和欺骗。他们更愿意相信和接受,任何一个视频采访人都不可能全知全能,不出任何纰漏。在未来的后期制作中,编辑也将放弃高度提纯的剪辑原则,最大限度地保持视频素材的客观原态。

因为放弃了架势,在未来的视频采访中,采访人的言谈规范将被淡化,问答双方将更像是在互唠家常,双方之外的第三人可以随时介入,甚至变为主要答话者,而原有受访人也可以半途离开。

因为无须架势,未来,视频采访人没必要特别在意外形和着装,生活化的日常装束更容易被受众接受。而刻意打扮的采访人反而像是在舒适的家中煞有介事地穿着西装革履,在调性上与日常环境格格不入。

视频采访实务

　　对于未来的视频采访，时长都将大幅缩短，仅因单一小目标而存在。比如，针对传统武术师不堪一击的尴尬现象，采访人已经不必再把所有相关人串联起来或集结在一起，做一期时间很长的新闻调查节目或新闻群访节目。相反，采访人可以分别采访几位当事人，陆续做出一系列独立的短视频。受众如果感兴趣，可以经由其中一个受访人的专访链接，跳转到另一个受访人的专访，从而了解各方的说辞，理解这个现象。

　　总之，对于传统媒介时代的"清规戒律"，只需保留必需而有限的原则。

　　过去，因为传统媒介的技术局限，我们摒弃了原初交流状态中的许多珍贵元素，但我们还是依稀可以瞥见，规范化的职业访谈中仍残留着日常交流状态的痕迹。今天，我们可以清楚地看到，许多职业访谈正在纷纷还原为日常状态的交谈。已经可以想见，数码媒介时代，视频采访的样态很可能会从职业化程度极高的规范访谈变成日常状态的生活化交流。

五、视频采访信息的易受性

　　当年，收音机广播的出现克服了文字传播的弱点，它无须受众耗费很长时间去学习和辨认文字。不过，只用听觉感知世界，需要调集受众对于画面的想象力，在脑海中建立起关于现实世界的影像，而想象中的画面和真实情境总是会有很大差距。于是，电视广播和视频传播把信息接收变得更简单了，无须消耗什么精力，受众便可以获得现成的视听信息。而且，"人们对于不同符号内容的记忆力不同。通常，阅读文字能记住 10%，收听声音能记住 20%，观看画面能记住 30%，而边听边看，则能记住 50%"[1]。所以，受众从视听媒介接收信息的效果也得到了大幅增强。

---

[1] 巨浪编著：《电视（新闻）采访与写作》，浙江大学出版社 2009 年版，第 11 页。

第十三章　视频采访的独特性

我们常常听到一些学者讥讽电视采访和视频采访肤浅，这是一个误会，因为就算书中的文字也可能是肤浅的，导致肤浅的根源不是媒介，而是使用媒介的创作者。如果说这种讥讽有一点点合理性，那正是因为电视采访和视频采访的信息易受性，它们不仅不需要受众识字，而且不需要受众太动脑筋。也就是说，视听采访不一定肤浅，但它确实可能使受众变得肤浅。

可以说，视频采访的易受性源自它的直观性。

因为直观性，视频采访在传播声音信息的同时，显露出大量的无声信息。这些无声信息分为"环境语言"和"体态语言"，具有潜台词功能，前者反映空间环境和氛围，后者涉及镜前人物的表情、神态和包括手势在内的各种动作。美国传播学家艾伯特·梅拉比安（Albert Mehrabian）说，人们在表达意思时，面部表情和形体动作占比达55%，因此受访人的很大一部分信息是通过表情和动作来传达的[1]，受众可以通过各自的经验进行联想，做出信息解读，最终形成自己的判断。

这里要注意，符号学家认为，非语言符号因为不具备语言符号的确定性，它在信息性质上具有开放性，具有不同知识结构和不同人生经验的受众对它的感受会有不同。当采访人自己使用无声语言时，要尽量给出指向性，以减少歧义，让受访人和受众理解自己所要表达的本来意图。

另外也可以说，视频采访的易受性来源于视听综合元素的丰富性。

视频采访素材中有许多单个表现元素，当它们处于有机融合状态时，其效能会远远大于仅把它们机械陈列出来所形成的表现力，即"ABC>A+B+C"。我们可以这样理解这句话：视频总是拥有图像、声音、文字这三大元素，但我们不能说图像、声音、文字加起来就构成了视频，这三大元素在视频中是交织在一起的，它们不是独立并列关系。那么，在视频采访

---

[1] 陈笑春主编：《新编电视采访与编辑》，法律出版社2015年版，第127页。

视频采访实务

中,当声音信息和所有无声信息融汇形成合力时,便构成了"大容量传播"(high-capacity communication)的状态。这就是在看视频时我们预估的时长总是远远大于真正时长的原因:我们在很短的时间里,同步接收了各种形式的信息,这些信息叠加在一起,造成了我们对时间的幻觉。

能在同一时间同步获得各种信息,便是采访视频的易受性。

同时要指出的是,在互联网平台上,一个采访作品中的文字、图片、视频、音频诸元素可以是独立并列关系,它们各自表达自己最适合于表达的内容,然后做物理拼合,完成对一场采访的记录。这也增强了受众接收信息的便利程度,让他们能看视频的时候看视频,不能看视频的时候看文图。

六、记者群体性是否可以弱化?

在过去,电视采访不可能由一个人完成,所以"电视记者"是一个群体概念,各类技术工种人员缺一不可。在工作中,他们必须通力合作,协同完成任务。

有时候,团队成员之间可以伸出援手,互助互利。

2001年,"3·15"节目组派记者去海南暗访了非法传销。那里的传销组织很严密,外人很难打入,两位记者以一个传销头目的熟人身份,进入了一个临时的"传销之家"。暗访记者刘喻晨自称广西人。不巧的是,传销人员中恰好有一个广西人,这人马上问:你从广西哪里来?刘喻晨根本不了解广西,只得说是广西一个部队的。糟糕的是,那人对广西的部队十分熟悉,又问刘喻晨是哪支部队的。就在刘喻晨退无可退之际,一旁的另一个暗拍记者说:那部队是保密的,番号不向社会公布。这才化解了危机。两位记者每天睡觉的时候,把暗拍机藏在枕头下面,和传销人员同吃同住了一个星期,相互照应着完成了暗访暗拍任务。

第十三章 视频采访的独特性

有时候，团队成员之间可以默契配合，高效完成采访任务。

在2004年"禽流感"期间，央视《聚焦三农》栏目组记者在广西制作了《首例疫区首次解禁》。栏目组成员必须在解禁当天回传编辑完成的采访报道。上午，摄录记者负责拍摄，出镜记者负责实采，编导负责在摄录机旁记时码，为后期编辑做准备。由于时间紧、任务重，编导还需抽空给下一个受访人打电话，联系沟通。在编导编辑第一盘磁带时，出镜记者查找了第二盘磁带中要用的素材，并记好时码，摄录记者则负责上网查找编辑需要的信息。下午，电视片顺利完成，按时回传到北京。此时，摄录记者已经电话订好了回程机票。

因为一切不能将就，所以任何一个人都无法胜任哪怕是十分简单的一次电视采访工作。比如，使用数码摄录机进行采拍时，如果由一名记者运用采摄合一的方式工作，他只能一只眼睛看着受访人，提问互动，另一只眼睛瞄着寻像器，观察取景状态，一只手还得朝着受访人举话筒。这样做必定要分散注意力，很容易顾此失彼，既不能全力以赴地提问、追问，深入事实，又不能专注于摄录机的技术状态，况且记者不可能入画，没办法对镜评述，与受众交流。所以一般来说，最小规模的机动采访组合也需要两个人：一名手持指向性话筒的记者专门负责提问，一名专职摄录师以肩扛方式操作摄录机。

总的来说，电视采访是"重兵"投入，必须有一个团队。

对于一些重要的专访，除了带机实采记者之外，制片人、本期编导、前采记者、摄录师和技术员、录音助理、灯光师、场记、实习生、司机等须悉数出现在实采现场，各司其职，协同工作。这些人全部属于电视采访记者，其中绝大多数人是非出镜记者，他们必须对各自的工作角色具有正确的自我认定。

在采前，他们不能回避与受访人进行眼神交流和寒暄，以营造融洽气氛。编导和摄录师首先要为采受双方选定背景，确定他们的位置，固定机

位。技术员负责设置三脚架，摆放安装摄录机。当两名实习生分别在采受双方的位置坐好时，摄录师试机，查看实习生与背景的关系是否恰当。如果自然光照度不足，灯光师需要设计出一套人工补光的方案。一切安排妥当之后，录音师负责给采受双方分别佩戴胸麦，准备开机实采。

在采访过程中，所有人都必须懂得维护良好交流环境的重要性，都应该知道，任何人一旦发出微小声响、做出细微动作，都可能直接或间接影响实采效果。但是，每个人还都必须针对具体情况，随时对各自掌控的事务做出相应调整。

采访结束后，编导要提醒出镜记者进行补漏。

另外，在电视采访实践中，相当一部分内容要在镜外获得，这些材料可以交给后期编辑，编入成品，起到说明情况、补充论证、深化主题的作用。所以，电视采访不仅是声画采集，而且还必须包括纯文字采集和纯声音采集，这些工作都需要团队成员分工完成。

一切工作均已完成之后，司机开车带大家回电视台。

那么，在数码媒介时代，视频采访的所有工作能否由采访人独自完成呢？即能否把前采记者、带机实采记者、摄录师、录音师、灯光师、技术员、后期编辑等全部集于一身，由同一个人来兼任？

笔者的一名本科学生在她提交的采访心得中有这样一段话：

> 我一个人负责提问、录音和摄像。一边推进采访，一边留意摄像机是否在录制、人物是否出框，又要保证录音正常进行。一心三用导致有时提问没有逻辑、没有及时注意到人物出框以及录音中断很久了才发现而需要重新录制。因此，这一部分我所总结的经验是，采访时无论如何至少也应安排两个人，一人负责采访，一人负责摄像和录音，这样可以给采访人更多随机应变的余地，避免画面作废而需要重新录制的情况发生。

第十三章 视频采访的独特性

如果使用传统设备，按照传统模式进行采访，单打独斗当然会力不从心。

笔者建议，她可以用一只手拿着便携式平稳拍摄器，锁定受访人脸部，然后放心大胆地与之交流，看看是否还有忙乱无助之感。

她试了一次，高兴地告诉笔者：拍摄设备便捷了，拍摄手法也就自然随意了，就像是随手记录了一场邂逅的对话，真的无须别人帮忙了。

与抛弃没必要的技术规范同理，一人摄制实采，同样与视频采访的信息易受性具有间接关系。受众很容易接收信息的媒介产品，肯定是他们用过就会抛弃的东西，它所包含的信息有价值，但它本身不会作为珍品被收藏，因此其无须比照精品标准去打造技术质量。另外要记得，未来的采访报道主要为小屏收看服务，所以用便携拍摄器实拍采访过程是可行的。

这些变化使得单人完成视频采访毫无障碍。只是要注意，这种变化并非操作方式上的偷工减料，而是适应新时代的一种革新需要，其目的只是快捷采集更为真实的视听信息。

七、视频采访人的个体性

传统媒介时代，各种媒介之间界限分明，不可能做到媒介融合，所以传媒工作者要传播一组信息，始终是单一使用某一种媒介。报刊记者主要使用文字，顶多借助图片印证某个事实，他们无法使用视频方式。电视记者主要使用视听信息，而字幕只不过是一个微不足道的辅助。总之，没有一条信息是用多种媒介方式交叉综合表述的，这在技术上是根本不可能的。

但是在数码媒介时代，一个革命性的变化是，过去的媒介界限和媒介使用界限被打破了，所有旧媒均可以在数码媒介平台上交叉使用。

比如说，微信公众号上的一篇采访，其主体信息可以由图文构成，其

视频采访实务

精彩点、关键点可以是微视频或短视频，页面中可以另提供深度阅读的相关长链接。另外要注意，那些阅读量长期保持"10万+"的微信公众号大多单独设有音频按钮。因为音频无须视觉用力，受众可以目不转睛地做着手里的活计，同时用耳朵听取信息，所以音频成了数码媒介时代最强有力的媒介工具，它可以把公众号某期推送中用各种媒介方式交叉叙述的所有信息完整地呈送一遍。

在传统媒介时代，各种旧媒的影响力排序由强到弱依次是电视广播、报纸、杂志、收音机广播。及至数码媒介壮大之后，在数码媒介平台上，旧媒的影响力排序骤变为音频为首，类似于报纸的文图短讯其次，类似于杂志的文图长链接再次，而视频落在了最后。这是因为，受众在收看视频时，单位时间里获取的信息量远远不及收看其他媒介，而且还必须放下手里的事情，目不转睛地盯着小屏看，这过于耗费时间。另外，收看时不流畅，严重耗费流量，这也是难以解决的问题。因此，如果一条信息不需要眼见为实，受众一般会放弃收看视频。

由此看，数码媒介时代，资讯成品可以是所有旧媒元素的有机综合体。其中，不必用视频方式表现的采访内容应该改由其他媒介形式来呈现，视频部分的时长可以大大缩短，作为综合成品中的一小部分。相应地，纯属于视频实采的工作量会大幅减少。因此，用便携式平稳拍摄器随手记录全部采访内容，只截留其中必要的少数段落以视频方式呈现，这样的工作完全可以由一个采访人胜任。

单人摄制视频采访必须使用便携稳定器，进行长镜头拍摄（long take）。那么，让我们回顾一下传统的长镜头理论，看一看用便携稳定拍摄器对采访做长镜头拍摄是否可行。

法国经典电影理论的一代宗师安德烈·巴赞（André Bazin）因为不满于传统的电影剪辑理论，提出了"完整写实主义"，其方法是在拍摄时使用"景深镜头"和"连续摄影法"。这为不久后问世的长镜头美学奠定了

第十三章 视频采访的独特性

理论基石。

不过，巴赞并非彻底否定剪辑，他反对的是过分夸大和强调剪辑的作用，反对把剪辑看成影片编辑的唯一手段。所以，他的"连续摄影法"不是要取代剪辑法，而是对剪辑理论的一个补充。而且，巴赞也没有直接提出"长镜头"概念，长镜头拍摄真正作为全新的美学实践，向经典剪辑理论发起挑战，那是20世纪50年代的事情。

长镜头理论秉承了巴赞的主张，强调真实性，要表现"未经组织的"真实时空。它的表达方式是，不打断时间的自然流程，保持行动进程的不间断性，以一个镜头连续拍摄，形成完整的视听段落。从时长上看，长镜头至少要持续30秒。它的空间表现可以在镜头的运动中自然转换，产生视角、景别、光线、气氛的视觉变化，让受众看到更为丰富的环境因素。在信息内容方面，它可以完整展现一个较长的行动过程，起到和一组剪辑镜头相同的作用。

与剪辑镜头比起来，长镜头的时长与其拍摄的行动过程的时长一致。这就排除了通过镜头分切而压缩或延长实际时长的处理方法，因此它更接近实况，但其代价是冗长而单调，信息密集度较低。所以，没过多少年，反对的声音就出现了。就像长镜头理论很有道理一样，反对的理由也很有见地：不能片面强调真实再现生活原态的主张，把一切必要的加工都斥为不真实，这种主张很容易导致自然主义，艺术的目的不在于真实感，而在于通过典型形象对观众施加巨大的感染力。

不过，作为影业理论，这种观点振聋发聩，但对传媒界而言，真实再现生活原态却是最高原则。在我们传播领域，不能背离真实性来谈感染力。而视频传播领域最容易出现问题的部分恰好是剪辑，剪辑最容易因为希望讲好故事而偏离原态。这样看，长镜头虽然有些拖沓，拍到的却是真实状况。

20世纪70年代，电影界的综合美学派出现了。他们认为，剪辑派和

视频采访实务

长镜头派的理论或者过分强调电影创作者的主观意图，或者过分强调客观世界的真实因素，所以各有片面性和局限性，两者综合起来才能拍出最好的电影。

这里还是要重申前面的话，电影是力求传世经典的艺术，有珍藏和反复观看的可贵价值，但视频采访只是应时之作，其目的是快速传播真实信息，时过境迁后，它的价值会严重递减，因此长镜头远比镜头剪辑适用。

学者判断，长镜头取代剪辑是不太可能的。对于影业，这是正确的认知；在电视广播领域，这个结论也是对的；但在数码媒介时代，它将被证实是错的。

无论是电影拍摄还是视频采访拍摄，长镜头的种类划分是一样的。一是固定长镜头，即固定机位，使用摄录机的推、拉、摇功能，进行不间断拍摄。二是景深长镜头，也称作变焦长镜头，即同样固定机位，运用摄录机的焦距变化，对被摄对象进行不间断拍摄。例如，当采访对象朝镜头跑来时，先用大景深镜头让其出现在远景中，随着对方逐渐接近摄录机，镜头先后变成全景、中景、近景、特写，也就是说，一个景深长镜头相当于一组远景、全景、中景、近景、特写镜头的连贯组合。三是运动长镜头，即不固定机位，进行不间断拍摄，镜头始终处于空间移动状态。

在电视广播时代，那些普通摄录机不具备防抖移动功能，因此只能采用第一种方式或第二种方式，而且两者不可兼得。如果想综合使用三种方式，只能采用斯坦尼康进行拍摄。但这种摄录机十分昂贵，又太大、太沉重，行动起来不方便。可在数码媒介时代，一个小小的稳定拍摄器就解决了一切问题，它可以轻而易举地变换使用上述三种方式。而且，它可以在连续移动拍摄采访环境的同时，加入自己的旁白和解说，可以用画外音采访方式顺接与受访人的互动交流，最后转过镜头朝向自己，还可以做出镜评述。也就是说，便携式稳定拍摄器可以满足视频采访拍摄的任何需要。如果采访人不希望拍摄流程过长，以免摄入信息稀薄的内容，可以使用暂

第十三章 视频采访的独特性

停功能,在需要的时候再继续录制,完成无剪辑拍摄(no clip shooting)。

总之,长镜头理论及其拍摄实践足以使视频采访的个体性得以实现。

技术发展的趋势是越来越人性化,它是在模仿甚至复制人的感知模式和认知模式。

镜头是人眼的延伸工具,而人眼在观察和记忆客观环境的过程中是不间断的,不会压缩或延长真实时长。便携式稳定拍摄器的长镜头拍摄恰是恢复了人类观察和记忆客观世界时的原始状态,因此受众具有极强的代入感。采访人拍摄记录下来的过程,就是他们在现场看到的过程,受众看到的过程,也正是采访人在现场看到并记录下来的过程。

另外,客观行动和交流互动的流程有多长,开机采拍的素材就有多长,这意味着,录播和直播是完全一样的。如果不做后期剪辑,使素材时序处于连贯状态,电视采访时代那些人为的安排将或者是在拍摄之前便被排除,或者是在拍摄之中便被曝光,于是视频采访的真实性得到了充分保护。

在电视采访时代,英国广播公司一位年轻记者去采访英国住房部部长,两人友好地交谈了几分钟。她提醒部长她会提一些比较尖锐的问题。随后开机录像,她刚提出第一个尖锐问题,部长便勃然大怒,对记者、对政治上的异己大加挞伐。记者瞠目结舌,不知所措。等到停机后,部长露出友好的微笑,问记者刚才他的表现怎么样。

那个时代,电视采拍过程中含有许多作假和表演的成分,它们之所以能被掩饰得天衣无缝,就是因为实际观察的连贯性被打断了:摄像停拍,后期编辑删减,作假的痕迹便荡然无存,受众从而把表演当成了实情。而使用便携式稳定拍摄器的拍摄方法通常是,在进入采访核心区之前便开机,将镜头或朝向采访人自己,或扫视四周,边走边交代环境,之后在拍摄不间断的情况下与受访人照面,几句寒暄之后进入访谈交流。这种实情全记录的工作方式没有给造假留下余地。

过去,许多记者从采访现场回来后,拍摄的素材毫无风格特色,其中一个隐秘的原因是,由于是多人合作采拍,每个人总是循着其他参与者都能理解、都能接受的思路去做,没有了个人化的角度,没有了独特的叙事结构,于是就没有了个性。

当视频采访人可以独立工作,完全没有掣肘时,采访作品将呈现明显的个人化趋势,彼此之间形成巨大差异。在未来,团队式的视频采访依然会存在,他们将本着做精品的信念协同工作;但更多的人会以单枪匹马的方式,独立完成视频采访,其目的只是及时传播信息。

本章最后要说的话

在媒介采访中,有些受访人不愿主动说话,采访人想知道什么,得靠提问激发对方给出回答。如果受访人给出的信息很零碎,采访人得通过追问挖掘出缺失的信息作为补充,同时按照一定的逻辑,把这些信息串起来,使之构成完整的回答。

这是所有类型的媒介采访都需要做的基本工作。但是,视频采访人的自我认知仅限于此是远远不够的,因为视频采访涉及的技术性最强。视频采访人不仅要懂得采访规律,而且必须意识到视频采访规律的独特性,否则便无法出色地完成任务。这是学习本章的目的。

第十三章 视频采访的独特性

本章思考与练习

思考题

1. 你认为视听采访中还有哪些技术规范可以摒弃？

2. 在对被摄对象轻轻晃动镜头时，如何才能让受众觉得合理，而不会觉得是拍摄失误？

操作题

1. 让镜头从左边一座楼移至右边一座楼，再从某座楼的一层楼门上摇到楼顶，看看是否符合起幅、匀速移动和落幅的技术规范。

2. 设计一个街访提问，使用平稳器，连贯拍摄自己的街访全过程。

第十四章 新工具改变旧样态

本章提要

可以说，本章是讲述采拍工具革命的一章。工具革命了，使用工具的工作也须革命。首先，视频采访的拍摄器发生了前所未有的剧变，因此视频拍摄工作也相应地发生了显著的变化。不过，这种变化是继承性的变化，这种继承是在变化之中的继承，所以我们要同时了解采访拍摄器的新旧操作方法。在前期拍摄阶段，录音技术和照明技术都发生了明显变化，理解这些变化可以降低我们的工作难度。在后期编辑阶段，由于编辑设备数度革新，因此我们的编辑工作也相应产生了变化。最后，我们有必要前瞻性地关注一些尚未大规模发挥作用的视频采访工具，它们可能会更大程度地改变视频采访的现状，同时带来一些全新的问题。

在所有旧媒采访中，电视采访的科技含量最高，使用的设备最多、最复杂，设备操作最烦琐。因此，在所有媒介记者中，电视记者的负担最重。每一个电视记者要想在工作中熟练驾驭视听元素，都必须从硬件上了解它们的基本功能。在电视广播时代，专司提问的采访记者，可能从来没

第十四章 新工具改变旧样态

亲自操作过摄录机,没给自己打过光,没亲手用过编辑机。然而,他们必须对与之相关的技术有所了解。如果不了解这些常识,他们的采访工作就不可能顺利进行。所以,电视记者的职业修养中很重要的一条,就是技术素养。

但是今天,如果我们认可数码媒介崛起是一场大革命,那么视频采访中就应该消减设备的复杂性。

简化设备的理由源于视频制播中各种技术指标的降化,而之所以如此是因为,传统大屏很快会被几乎人手一份的便携小屏取代。2013 年,"OTT"① 概念风生水起,互联网运营商和视频网站开始为智能机顶盒提供高清视频、游戏、各种应用,它们忽略了大屏因为固定、不能便携会被大量弃置的可能性。而我们坚信:未来,绝大多数的视听业务将不再是为电视大屏提供 4K 节目,而是为数以亿计的手机小屏提供 1080P 视频。因此,视频采访使用便携式拍摄器,足矣。

一、视频采访的拍摄器

电视广播诞生之后,很长时间都是用胶片摄影机拍摄画面,因为胶片不能同时记录音频,所以在完成剪辑之后要另行配音。因此,那时的电视节目中很少看到采访,因为绝大多数受访人没有受过台词训练,无法对着影像中的口型进行后期配音。只有在少数情况下,录音师在摄影师拍摄胶片画面的同时,用一套复杂、笨拙的录音设备录下了声音,这样后期剪辑时才能把声音和画面合在一起,让我们看到极为少见的电视采访。

直到 20 世纪 70 年代,磁带摄录机出现了。它的声画同步记录能做到

---

① OTT,"Over The Top"的缩写,指的是,通过公共互联网,把电视台提供的节目传输给电视机。

视频采访实务

视听合一，引发了电视广播业的一次革命。1971年，哥伦比亚广播公司新闻部的电视记者第一次使用磁带摄录机采访了美国国会会议。不久，他们使用这种新设备与使用胶片摄影机的其他公司一同采访基辛格，听取了他对越南战争问题的看法。25分钟之后，哥伦比亚广播公司就播出了这次采访，而美国广播公司和美国国家广播公司几个小时之后才完成了编辑。从1977年开始，美国三大广播公司均用磁带摄录机逐步取代了胶片摄影机。

在中国，央视从1979年起率先开始使用磁带摄录机采集新闻。1981年以后，各省级电视台陆续引进了磁带摄录机，中国进入摄影机和摄录机兼而用之的时代。仅仅几年后，摄影机逐步退出了电视制作领域，电视工作者开始充分挖掘磁带摄录机的各种潜力，创造出了许多适应电视大屏的采访模式，留下了视听采访的宝贵经验。

在传统媒介时代的尾声，数码摄录机开始取代模拟摄录机，引发的视听设备革命可谓翻天覆地。

数码摄录机采集的图像清晰度超过500线，是8MM和VHS模拟图像的两倍，真正实现了纤毫毕现的技术梦想。

数码摄录机用记忆卡取代了磁带，这个革命不亚于磁带取代胶片。与磁带一样，记忆卡中的先录素材可以删除，以为后录素材腾出空间，实现反复存储。与磁带不同的是，记忆卡的购买成本大幅度降低了，体积成百倍地缩小了，存储空间却极大地得以拓展。另外，模拟摄录机磁带上记录的是模拟信号；数码摄录机记忆卡上记录的是数字信号，在编辑和复制过程中，其画面质量的损失远远低于模拟信号，在远距离传输中，数字信号的衰减度几乎可以忽略不计。

数码摄录机不再需要装置磁带的卡盒，它的体积比模拟摄录机小了许多，由此也减轻了摄录师的负重，增强了他们持机运动的灵活性。

而且，在功效成倍增长的同时，数码摄录机的价格却大幅度下降。模拟摄录机的价格数以十万元计，而数码摄录机的价格多在万元以内。

第十四章 新工具改变旧样态

从外观上看,数码摄录机和模拟摄录机的差异不大。传统媒介时代,制造商没想到,所有人都可以随身携带微型摄录机,随时拍摄视频。他们以为摄录机只为职业摄录师存在。他们对数码媒介时代的想象,残留着浓重的旧媒印迹。在旧媒新媒的过渡时期,电视工作者想到的也只是用新摄录机带来的进步摄取技术指标更高的素材。那个时候,所有记者在拍摄素材和剪辑素材时所遵循的工作原则依然是传统而保守的。于是,我们看到的视频采访产品依然是一系列由职业摄录记者为受众"包办"的视听盛宴。

在过去,摄录师拍摄时会滤掉自己认为没有必要的视觉信息,他们随时调节焦距,不停地变换景别,并用小景别积极捕捉、充分展现被摄者的局部细节。但事实上,人类观察世界的视角并非如此逼仄,如果不是观察对象堵在眼前,即使我们聚焦在某个对象身上,也是在大全景中对其周边环境进行了虚化,即人们是在大背景中关注某个对象,无从完全去除其周边的视觉信息。而且,人们在观看或倾听某个对象时,不可能瞬间跳到其跟前,观察他们身上的某个局部。

在数码媒介时代,我们有必要还原人类的自然视野,还原访谈的实际过程。视频采访的实情还原,就是还原人们旁观、旁听一组问答时的基本状态,它的特点是大景别视角、可移动观察、视觉听觉无间断。针对这个变化,最佳的拍摄器既不是传统摄录机,也不是防抖功能不甚理想的手机,而是以下三种设备:手机拍摄稳定器、稳定拍摄器、相机拍摄稳定器(图14-1)。

这三种设备均来源于传统媒介时代的斯坦尼康,是斯坦尼康进入数码媒介时代的超级简化版。斯坦尼康是一个平稳移动拍摄系统,非常沉重,必须由体格极其强壮的男性摄录师背负和操持。摄录师在做移动拍摄时,要把斯坦尼康固定在身上,他们不仅要能快跑,还要能及时停下,但由于它非常沉重,因此停下并不比跑起来更容易。但简化版中的前两种稳定

| 手机拍摄稳定器 | 稳定拍摄器 | 相机拍摄稳定器 |

图 14-1

器，即使儿童也能够操持，最后那种稳定器因为相机沉重，需要操持者有一定的力气。要使用这三种稳定器，都需要在手机和相机中下载与设备适合的 App，并在拍摄时进行触屏操作。

第一种是手机拍摄稳定器。用手机镜头拍摄，同时用手机屏幕做寻像器，所拍视频存放在手机中。它只是一个稳定器架子，其他功能要用手机实现，所以它是三种稳定器中最便宜的，价格不到 800 元。它的缺点是，由于手机存储空间有限，因此无法拍摄时间很长的视频。但它的优点是，可以在做视频采访的同时做直播。

第二种是稳定拍摄器。它集摄录功能、稳定装置、存储功能于一体，手机只是操作指令设备和寻像器。它的机头带有大容量记忆卡，所以存储空间极大。其平稳效果明显超过第一种稳定器，它的价格在 5000 元左右。

如果想获得更好的画质，可将相机安装在第三种稳定器上。不过，它的缺点是，设备安装和调试非常麻烦，甚至从设备箱中取出再放回去都相当费劲；相机太重，不能进行长时间持续拍摄。如果需要长时间拍摄，可配置双手便携式云台。这套设备的价格在 5600 元左右。因为要追求高清画质，相机稳定器比前两种稳定器的操作更麻烦，而双手便携式云台（图 14-2）又比单手稳定器更复杂。

第十四章 新工具改变旧样态

图 14-2 三轴单反稳定器

近来出现了新一代微型稳定拍摄器。它仅有 12 厘米长，平时放在衣袋里就行（图 14-3）。它的画质清晰，拾音质量极高，而且自带大容量存储卡和触屏式微型监视器。如果觉得监视屏太小，可插上手机支架，连接手机做寻像器。操作时，如果发现镜头不端正，按一下矫正按钮，镜头可以立即归正。

图 14-3 口袋型平稳拍摄器

这种口袋型平稳拍摄器只重约 100 克，只需单手操作。使用它进行采访时，采访人基本可以从录像操作中脱身，全身心用于提问、倾听、回应。

总之，在过去的电视采访节目中，斯坦尼康或轨道摄录机在移动状态

中拍摄的素材只是起辅助作用，服务于固定机位拍摄的主体素材，以完成空间关系交代、衔接过渡、视觉信息补充三个功能。实际上，在已经相当复杂的采拍设备族群中，斯坦尼康和轨道摄录机只是两个负责锦上添花的辅助设备。但在数码媒介时代，只使用微型稳定器就可以完成采访拍摄的主要工作。

  数码媒介时代，高科技拍摄器层出不穷，为视频采拍提供了极大便利。例如，智能眼镜拍摄器，集视频、音频、通信多种功能于一体，解放了采访人的双手。360度全景摄录机可以记录采受双方在全然没有视线死角的大环境中的对话，极大地丰富了现场元素。微型航拍器可以设定在某个高度，与被摄者始终保持等距离，全程拍摄采受双方在行进中的访谈。

二、采访拍摄器的新旧操作

  即使在数码媒介时代，仍有一些视听采访要为电视大屏服务，摄制这类节目最好还是沿用电视采访的双机交叉拍摄法。数码媒介平台上的视频采访看起来太随意，而电视场景相对奢华和庄重，视频采访与之不匹配。

  对于双机交叉拍摄法，中国从业者称之为"对切"。即如果是在实景中或在没有现场观众的小演播室，就让访谈双方相向而坐，两架拍摄器分置于访谈双方的背后，几乎是过肩对拍；如果是在带现场观众的大演播室，就让访谈双方侧斜向而坐，以便现场观众可以大致看到双方的正脸，两架摄像机分置于访谈双方的正前方，进行正面交叉拍摄。

  在实景中进行对拍时，可以放弃传统摄录机，改用相机进行视频拍摄。这样做，为的是尽量使用受访人不会觉得设备陌生，而且设备体积越小越好，这可以最大限度地减少采访设备对受访人的心理干扰，减少其在传统摄像机前必须正襟危坐的心理暗示。但在演播室进行采访拍摄时，也可以沿用传统器材。一是因为，演播室原本就是虚拟现实，处处是通电设

第十四章 新工具改变旧样态

备,受访人一进演播室,就已经受到强烈的任务暗示,把拍摄器临时换成相机其实也无济于事。二是因为,演播室的摄录机是现成的,且与导播室的切换台相连,临时更换成相机后,存在连接问题。三是因为,演播室为多讯道录制(electronic field production),可以多机同时拍摄,即时切留画面,顺序留存整场录像素材。一场采访录制结束,意味着已经完成了这场采访的粗编,因为更换设备而失去工作的便捷性实为不当。四是因为,演播室空间很大,拍摄器机位距离访谈双方较远,对受访人来说,用什么样的拍摄器都不会有太大影响。

要注意的是,无论是使用数码摄录机还是使用相机,都要经过反复试验来确定机位,获得最佳拍摄点。另外,镜头高度应与采受双方的眼睛高度持平;如果被摄者的眼镜片出现大面积反光或凝聚成高光,必须上下左右微调镜头位置,避免其产生反射。

笔者总的判断是,未来,这种双方坐定式的视频访谈注定会被保留一部分,但是更多的视频采访将会在实景中以非坐状态进行。在构想视频采访场所时,我们应当首选实景:采受双方就像是朋友邂逅;对于他们在行动中的交谈,可以用便携拍摄器一镜到底地进行记录。哥伦比亚广播公司新闻部很早即主张,能让受访人站着,就不让其坐着,能让受访人处在活动中,就不让其呆呆地站着。行动是一种画面语言,它是有声语言的摇篮,也是有声语言的注解。动态视频采访可以包含更多信息。因为在实景中,访谈方式是随意的,使用的又是便携拍摄器,所以即便访谈双方都坐着,也不必像过去那样考虑双方的后背景和脸部的光照情况,不必精心摆布座位的相互关系,不必组织交叉拍摄。

在实景中运用稳定拍摄器录制采访视频,有两种方法。

最简单的方法是,采访人自持稳定拍摄器进行采访,记录下自己的画外音提问和受访人的镜前回答。这种方法最为便捷。但其缺陷是,采访人的人格清晰度不足,相当于传统媒介时代的记者画外音采访。稍微复杂的

方法是,一名摄录师操持稳定器,同时把采访人和受访人框入画面,问答过程中,可用位移代替变焦,使镜头时而变为采访人的近景,时而变为受访人的近景,也可以在不停机的情况下使镜头暂时指向周围的景物,但保持音频的连续性。

使用稳定器进行采访拍摄可以用最少的人力、最简单的操作,把对受访人的心理干扰降到最小,令其呈现出更为真实的状态。与此同时,这种拍摄方法对周围人的干扰度和吸引力也会降至最低。比如,用传统摄录机在地铁里跟拍受访人,我们会发现,许多人会好奇地望向镜头,而唯有受访人无视镜头的存在,这种反差看上去十分奇怪。所以,为了在地铁中拍摄一段自然的画面,总要花费很长时间。但是,用小型稳定器来拍摄时引人注意的可能性会减少,比较容易拍到受访人周遭的自然状态。

在使用手机稳定器进行采拍时,可以使用横屏方式,也可以使用竖屏方式。

尽管竖屏非常时髦,又与手机竖看相匹配,但与传统横屏相比,竖屏存在明显不足。其一,世间绝大部分物体都是水平分布,且在绝大多数时间里,它们都是在做水平运动,因此人类观察世界的习惯视角是左右打开,特殊时刻才会上下打量。所以,横屏拍摄是顺应人类视觉特性,竖屏拍摄只是为了适应竖看手机,其实是反人类的。其二,横屏视框具有16∶9的幅度,在表现宏大场面或全景时更具优势,也可以更好地呈现纵深空间,使视觉叙事层次更为立体,有利于前景和后景中的显性信息形成呼应,同时传递出前景和后景中的隐含信息。竖屏的水平空间狭窄,只适合表现小场面、较为简单的表现对象、形状是上下垂直的物体,当人物占据主要位置时,景深关系不容易得到展现,所以无法通过景深镜头进行纵深调度。其视觉表现力远远低于横屏。其三,横屏的采访视频可以将采受双方同时纳入中景镜头,但竖屏只能以展现单人的中近景为主,因为采受双方不能同框,所以很难建立起人物的空间关系,除非将两人变小。但是这样

第十四章 新工具改变旧样态

做，视频上方便是没有信息元素的巨大空白。而且对于无论是采访人还是受访人，当他们处在中近景状态时，稍微一晃动，半个脸和半个身子就出画了。其四，竖屏影像的横向视野狭窄，要想表现主体左右的事物，必须左右移动镜头，而视野狭窄本来就已造成画面动感明显，在追拍水平运动时，更会强化物体运动的速度，所以镜头做快速移动时，受众会产生严重的不适感。

也就是说，**视频采访要首先考虑横屏拍摄**。

过去使用传统摄录机拍摄时，眼睛是贴在寻像器上观察取景状态，所以很容易看见取景框上的各种标记，随时注意设备的运行情况。但稳定拍摄器都是用手机或相机的屏幕代替寻像器，眼睛距之较远，便携式稳定拍摄器的寻像器更是超小屏，更不容易看清上面的信息。尤其是一个人在边拍边采的情况下，很容易忽略录像机是否在正常工作。有时候以为一直处在录像状态，其实根本没有启动录像，白白浪费了交流时间，而开机重拍的效果会大打折扣。所以，在使用稳定器进行拍摄时，一定要格外留意，**须确认已经按下开拍按钮**，而且取景框上的录像指示标一直在闪烁，录像时间进度一直在变化。

在手机相机的屏幕和小屏寻像器中，不容易察觉画面的水平偏差，一般要等到在大屏上做非线编辑时才能发现画面是倾斜的。在使用稳定器进行采拍时，如果不仔细观察，就有可能出现画面不端正的情况。不过，在没有彩排的动态拍摄中，镜头的水平度和构图情况有时很难令人满意。更多的情况下，只能借助经验和预见力，甚至要靠运气，才能做到镜头端正，画面美观。但是，这些形态标准都远没有实在信息重要，不必求全责备。我们只能力争做得更好。在开拍前，**须确认镜头是否处于水平状态**，不要等到拍完再检查。

在使用稳定器进行动态采拍时，镜头的运动原则都是基于传统的后期编辑原则反推出来的，是推、拉、摇、移的无间断组合。不过，在以

较快速度摇镜头时,手机或相机拍下来的画面有时会跟不上焦点,有时会产生拖屏,有时会产生剧烈的感光反应,造成亮度的极大跳跃。这些问题如果出现在电视大屏中,受众会极不舒服,但在手机小屏中,受众几乎觉察不出什么问题。要注意的是,稳定器的镜头推拉按钮没有阻尼装置,所以无法轻松实现匀速运动,要么是急速推拉到底,造成镜头骤然推近或骤然拉远的唐突感,要么是在慢速推拉的过程中,出现忽快忽慢的不稳定状态。所以,**最好以拍摄者的前后位移来实现镜头的远近效果,而非使用推拉功能。**

总之,使用稳定器进行拍摄前,首先要明白上述道理。另外,如果不是经常使用稳定器进行拍摄,必须在每次实拍之前熟悉一下设备,以便自如地控制镜头,实现锁定追拍,并能随时自然转向。

最后要说明两个问题,这对高效使用拍摄器极为重要。

第一,要充分了解、利用和发挥设备潜力,解决采访中的困难。

1993年,央视和山西电视台在左权县合拍纪录片《歌魂》。记者们在县城边一个村子找到了一位善唱的老太太,想请她唱一段《开花调》。她说要回家梳梳头。当她回来时却说:孩子们笑话,不唱了。记者们看到院子外边有一些比比画画、指指点点的女人,想请她们唱歌,她们也都被吓跑了。后来才知道,当地人认为,这些歌儿不正经。面对众人的议论,老太太退缩了,不敢再跟摄制组见面。

摄制组有高质量的设备。于是,他们把摄录机架在远离村子的屋顶上,使用超远摄长焦镜头来拍摄素材。出镜记者戴着最先进的无线话筒,走进人群,和她们交谈,逐渐把话题引到了左权民歌上,并让大家说出真实的想法。

由此,记者们悄无声息地完成了采访,受访人却浑然不知。节目播出后,女人们并没有遭到非议,相反还获得了赞扬。如果不了解设备的功能,记者就无法利用远距离拍摄和远距离拾音的手段,完成本不可能完成

第十四章　新工具改变旧样态

的采访。

第二，要充分掌握、熟练运用设备的操作技巧，随时消除现场干扰。

数字媒介时代，新型拍摄器尽管便携，但它们的功能并不简单，如果不认真钻研，许多潜在的功能就将形同虚设。比如，北京电影学院的林洪桐教授认为："快动作既压缩了真实世界的时间，起到了强调的作用，又可以形成惊险和紧张的场面。"[①] 那么，我们能否使用低速摄影功能对客观时间进行压缩，而用快动作缩短两段实质性采访内容之间的过渡地带呢？无论是使用手机视频还是使用相机视频，简易拍摄固然是常态，但如果能充分掌握它们的画幅设定、增亮方式、变焦方法、全景录像和延时拍摄等功能，一定会为视频采访添光溢彩。

三、视频采访的录音设备

便携式稳定器的拾音质量不错，只要与采受双方保持在两米以内，对话便清晰可闻。但如果有微风，或是在机动车密集的路边采访，或在施工工地交流，或在人声嘈杂的环境里对话，其收音效果会很差。此时，必须外置专业话筒。

视频采访使用的专业录音话筒包括挑杆有线话筒、有线胸麦、无线胸麦、摄录机话筒。从收音角度看，这些话筒又分为三类：一类是全指向性话筒，收音角度是360度，只用一个话筒就可以为所有人收音，适用于群聊式采访；另一类是单指向性话筒，收音角度在80度左右，80度以外的声音显著减弱，适用于采受双方共用；还有一类是强指向性话筒，收音角度不到30度，采受双方可以每人佩戴一个话筒，实现最佳录音效果。

[①] 林洪桐：《电影化叙事技巧与手段：经典名片优秀手法剖析》，中国电影出版社2013年版，第161页。

视频采访实务

挑杆有线话筒属于强指向性话筒，戴有巨大的防风罩，可以滤掉所有不必要的杂音，所以拾音效果最好。但在采访现场肯定要多出一位操作挑杆的音响师，因为话筒的指向性极强，音响师必须不停地摆动话筒方向，对准采受双方中正在说话的一方。这会使采访工作变得很麻烦，对受访人的干扰最大。

有线胸麦直接别在采受双方胸前，属于单指向性话筒。它的防风罩仅比话筒大一点点，拾音效果不如挑杆有线话筒，但要比其他收音设备精密得多。但问题是，有线胸麦与摄录机相连，会对受访人的行动造成干扰。如果受访人忘记有连线在身，突然起身走远，可能就会扯断电线，甚至拉倒摄录机三角架子。

无线胸麦的拾音效果不如有线胸麦，但远比摄录机自带话筒强很多，因此是视频采访中最常使用的录音设备。它可以配合手机视频和相机视频的录像功能使用，其接收器可以与手机和相机相连，同时收录来自两个胸麦的声音。

不过，在访谈前为采受双方佩戴胸麦，会给受访人造成强烈暗示——他马上就要应对采访了，所以没有经验的受访人有可能失去常态。

事实证明，摄录机话筒对受访人的干扰最小，但它的收音效果最差。除非应急状态，或是负面人物拒绝采访的暗拍状态，一般不使用本机话筒。

手机话筒和相机话筒虽是业余话筒，但其拾音质量比摄录机话筒要高，当然它们尚不能与无线胸麦相比。不过，如果现场不出现特别强烈的杂音干扰，相对而言，直接使用手机话筒和相机话筒，最易于保护受访人的自然状态。

在视频采访之前，要试一下话筒的拾音敏感度，看看做一些小动作的声音会不会在录音中出现很大的声音。注意，不要把敏感度设置得过高，否则虽然在采访现场用耳机监听似乎没问题，但是在剪辑时就会发现，受访人的任何小动作发出的声音，都会被收录进去，干扰受众对受访人谈话

第十四章 新工具改变旧样态

的注意力。

一定要提醒自己，须先打开话筒开关，再开始录像。

在采访过程中，视频拍摄者不能只看音量指针是否在跳动。保险的办法是，一边操机，一边用耳机监听收音效果。特别是在使用无线话筒录音时更要如此，因为无线话筒比较容易受到同频率声音的干扰。另外，接收机和发射机距离过远，或电池电量不足，都可能导致话筒中出现杂音。

对于收音质量问题，必须立即处理，不能犹豫，也不能抱有侥幸心理。

四、视频采访的照明辅助

传统媒介时代，人工补光主要有两个目的：一是还原镜前人物真实的脸部宽度，对其进行一定程度的美化；二是在黑暗中增强照度，以清晰呈现被摄者的脸部。

电子屏幕是横向扫描（across-track scanning），并用平面表述立体，所以镜前人物的面庞都会微微扩展，显得比本人宽胖。所以说，使用化妆和照明的方法不是为了美化镜前人物，而是为了尽量还原其真实面貌。首先，必须通过化妆打暗脸的两侧，使脸部中间段在屏幕上向前凸起，形成脸部两侧微微向后的纵深感，这样便增强了立体效果。其次，利用侧逆光，打亮脸的一侧轮廓，使另一侧形成暗部区域，增强脸部的立体效果。

实际上，在立体还原的基础上美化镜前人物，照明的效果远比化妆的效果好。当然，使用七盏灯的美化效果要强于只使用两盏灯。

不过，这里还要强调一下数码媒介时代进行视频采访的随意性。携带七盏灯去采访现场，显然不太现实，也完全没必要，还可能会干扰受访人的状态，因为受访人只有在布好的灯光下基本保持不动才能得以美化。以笔者的经验看，在拍摄受访人一人时，现场最多只需布置两盏红头灯，一盏以顺光打足面光，一盏用侧逆光勾勒轮廓，强化好明暗对比即可（图14-4）。

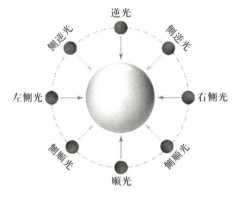

图 14-4

要注意，面光灯可以比受访人的头部略高，调光不要过于强烈，灯罩上可加盖滤布，以增加柔和度；侧逆灯要高过面光灯，形成头顶轮廓的边缘亮线，使头发和暗背景区分开来；务必慎用正逆光，如果是黑背景，正逆光会拍摄到受访人说话时喷出的唾沫星儿，如果使用正逆光，则要适当调亮后背景。

广播级摄录机，尤其是数码摄录机，在低照度情况下也能拍摄，即使是在只有一支蜡烛的环境下，摄录机也能很清晰地做记录。所以，如果是在具有灯光照明的房间内采访，室内光形成的照度已经足够拍摄所用。

用手机录像时也一样，它有自动亮度增益功能，也就是说，肉眼观察到的自然亮度远远低于手机呈像的亮度。图 14-5 是笔者用手机拍摄的圆明园福海，只看图片，会觉得天光大亮，水面还反射着天光。

实际上，拍摄的时候，这里已经完全暗了下来，只是对岸山树上方尚有一线光亮。这说明，在用手机进行视频采拍时，如果环境不是漆黑一片，可以不必耽误时间去做人工补光。

在用相机录像时，如果光线很暗，可调高感光度（ISO），降低快门速度，这样既可以尽显夜间采访的时间特点，又可以获得清晰的视物。理论上讲，感光度低，画质细腻，感光度高，画面颗粒感强。不过，在优酷制

第十四章 新工具改变旧样态

图 14-5

作的《一千零一夜》系列中,每一期视频,总有一大段是梁文道在暗夜中边走边讲书,其他段落也是他在暗夜中或坐着或站着宣讲,但我们基本看不出画质的粗糙,相反会觉得十分细腻。如果选择这样的夜间场景进行采访,就不必考虑人工补光,如果一定要把夜间环境改造成白昼环境,那不妨等到第二天天亮时再采访,免得布置白昼环境麻烦。

五、视频采访素材的后期编辑设备

直至 20 世纪 90 年代中期,电子编辑设备还全部是对编机。职业编辑首先要在各个磁带中找到需要的各种片段,计算好它们的精准时长,然后逐一剪切下来,再按照叙事顺序,采集到成品磁带之中。这是一种线性编辑。节目编成后,如果要对起自 11 分 48 秒的 13 秒内容进行删改,或者在 18 分 25 秒处插进 7 秒钟其他内容,这就意味着,不得不先删除修改点之后的所有内容,在删改或插入完成之后,再把后面删除的部分按照原样编好。

1997 年,央视配置了全国第一套非线编辑系统。笔者当时在央视海外中心的《香港百年》节目组。因为对编机房排班十分紧张,常常租不到机

器，而非线编辑系统没人愿意试新，一直闲置，所以我们被迫用非线编辑系统进行后期编辑。我们完全没有想到，非线编辑系统不仅可以轻而易举地编出许多花样，而且在修改已编好的部分时非常省事，即直接修改就行，修改点后面的内容完全可以不受损伤。

非线编辑系统常常被称为"多媒体编辑机"，其实它并不是一套硬件设备，而只是以电脑为平台的一套软件。它是电子编辑工作的一次大革命。

所有新设备的共同特征是，它们总是比旧设备更便捷、高效。在追求便捷、高效的路上，电视采访前辈已经在当年使用上了膝上对编机，后期编辑在第一现场就可以完成编辑任务。在数码媒介时代，使用个人电脑上的简易软件也可以进行视频非线编辑。只是，使用专业非线编辑系统制作出来的产品更炫，而使用个人电脑软件的编辑结果较为简单，但后者更适合于数码媒介时代的特色。

要说明的是，在采拍工具中，视频摄录和同步音频都是过程性的记录，对客观事实具有相当高的忠诚度，唯有电子编辑系统拥有"改变"事实的巨大能力，因此操持编辑工具的人需要具备尊重事实的意识。

2021年微信群中流传过一个视频，是采受问答的喜剧性表演。它并非真正的采访，却很能说明问题：

记者：我看你吃的汉堡呀，这个是外国的快餐，那个烧饼油条呢，它是中国的传统小吃，那您是不想支持我们中国的传统小吃吗？

男子：噢没有，我支持呀，我肯定支持，就是我昨天才吃过嘛，而且我们全家人都很爱吃。烧饼油条嘛，**从小吃到大的**，还是更喜欢吃传统小吃多一点。

记者：咳但是先生，我看你吃汉堡吃得挺香的，我希望你能诚实点儿面对我们的镜头，不要撒谎好吗？

男子：啊不是，来吧，咱俩去问老板吧，你问他昨天我买没买。

第十四章　新工具改变旧样态

记者：不是不是先生，您可能误会我的意思了。您能支持我们的传统小吃这当然是非常好的，但是小吃店的老板他也只能证明你买了并没有吃对吧？不然您买了我们的传统小吃您还在吃着这样的，外国快餐，那您这样的所谓支持是否只是一种形式主义呢？

男子：不是，这天这么热，昨天买了肯定昨天就吃了呀，<u>放不了多久就会坏啦</u>。<u>我发誓啊</u>，我是真真实实支持到肚子里去了。而且，<u>这家店的油条特别好吃</u>，炸得外酥里嫩，可是我今天吃饱了，<u>一口也吃不下了</u>。

记者：先生，您既然已经认可了我们的传统小吃并且您也说您非常喜欢，可您依然选择了这样的汉堡来吃，那您，我是不是可以理解为您的这种心理是一种崇洋媚外的心理呢？

男子：不是。我今天没吃不代表我昨天没吃呀，我就算今天吃了也不代表我天天都吃呀，再说天天吃都会腻了吧？就这汉堡，我早晨买一个吃，那，我自己花钱买的，这怎么就说，唉这汉堡，外国来的，就崇洋媚外了？唉你镜头什么牌子的？你镜头什么牌子，我看看，别拍了！（伸手去抓镜头）

记者：先生！先生！

男子：哎你话筒什么牌子的！

记者：先生，先生您能不能慢点儿？

记者带有主观偏见，一定要证实受访人崇洋媚外，采访没有达到目的，那就通过后期剪辑来实现目的。对于非线编辑系统而言，伪造一个与事实相反的回答太容易了。最后的成片如下：

旁白：近日，我们在街头随机采访到了一位路人，声称自己是吃着汉堡长大的，面对镜头，竟然还公然鄙视我们的传统小吃烧饼油条。在我台记者强烈谴责下，还嚣张跋扈甚至试图销毁我

视频采访实务

们的录像。我台在此呼吁，如此颠倒黑白崇洋媚外的行为不可取。

男子：从小吃到大的，特别好吃。这家店的油条，我发誓啊，一口也吃不下一口也吃不下，放不了多久就会坏了。（伸手去抓镜头）

话都是受访人说的，但是后期编辑断章取义，打乱了次序，将之结构成记者和自己想要的样子。于是，一个活生生的连吃东西也要崇洋媚外的形象被凭空塑造出来，受众很难发现这是编辑伪造的结果。

数码媒介时代，不断涌现出来的新编辑技术越来越可以满足我们的各种主观愿望。我们很容易修改错误，也更容易凭空造假。现在，使用人工智能技术，已经可以让静态图片中的人物活动起来，也可以轻而易举地修改视频中的同期声。只要在软件系统中的文字框中修改一个词，画框中人物的口型就可以相应地发生变化。我们甚至可以输入完全不同的一句话，替换掉原话，并同时输入某种表情，而我们听到的发音和看到的口型及整张脸的表情，都可以是自然的——这种编辑技术能为篡改后的文本生成相应的声音和嘴型。因此，眼见已经不一定为实了。

新编辑技术的强大，足以让我们"为所欲为"。同时它带来了新问题：采访团队如何恪守职业道德，防止技术滥用？普遍受众如何识别伪造的采访，不被谣言所欺骗？

六、尚未大规模发生作用的视频采访工具

媒介产生和发展的原动力是弥补人类身体功能的不足。

任何媒介都不外乎是人的感官的扩展，文字和印刷媒介是视觉能力的延伸，收音机是听觉能力的延伸，电视是视觉、听觉能力的综合延伸。也就是说，整个媒介体系，就是一套放大版的人体感知系统。

第十四章 新工具改变旧样态

莱文森教授的"补偿性媒介"理论认为,任何一种后来出现的媒介都是对先前某种媒介或其某种功能的补充。文字、印刷品、电报、录音是对稍纵即逝的口头传播方式的补偿,静态图片是对低效率绘画艺术的补偿,收音机广播为纸媒无法即时性传播远地信息提供了补偿,电视为收音机无法看到图像的缺憾提供了补偿,而互联网则是"一个大写的补偿性媒介",补救了书籍、报纸、音视频、教育、工作和生活模式的各种不足,而智能手机使以前一切媒介的非移动性得到了补偿。在莱文森看来,"任何媒介的成功都意味着它经受了人的考验,手机一路顺风的强劲势头更加明显地说明了这个道理。它满足了人的某种需要,无论这需要是肤浅的心动还是深刻的渴望"①。而短视频的碎片化叙事模式也是一种补偿化的演进,它是快节奏大众生活的自然选择。

这些都是过去或不久前问世,并已经得到广泛应用的媒介工具,而媒介技术必然会围绕人类的需要继续向前发展,弥补现有媒介的不足。直到此刻,许多新发明依然是实验性的,未来,视频采访会不会因为它们的逐渐成熟而发生改变?

比如说增强现实技术(augmented reality,AR),它是一种将虚拟形象与真实场景无缝集成的直播新技术。它可以通过实时计算,把远地摄录机拍摄到的人物立体展现在演播室里,如同真人在场一样,并与演播室采访人进行实时互动交流。

2016年欧洲杯足球大赛期间,法国电视六台使用增强现实技术,直播采访了参赛运动员。比赛结束后不久,球员们坐进了球场附近的临时演播室,而主持人远在巴黎的演播室。技术员把巴黎演播室的画面和声音传输到球员们所在的临时演播室,帮助球员们与主持人进行交流。最终呈现给受众的是,主持人与球员们同在巴黎演播室里进行了"面对面"互动。

---

① 〔美〕保罗·莱文森:《手机:挡不住的呼唤?》,何道宽译,中国人民大学出版社2004年版,第13页。

利用增强现实技术进行采访直播的优点是，消除了采受双方的空间距离，免去了他们赶赴异地采访现场的时间成本、差旅费用。但问题是，它违背了物理空间关系的真实性，因此更像是在技术炫耀。实际上，它是异地视频采访，但它与屏幕分窗采访、演播室主持人对屏采访、会商系统采访不同，后三者明确显示出采受双方不在同一个物理空间，而前者的采访直播却像是刻意造假，一定要掩盖采受双方不在同一地点的事实。这种技术的普及究竟将对受众认知客观世界产生什么影响，目前尚未可知。

比如说用仿真机器人进行视频采访的智能新技术。目前的机器人已属于第三代特有体验交互型，初步具备了人机对话理解、面部微表情、口型与躯体动作匹配、大范围动态自主定位的导航功能，而且还试验完成了品格定位。美国科技观察家凯文·凯利（Kevin Kelly）预言，未来20年，全球最重要的技术就是人工智能，人工智能产品将成为如同水和电一样的日用品。

2017年4月24日，中国科学技术大学研发的智能机器人"佳佳"身着传统服装，以新华社"特约记者"身份，使用流利的英文，越洋采访了凯利。智能机器人做采访人与人类对话，这是有史以来第一次。凯利接受采访的条件是，佳佳与他的对话必须完全没有事先设计。

可能是越洋网络延迟的原因，一开始，佳佳的采访并不顺利，它的发挥有点儿不稳定，但很快渐入佳境。当凯利问起它的年龄时，佳佳回答：这是一个秘密。实际上，佳佳刚好一岁，身高却有1.6米。随后，双方谈论了天气、饮食、风景、各自的喜好，此外还有涉及艺术话题的互动。

凯利：你能唱首歌或放段音乐吗？

佳佳：你可以自己找啊。

凯利：你有没有会唱的歌？

佳佳：嗯，除非你告诉我歌的名字。

第十四章　新工具改变旧样态

因为对新事物的好奇，机器人对人的采访，变成了人对机器人的采访。佳佳确实令人惊叹。它的先进性在于，人类与其对话时，它能做出不可预测的随机回答和反问。不仅如此，在人工智能技术的加持下，她会继续学习，变得更聪明。

智能机器人进行视频采访有许多优势：第一，尽管科研投入大，研制时间长，造价昂贵，但这是一次性投资，所有成本再加上日后的维护费用，一定远远低于明星主持人的终身劳务费总和。它们无须片酬，没有食宿费用，可以永葆青春，无工作年限。第二，其行为无须监管，它们不会也不用偷懒，省却了吃饭和睡眠时间，可以连续加班，因为除了工作，它们没有别的生活。它们不用照顾家庭，也不会出现绯闻。第三，它们不再需要采访提纲和手卡，不用一遍遍背词，却永远不会忘词，不会忘记采访流程。第四，智能机器人是无生命载体，可以在人所不能至的高温、缺氧、有毒环境中拍摄采访所需要的各类空镜，甚至可以在自然灾害、暴力骚乱等恶劣环境下进行视频采访，无痛负伤，可以修理，报废死亡，可以重造。

关于智能机器人尚存疑的地方是，通过超级复杂的程序预置，能否让机器人具备对所有事务的各种反应能力，特别是人类天然具有的共情能力？

笔者可能带有有局限性的判断是，仿真智能机器人全面取代播音员和那些只起串场作用的主持人，是完全没问题的，但它能否胜任视频采访人，却要画一个大大的问号。视频采访人不能只是机械地执行，而必须适时发挥能动性，不仅要能听清对方的语言，而且要听出语言的弦外之音，察觉出对方或者是有难言之隐，或者是在回避遮掩，或者是在撒谎。程序设计怎么可能使机器人识别出语言的深层意思呢？另外，视频采访人对受访人休戚与共的反应源于人类心理机制的作用，它并不只是作用于脸部的几条肌肉，它是要通过目光让受众感觉到悲喜。但机器人只有程序，没有心理系统。程序员和工程师当然可以设计出脸部肌肉的反应，但如何让机

视频采访实务

器人直勾勾的眼神中透露出同情、担忧、疑惑、轻蔑的目光呢？就目前的状况看，我们甚至无法看到仿真机器人的眼睛具有最基本的聚焦能力。佳佳在采访凯利的时候，它的眼睛只是望着凯利画面的方向，但根本没办法聚焦在凯利的脸上。目前，笔者更愿意相信，设计出来的机器再复杂、再精密，也不可能与浑然天成的人类相比拟。

不过，笔者并不确信自己一定是对的，而且不禁想起一个热门视频。

2019年6月6日，北京邮电大学的"老师好我叫何同学"在"哔哩哔哩"视频网站发布了短视频《有多快？5G在日常使用中的真实体验》。他说买了5G手机之后，曾在互联网上搜索"5G有什么用"，搜到的答案都是对虚拟现实（virtual reality）、增强现实、全民自动驾驶、万物互联的预测，他觉得这些听起来太遥远，实现起来太复杂。于是，他换了一种搜索方式，转搜"4G有什么用"，并把时间限定在2012—2013年，即4G刚刚开始被商用的时候。然后，他说了这样一段话：

> 站在未来，看前人对现在的预测，真的是很有趣的一件事。当时大多数人都在抱怨4G没有什么用，资费还那么贵，我那时候也是。但是五年过后，大多数人，已经没有那种流量要省着用的意识了。而当年对4G应用的预测，的确可以看见一些未来的端倪，但都有些太缺乏想象力了。比如都知道，4G可以看高清视频，但当时都在说用手机看电影有多方便，没有人预测到短视频的彻底爆发。比如都知道，4G有利于普及移动支付，但当时的理想方式，是给手机绑信用卡，再上NFC。没有人想到，靠着网络加二维码，这样简单粗暴的方式，真的就干掉了现金。比如都知道，4G的上传速度可以视频直播了，但当时的设想是应用于专业的新闻领域，没想到这个全民皆可直播时代的来临。更不用说还有各种电商、外卖、打车平台的兴起。在短短的五年里，4G和催

第十四章 新工具改变旧样态

生的服务,深刻地改变了我们每一个人的生活。而你在五年前,你可能还是觉得,噢网速是快了一点是吗?<u>人对未来的预测,都跳脱不出当下技术和思维的限制</u>……五年前,大多数文字都没有预测到,4G 栽培出了移动互联网这棵参天大树,那么 5G 这片更肥沃的土壤里会开出怎样的花?我相信,还是超过所有人的预料。

世界上唯一不变的是世界永远处在变化之中,而每次变化之后回看,人们都会发现,变化之前大多数的预判都令人啼笑皆非。为了避免上述分析若干年后被人哂笑,请把笔者这些分析仅仅当作疑论,不必当成定论。

▼ 本章最后要说的话

　　数码媒介时代的便携采访设备已经是对传统媒介时代高端而复杂的设备的精简,但相较于其他媒介使用的工具,依然稍显烦琐,我们必须懂得其中的奥秘。但是,在视频采访的研习中,甚至在视频采访的实践中,很容易出现方向偏离,陷入对设备技术的痴迷。实际上,设备技术是每位学生和每位从业新手很快就能学会的,而决定视频采访水准的并不是设备和技术。所以,不要把过多的精力耗费在技术领域。

本章思考与练习

思考题

1. 固定站在一个地点，使用手机拍摄采访过程，如果没有稳定支架，也没有稳定器，如何才能做到拍摄画面的平稳移动？

2. 使用5D相机拍摄采访视频，如何使用人脸锁定功能？

操作题

1. 给两位同学戴上胸麦，使用非IOS系统的手机拍摄他们的对话，试验一下如何收录胸麦音频。

2. 请拉上室内窗帘，只使用两盏落地灯给受访人打光，然后进行拍摄，并分析拍摄效果。

第十五章　无缺陷的视频采访人

本章提要

本章与第一章形成了一种呼应。第一章力图使我们知悉视频采访质量的最高标准,让我们意识到自己的采访与最高标准的差距,而本章希望让我们了解无缺陷的视频采访人的各种特征,使我们能够判断自己离他们还有多远。实际上,描绘无缺陷的视频采访人的目的是提供一系列方向,让我们也能对未知的世界充满兴趣,认为社会交往是一种乐趣,懂得倾听和提问都重要,且前者比后者更重要。而了解无缺陷的视频采访人的外部特征,可以让我们摒弃误解,避免把精力错放在不该放置的地方;了解无缺陷的视频采访人的杰出工作能力,可以使我们察觉自己的问题,缩短与榜样的距离。

如果是传统媒介时代的教材,本章的标题应该是"电视采访记者的素养"或"电视采访记者的必备条件",其基本含义是,具备某些素养和条件才可能做好电视采访记者。但数码媒介时代的现实是,人人都可以做视频采访人,哪怕其摄制手法很不成熟,其必备条件只是一部智能手机。这个现实与数码媒介时代的娱乐生态息息相关。普通人摄制的采访视频如果

没有瑕疵,受众就能领会制作者的意图,直接吸收受访人回答的信息;如果充满瑕疵,受众会迅疾转移兴趣点,视漏洞百出的采访为笑话或喜剧,展开讥笑评论。不能说后者毫无价值,只能说它的娱乐价值取代了新闻价值。

也就是说,没有哪个业余拍摄者的视频采访是毫无价值的。因此,在媒介环境发生翻天覆地变化的今天,本章内容必须转换思路,由探讨"视频采访记者的必备条件"变为探讨"无缺陷的视频采访人"。有缺陷固然也能存活,但我们最好看看距离无缺陷有多远,并努力向无缺陷靠近,以免贻笑大方。

一、满怀对未知世界的兴趣

对提问者而言,最重要的莫过于好奇心。在沃伊特总结的30条采访艺术中,很重要的一条就是释放好奇心,要让自己像五岁的孩子一样对世界充满好奇。好奇心是采访人的燃料库,有了好奇心,一切皆有可能。在采访中不知道问什么,主要是因为好奇心不足,缺乏强烈的求知欲。所以爱因斯坦说,提出问题,往往比解决问题更重要。

从信息吐纳的角度看,世界上只有六种人。

第一种人,自始至终被迫接受未知世界,除了容身技能之外,他们对一切未知世界都不感兴趣。第二种人,对未知世界充满好奇,但始终无所收获。第三种人,对未知世界充满好奇,但从来不愿意分享自己的收获,那些一直在社交媒介上和在微信群中潜水阅读却从来不发一声的人,就属此类。他们这么做可能是因为心虚胆怯,也可能是因为自私且富于心机,还可能是因为太在意自己的荣誉而不愿显示出任何纰漏。第四种人,对未知世界充满好奇,很愿意与同好者分享心得。第五种人,对未知世界充满好奇,希望把自己的所有心得全都灌输给别人,他们常常喋喋不休,好为

第十五章　无缺陷的视频采访人

人师。第六种人，对世界一无所知，却乐于指点江山。

想想看，第一种人对外界根本不感兴趣，他们会用视频采访的方式去了解别人的世界吗？第二种人喜欢知道别人的事情，但总是不得要领，他们会为受众做出有价值的采访视频吗？第三种人即使获知了某些人的某些事，但他们愿意拿出来分享吗？既然不愿意，那就不会用视频方式记录了解人和事的过程，即便做了视频，他们也只是留给自己珍藏，秘不示人。第五种人总是喋喋不休，让他们听别人说话太困难了，当他们采访他人的时候，能忍住不随便插话吗？第六种人不具备基本的知识素养，执着于主观偏见，他们做的采访视频能揭示真相吗？

这样看，心智真正健康的只有第四种人。其核心特质除了愿意分享收获，更在于对一切未知世界兴趣盎然。也就是说，对未知世界充满浓厚兴趣，具有关注社会生活的心智，是成为无缺陷的视频采访人的首要条件。

好奇心是认识世界的动力，是采访工作的前提，同时会贯穿整个采访过程。每一个学习采访的人都应该自问，自己是不是对当代社会最有兴趣的人，是否有意愿去了解这个世界的方方面面。就近年的实际状况而言，许多人并非如此。

这里涉及好奇心的广度问题。一个成人化程度不够的人，其好奇心的范围是狭窄的。社会中的优秀人物，总是那些在少年时代就早于同龄人提前完成成人化的人。在那些艰苦劳作的年代和那些家庭教育充分而完善的社会，少年的成人化进程大多没有问题；而在好逸恶劳的情况下和家庭教育严重失当的环境中，青少年的成人化进程会严重滞后。这就是近年来越来越多青年人的兴趣点依然停留在少儿阶段的原因。只有那些娱乐程度相当高的资讯才能引发他们的关注，而对于社会问题和历史问题，他们毫无热情。成人化的程度越低，关注社会的广度越小；成人化的程度越高，关注社会的广度越大。

在数码媒介时代，不能说关注社会的广度小的采访人便没有价值，他

视频采访实务

们可能带来趣味性十足的娱乐信息，获得更好的市场价值，但其社会价值不大。

一个对社会生态具有天然兴趣的人，其政治身份并不是一个决定性的条件。但视频采访是社会活动，社会活动离不开政治，所以社会意识和政治素养可以帮助我们更好地理解采访行动的意义和价值。一个对全局了解甚少的人，一个缺乏社会见识的人，很难具有新闻敏感性。

二、以社会交际为乐趣

一个性格内向腼腆的人，习惯了隐藏自己的想法，在日常生活中不善于与人交往，显然不适合从事视频采访陌生人的专门工作，这是不言而喻的事情。而一个有闯劲、有社会活动能力的人，特别喜欢和人说话又愿意倾听对方的人可能更适合做视频采访人。

这里要注意的是，具有表达天赋的人不一定具备出色的交往能力，天然善于交往的人也不一定能做好采访人。实际上，出色的交际能力常常表现为对他人抱有兴趣，善于简洁提问和认真倾听，而不是以自我为中心，进行大段独白。生活中的出色交际能力如果要用来做镜前采访，必须完成一定的职业化转变；而合格的视频采访人又要还原一定的生活状态，不是所有善于交际的人都能把握好这个分寸。如果不明白这个道理，媒介就会挑选极善于自我表达的播音员和演讲者做出镜记者或主持人，但这些人不一定善于交际，也不一定会在镜前拿捏好生活交往和采访交流的分寸。

在央视的周五黄金时段，曾有一档大型专访节目《名将之约》。每期节目会邀请一位曾在国际体坛上勇创佳绩的竞技明星，回顾他们的成长点滴、夺冠历程、幕后故事。这个节目最开始是由本频道的新闻播音员来兼任主持人，她是一位极其优秀的明星播音员，却极不适合做视频采访。在2003年6月18日播出的一期节目中，嘉宾是乒乓球世界冠军杨影。现场

第十五章　无缺陷的视频采访人

播放了她与蔡猛首次搭档解说世界大赛的幽默短片，说她"说话打结""表现不自然""咬嘴唇"。杨影看着自己的表现忍俊不禁，现场观众大笑不止。但主持人完全没有回应发挥，生硬地转问了别的问题。不久，韩乔生出场，与杨影比赛乒乓球，一局五分制。他一边给自己鼓气，一边打球，一边自己解说，间或鼓动现场观众的情绪。而主持人大权旁落，只能在一旁默默观战。

这位明星播音员是笔者的朋友，她有极高的语言表达天赋，生活中很善于与人交往。但纵观她主持的《名将之约》，在其中，她没能发挥语言天赋，只是机械而有条不紊地提出事先准备的问题，似乎察觉不到嘉宾谈话中可供追问的线索。她完全处于紧张无措的工作状态，没有一丁点儿生活中自然交往的样子。

这样的情况很常见。那些在日常生活中能够无障碍交流的社交技巧本应在视频采访中发挥重要作用，但确有许多人，在生活中很善于表达，与他人交流时游刃有余，可一旦做视频采访，却显得紧张不自然。

笔者认为，这种情况有两个原因：一是当生活交谈上升为镜前的工作问答时，许多人会羞怯，著名主持人沃尔特斯尚且如此，何况一般的视频采访人。二是许多人混淆了视频采访人和播音员的区别，所以一心想要流畅表达，不仅忘记了社会交往中提问者的特点，而且忽略了视频采访中提问的本质。其实，出色的社会交往能力并不需要流畅的自我表达，而视频采访本应该像社会交往中的发问一样轻松。

实际上，采访工作在一定程度上就应该是生活交往的状态。

出色的视频采访人会积极参与各种社交活动，比如聚会、展览、电影放映会、慈善活动，这是交友、了解信息、发展信源线人的好机会。每个人的社交圈都是一个网络，视频采访人的社交网络应该广于常人，他们应该是出现在哪里，便采访到哪里，就把网络铺建到哪里，以增加信息来源，扩充可采对象的名单，建立起庞大的线人网。

出色的视频采访人应该善于维系社交关系，遇到朋友留言或来信，如果工作繁忙，不能及时回复，他们会简短告之原因，这是最基本的礼貌，而一旦抽出时间，他们会尽快给对方做出具体答复。这些留言或来信可能与他们眼前的工作无关，但他们依然会耐心回复，这是维护线人关系的基本礼数。

出色的视频采访人能够平视所有受访人。

如果对方社会地位高，采访人不会低三下四，妄自菲薄，可以少一些赞誉，多一些疑问。如果采访的是困弱群体，采访人也不会自以为是，高高在上，要多一些理解，少一些指责，维护其尊严。

三、倾听比提问重要得多

有人可能会认为，无缺陷的视频采访人的第二个基本特征应该是具有出色的提问和表达能力。不要着急，排在提问和表达能力之前的应该是倾听。沃尔特斯列举的采访必备三要素是好奇心、倾听、做作业。采访的终极目的不是提问，而是倾听回答，但倾听很容易被忽视。实际上，只有善于倾听才能善于提问。视频采访中的即兴追问，都要以受访人的回答为前提，听懂了才能提出有价值的跟进问题，否则就无法澄清含糊不清的回答，无法发现疏漏，做出补充提问，无法质疑有懈可击之处。

对于视频采访人，倾听的耐心和吸纳信息的能力应该成为一种习惯。

一般来说，我们听到的只有对方说出来的一半，而能够记下来的还要减半。所以，视频采访人必须精神高度集中，全神贯注地倾听每一句话、每一个细节、每一个观点。

倾听表现出来的是对受访人最起码的尊重。只有认真倾听，用目光和表情不断给予回应，才能创造良好的交流氛围，让受访人兴致勃勃。在大多数情况下，成功的视频采访不在于提问有多精彩，而在于受访人觉得采

第十五章 无缺陷的视频采访人

访人在听自己说话，并能听懂自己的每一句话。

我们来反向理解这个问题，探究视频采访人不善于倾听的原因。

第一，没有常识，听不懂。

如果缺乏长期而广泛的知识积累，对交谈所涉及的领域不曾有过认真思考，又没有提前做一些相关准备，而受访人的回答却十分专业，视频采访人不懂其中的术语和原理，有可能很快在采访过程中丧失耐心，不再去听全然听不懂的信息。不过，一个合格的采访人，即便是没有准备而临时应急去采访一位陌生领域的专家，仍会抱有兴趣，努力跟上对方的思路，绝不会表现出不耐烦或打算放弃采访的神态。

在数码媒介时代，这个问题很好解决，采访人只需做一个真正的求知者：对受访人抱有浓厚的兴趣，去问询那些自己真的不懂的知识即可。

第二，高度紧张，听不清。

这种状况经常发生在初出茅庐的采访新手身上。他们没有经验，因而过度紧张，恍惚间丧失了捕捉信息的能力，于是放弃了继续倾听。还有一些不成熟的视频采访人，一心想着采访计划中下一个问题是什么，总是担心会忽然忘记，被受访人和围观的同事取笑，所以往往会忽视倾听上一个问题的回答。还有另外一种错误，即使成熟的记者有时也会犯，即受访人名声太大，采访机会来之不易，采访人因为过分敬畏受访人，害怕出错，一直寻思着如何措辞，反而失去了自然倾听的状态。当他们感觉到受访人显现出不耐烦的神情时，会心慌意乱，好像听不见对方在说什么。

旧媒时代，视频采访是高度职业化的，新手一般都会紧张，经常难以抓到关键点，不能自如地追问。数码媒介时代，视频采访日常化了，采访人只要忘记自己是在工作，把采访当成生活中偶遇了一个自己感兴趣的人并进行自然交流，这些心理问题就基本不存在了。

第三，不是自己想要的回答，完全听不进去。

有些采访人天性武断，习惯于先下结论，他们未经采访就已猜定所有

答案，提前想好了报道内容。所以他们在实采时，只是想获取一些能够证实其想法的信息，以便在报道中引用。当他们发现对方的陈述不符合预期时，他们便会"关上"耳朵。

第四，高傲，不愿听。

一般有两种人会表现出高傲：一种是自负的人，一种是自卑的人。

自负的人，总是想让受访人觉得自己无所不知。但是没有证据能证明，自负有利于发现事实。而且刚好相反，大量事实可以证明，自负会阻碍对真相的发掘。对于一位优秀的视频采访人来说，自己多棒其实并不重要，最重要的是让受访人表现得精彩。

在受访人面前，潜意识中感到自卑的采访人会特意流露出表面上的不屑。

其实，解除自卑的有效方法不是极力掩饰自卑，表现出浅薄的高傲，而是应该一开始就明确告诉对方，"在您面前，我有点自卑"。自己坦言也就无须掩饰，等于当即放下了自卑。而当对方听见采访人坦言自卑时，原本可能高高在上的受访人会放下猖狂，转而怜惜采访人并对采访予以配合。

第五，只想表现自己，对他人根本没兴趣。

如果视频采访人是强烈的自我中心主义者，他们很容易沾沾自喜，在提问中夹杂着关于自己的信息。听到受访人叙述某些细节时，他们也会联想到自己，生发出大段自我炫耀的信息，这会让受访人极为扫兴。

这些人的心思，基本不在受访人身上，而是满心想着表现自己。这种人有可能在媒介圈混下去，但永远不可能有大成就。美国作家约翰·布莱蒂曾说，没有一个话多的记者可以做得好采访。

第六，职业怠惰，觉得可以不听。

当采访工作做久了，最初的新奇感消退之后，它可能会变成一种仅仅为了养家糊口的生计，平淡无奇。这种心境反映在视频采访中便是，不再重视倾听，呈现出淡漠而敷衍的神态。于是，交流失去了凝合力，蜕变为

第十五章　无缺陷的视频采访人

程式化的问答。

一些长年混迹于媒介的著名主持人，因为一直有策划人和撰稿人为其谋划设计问题，又有后期编辑为其剪辑访谈素材，他们清楚地知道，自己的全部责任就是提出预先准备的问题，至于答案，"让后期编导去编辑吧"。采访人在问完一个准备好的问题后就会问下一个准备好的问题，他们不会太在意受访人的回答，仅仅是做出倾听的样子，进入消极等待状态，盼着对方赶快说完，好问下一个问题。这种人是电视媒介时代的产物，他们正在退出历史舞台。

美国哲学家乔治·再夫提出了"最省力法则"（the principle of least effort）。其要旨是，大脑非常不喜欢提高运转速度，它总是尽可能避免做长时间的积极思考。这样看，视频采访中的偷懒者完全合乎自然规律。但要注意的是，杰出的采访人是"逆行"的，在实采中，他们总是保持着长时间的倾听和思考。

第七，消极应付，不想认真对待。

对于上司派发的采访任务，采访人可能对受访人并无兴趣，而且对采访的选题意义十分不屑，但又不得不去。在这种情况下，采访人很容易产生抵触情绪，或者抱着应付差事的心理，情绪低落地装作听听，草草了事，或者带着负气心理去采访，显现出没有缘由的攻击性。

在视频采访中，采访人缺乏兴致或情绪异常都会暴露无遗。

其实，在这种情况下，采访人完全可以调整心态，带着"看看此人是不是像自己想象的那样无趣"的想法，更为积极地完成采访。

如果我们在视频采访中没有上述六种情况，我们就是最好的倾听者，甚至有可能成为一个无缺陷的视频采访人。

不善于倾听他人的谈话，其实是常见的毛病。在生活中，我们经常会在聚会中发现这种情景：一个人问另一个人最近在做什么，被问者饶有兴致地刚说了几句话，提问者已经在问其他人最近身体怎么样，没等这个答

视频采访实务

者说完,问者再次转移了目标,问旁边的人孩子多大了。餐厅或其他聚会场合通常都很吵闹,正是与此有关。我们没有耐心安静地分享一个人的谈话,而是纷纷寻找新目标转移话题,于是一群人分化出五六个谈话场,彼此都要大声说话对方才能听清,吵闹无比。这种习惯如果带到采访工作中,采访人就很难听完对方的陈述,半途就会转而去问另外一个毫不相干的问题。

让我们来学习一下关于倾听的常识。

首先,倾听必须从一见面就开始。

一场视频采访,其实就是一次人与人交流沟通的视听呈现。要让受访人迅速进入敢于说话且放松交流的状态,采访人首先要做的就是表现出"我愿听你说"和"我想听你说"的态度。这种态度化为实际行动就是倾听。

要知道,互不相识的人进行面对面交流,自然要有预热过程。在见面的前几分钟,采访人除了浅层次的寒暄,如果能对受访人的某些细节点感兴趣,呈现出倾听状态,受访人会觉得采访人对他抱有浓厚的兴趣,会很快放开自己。不要小看这个状态,这是开启受访人谈话欲望的重要因素。相反,如果察觉不到采访人的兴趣和热情,受访人的心里可能就会阴云笼罩,接下来的采访可能会出现困难。

其次,不仅要听,而且要让对方知道我们在听。

在日常生活中,有时我们会低着头认真听,或眼望别处认真听,或把玩着手里的物件认真听,讲话者不会不悦。但对受访人来说,视频采访是一种庄严的活动,他需要我们注视着他,呈现出期盼听他讲话的神态。只有这样,受访人才能放松和欣喜,获得"有人在认真听我说话"的心理满足。

上海东方电视台主持人曹可凡和华东师范大学传播学系教授王群,在他们合著的《谈话节目主持艺术》一书中指出,谈话节目主持人必须具备听知素养:

第十五章 无缺陷的视频采访人

（1）听之德：真心听、专心听、细心听、耐心听。

（2）听之术：抓要点、记大意、理思路、辨含义。

（3）听之态：目光注视对方、身体些微前倾、面部略有表情。①

请注意第三点。当我们对一个话题真正感兴趣的时候，我们会身体前倾，时而点头回应，让受访人觉得自己备受重视。如果是虚情假意而装模作样地认真"假听"，身体语言自然会揭穿我们。如果无精打采，目光游离，频繁做出与话题无关的小动作，呈现出懒散状态，受访人便会失去继续讲下去的兴趣。不要抱有侥幸心理，以为受访人察觉不到我们没在听。人在表达时会注意对方的反应，这是本能，而受访人在镜前又是高度敏感的，他们会在瞬间察觉这些细节。此外，如果我们在镜头中没有注视采访对象，受众也会认为我们心不在焉，不尊重受访人。

再次，从倾听中产生新问题。

有经验的采访人在视频采访之前，只是确定采访重点，设计好每一个重点的起首问题。实采时，用起首问题开始，然后进入倾听状态，再就受访人的回答产生后续问题。也就是说，第一个问题是专业设计，后面的问题是生活反应。

崔永元与央视新闻评论部的同事孙金岭有过这样一段对话：

崔永元：观众现在认为一些主持人不行，我觉得毛病就在于他们没有在听，他在问第一个问题时，想的是自己的第二个问题怎么说，我称这种采访叫物理采访。

孙金岭：你是说他们的采访太死板机械吗？

崔永元：对。我觉得好的采访应该是化学采访，就是你先抛出你的试剂，等着嘉宾的试剂，然后产生化学反应。

视频采访是一个我问你答的交流过程，受访人的回答中，可能出现我

---

① 王群、曹可凡：《谈话节目主持艺术》，上海社会科学院出版社2002年版，第74—79页。

视频采访实务

们采前预案中忽略的价值点,也可能出现与采访人掌握的资料相悖的信息,这时需要追问和质疑。所以,受访人的回答是追问的依据,采访人在听清受访人的回答之后,才有资格进行追问。采访人如果总是按照自己事先准备的问题发问,对受访人的回答毫不在意,没有追问,没有质疑,这种采访一定会错失很多稍纵即逝的信息线索,失去挖掘更有价值的细节的机会。

倾听远比提问更费精力。在倾听过程中,要记住受访人说过的话,始终把现在听到的和刚才听过的进行比对,这样才可能提出"您前面说的和现在说的有些矛盾"之类的问题。

最后,通过认真倾听,确定话题走向。

倾听是为了更好地提问,视频采访人应该在倾听过程中精准把握谈话的重点和方向,揭示应知信息。如果不择重点,不但会偏离谈话方向,而且会伤及受访人的兴致。请看以下案例:

受访人:昨天夜里我失眠了,忽然想起一件事。

采访人:您为什么失眠?

在视频采访中,采访人要把握问答语境,精准判断我们关注的细节是不是受访人想要表达的要点。听到受访人说出上面那句话,我们认为其表达意图是要说昨夜失眠,还是想说忽然想起的那件事?如果我们确知受访人以前从不失眠,那么昨夜失眠可能是一个值得挖掘的线索。但如果我们知道受访人常年吃安眠药,那她提及昨夜失眠就只是在为"想起一件事"提供一个时间坐标,附加一个自身状态信息,那么对话应该是下面这个样子:

受访人:昨天夜里我失眠了,忽然想起一件事。

采访人:想起了哪件事?

一般情况下,我们不能同时追问两个点,让受访人一并回答:

第十五章　无缺陷的视频采访人

受访人：昨天夜里我失眠了，忽然想起一件事。

采访人：您先等等，我有两个问题：一个是您昨天为什么会失眠？另一个是您想起了哪件事？

这两个话题方向多半没有逻辑关系。在一个视频问答中，并列置放两段没有逻辑关系的谈话，会使内容呈现出纷乱状态，也会使得受访人单独陈述的时间过长。所以即使我们想追问两个点，也要一点一点问。

在视频采访实践中，受访人需要一些引导才能提供有效信息，所以采访人应当处于主导地位。可是，一些官员和企业负责人可能接受过一些应对媒介的训练，在受访过程中，他们会试图控制局面。如果他们在控制局面的情况下能够主动提供有效信息，采访人处于被动状态也无妨；但问题是，他们在掌握主动权的时候，通常会避开质疑。最典型的情况就是官员或企业就突发事件召开的记者招待会，他们掌控着局面，只回答他们愿意回答的提问。所以，视频采访人掌控局面非常重要，而只有认真倾听，才可能控制话题走向，掌控访谈局面。

四、善于提问的人

无缺陷的视频采访人的第三个基本特征是善于提出问题。

善于提问的前提条件是具备思考能力。

思考能力在以提问为生的职业中居于显要位置，它决定了视频采访人用什么方式提问，是肤浅还是深刻，是温和还是尖锐。它直接决定了采访的角度、采访路径、采访深度，决定了视频采访人如何看待受访人复述的事情，判断其有没有逻辑，是真的还是假的。

善于提问的基本标准是对问题的表述能力。

问题的表述能力体现在三个方面。

首先是使用口语。一是不要背诵用书面语提前写好的问题，应该抓住问题的要义，用和朋友聊天式的语言进行提问。二是切莫用书面语的语调表达口语化内容。如果采访人的提问词句明明是口语，但语调却是书面式的，就会显得太假，看上去十分滑稽。

其次是提问简洁而清晰。让受访人当即听明白，便于马上组织语言进行回答，这是采访提问的基本要求。常常有这样的情况，即视频采访人先是拿话筒对着自己，想要好好表达一下自己的看法，于是对受访人长篇大论，然后才把话筒对准受访人，而受访人愣愣地说：你刚刚问的是什么，我没弄清楚。这样的视听呈现肯定是失败的。总之，冗长的提问多半会是信息庞杂而不明朗的，会让受访人迷惑以至于不知道该如何回答。

最后是重视无声语言因素的作用。因为视频采访的特殊性，它可以清晰呈现出问答过程，受众可以看到、听到采访人的画声状态，所以视频采访的表达手段不只是声音语言和字幕语言，还包括采访人的表情语言、态度语言、动作语言。许多情况下，后面这些无声语言的效果远胜于声音语言。

善于提问的重要特征是对问答具有把控能力。

视频采访人必须善于短问，以短问短答活跃访谈气氛。

这需要，首先勇敢地把长问题切碎，变成一个个小问题，然后把控住预定方向，一一寻得短促的回答，最后抛出一个核心问题。这样做，等于把受访人的长答也切碎了，于是长问长答变成了一组短问短答，因而破除了视频访谈的沉闷感。

视频问答的长短结构，必须符合受众的收视心理。

上面刚刚说过，受众不会喜欢冗长沉闷的长问长答。现在要说的是，只有在特殊情况下，受众才能接受长问短答。合理的长问短答只出现在两种情况中：一是在一组短兵相接的短问短答之后，可以出现一次长问短答；二是在采访告一段落时，采访人要核实某个结论，可以使用长问，由

第十五章　无缺陷的视频采访人

受访人做简短确认。通常情况下,观众只喜欢短问短答。

我们来看央视主持人2006年对时任湖北省委书记俞正声的采访:

　　主持人:你好俞书记,您好您好,谢谢您来到我们《DH》的现场。其实我想大家对您非常熟悉,我对您也非常熟悉,了解的也比较多。我知道您是浙江绍兴人对吧,在青岛工作了八年的时间。所以您总是说,青岛是自己的第二故乡,而现在湖北是自己的第三故乡。如果有一天,您有机会,再回到自己的第二故乡,或者是回到第一故乡,有家里人问您说,在第三故乡对湖北人有什么样的印象啊,您会怎么样来告诉他们?(长问)

　　俞正声:湖北人,他有很多长处,最大的长处是,刚烈,勇敢,刚强,这是我对湖北印象最深的。(短答)

　　主持人:刚烈,刚强。但是除了刚烈和刚强之外,是不是还会有那么一些些的不足,今天面对着家里人,我们让大家长,俞书记,大胆地来说一说。在湖北人身上是不是您也看到了一些不足。(长问)

　　俞正声:刚烈的另一方面呢,就是该柔和的时候啊,柔和度就不够了。(短答)

这两个提问中有很多瑕疵。这是整个采访的第一组提问,主持人意图不明,不知道他想获得什么样的预期效果。而且,他上来就使用了两个长问,获得的却是两个短答。在第一个提问中,他掺杂了大量叙述,使问题变得冗长,外加"第一故乡""第二故乡""第三故乡"的烦琐设计,听上去十分啰唆。实际上,他就是想请俞正声谈谈对湖北人的印象。所以,第一种处理方式可以是单刀直入,把问题简化成:"您是湖北省委书记,您对湖北人有什么印象?"第二种处理方式,可以把长问切碎,使问答就变成下面这个样子:

主持人：你好俞书记，您好您好，谢谢您来到我们《DH》的现场。大家都知道您是湖北省委书记，很多人像我一样好奇，想知道您是哪里人？

俞正声：我是浙江绍兴人。

主持人：但您先是在青岛工作了八年？

俞正声：是的，所以我说青岛是我的第二故乡。

主持人：那现在湖北就是您的第三故乡了？

俞正声：可以这么说。

主持人：那如果有一天，有人问您，对湖北人有什么样的印象，您会怎样来告诉他们？

俞正声：湖北人，他有很多长处，最大的长处是，刚烈，勇敢，刚强，这是我对湖北印象最深的。

顺便提一句，上述采访中还有两个瑕疵：一是，在电视广播和视频传播中，要注意避免歧义联想，"刚烈"很容易让一部分人产生联想，主持人无法阻止嘉宾说出"刚烈"，但至少自己不要一连两次重复这个词，要使嘉宾避免继续从此出发来阐述问题。二是，在大众传媒中把省委书记比喻成"大家长"是欠妥的。

在问答把控方面，无缺陷的视频采访人应该有这样两个意识。

第一，提问时有的放矢，清楚己欲所得，但又不强求答案为己所欲。问答把控，并非预设所有答案，只等着受访人证实自己的推测。不要做武断型采访人，应该让受访人畅所欲言，不能强迫其陈述的内容与自己的主观臆断相吻合。

第二，那些能够引发事实叙述的问题，更具控制力。比如，在采访一个烟民时，采访新手可能会问：您认为戒不掉烟是不是一种心理疾病？这种含有学术味道的问题常常会引发大段没有实在信息的抽象议论，采访人根本不知道对方会说到哪里。可以把问题改为：您抽过哪些香烟？假如对

第十五章 无缺陷的视频采访人

方如数家珍，列出种种香烟品牌，我们马上可以问：您享用了这么多香烟，有没有想过，您失去了什么？他失去了大量烟钱，失去了口腔的清新，失去了气管和肺功能的良好指标，失去了不喜欢烟味的女友，可能还失去了抽烟就不能任职的工作。如果我们提出的是理论性问题，那很有可能无法把控受访人的回答，因为从一开始我们就无法预判答案的走向和质量。

对问答的把控能力远远难于对问题的表述能力。

五、无缺陷的视频采访人的外部特征

视频采访人不是花瓶和摆设，要看内里功夫。《东方时空》当年在遴选主持人时，要求"不但要动嘴更要能动脑"，所以动脑排在第一位，动嘴排在第二位，颜值顶多排在第三位。在颜值问题上，许多人认为相貌好者容易获得印象分，最适合做视频采访人。这是一个很普遍的误解。

事实上，容貌出众的采访人会使受访人——无论男女或者产生极大的心理压力，不知道该不该直视她的眼睛，或者严重分散了应有的注意力；这样的采访人也会使受众分神，因完全被其容貌吸引而忽略了视频采访的真正信息。

视频采访人的外部特征确实重要，但它的最高标准不是美，而是"不丑"。"不丑"是视频采访人容貌的底线和上限：低于这个底线，会让观者产生厌恶感；超过这个上限，会产生副作用。也就是说，无缺陷的视频采访人的外部特征既不能有严重缺陷，也不能是无缺陷。因此，如果没有特殊原因，采访人去做整形手术是很不明智的。

另外，那些长相诚恳的视频采访人具有天然优势，他们会让受访人产生好感和信任。外貌的特殊标记也具有一定的重要性，它易于识别和记忆。此外，良好的性格和气质、恰当的装扮、不凡的专业素养等也可以向

受访人和受众传递积极的信息。

声音,是一种无形的外部特征。在数码媒介时代,视频采访人不必音质完美,没必要都获得普通话一级甲等证书,像播音员一样字正腔圆。而且正相反,这个时代更需要未经训练而自然、留有缺陷的声音,因为未经训练的声音是千差万别的,很容易形成标志性的符号,而没有缺陷的声音常常是相仿的,没有个性。

所以,视频采访人声音的最高标准不是动听,而是"不难听"。"不难听"是视频采访人声音质量的底线和上限:低于这个底线,听了使人难忍;超过这个上限,会让人觉得没有亲近感。

我们再谈谈智商问题。在世界范围内,没有哪个视听媒介把高智商作为择取视频采访人的标准,愿意动脑筋的人和善于动嘴的人不一定智商很高。有人会有疑问,人的智力状态属于内在指标,为什么要在谈及视频采访人外部特征的时候牵扯智商问题?原因在于,我们这里谈到的"过分精明"和"不傻",均指视频采访人神态和举止上表现出来的样貌。那些刻意表现得特别精明的视频采访人,会让受访人感到受到挑衅,产生隐隐的厌恶,也会让受众觉得虚张声势和油滑。

视频采访人的智力情况很重要,但它的最高标准不是高智商,而是"不傻"。"不傻"是视频采访人智力状态的底线和上限:低于这个底线,会频频犯傻露怯,受众无法容忍;超过这个上限,会引起受访人和受众的不快。所以,那些高智商的明星主持人一般都会装得傻一点儿,把自己变得可爱一些,而那些暴露自己高智商的视频采访人通常不容易成功。

总之,无缺陷的视频采访人的外部特征应该是"不丑""不难听""不傻"。

由于女性和男性会呈现出完全不同的外部特征,所以关于女人和男人谁更适合做视频采访人的议论始终存在。

有人说,女人更喜欢提问,而且不会为此感到羞涩,所以天生就适合

第十五章 无缺陷的视频采访人

做采访人；男人正相反，因为天性好战，会认为提问是因为无知，是处于下风，所以喜欢与对方较劲，即使提问也常常带有敌意。① 在倾听方式上，女人更像是学生，看起来很友好，这对视频采访很有益处，受访人会在这样的女性采访人面前表现出更多的真诚；而男性经常把访谈当成竞争，不易得到受访人的配合。如果采受交流失败了，女性更容易接受对方的批评，往往会解释说，"可能是我没有表达清楚"；男性却很容易断定是对方的错误，常常会说"您理解错了我的意思"。

笔者的意见是，"女人"和"男人"不应该是两个整体性概念，具体的女人之间和具体的男人之间，千差万别，所以一概而论没有意义。合理的做法应该是，抛开性别特征，用其他指标针对具体人做出判断。

无论男女，只要"不丑""不难听""不傻"，就都适合做视频采访人，否则便不适合。

六、无缺陷的视频采访人的杰出工作能力

以上诸方面，是成为无缺陷的视频采访人的前提条件。以下诸要素，是无缺陷的视频采访人在工作能力方面的鲜明特征。

（一）敏锐的观察力、超强的理解力、准确的预见力

优秀的视频采访人都有一双善于观察的眼睛。从进入采访环境的第一刻开始，他们就像雷达扫描一样，观察环境特点和即将接受采访的对象。

此处讲的敏锐观察力指的是两种情况。

一种情况是，及时而准确地察觉受访人的所有细微反应，这是发挥采访能力的前提。

---

① 〔美〕肯·梅茨勒：《创造性的采访》，李丽颖译，中国人民大学出版社 2010 年版，第 35 页。

视频采访实务

在《学校没教的事》中,小学三年级的小丸子若有所思地问模特嘉宾,"可不可以像你一样那个那么瘦",主持人陈建州敏锐地捕捉到了小丸子极其细微的神态,插话说,"这问题,问得有点感伤",引发了大家善意的笑声,小丸子也用围巾捂着嘴笑了。

如果这样的细节一放过,现场气氛会很冰冷,群访节目便只是问答流程,会失去很多乐趣。能够当即察觉这些细节,并且预判这些细节经过及时处理一定会产生效果,这是优秀采访人和平庸采访人的区别。

另一种情况是,及时而准确地发现受访人陈述中的疑点,这是高质量追问的基础。

视频采访人在听到一个回答时,应该首先对照已经掌握的信息,对照常识甚至只是从直觉出发,判断对方说的是否合情合理,有无逻辑断裂之处,是否真实可靠,不能采访对象说什么就信什么。比如采访对象夸耀说,他的两名员工的平均月收入是 20 000 元,我们应该意识到,一人月薪 19 999 元、另一人月薪 20 001 元是一种可能,一人月薪 1 元、另一人月薪 39 999 元也是一种可能。我们应该追问,看看对方是不是在用平均值掩盖不公。如果采访人有敏锐的观察力,当发现对方回避疑点时就要紧追不放,当发现对方含糊其词时就要促使其讲清楚,当发现对方在说假话时就要证实那是谎言。

无缺陷的视频采访人的理解力通常来源于换位思考的习惯,他们总是能站在对方的立场上想问题。如果交通警察只站在自己的立场上想问题,会认为赛车手超速是违法的;如果赛车手只站在自己的立场上想问题,会认为交通警察禁止超速是在阻碍竞技练习。无缺陷的视频采访人总是能走进受访人的内心世界,设身处地,理解对方的心理和意思。

试想,如果我们自己是受访人,被媒介设备包围,我们会不会慌张?事实上,连华莱士这样的著名记者在受访时都同样会紧张。许多知名采访人都曾接受过别人的采访,而且这种经历告诉他们,他们自己也会担惊受

第十五章　无缺陷的视频采访人

怕，担心说出的话会惹麻烦，所以有时他们干脆拒绝受访。这样，他们就会谅解那些在镜头前充满疑虑的人。作为视频采访人，我们不愿意把问题提前告诉受访人，喜欢没有任何准备的即兴回答，觉得这样的回答要比深思熟虑后的回答更接近事实。但我们自己的受访经历却是，慌乱中的草率回答不一定是事实，至少是回答得不完美。我们还可以这样设想，如果采访人态度傲慢，连讽刺带挖苦地向我们提问，我们心中会不会燃起怒火？那么，己所不欲，勿施于人。

在视频实采之前阅读受访人的各种资料时，我们就应该试着把自己代入对方的角色。想一想，如果我们是受访人，面对自己的预设提问，是否能够理解问题的含义，是否愿意回答，可能怎么回答。这样的推演有多重好处：（1）可以反向检测问题是否明晰，有些问题自己看，好像没毛病，对方却不一定能理解其意；（2）可以避免冒犯，有些问题不能问，如果非问不可，必须谨慎设计，在合适的时间，以合适的方式提出；（3）可以预设连环问题，既然已经预想了受访人的回答，那就据此准备好追问，进行纵深挖掘。总之，当我们换到受访人的位置审视我们的问题时，就可能考虑到对方的忧虑、难堪、痛苦。

我们来看这个例子。

几位电视台记者拦住了一个跨越护栏后要去上班的男子，其中手拿话筒的女记者自报家门后，开始采访他：

女记者：你刚才是不是从马路中间的护栏上跳过来的？

男子：是，没错儿。

女记者：知道那么做不对吗？

男子：知道。

女记者：知道不对为什么还要违反交通规则？

男子：为了节省时间，时间就是金钱就是生命，浪费我的时间就等于图我的财，害我的命，这是鲁迅先生说过的话。

视频采访实务

女记者没有想到男子知错却这么有理,她愣了一下,没能悟出,这是一个为生活奔波的人对记者不理解生活艰辛发出的讽刺:

女记者:难道就不知道那么做是很危险的吗?

男子:习惯就好了,这世界上哪有绝对安全的地方?地球是转动的,生命是运动的,一不留神谁都能玩完,睡觉都能活活把人睡死,吃饭都能把人活活噎死,想通这些,跳个护栏还怕什么危险?

女记者不知所措,举着话筒呆住了。男子伸出手,去握女记者的手,说如果没什么事就先走了。试想,女记者如果能够理解,一个为生活奔波的人连危险都不在意,还会不会一心想着去责备他?那么,如果把问题改成这样好不好:有没有想过,如果出了交通事故,不仅你会受苦,你还会连累驾驶员,给别人造成麻烦?一个人为生活打拼,不在意自己的性命,不牵扯道德问题,但如果毫不考虑给别人带来的麻烦,即使他有生活压力,也会激起众怒。所以,他要么检讨,要么挨骂,而记者不会出现尴尬。

在采访实践中,我们会遇到很多匪夷所思的人和事。但是,但凡是"果",都会有"因",如果觉得难以理解,那是因为我们没有站在对方的位置思考。而换位思考会带给我们一系列微妙的改变,我们不仅会变得客观和宽忍,而且会变得聪明,更容易懂得如何应对受访人的反应。

视频采访人的准确判断力一方面来自天赋,一方面来自经验,它会使采访酣畅淋漓,也会使受众感到痛快。这种判断力主要表现在两个方面。

一是,看到受访人的反应,当即准确判断其含义,然后做出正确回应。比如,调查采访中常常出现这种情况:提出问题后,受访人沉默了。采访人要做出判断,这种沉默是因为紧张得说不出话,还是因为难过,或是哑口无言。如果是紧张,要马上缓解对方的心理压力;如果是难过,要判断一下,是立即予以安慰并转换话题,还是稍等一等,让摄录师把景别推上去,变成脸部特写,让对方自己调节情绪,继续讲下去;如果是哑口

第十五章　无缺陷的视频采访人

无言,则不必打破沉默,应该用相应的沉默做"武器",等待对方"缴械投降",让受众明白对方有问题。

二是,听到受访人的回答后,当即做出判断,应该在哪里、朝着哪里,去挖掘有效信息。这种能力常常表现在,一般人认为一个采访段落可以结束时,嗅觉敏锐的采访人却会再迈一步,实现意想不到的精彩效果。

在凤凰卫视2005年5月13日播出的《鲁豫有约》中,嘉宾是刘震云。专访中有一个经典的细节深挖之问:

陈鲁豫:他们怎么能说动你去演这个角色?

刘震云:嗯,是因为有一次他们就是拍这个《甲方乙方》的时候,我去玩儿,他们说少一个群众演员,他说你来吧。我说我成吗?他说,你是不成,但是演戏比你不成的人都演过。谁呀?说王朔呀。(现场观众笑)

陈鲁豫:哦,《阳光灿烂的日子》!

刘震云:因为,王老师是在那个,《阳光灿烂的日子》里面演过泼皮恶霸的那么一个人,一个那种黑社会的人,被人往上抛。我说,我真比他还,在表演才能上要好吗?(现场观众笑)然后两个人异口同声地说肯定是!

到此,刘震云已经完全说清楚了为什么他会成为一名群众演员,这个段落可以结束了。但是这样结束,现场效果平平,并无更有意思的事实和逻辑浮现。于是,陈鲁豫抓住"两个人"这个细节,做了最后的追问:

陈鲁豫:这俩人是谁呀,我问问,一个是冯小刚?

刘震云:一个是冯小刚,一个是王朔!(全场爆笑)

如果另一个人不是王朔,那么贬王朔而抬刘震云并非笑料,但言之凿凿,贬王朔的人恰是他自己,这就太有意思了。没有陈鲁豫这一追问,刘震云很有可能不会抖"包袱"出来。

视频采访实务

2006年7月27日,央视新闻频道《新闻社区》栏目播出了一则行窃者醉卧行窃现场的新闻。结尾处,女记者用画外音问行窃者:你现在后悔吗?行窃者回答:后悔。多数采访人得到这个结论时便认为采访可以结束了,但敏感的记者知道,问题并未结束,因为还不知道行窃者究竟在为什么后悔。所以,女记者的外音问道:你是后悔偷东西呢,还是后悔当时喝酒了呢?行窃者回答:后悔偷东西。

采访要穷尽应有提问,不遗漏任何有价值的信息。问题不至澄清,任务即未完成。如果视频采访人不具备预见力,问答便会浅尝辄止,趋于流程化。

训练观察力、理解力、预见力的方法,一是可以比照老资格记者的实践经验,思考自己与之的差距;二是可以从每次的失误中吸取教训。视频采访人一定要回看自己的原始采访素材,这样做最容易发现问题,也更容易进步。不过要做个心理准备,即从自己的失败中总结教训所经历的痛苦,肯定比从别人的失败中总结教训所感受到的痛苦,要大得多。

(二) 临场组织述评的能力

视频采访人不仅要善于倾听,善于提问,而且应该具备在访谈之前、在访谈段落之间的必要处、在访谈结束之后临场组织述评的能力。而出色的述评能力,表现为视频采访人能够经由理性思维,放弃知识分子的理性表述传统,转而做出老百姓易于接受的感性表达。述评中有清晰的思考,又有通俗的表达,这对许多视频采访人来说是一个难题。

临场组织述评首先要注意的是,必须省略受众目力可及的外观介绍,把注意力放在核心特征和传神细节。其次要注意的是,避免抽象化的浅层描述,免去长宽高是多少、面积是多少、容积率是多少等受众无法瞬间理解的指标介绍,要把枯燥而难以理解的抽象数据转换成观众可以立即感知的形象信息。

第十五章　无缺陷的视频采访人

请注意收藏家马未都的这段话：

> 我今年53岁，以我这样的年龄，两个人首尾相接就近清朝了，五个人就可以看到乾隆了……17个人首尾相接，就可以看到宋徽宗了；26个人就可以看到唐太宗。100个人首尾相接的历史，就是中华民族的文明史，五千年，从甲骨文出现到现在，以此看，历史没有多长。①

这就是一种对抽象数字的形象转化。受众既会被这种直观而生动的解释方法所吸引，又可以很好地理解历史年代的奥秘。还有一种方式是类比转化，即把抽象数据转化为常见物。比如说空客A380究竟有多高，观众无法立即理解抽象数字，但如果说它相当于10层楼那么高，便很好理解了。

临场述评能力是优秀采访人的基本素养，但素养欠缺的采访人也可以得到某些辅助。电视广播时代，可以为记者现场采访转接小专题片进行述评，也可以接入记者在演播室依靠提词器完成的述评，还可以转交专家代为述评。而在数码媒介时代，不具备现场述评能力的视频采访人完全可以直接使用文字进行述评。

（三）恰当的情绪控制力

采访是一项非常需要冷静和理性的工作，如果将精力损耗在情绪化的反应上，采访人便很难做好视频采访，至少是很难达到高水平。

镜前需要严格控制情感的情况如下：

（1）采访负面对象时保持冷静客观。可以问问自己，如果受访人是儿童猥亵犯或杀人犯，我们在采访时能不能不含鄙夷和激愤？视频采访并不要求我们在辩论中取胜，或在猛烈抨击中彰显道德的高尚，它只是要求我

---

① 马未都：《马未都说收藏：陶瓷篇》，中华书局2008年版，第1页。

们从与采访对象的对话中获得事实信息,并将其客观呈现给受众。因此,优秀的视频采访人总是能控制自己的义愤,而把受访人本人的言行展示给受众,而素养欠缺的采访人常常因为义愤而失态,引发受众的反感,使他们转而同情本应被憎恶的受访人。

(2)采访悲伤事件时节制眼泪。视频采访人必须具有同理心和同情心。但在镜头前,不是不能落泪,而是不能毫无节制地频频哭泣。

(3)受到轻微却很明显的冒犯时,能够宽忍,不失风度地从容化解尴尬。许多著名主持人平素保持着有限度的自嘲精神,当他们在录影中遭遇冒犯,也会主动自嘲,十分大度地主动放下被冒犯的委屈。

(4)意外遭遇攻击时保持镇定,临危不乱。哥伦比亚广播公司出镜记者丹·拉瑟(Dan Rather)在一次采访中,被芝加哥市市长的保镖击中腹部,倒在地上。他的助手大为光火。但他爬起来后没有还击,没有恼羞成怒,也没有狼狈不堪,他整整衣服说,"我没事,没什么了不起",然后继续对镜陈词。

哈佛大学心理学教授丹尼尔·戈尔曼(Daniel Goleman)把情商概括为五种能力,其中三种能力与情绪有关——认识自身情绪的能力、妥善管理情绪的能力和认识他人情绪的能力。有些视频采访人在认识自身情绪方面存在不足,他们自我感觉良好,镜前表现出志得意满,过分自信,为受众厌烦却不自知。有些视频采访人在认识他人情绪方面存在不足,他们感觉不到受访人的悲喜,在听到感人的故事时,或者露出满不在乎的神情,或者依然板着脸,无动于衷。受众会觉得这些采访人不近人情。如果这两种能力受限,采访人就很难具备妥善管理情绪的能力。

(四)社会责任心和不懈的道德示范意识

为了更好地理解这个问题,笔者特以娱乐节目为例。因为我们通常会觉得娱乐节目的社会意义是最小的,所以娱乐节目的主持人大概是道德意

第十五章 无缺陷的视频采访人

识最淡泊的。其实这是一个误解,那些最优秀的娱乐节目主持人时时不忘道德示范作用。

我们来看台湾中天电视的《大学生了没》栏目,看看主持人陶晶莹是如何施展她的善意的。

在 2008 年 8 月 7 日播出的节目中,谈到老板招聘员工时,陶晶莹抛给"少女心"一个问题:假如你是老板,比如这 15 位里面你会不用哪一位?"少女心"说:客观来讲的话,我觉得全部人的心里答案应该都是,一个字吧。陶晶莹提到的 15 个人中,只有一位学生的名字是单字"哗",于是哗很受伤,全场都哄笑了起来。此时,唯有陶晶莹大声说:哗,你一定有你的市场,一定有,慢慢找,要找到适合自己的路。

这是对受伤的受访人的安慰,陶晶莹没有像其他人那样,把这种"轻伤"视为无足轻重的笑料。

同样是上面提及的那期《大学生了没》,当"少女心"说"我要是老板,看着不舒服的员工就会开掉"时,陶晶莹当即质疑,"你讲的是长相还是气质",并说这是一种歧视。一位具有道德感的主持人必须对冒犯公序良俗、法律、职业道德、公德的言行给出明确的反对态度,陶晶莹在这一点上从不疏忽。

2004 年,笔者在主持《非常接触》时与现场观众有过这样一段采访问答:

现场观众:这个社会上毕竟是好人比较少嘛,你当时要是……

阿忆:啊啊?(大家笑)这个定义有点儿怪。

现场观众:真的,毕竟现在好人少嘛,你如果说,当时要是好人遇到,万一要是没有手机怎么办呢?

阿忆:那咱们价值判断还是不一样,我觉得我们的社会还是好人多,但是好看的人少。(大家大笑)是不是落了一个字啊。

如果没有主持人的明确反对态度,必须删除"社会上好人少"这个言论,留下就意味着一种认可。如果以幽默的方式表达了异议,错误言论就只是一种客观呈现,也是主持人幽默回应的前提,最后还能以被否定的状态保留播出。

前面已经强调过,数码媒介时代,可以放弃许多技术规范,但必须加强道德规范。近年来的经验告诉我们,受众的道德意识常常要强于我们。

在大众传播中,道德常常不是高调的道理,而是点滴细节。

七、哪些人适合做视频采访人?

视频采访人要同时具备以下特点,而不是只具备其中一个特点。或者说,具有越多以下特点的人,越适合做视频采访人。如果只具有其中一个特点,那说明只拥有视频采访人的某一个特性。

(一)成长于中下层社会,拥有不高不低的学力,但阅历丰富

在国外,上层社会的绝大多数人,不善于可能也不屑于理解中下层社会的苦乐,而绝大多数中下层社会的平民既没有与本阶层充分沟通的障碍,也没有仰视观察上层社会的困难。

美国最著名的主持人基本都是在中下层社会长大,身世坎坷。这意味着,他们在生活的酸甜苦辣中摸爬滚打过,所以更容易理解世间冷暖(表15-1)。

表15-1 美国明星主持人的背景信息

姓氏	莱特曼	奥帕拉	莉基·蕾克	欧唐纳
名牌栏目	《大卫·莱特曼夜间秀》	《温弗瑞·奥帕拉交谈秀》	《莉基秀》	《萝西·欧唐纳》
家庭背景	花匠	女仆和理发师的私生女	药剂师	电气工程师 10岁丧母
最高学历	本科毕业	本科一年级辍学	本科肄业	高中毕业

第十五章　无缺陷的视频采访人

这些明星主持人的学历一般不高，多半是在工作实践中自我修为，他们的品位高于普通受众，却没有高出太多。电视采访业界有一句行话：记者要有一颗强大的心脏，脸皮要厚一点。此话不无道理。一般而言，学历越高，越讲面子，而学历低一点儿，抗打击能力就会强许多。视频采访人必须与各种各样的人打交道，昨天被热烈欢迎，明天就可能被谩骂、殴打。

在中国，对于从事视频采访工作的人来说，拥有本硕学历会有一些好处，它可以在一定程度上使我们摆脱市井气。但博士学位对于视频采访非但没有益处，害处却不少。一个人如果书本学习知识时间太长，势必耽误积累社会经验。对于视频采访工作而言，后者远比前者重要。

至于本硕阶段应该读什么专业，笔者认为，本科阶段最好选择非新闻专业。

许多高校都有校园电视台，未来希望做视频采访人的学生多以为可以从那里获得一系列锻炼。笔者要提醒的是，在校园电视台学习拍摄和编辑的基本技术是可行的，但最好不要在那里做出镜采访人。校园媒介相对保守，如果习惯了它的采访工作模式，会不利于创新。

再看上面表格中的美国主持人，他们拥有丰富的阅历，都不是年轻人。

《人民日报》海外版曾经刊登过一位美国记者的这样一段话：

> 在美国，各大媒体都不直接录用刚毕业的学生，因为记者是一个最容易"出错"的职业。新手有时会丢三落四，采访不到家、消息报道不准确，文章出了偏差常会引发麻烦或者诉讼。所以大的媒体都有一个不成文的共识，就是让那些新记者们把错误出在地方报纸、地方电台，等他们成熟了，出错少了，再到大媒体来。能够被大媒体看中时，这些记者的年纪已经不小了。各大媒体都把有经验的老记者当成"宝贝"，给予高薪。[1]

---

[1]　许秀静：《新闻记者的职业生命有多长》，《青年记者》2003 年第 6 期。

对于视频采访人来说,年龄和经验是一笔巨大的财富,特别是在采访政府首脑、大企业家、重大复杂题材的时候,采访人得看上去不那么稚嫩,镇得住场面,提得出有价值的问题,否则不易激发受访人的谈话欲望。从观众角度而言,年长的采访人更容易让人信赖,太年轻的采访人则让人缺乏安全感。

原因很简单,不论是事件采访还是人物采访,都会涉及世界观和对社会现象的看法,都会涉及对人性和人生的考量,而阅历丰富的视频采访人更善于理解受访人的心理状态,更容易对复杂世事持有恰当的看法,这就是欧美社会中那些最著名的出镜记者大多是白发老人的原因。在中国,目前活跃在视频采访领域的绝大多数人都过于年轻,他们聪敏,但阅历有限,这不能不说是一个很大的遗憾。

(二)天然具有视频记录的意识和热忱

与其他媒介可以事后再做记录的工作方式不同,视频媒介必须当场记录。所以,和其他媒介的采访人比起来,视频采访人需要有随时用视频记录生活的热情和习惯,如果没有这种天然的积极性,会错失很多有价值的信息。

凤凰卫视为创建《爱心大使》栏目制作样片时,要采访黄琪翔上将的遗孀郭秀仪。她是一位坚强、乐观的老人。丈夫在严酷的迫害中想要自杀,她曾坚定地说:你不能这样做,你是军人,应该挺过一切磨难。采访结束后,记者倪红飞并未关机。一行人下楼后准备上车离开时,倪红飞却仰头看见,老人正在窗口探出头,微笑着向他们挥手告别。他立即仰起镜头,匀速推了上去。这个镜头在后期编辑时被做成了慢镜头,老人这个充满柔情的画面与她受访时的坚韧形成了强烈反差,丰富了她的形象信息。如果倪红飞采访一结束就关了机,退出了磁带,卸下了电池,在发现情况后重新调试摄录机,肯定就错过了这个难得的瞬间。

第十五章 无缺陷的视频采访人

每次实采的时候,在进入采访场地之前,都应该把摄录机提前打开,一方面交代环境,一方面记录与受访人见面时的寒暄交流;而采访结束后,都应该保持开机状态,直到采访场地消失在视野中。但真正能这么做的视频采访人总是极少的。

用视频记录社会生活的热忱,会连带着记录社会生活的极大耐心,以及愿意为那些高潮时刻备受煎熬地等待。所以,视频采访人持续加班加点是常事。

请看央视《新闻直播间》2010 年 4 月 22 日播出的《小军玉诞生了》。

演播室播音员:昨晚,经过济南军区方舱医院医护人员连续六个多小时的努力,玉树地震灾区一位难产的藏族妇女终于平安地生下一个男婴,为这个在地震中受到创伤的家庭带来了新的喜悦。

旁白:16 点 13 分,40 岁的藏族妇女它拉在家人的紧急护送下来到济南军区方舱医院。家人告诉我们,孕妇已经过了预产期,本来想到玉树医院接生,没想到当晚就遇到了地震,惊恐之下,肚里的婴儿迟迟没有要生出来的迹象。

查格(它拉的丈夫):然后这两天听说有这家医院,但是一直在找没找上,到赛马场,然后整个体育场都转了一圈才找上的。

记者:这里是济南军区方舱医院的手术室,现在已经是晚上时间 10 点 20 分了,现在医护人员还在为她接生,那么让我们在这里一起等待。

旁白:六小时的漫长等待,丈夫查格终于忍受不了饥饿,出去吃饭了,只留下孕妇的姐姐。也就是在这一段时间,让他错过了孩子的第一声啼哭。

镜头:手术室门,婴儿哭声。

记者:你希望是男的还是女的?

查格：儿子。

记者：恭喜你，是儿子。想给他取个什么名字呢？

查格：想让部队给娃娃取个名字。

镜头：主治医生张红娟抱着婴儿，查格迎上去。

张红娟：生了，男孩啊，非常健康。看看你的宝贝儿子，很漂亮。妈妈也挺好的啊。

记者：他希望你们能给他起个名字。

张红娟：这是我们部队在玉树接生的一个孩子，就叫"军玉"吧。姓拉秀是吧，拉秀军玉好吗？

现场众人喊：军玉……

记者：这几个小时你们休息过吗？

张红娟：没有没有，我们在这儿的好几个人都在这儿守着她呢。

记者：饭都没吃吗？

张红娟：还没有。

记者：太辛苦了。

张红娟：应该的。

记者：刚才我听说又有孕妇要转运过来，是不是你们这几天一直是这么繁忙呢？

张红娟：是，这两天好像病人还挺多，刚才妇保院的医生说马上又要来个孕妇。

记者：那你们怎么办呢？已经六个小时没吃没喝了？

张红娟：没关系，为了我们灾区的人民吧，我们辛苦一点儿也是应该的。

镜头：查格抱着婴儿。

记者：小孩儿好精神啊！

第十五章 无缺陷的视频采访人

张红娟：叫"军玉"就希望能记住这一刻吧。

镜头：产妇被推出病房。

医护人员：从那边走。

字幕：23点50分，产妇被推出病房。

它拉（在病床上）：谢谢解放军。

三分钟的新闻，六个多小时的等待，终于等到了婴儿的啼哭声，这是整条新闻的高潮点，它给新闻带来了现场感，是对耐心等待的最终回报。

日本报人牧内节果说，记者采访时，要"惊醒如马，忍耐如牛"①。

由于受访人的心理具有多样性，因此视频采访人必须具有忍耐力，才能等到他们慢慢进入配合状态。

我们遇到的受访人可能在镜前畏首畏尾，战战兢兢，语不成句；也可能把接受采访看作负担，认为被占用了时间、破坏了安宁，因此很不耐烦。有人把接受视频采访看作宣扬自己的机会，显得热情有余，过于亢奋，废话连篇。有人居高临下，口气傲慢，自觉高人一等，对采访人十分轻蔑。有人讨厌尖锐的提问，一听到质疑就怒不可遏，火冒三丈。

天然具有记录意识的视频采访人，会耐心记录这些客观事实，以供后期编辑择取可用素材。他们天然的热忱使他们认为，一切都应该被记录下来。

（三）具有旺盛的精力

如果问视频采访是脑力劳动还是体力劳动，绝大多数人会认为是脑力劳动。实际上，它确是脑力劳动，同时也是体力劳动，而要完成这种双重的劳动需要旺盛的精力。在旧媒时代，使用设备进行影像记录时，必须负重行动，特别是那些涉水上山的采拍，如果不具备强健的体魄，就无法完

---

① 〔日〕牧内节果：《新闻记者入门》，傅宗正译，重庆出版社1987年版，第28页。

成采访任务。

记者必须雷厉风行,经常执行说走就走的外出采访任务。

湖南怀化山区有一位名叫宋先钦的村委会主任,为了带领村民致富,集资10万元,创办了一个红砖厂。然而,由于亏损,外加受骗,全赔了。按照事先约定,村民认亏,愿意承担各自的损失。但宋先钦坚持独自承担全部损失,因为乡亲们太穷了,也因为他是村委会主任。为了还债,宋家奋斗10年,还搭上了一个儿子。这个故事感动了《面对面》,2004年,栏目组决定远赴怀化采访宋先钦。

从北京出发时是深夜23点,火车车程12个小时,第二天早晨到达,上午完成采访,下午返回总部。节目从提出动议到播出只有48小时。

许多艰苦环境,对视频采访人的脑力和体力都是严酷的考验。

2018年国庆,央视播出了系列报道《国旗升起的地方是祖国——边关纪行》。它的前期采访近三个月,多路记者奔走在海岛险滩、大漠戈壁、高原峭壁,累计行程近四万公里,"坐地日行八万里"。如果没有旺盛的精力和吃苦耐劳的意志,完成这样的高强度采访是无法想象的。

而今进入数码媒介时代,视频采访设备简便了。但如果想获得上好的视听效果,仍然相当麻烦,需要不辞劳苦;而等待和捕捉有价值的信息,一样需要耐力,有时候必须在酷热的天气里忍受蚊虫叮咬,在严冬中忍受寒冷和饥饿。

可以这么说,无论什么时候,"勤奋"都意味着,自设工作量永远超过任务工作量。

(四)具有在各个领域不断学习的天性

视频采访人一般不会忽视具有目标性的临时准备,大多具有采前高效的恶补能力,可以迅速成为某一类问题的专家。但要特别注意的是,要做好没有具体目标的长期准备,也就是知识和经验的常态储备。

第十五章 无缺陷的视频采访人

凤凰卫视新闻总监吕宁思说,记者应该是学者。① 此话需要警惕的是,学者的表述习惯很多是视频采访的大忌,他们更善于独白,而不善于提问和倾听。但此话的道理在于,视频采访人要像学者一样,勤于知识积累。

与学者不同的是,视频采访人不必专攻一个方向,做深入研究。其积累知识的目的不是专业成果,而是便于理解来自各个领域的受访人。美国记者杰克·海敦(Jack Hayden)在《怎样当好新闻记者》一书中说,"新闻专业的学生,应该像哲学家培根一样,把一切知识都当作自己的领域"②。把一切知识当作自己的领域,这便不是术业有专攻的学者,而是拥有广阔知识面的通才"杂家"。

与学者不同的另一个特点是,视频采访人更多的不是从书本中汲纳知识,而是从社会生活的各个领域积累经验。有一种行内的说法是,"记者的肚子是杂货铺"。对视频采访人而言,到处有老师,到处是课堂。其中,采访实践便是一种很好的学习方式。但人的记忆力有限,视频采访人应该以资料形式把采访获得的知识和经验储存起来。每次采访得到的信息,不要用过就扔掉,应该建立自己的小型资料库,分类存储,以备后用。

要特别强调的是,视频采访人应该通过日常学习,掌握基本的数学知识,自然科学常识的储备,越多越好。

(五)在日常生活中养成了良好仪态

在日常生活中养成了良好习惯,便可在镜前自然呈现,不用牵扯精力去调整自己的仪态和举止。所以要多注意,自己在与人交谈时,我们的身体前倾,以表示尊重;如果坐姿后仰,会显得过于随便;如果手臂交叉在胸前,会透露出不耐烦;如果左顾右盼,小动作很多,注意力不集中,则

---

① 吕宁思:《凤凰卫视新闻总监手记》,昆仑出版社2005年版,第141页。
② 转引自蓝鸿文:《新闻采访学(第2版)》,中国人民大学出版社2000年版,第2页。

 视频采访实务

暴露出对谈话内容没有兴趣；在提问的时候，要注意我们的手势是否繁杂，听对方谈话时我们会不会频繁点头，不断发出"嗯""噢""太棒了""真了不起"之类的声音。这些状态如果带入实采，会显得非常刺眼、刺耳。尽量在生活中调整自己的仪态，而不要等到出现在镜前的时候再紧急约束自己。

本章最后要说的话

无缺陷的视频采访人具有哲学家的思维、历史学家的深刻、警探的敏锐、狙击手的精准、法官的公允。但即使如此，成为永无错误记录的采访人仍是一种奢望。不过，无缺陷的视频采访人不一定每次采访都十分成功，但缺陷重重者的绝大多数采访肯定是失败的。

加拿大记者马尔科姆·格拉德威尔（Malcolm Gladwell）在《异类》中提出过"一万小时定律"，即要想成为某个领域的专家，只需在这个领域中钻研一万小时。如果每天工作八小时，每周工作五天，要成为某个领域的专家，差不多需要五年时间。

也就是说，即便我们没有无缺陷的视频采访人的天赋，只要钻研五年以上，我们一定能成为视频采访领域的能手。

第十五章 无缺陷的视频采访人

本章思考与练习

思考题

1. 试着钻研三个历史问题和三个政治问题，考察一下自己的成人化程度。

2. 如果我们要采访一位生物学家，尽管做了不少采前准备，但实采中还是听不懂许多内容，我们应该怎么办？

操作题

1."不要在微信群做一个不愿交流的哑巴！"尝试着，每天至少在五个微信群中分别发言一次，体会一下自己的变化。

2. 如果要制作一个群访节目，嘉宾均为 2.2 米以上的"巨人"，请为这期节目设计一个主题。

教师反馈及教辅申请表

北京大学出版社本着"教材优先、学术为本"的出版宗旨,竭诚为广大高等院校师生服务。

本书配有教学课件,获取方法:

第一步,扫描右侧二维码,或直接微信搜索公众号"北大出版社社科图书",进行关注;

第二步,点击菜单栏"教辅资源"—"在线申请",填写相关信息后点击提交。

或填写完整以下表格后拍照发到 ss@pup.pku.edu.cn。

书名		书号	978-7-301-	作者	
您的姓名				职称、职务	
校/院/系					
您所讲授的课程名称					
每学期学生人数	_____人	_____年级		学时	
您准备何时用此书授课					
您的联系地址					
联系电话(必填)				邮编	
E-mail(必填)				QQ	
您对本书的建议:					

我们的联系方式:

北京大学出版社社会科学编辑室
北京市海淀区成府路 205 号,100871
联系人:董郑芳
电话:010-62753121 / 62765016
微信公众号:ss_book
新浪微博:@未名社科-北大图书
网址:http://www.pup.cn

更多资源请关注"北大博雅教研"